AI를 위한 데이터 분석 기초

★ 실습코드 제공

| 인공지능을 통한 문제해결의 시작 |

AI를 위한
데이터 분석 기초

한옥영 지음

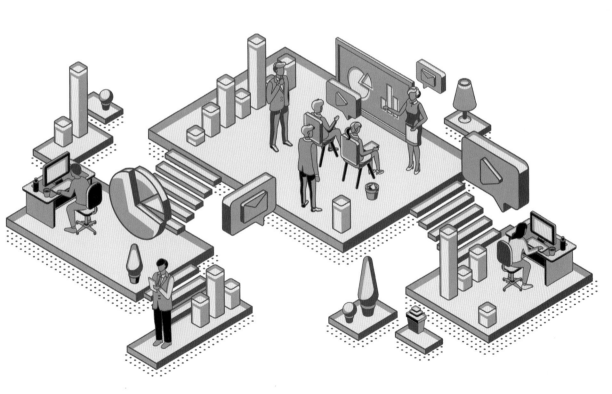

성균관대학교
출판부

서문

오늘날 인류는 데이터의 홍수 속에 살고 있다. 넘치는 데이터를 수집하고 분석하여 새로운 지식을 발견할 수 있고, 산재한 많은 문제들의 해결을 위하여 관련 데이터의 분석은 필수적 사항이다. 나아가 인공지능이 핵심 경쟁력으로 대두되고 있는 지금, 데이터를 학습시키는 기계학습을 위하여서는 데이터 분석에 대한 이해가 필수적이라 할 수 있다. 교육 현장에서 또한 급변하는 IT 중심 시대에 국가 경쟁력을 확보하기 위해서는 데이터 분석에 대한 활용과 교육이 반드시 필요하다고 주장하고 있다. 이에 이 책을 집필하여 대한민국의 AI 기술력 저면 확대에 작게나마 기여하고자 한다.

오늘날 데이터는 누구에게나 접근 가능한 자원이다. 스스로 필요한 데이터를 수집하여 분석할 수 있는 환경이 이루어져서 데이터 분석이 더 이상 전문가들만을 위한 영역에 속하지 않는다. 이러한 시대적 변화에서 데이터를 분석할 수 있는 능력은 개인의 문제해결 능력이자, 인공지능 분야에서 다양한 융합적 해결 방안을 제시하여 국가 경쟁력을 높일 수 있는 기초 능력에 해당한다. 데이터 분석을 통하여 의미 있는 정확한 결과가 도출될 수 있으며, 의미 있는 결과를 선점하는 사람이 경쟁력을 확보할 수 있는 인재로 성장할 수 있다. 이론적으로 제한된 분석을 진행하는 것이 아니라 프로그래밍 과정을 통하여 실제적으로 데이터 분석을 경험하고, 결과를 도출하고자 하는 목적으로 이 책을 구성하였다.

각 단원별로 실습 코드에 대한 설명을 포함하여 이론적 이해에서 더 나아가 파이선(python)을 활용하여 스스로 데이터 분석을 할 수 있도록 하였으며, 파이선 코드에 대한 경험이 부족한 경우에도 예시 코드를 통하여 스스로 데이터를 분석할 수 있도록 구성하였다. 이 책은 데이터 분석에 대한 이론적 이해와 더불어 활용적 적용에 초점을 두고 있다. 이 책으로 학습하시는 모든 독자들이 자신이 가지고 있는 데이터들을 원하는 목적에 맞게 분석하여 원하는 문제해결을 이룰 수 있기를 소망하고, 더 나아가 데이터 분석을 통해 통찰력을 구비하여 모두가 인정하는 문제해결 능력자로 성장할 수 있기를 기대한다.

이 책이 데이터 분석을 향한 첫 걸음이 될 수 있기를 꿈꾸며, 그 걸음걸이의 발자취가 이루어져 대한민국을 AI 강국으로 이끌어 갈 것을 확신한다.

차례

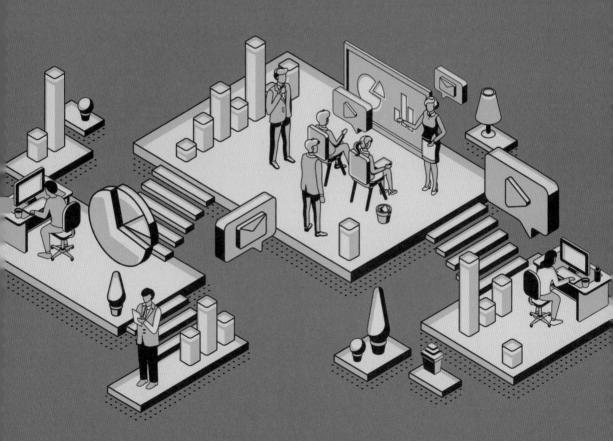

1장

데이터 분석

데이터 분석의 여정

이 책을 통하여 데이터 분석의 여정을 함께 떠나기로 하자.

인공지능에 관심이 집중되기 시작하면서 데이터 분석이 두각을 나타나게 되었다. 인공지능의 핵심 부분에 해당하는 기계학습(Machine Learning)은 기계가 스스로 학습하는 것이고, 기계가 스스로 학습하기 위해서는 데이터가 절대적으로 중요한 요소가 된다. 데이터를 올바르게 분석하지 못한다면, 기계학습의 결과는 무용지물이 될 뿐이다.

원하는 결과를 얻기 위한 데이터 분석의 여정은 결코 쉬운 도전은 아닐 수 있다. 그러나 가치 있는 도전이고, 누군가에게는 피할 수 없는 운명적 도전이 될 것이다. 이러한 도전이 조금 더 효율적이고 쉽게 이루어지도록, 이 책은 독자의 입장에서 최대한 친절하게 설명할 것이다. 자! 그럼 이제 함께 데이터 분석에 도전해 보자!

Python과 동행

데이터 분석을 위하여 프로그래밍은 필수이다. 이 책에서는 파이선(Python)을 사용하여 데이터 분석하는 과정을 소개한다. 파이선은 High-Level Programming Language에 해당하는데, 여기서 High-Level의 의미는 사람이 사용하는 언어에 가장 가까운 프로그래밍 언어로 이해하면 된다. 따라서 간단하고 직관적인 문법으로 이루어져 이해하기 쉽다는 장점이 있다.

또한 파이선은 Numpy, Pandas, Matplotlib, Seaborn, Scipy, Scikit-learn 등 데

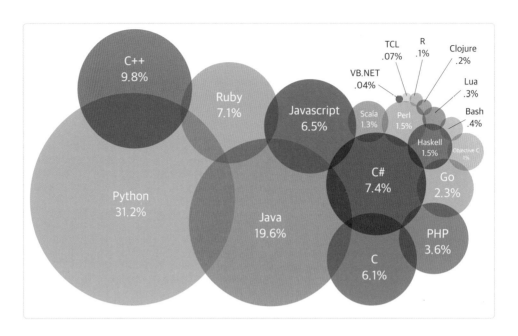

그림 1.1 개발자의 파이선 선호도

출처: https://igadgetarena.com/2018/11/21/10-best-programming-languages-you-should-know-in-2018-2019/

이터 과학 및 인공지능을 위한 다양한 라이브러리를 지원한다. 언급된 라이브러리가 무엇인지는 함께하는 데이터 분석 여정에서 학습할 수 있다.

파이선은 C++, Java 등을 제치고 개발자가 가장 선호하는 프로그래밍 언어 1위를 차지하고 있다(그림 1.1). 특히 데이터 분석 및 인공지능 분야에서는 압도적인 선호도를 자랑한다. 또한 파이선은 오픈소스(Open Source)이다. 오픈소스란 오픈소스 소프트웨어(Open Source Software, OSS)를 줄인 말로, 누구나 제한 없이 사용·수정·배포할 수 있는 코드를 말한다. 따라서 다양한 프로그램을 자유롭게 가져와 이용할 수 있다는 강력하고도 매력적인 장점을 지닌다.

데이터 분석의 목표

데이터 분석의 목표는 파이선을 도구로 하여 데이터가 가지는 의미를 읽어내는 것이다. 의미를 정확하게 이해한다면, 데이터를 학습하여 데이터가 창출하는 가치를 찾을 수 있을 것이다. 새롭게 창출된 가치를 통하여 우리는 우리에게 직면한 문제를 해결할 수 있으며, 우리 앞에 발생할 수 있는 위험들을 예측하여 대비할 수 있을 것이다. 즉, 데이터 분석은 단순히 하나의 학문이 아니라, 우리가 더 나은 삶을 살아가기 위한 필수 항목인 것이다.

그렇지만 이 책 한 권만 공부하면 데이터 분석을 완전 마스터할 것이라 꿈꾸면 안 된다. 이 책은 데이터 분석에 대한 방법론과 접근법에 대한 기초적인 접근을 파이썬을 활용하여 설명할 뿐이다. 그러나 단단한 기초 없이 그 무엇도 이룰 수 없음을 독자들은 이미 알고 있을 것이다. 이 책을 통하여 데이터 완전 정복을 이루는 첫 발걸음을 시작할 수 있을 것이다.

1-2 데이터 이해하기

데이터를 분석하기 위하여 데이터의 정체성에 대하여 정확하게 이해해야 한다. 데이터가 무엇인지 그 실체를 확인해 보기로 하자.

데이터란?

데이터(data)는 존재적 특성을 가진다. 이는 객관적 사실(fact, raw material)에 근거한다는 의미이다. 처리하기 이전의 데이터는 분석 방법에 따라 결과가 다르게 나타날 수 있다. 따라서 데이터는 다른 객체와의 상호관계 속에서 그 가치를 설명한다. 예를 들어 월별 평균 기온을 매년 계산하여, 앞으로 다가올 날씨의 경향성을 파악할 수 있다. 이렇듯 여러 데이터의 관계를 알아내 의미를 추출하는 것이 곧 데이터 분석이다.

  데이터 유형은 정성적 데이터와 정량적 데이터로 나뉜다. 정성적 데이터(qualitative data)는 언어·문자 등의 비정형 데이터이다. 정성적 데이터 수집을 위해서는 상대적으로 많은 비용과 기술적 투자가 수반된다. 정량적 데이터(quantitative data)는 수치·도형·기호 등의 저장·검색·분석·활동에 용이한 정형 데이터를 말한다. 정량적 데이터는 지식 형성의 중요한 기초이다.

데이터의 진화

데이터(data)는 존재 형식을 불문하고 타 데이터와의 상관관계가 없는 가공하기 이전의 순수한 수치나 기호(raw data)를 의미한다. 데이터를 가공, 상관관계 간 이해를 통해 패턴을 인식하고 의미를 부여한 데이터를 '정보(information)'라 한다. 그다음 정보를 조합하여 상호 연결된 정보의 패턴을 이해하고, 이를 토대로 예측한 결과물이 바로 '지식(knowledge)'이다. 마지막으로 지식의 근본 원리에 대한 깊은 이해를 바탕으로 도출되는 창의적인 아이디어가 비로소 '지혜(wisdom)'가 된다.

이를 나타낸 모형이 그림 1.2의 DIKW 모형이다. 데이터에서 지혜로 갈수록 의미 (Meaning)는 깊어지고, 가치(Value)는 높아진다. 이처럼 우리는 데이터 분석 과정에서 데이터를 가공하여 정보를 추출하는 데에 만족하지 않고, 지식을 쌓고 더 나아가 지혜를 얻을 수 있도록 해야 한다.

그림 1.2 DIKW 모형

📁 Data

DIKW의 가장 하위 단계에 해당하는 데이터(Data)에 대하여 예를 들어 살펴보자.

데이터는 가공되지 않은 사실에 해당한다. 행정안전부에서 제공하는 주민등록 인구 통계 자료는 사실(Fact)을 제공하는 공공데이터에 해당한다. 데이터를 다운로드받은 내용은 그림 1.3과 같다.

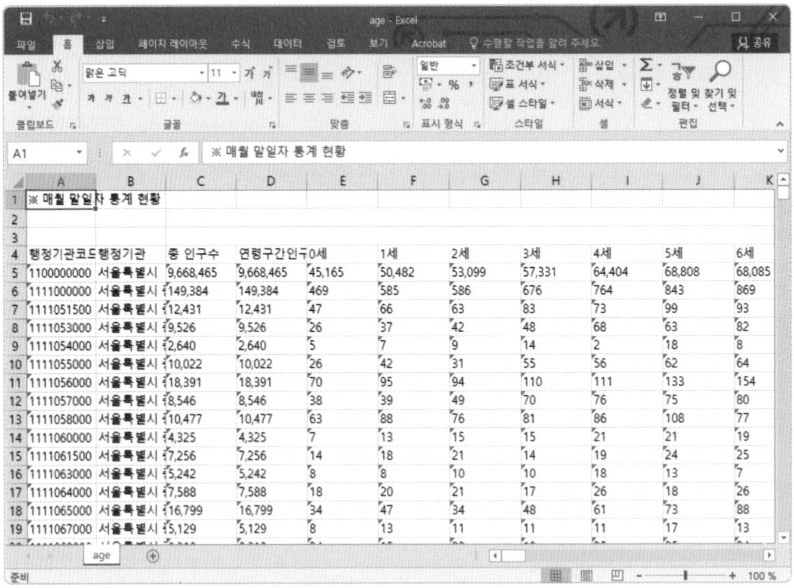

그림 1.3 행정안전부 제공 주민등록 인구 통계

데이터는 단순히 각 특성에 대한 값을 나타내고 있으며 데이터 간의 상관관계 또는 서로 간의 영향력을 확인할 수 없다. 그러나 데이터가 확보되었다면 이제 그다음 단계인 정보의 단계로 진화할 수 있다.

📁 Information
DIKW의 두 번째 단계에 해당하는 정보(Information)는 데이터를 처리하여 도출할 수 있다. 여기서 처리의 개념은 프로그래밍을 통한 데이터 분석의 의미를 뜻한다.

앞서 다운로드받은 데이터를 파이선으로 가공 및 처리하여 도출한 유의미한 정보를 시각화한 내용은 **그림 1.4**와 같다. 주민등록 인구 통계 데이터에서 대치1동 지역의 인구에 대한 분포를 시각화한 내용이다.

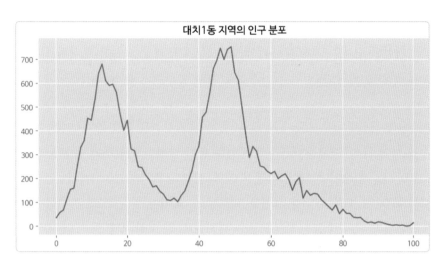

그림 1.4 주민등록 인구 통계 데이터 처리 정보

데이터에서 정보로 진화함에 따라 단순한 수치가 아닌 의미를 전달하고 있다. 이와 같이 정보는 데이터에서 전달하지 못하는 의미를 우리에게 제공한다. 그림 1.4의 그래프에서 확인할 수 있는 정보는 대치1동에는 10대 중반과 40대 초반의 인구가 밀집되어 있다는 사실이다.

🗂 Knowledge

정보에서 지식으로 발전하기 위해서는 다음의 3가지 의미가 부여된다.

- ▷ 상호 연결된 정보 패턴을 이용하여 예측한 결과물이 도출된다.
- ▷ 개인의 경험과 결합된 고유의 지식을 생성한다.
- ▷ 정보를 바탕으로 의사결정에 활용될 수 있어야 한다.

정보(Information) 단계에서 10대, 40대 인구가 대치1동에 유의미하게 밀집되어 있는 것을 확인할 수 있었다. 이제 지식(Knowledge)의 단계로 진화하며 이러한 정보는 중고등학생과 학부모의 관계로 추정할 수 있는 결과가 도출된다. 즉, 학생과 학부모가 대치1동에 확연히 많이 거주하는 지식을 확보하였으므로 이제 이를 위한 의사결정에 활용할 수 있는 것이다.

DIKW의 최상위 단계인 지혜의 단계에서는 더 나은 세상을 위한 창의적 아이디어를 제시할 수 있어야 한다. 이러한 의사결정을 위하여 지식(Knowledge) 단계의 결과물을 반영한다.

중고등학생들과 학부모들이 누릴 수 있는 편의시설을 확충할 수 있는 지혜를 제시할 수 있어야 하며, 중고등학생들의 학업을 위한 학원이 원활하게 운영될 수 있도록 제도적으로 지원해 주어야 하며, 학원 학습 후 밤늦게 귀가하는 학생들의 안전을 위하여 가로등 확대 설치 등 다양한 정책을 제시할 수 있어야 한다. 또한 자녀들을 위하여 열심히 자신의 일에 집중하는 학부모들을 위하여 병원 시설 확충 등의 삶의 질을 높이기 위하여 정책 결정자는 지혜를 발휘해야 한다. 더 나아가 가족 단위로 즐길 수 있는 문화 환경을 조성하여 여가 생활을 누릴 수 있도록 지원하고, 3인 이상의 가족 단위 대상의 주거 시설 확충 또한 결정권자가 고려해야 할 지혜에 해당한다고 볼 수 있다.

이렇듯 더 나은 삶을 보장하기 위하여 DIKW 과정이 필요하며, 그 시작은 데이터이며 진화 과정에서 부가적으로 반드시 필요한 부분이 데이터에 대한 분석으로 확보할 수 있는 정보인 것이다. 데이터가 진화하기 위해서는 데이터 분석이 필수이며, 우리는 데이터 분석 없이 더 나은 세상을 꿈꿀 수 없는 것이다.

인공지능과 데이터

데이터는 지금 이 순간에도 쉬지 않고 기하급수적으로 생성되고 있으나 방대한 양의 데이터를 일일이 유의미한 정보로 전환하기에 인간의 두뇌에 한계가 있다. 그렇기에 우리는 현재 컴퓨팅 자원(CPU, GPU 등)을 이용하여 데이터를 병렬적이게, 굉장히 빠른 속도로 처리하여 무수히 많은 정보를 생성하고 있다. 이렇게 생성된 수많은 정보를 또다시 조합하여 지식을 생성하는 데에는 예측의 과정이 필요하며, 예측은 지능을 통해 이루어진다. 정보 생성과 마찬가지로 사람이 예측을 통한 지식 생성을 전부 담당할 수 없기에, 인간 대신 예측을 수행하는 인공지능(Artificial intelligence, AI)이 발명되었다. 인공지능은 알고리즘을 기반으로 학습을 통해 데이터 속에서 규칙을 찾아내어 모델을 생성한다. 인공지능의 구성 요소 및 데이터와 머신러닝의 관계도는 그림 1.5와 같이 정리가 가능하다.

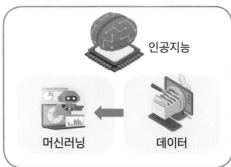

그림 1.5 인공지능의 구성 요소

　　오늘날의 과학은 데이터 중심의 과학이라 할 수 있다. 생활 전반에는 인공지능이, 즉 데이터 과학이 숨쉬고 있으며, 그 영역 또한 확장되고 있다. 그렇기에 데이터 과학의 이해와 이를 실현하기 위해 요구되는 프로그래밍 역량은 현재를 살아가는 세대의 필수 역량이라 할 수 있다. 데이터 중심의 과학을 논하는 경우 인공지능(Artificial Intelligence: AI), 기계학습(Machine Learning), 딥러닝(Deep Learning), 그리고 데이터 사이언스(Data Science) 등 다양한 용어가 등장하게 된다. 이 4가지 주제의 관계도는 그림 1.6과 같이 정리된다.

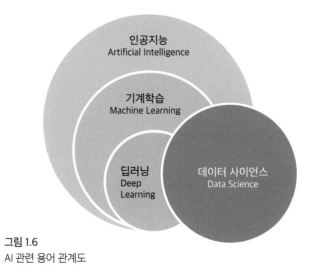

그림 1.6
AI 관련 용어 관계도

인공지능은 언급하였듯이 데이터로부터 시작된다. 인공지능 모델링 과정을 나타내면 그림 1.7과 같다. 요구사항을 바탕으로 적합한 알고리즘을 선택하고, 학습 데이터셋과 테스트 데이터셋으로 구분하여 데이터를 나눈 후, 선택한 알고리즘으로 모델링을 실행하면 그 결과로 AI 모델이 생성된다.

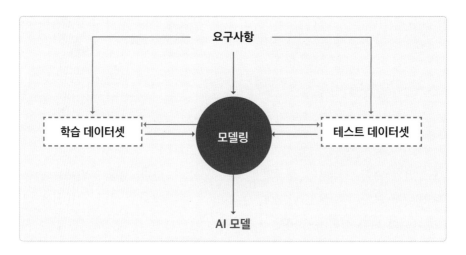

그림 1.7 AI 모델링 과정

모델링 과정에서 확인할 수 있듯이 데이터셋에 의하여 모델이 생성된다. 데이터셋은 수집된 데이터로 생성되므로 데이터가 없다면 기계학습을 실행할 수 없다. 그러므로 광범위하게 정의한다면 데이터와 인공지능은 불가분의 관계라 할 수 있다.

데이터 관련 어록

데이터의 중요성을 강조하고 있으나, 혹여 필자의 개인적 의견은 아닐까 생각할 수 있기에 데이터에 관련하여 언급한 내용들을 살펴보기로 하자.

▸ **팀 오라일리(Tim O'reilly): 오라일리 미디어 창립자**

"데이터를 지배하는 자가 세상을 지배한다."

Who has the data has the power.

▸ **찰스 배비지(Charles Babbage): 최초로 기계식 컴퓨터를 개발한 컴퓨터의 아버지**

"부적절한 데이터 때문에 생기는 오류가 데이터를 전혀 사용하지 않아 생기는 오류보다 훨씬 적다."

Errors using inadequate data are much less than those using no data at all.

▸ **칼리 피오리나(Carly Fiorina): 휴렛패커드 최고경영자**

"목표는 데이터를 정보로, 정보를 통찰력으로 바꾸는 것!"

The goal is to turn data into information, and information into insight.

▸ **제프 와이너(Jeff Weiner): 링크드인(LinkedIn) 최고 경영자**

"데이터는 우리가 하는 모든 일에 힘을 실어준다."

Data really powers everything that we do.

다양한 데이터 관련 어록을 우리는 쉽게 인터넷에서 찾아볼 수 있다. 추가적으로 확인할 수 있는 어록은 다음과 같다.

▸ **Clive Humby: 데이터의 가치에 대하여 언급**

"데이터는 새로운 오일이다."

Data is the new oil.

▸ **John Sculley: 마케팅 분야에서의 데이터 중요성 언급**

"질적 데이터 없이 훌륭한 마케팅 결정을 내릴 수 없다."

No great marketing decisions have ever been made on qualitative data.

▸ **Marissa Mayer: 데이터의 속도감에 관한 언급**

"데이터 수집에서 '빠르면 빠를수록 좋다'는 항상 최선의 답이다."

With data collection, 'the sooner the better' is always the best answer.

▸ **Sherlock Holmes: 모든 것에 기본이 되는 데이터에 관한 언급**

"데이터를 확보하기 전에 이론화하는 것은 큰 실수이다."

It is a capital mistake to theorize before one has data.

▸ **Edward R. Tufte: 모든 것에 우선시되는 데이터에 관한 언급**

"무엇보다 우선 데이터를 보여주세요!"

Above all else, show the data.

데이터 분석 개념

데이터가 무엇인지 그 정체성과 가치가 이해되었다면, 이제 데이터 분석에 대한 이해에 도전해 보기로 하자.

데이터 분석이란?

데이터 분석은 원시 데이터(raw data)로부터 유의미한 정보(information)을 만들어내기 위한 분석 작업이다. 처리(Processing) 과정에서 파이선 등을 활용한 프로그래밍 역량이 요구되므로 데이터 분석을 위해서는 소프트웨어 리터러시가 필수적으로 요구된다. 원시 데이터로부터 정보를 생성하는 개념은 그림 1.8과 같이 도식화된다.

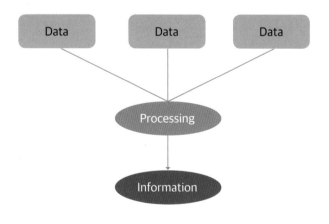

그림 1.8 데이터로부터 정보 생성

처리(Processing)를 위한 프로그래밍이 필수이므로 이 책에서는 데이터 분석 관련하여 파이썬 예시 코드를 가급적 최대한 많이 제공하고자 한다. 단순히 이론적 개념에서 머무는 것은 실질적 데이터 분석이 될 수 없으므로 단계별로 제공되는 파이썬 코드를 이해하고 스스로 코딩하는 것이 중요하다.

데이터 분석 과정

데이터 분석 과정은 그림 1.9와 같이 크게 다섯 단계로 이루어진다.

그림 1.9 데이터 분석 과정

먼저 데이터 종류, 분석 방법을 결정하는 등의 계획 단계인 데이터 분석 설계 단계로 시작된다. 데이터 분석 설계를 위해서는 어떠한 데이터를 가지고 어떤 방향으로 분석할 것인지 '문제 정의'가 요구된다. 그다음 두 번째 단계는 분석 설계를 바탕으로 실행되는 '데이터 준비' 단계이다. 데이터 준비 단계에서는 분석을 위해 적절한 데이터를 수집한다. 데이터가 수집되어 준비되었다면, 세 번째 단계로 분석할 만한 가치를 판단하여 '데이터를 가공'한다. 이 과정에서는 다각도로 데이터를 관찰하고 이해하는 탐색적 데이터 분석(Exploratory Data Analysis: EDA)이 사용된다. 이렇게 정제된 데이터가 완성되었다면 비로소 네 번째 단계인 '데이터 분석' 단계를 진행한다. 데이터 분석 단계에서는 다양한 방법이 활용될 수 있으며, 자세한 내용은 책의 내용을 따라 가면서 학습할 수 있다. 다섯 번째는 데이터 분석을 통해 얻어낸 결론을 도출할 수 있는 마지막 단계다. 결론 도출은 텍스트 기반의 데이터로 도출하기 어려우므로 일반적으로 시각화 기법이 요구되며, 시각화로 이해되는 내용을 기반으로 결론을 도출한다. 또한 시각화 자료는 해당 데이터에 관심을 가지는 사람들에게 쉽게 공유될 수 있도록 하여 그 가치를 극대화할 수 있다.

데이터 분석을 위한 통찰력

데이터를 바라보는 관점은 중요하다. 가장 먼저 데이터가 본래 타고난 **성향의 관점**을 이해해야 분석이 가능하다. 해당 데이터가 갖는 성향을 파악하고, 이를 기반으로 판단해야 한다. 가령 암 진단 데이터를 제대로 분석하기 위해서는 의학 분야에 무지한 사람보다 해박한 사람이 분석을 맡아야 한다.

다음으로 과거의 행동에 따라 미래를 유추해 판단하는 **행동의 관점**을 가져야 한다. 과거의 경제 관련 데이터를 분석하여 물가와 인플레이션 간의 관계를 알아차리는 것이 행동의 관점을 적절하게 갖춘 사례에 해당한다.

마지막으로 여러 상황을 분석해 앞으로의 상황과 맥락을 예측하는 **상황의 관점**이 있다. 대지진 발생 여부를 지층 데이터, 예진(豫震) 등을 통해 미리 예견하고 대비하는 것을 예로 들 수 있다.

위의 내용에 비추어 볼 때 데이터 분석은 단순한 프로그래밍 과정이 아닌 데이터에 대한 통찰력을 적용할 수 있는 융합적 문제해결 능력에 해당하는 것을 알 수 있다.

데이터 분석으로 무엇을 할 수 있을까?

데이터 분석의 개념이 이해되었다면 이러한 데이터 분석이 어떤 분야에서 활용될 수 있는지 생각의 폭을 넓힐 수 있어야 한다. 각 분야별로 다양한 목적에 의하여 수많은 데이터 분석이 진행될 수 있다. 본 내용에서는 일반적으로 관심을 가질 수 있는 데이터 분석의 활용 분야를 검토해 보기로 하자.

📁 빅데이터 분석

빅데이터로 수집된 다양한 데이터에 대한 분석을 진행할 수 있다. 예를 들어 빅데이터로 수집된 데이터가 텍스트 기반의 데이터인 경우, 데이터가 포함한 단어들의 빈도수 분석을 통하여 가장 많이 언급된 단어에 대한 분석을 실행할 수 있다. 빈도수 분석에서는 이미 보편적으로 사용되고 있는 워드 클라우드가 시각화 기법으로 적용될 수 있다.

빅데이터에 해당하지는 않지만 텍스트 형태로 저장된 노래 가사에 등장한 단어 빈도수를 분석하여 워드 클라우드를 제시하는 예제는 다음과 같다. 에릭 클랩튼(Eric Clapton)의 노래《Tears in Heaven》가사는 다음과 같다.

```
Would you know my name
If I saw you in heaven?
Would it be the same
If I saw you in heaven?
I must be strong and carry on
'Cause I know I don't belong here in heaven
Would you hold my hand
If I saw you in heaven?
Would you help me stand
If I saw you in heaven?
I'll find my way through night and day
'Cause I know I just can't stay here in heaven
Time can bring you down, time can bend your knees
Time can break your heart, have you begging please, begging please
Beyond the door there's peace I'm sure
And I know there'll be no more tears in heaven
Would you know my name
If I saw you in heaven?
Would it be the same
If I saw you in heaven?
I must be strong and carry on
'Cause I know I don't belong here in heaven
```

이와 같은 텍스트에 대하여 빈도수를 분석하고 빈도수가 높은 단어가 더 큰 크기로 표시되는 워드 클라우드는 그림 1.10과 같이 시각화될 수 있다.

그림 1.10 《Tears in Heaven》 가사의 워드 클라우드

그림 1.10에서 볼 수 있듯이 단순히 하나의 방법으로만 생성하는 것이 아니라 다양한 방법으로 워드 클라우드를 생성할 수 있다. 포함한 텍스트 내용에 적절한 모양을 선택하여 시각화하는 것도 데이터 분석 통찰력의 일부가 될 수 있다.

📁 공공 데이터 분석

데이터 이해하기에서 검토한 행정안전부가 제공한 주민등록 인구 통계 데이터를 활용하여 특정 지역의 연령별 인구 분포를 분석한 파이선 프로그램은 다음과 같다.

```
1   import numpy as np
2   import csv
3   f =open('age.csv')
4   data = csv.reader(f)
5   next(data)
6   name = input('인구 구조가 알고 싶은 지역의 이름을 입력해주세요 : ')
7   for row in data :
8       if name in row[0] :
9           home = np.array(row[3:], dtype = int)
10
11  import matplotlib.pyplot as plt
12  plt.style.use('ggplot')
13  plt.figure(figsize = (10,5), dpi=300)
14  plt.rc('font', family ='Malgun Gothic')
15  plt.title(name +' 지역의 인구 구조')
16
17  plt.plot(home)
18  plt.show()
```

```
인구 구조가 알고 싶은 지역의 이름을 입력해주세요 :
|
```

제시된 프로그램의 내용을 지금 이해하지 못한다고 좌절할 필요는 없다. 이 코드가 우리가 이 책을 통하여 앞으로 학습할 내용이므로 기대감을 가지고 도전 정신으로 이 책을 학습하면서 데이터 분석에 더 한걸음 다가갈 수 있기를 바란다.

제시된 프로그램을 실행하면 하단에 표시된 박스를 통하여 키보드 입력을 기다리게 된다. 이때 '대치1동'을 입력하는 경우 앞에서 확인했던 내용과 같이 그림 1.11의 내용을 확인할 수 있다.

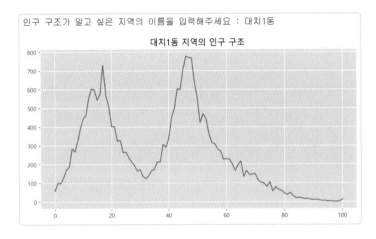

그림 1.11
공공데이터 분석의
시각화

📋 통계 분석 및 상관관계 분석

앞으로 이 책에서 다룰 데이터 분석을 위한 pandas에 대하여 학습하게 되면, 데이터 프로파일링에 대하여 이해할 수 있게 된다. 데이터 프로파일링을 실행하면 데이터에 대

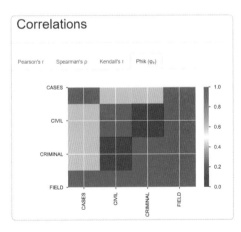
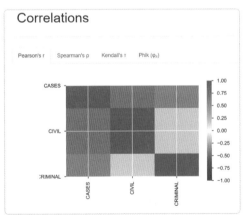

그림 1.12 상관관계 분석의 예

한 간단한 통계 분석과 데이터 간의 상관관계 분석을 확인할 수 있다. 그림 1.12는 민법(civil)과 형법(criminal) 간의 Pearson 상관관계와 Phik 상관관계를 도출한 내용이다.

그림 1.12에서 확인할 수 있듯이 민법과 형법은 상관관계가 없다. 이와 같이 데이터 간의 상관관계를 한눈에 확인할 수 있는 시각화 작업이 데이터 분석으로 가능하다.

📁 데이터 사이언스

공공데이터 분석에서 검토한 행정안전부가 제공한 주민등록 인구 통계 데이터를 통하여 특정 지역의 인구 분포와 유사한 다른 지역을 검색하고 인구 분포 내용을 시각화할 수 있다. 예를 들어 혜화동의 인구 분포와 유사한 인구 분포를 가지는 지역을 검색하여 데이터를 비교하는 내용의 결과를 그림 1.13에서 확인할 수 있다.

재미있는 사실은 입력으로 제시된 혜화동과 추출된 4개의 지역은 모두 대학가가 존재하는 지역이라는 점이다. 대학교가 있으므로 20대의 인구가 높게 나타나는 양상을 띄고 있음을 시각화 자료에서 한눈에 확인할 수 있다. 이렇듯 원시 데이터를 기반으로 데이터를 분석하였을 때 우리는 데이터가 가지고 있는 특성들을 시각화를 통하여 한눈에 확인할 수 있으며, 데이터가 가지고 있는 패턴을 통하여 데이터에 대한 통찰력을 키울 수 있다.

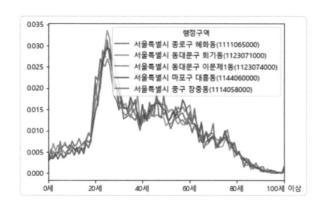

그림 1.13
혜화동과 유사한 인구 분포
분석 결과

📁 웹 크롤링(Web Crawling)

데이터 분석에서 많이 사용되는 데이터는 웹에 존재하는 데이터일 수 있다. 이런 경우를 위한 데이터 분석에서는 웹 크롤링이 적용된다. 웹 크롤링의 정확한 용어는 웹 스크래핑이며 자세한 내용은 3장 데이터 수집 부분에서 확인할 수 있다. 다양한 웹 데이터를 활용할 수 있지만, 특정 영화의 관객 수를 분석하는 예제를 검토하기로 하자. 영화 데이터를 제공하는 다음(daum) 사이트에서 영화 〈인크레더블 2〉의 총 관객 수를 확인하는 코드는 다음과 같다.

```python
import urllib.request
from bs4 import BeautifulSoup
import json
url = 'http://movie.daum.net/moviedb/main?movieId=117020'

def get_all():
    with urllib.request.urlopen(url) as response:
        html = response.read()
        soup = BeautifulSoup(html, 'html.parser')
        print(soup.title.string)
        print(soup.p)
        print(soup.find_all('b'))
        print('=========== END OF HTML SOURCE ===========\n')

def total_audience(movieId):
    # Get Total Audience via AJAX using javascript
    url = "http://movie.daum.net/moviedb/main/totalAudience.json?movieId=" + str(movieId)
    response = urllib.request.urlopen(url)
    json_data = response.read()
    data = json.loads(json_data.decode('utf-8'))
    print('Total Audience of  인크레더블 2 : ', data['totalAudience'])

if __name__ == '__main__':
    get_all()
    total_audience(117020)
```

다음 사이트에서 〈인크레더블 2〉에 부여한 영화 아이디는 117020이다. 파이선 코드에 익숙한 독자라면 코드를 읽으며 어떻게 처리하고 있는지 이해할 수 있을 것이다. 물론 아직 파이선에 익숙하지 않다면 코드가 이해되지 않을 것이다. 그러나 3장 데이터 수집에서 웹 크롤링 방법에 대하여 자세하게 학습하므로 걱정할 필요는 없다. 위의 프로그램을 실행하면 실행한 날까지 〈인크레더블 2〉를 관람한 관객 수를 확인할 수 있을 것이다.

📑 **시각화**(Visualization)

데이터 분석에서 결과 도출을 위하여 시각화가 적용된다고 데이터 분석 과정에서 언급하였다. 시각화는 라이브러리에서 제공하는 그래프 종류로 진행될 수 있지만, 직접 파이선으로 코딩하여 작성할 수 있다. 그림 1.14는 설문 기반으로 수집된 데이터를 활용하여 수업 성취도에 대한 3D 시각화 자료 분석 내용을 직접 파이선 코딩한 결과이다.

그림 1.14에서 가장 왼쪽에 있는 그래프는 컴퓨팅사고 관련 수업을 수강하기 이전의 데이터 처리에 대한 컴퓨팅사고 능력과 수업에 대한 긍정적 인식에 대한 결과이며, 가운데는 1개 학기 수업을 수강한 이후의 결과이고, 가장 오른쪽에 있는 그래프는 2개 학기 수업을 수강한 이후의 결과이다. 그래프에서 확인할 수 있듯이 2개 학기 수업을 수강한 학생들의 데이터 처리에 대한 사고 능력이 월등히 성장한 것을 확인할 수 있다.

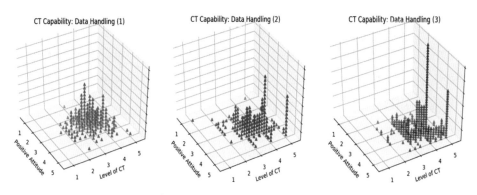

그림 1.14 파이선 코딩을 통한 3D 시각화 자료

📑 문장 분석

데이터 분석의 중요 부분이 자연어 처리(Natural Language Processing: NLP)이다. 앞에서 확인한 워드 클라우드에서는 단순히 단어를 구분하여 빈도수를 분석하였다. 그러나 자연어 처리 분야에서는 사용된 단어의 문장에서의 역할 등 다양한 어문학적 분석이 추가된다. 다음은 문장에 사용된 단어의 용도(Part of Speech) 분석을 위한 파이선 코드이다.

```python
from nltk import word_tokenize
from nltk import pos_tag

sentence = "It was always hard for me to shine and try to immortalize my name."

tokens = word_tokenize(sentence)
print(tokens)
```

```
tagged = pos_tag(tokens)
print('\n=== Part of Speech ==\n', tagged)
```

위의 코드를 실행한 결과는 다음과 같다.

```
['It', 'was', 'always', 'hard', 'for', 'me', 'to', 'shine', 'and', 'try', 'to', 'immortalize', 'my', 'name', '.']

=== Part of Speech ==
 [('It', 'PRP'), ('was', 'VBD'), ('always', 'RB'), ('hard', 'RB'), ('for', 'IN'), ('me', 'PRP'), ('to', 'TO'), ('shine', 'V
B'), ('and', 'CC'), ('try', 'VB'), ('to', 'TO'), ('immortalize', 'VB'), ('my', 'PRP$'), ('name', 'NN'), ('.', '.')]
```

실행 결과를 통하여 제시된 문장에서의 각 단어들의 문장 안에서의 용도가 무엇인지 확인할 수 있다. 이렇듯 본인의 전공이 어문학 계열이라 하여도 데이터 분석은 더 이상 소프트웨어 전공자들만의 영역이 아니라 자신의 전공 영역에서도 필수적으로 요구되는 영역임을 확인할 수 있다.

📁 인공지능

이외에 다양한 인공지능분야에서 데이터 분석을 활용할 수 있다. 데이터 분석 활용 예는 다음과 같다.

▸ **주택 가격 예측**

단순히 주택 가격 관련 데이터 분석이 아닌 전반적인 물가 동향 및 경제 상황 등을 고려하여 복합적 문제해결을 통하여 주택 가격을 예측할 수 있다. 물론 예측할 수 없는 데이터 개입으로 주택 가격의 예측에 실패할 수 있음을 잠정적으로 반영할 수 있어야 한다.

▸ **심장병 발생 가능 여부**

병원에서는 다양한 환자들의 상태를 통하여 어떤 증상이 있을 때 심장병 발생 가능성이 높아지는 것을 알고 있다. 이러한 데이터들을 토대로 진단하고 있는 환자의 상태가 심장병 발생 가능 여부가 어느 정도인지 분석하여 환자의 건강도 확보하고 또한 환자들의 증가로 인한 사회적 비용 지출이 올라가지 않도록 미리 예방 방안을 찾기 위하여 데이터 분석을 활용할 수 있다.

▶ TV 광고가 제품 판매에 미치는 영향

TV 광고는 많은 비용과 노력이 요구된다. 그러한 TV 광고 효과가 제품 판매에 어떤 영향을 미치는지 모든 광고주는 관심이 클 수밖에 없다. 또한 방송사에서도 광고 효과에 따라 광고비를 책정할 수 있으므로 광고주와 방송 관계자 모두에게 필요한 데이터 분석 활용 분야에 해당한다.

▶ 와인의 가격·맛 상관관계

이미 많은 데이터 분석가들에 의하여 와인의 가격과 맛은 상관관계가 없다고 확인되었다. 그 이유는 와인의 맛을 선호하는 기준이 소비자의 취향에 따라 너무나 주관적이기 때문이다. 그러면 와인의 가격은 어떻게 산정해야 되는 것일까? 적절한 와인 가격은 얼마인가? 이러한 내용들을 위하여 다양한 데이터 분석이 진행될 수 있으며 이러한 데이터 분석 결과를 토대로 합당한 가격을 책정할 수 있다.

▶ 부모와 자식 간 키 상관관계

TV에서 부모의 키를 통하여 자식의 키를 예측할 수 있으며, 성장판이 닫히기 전에 아이의 키가 예측 키보다 더 자랄 수 있도록 다양한 제품을 판매하기도 한다. 부모의 키는 원시 데이터에 속하며, 이를 근거로 자식의 키를 예측할 수 있는 것도 데이터 분석을 활용한 우리 실생활 속의 예이다.

▶ 흡연이 건강에 미치는 영향

우리는 모두 흡연이 몸에 나쁘다는 것을 알고 있다. 그러나 이것을 증명하기 위하여 흡연자들의 건강 데이터를 근거로 발생되는 다양한 병들에 대한 결과를 데이터 분석을 통하여야 제시할 수 있어야 금연에 대한 설득력이 높아질 것이다. 당연히 담배 제조사 측에서도 건강에 미치는 영향을 분석하여 악영향을 줄이는 방법을 연구하여 흡연자들의 피해를 최소화할 수 있도록 노력해야 한다. 결국 모든 것이 데이터 분석을 통하여 우리 삶에 영향력을 미치는 것이다.

▶ 주식 투자 적정 시기 예측

만약 주식 투자 적정 시기를 정확하게 예측할 수 있는 데이터 분석 방법이 존재한다면 세상 모든 사람들이 주식을 통해 부자가 될 것이다. 다시 말하여 주식 투자 적정 시기를 잘 예측하지 못하는 것을 역설적으로 증명해주는 것이다. 그렇다면 왜 주식 투자 적정 예측 분석을 해야 하는 것일까? 주어진 환경에서 최대한 안정적으로 투자할 수 있는 방법이 필요하기 때문이다. 증권사에서 지속적으로 데이터를 분석하면 예측 결과가 점점 개선되어 언제가는 주식 투자 적정 시기를 정확하게 예측할 수 있는 날이 올 수 있지 않을까 기대해본다.

▶ 사물 인식

자율 주행차는 사물을 인식할 수 있기 때문에 주행이 가능하다. 사물을 인식하고, 해당 사물에 대한 반응을 적절하게 할 수 있어야만 자율 주행을 할 수 있다. 이렇듯 센서 기능의 고도화로 사물에 대한 인식을 통한 데이터 분석 영역이 확대되고 있다. 사물 인식은 단순히 비전으로만 국한되는 것이 아니라, 사운드, 언어 등 사물이 생성하는 다양한 데이터에 대한 인식을 데이터로 수집하여 분석한 뒤 다양한 예측과 적절한 반응을 할 수 있다.

▶ 계절별 특정 의류 판매량 예측

의류 제조 업체에서 필수적으로 필요한 데이터 분석 활용 영역이다. 아무리 예쁘고 멋진 옷을 디자인하여 판매하여도, 해당 계절의 특성과 시대적 상황에 따른 삶의 특징 등 다양한 요소가 배제된다면, 판매가 저조할 것이다. 가령 유난히 비가 많이 오는 여름이라면 어떤 옷이 더 소비자에게 많이 팔릴 것인지 분석하여 대비하여야 한다. 또는 정치·경제 상황 등이 침체되었을 때 소비자들이 어떤 색상의 어떤 디자인을 선호하는지 당연히 의류 제조업체는 분석하고 대처해야 기업 이익을 극대화할 수 있다.

이와 같이 다양한 분야에서 데이터 분석이 요구된다. 데이터 분석에서 머물지 않고 인공지능의 영역으로 확장한 것은 데이터 분석을 통하여 예측하고, 분석의 결과에 따라 적절한 대응책을 제시할 수 있는 지혜가 요구되는 분야들이 인공지능에 해당하기 때문이다.

데이터 분석은 결국 인공지능을 통하여 여러 가지 문제해결을 하기 위한 기본적인 요소이다. 여러분이 문제해결을 하며 더 나은 미래를 향하여 나가고 싶다면, 이 책을 계속 학습하여 데이터 분석을 적용하며 자신의 삶에 도전할 수 있기를 진심으로 응원한다.

2장

데이터 이해와 활용

2-1 빅데이터 이해

빅데이터의 개념

빅데이터(Big Data)는 방대한 양의 데이터를 가리켜 이르는 말이다. 해당 용어를 처음 접한다면 빅데이터를 정의하게 된 배경과 이 정의 속 '방대한 양'이 도대체 어느 정도 인지, 정확히 무엇을 빅데이터라고 부를 수 있으며, 어디에 사용되는 것인지 궁금할 것이다. 지금부터 이 질문에 대한 답을 알아가며 빅데이터를 이해해 보도록 하자.

지금은 빅데이터 시대

빅데이터가 무엇인지 알아보기 전에 디지털 정보량에 따른 시대의 흐름에 대하여 알아보자. 1970년대만 하더라도 개인 컴퓨터를 사용하는 사람은 극히 드물었다. 일반적으로 메인프레임 컴퓨터를 사용했다. 1980년대에서 1990년대에 들어서야 1인 1PC, 즉 가정 내 컴퓨터 사용이 보편화된 PC 시대로 도입하였다. 이때 등장한 용어가 바로 WWW(World Wide Web)이다. WWW란 전 세계가 마치 그물과 같은 통신'망'으로 연결되어 있다는 것을 의미한다. 그 후 2000년대 초반에서 2010년은 통신이 급속도로 발달하는 인터넷/모바일 시대에 이르렀다. 이 시기에 SNS(Social Network Service)가 시작되었다. 페이스북(Facebook)은 하버드 대학생들의 학교 커뮤니티에서 시작하여 그 사용자가 세계로 확장된 대표적인 SNS이다. 2010년 후반부터 현재는 빅데이터 시대이다. 사물정보통신과 인공지능이 키워드로 등장하며 디지털 정보량이 이전과 비교할 수 없을 만큼 기하급수적으로 증가하게 되었다. 이러한 데이터 증가 단계는 그림 2.1에서 확인할 수 있다.

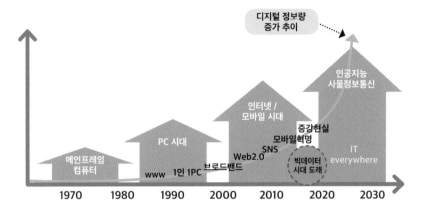

그림 2.1 데이터 증가 추이

출처: 한국정보화진흥원, '新가치 창출 엔진, 빅데이터의 새로운 가능성과 대응 전략'

산업혁명 이해하기

빅데이터로 인하여 지능정보기술 기반 지능정보사회가 현실이 되었다. 18세기 1차 산업혁명으로 증기기관이 등장함으로써 농경이 주를 이루던 사회에서 공장화, 기계화로 변화되기 시작하였다. 이후 2차 산업혁명 시기에 전기 에너지를 기반으로 대량 생산이 가능하게 되면서 산업혁명이 가속화되었다. 20세기 후반에 컴퓨터와 인터넷이 발명되며 3차 산업혁명, 즉 지식 정보 혁명이 시작되었다. 앞서 1장에서 알아보았던 DIKW 모형을 떠올려 보자. 데이터(Data)는 프로그래밍을 통해 정보(Information)로 발전되고, 다시 정보는 데이터 과학적 역량을 토대로 지식(Knowledge)으로 변화한다. 지식에서 지혜(Wisdom)로 정제되기 위해서는 창의적 사고력이 요구된다. 이렇게 데이터는 정보, 지식, 지혜로 정제될수록 그 가치가 더욱 깊어진다.

우리가 주목해야 할 것은 3차 산업혁명에서 이미 인터넷이 등장하지만, 이 시기에는 '지식' 정보 혁명에 그쳤다는 사실이다. 그 후 2차 정보 혁명이라고도 하는 4차 산업혁명에서 지능 정보 기술이 등장한다. 지능 정보 기술은 각각 지능 기술과 정보 기술로 나뉜다. 먼저 지능 기술은 인공지능을 말한다. 정보 기술은 IoT(Internet of Thing: 사물인터넷), 클라우드 컴퓨팅, 빅데이터, 모바일 등의 주요 키워드를 가진다. 해당 개념은 독립되어 각각 존재하지 않고, 모두 연결되어 하나의 기술로 이해할 수 있으며, 함께 발전하는 분야이다. 사물인터넷의 등장으로 끝없이 쏟아지는 데이터들을 저장하는 공간이 바로 클라우드 컴퓨팅이다. 이렇게 저장된 데이터가 바로 빅데이터이고, 이를 활용해 인공지능을 학습하고 결과를 도출한다. 마지막으로 이러한 기술들을 실현하는 공간, 네트워크 환경이 모바일이다. 이러한 산업혁명의 발자취는 그림 2.2와 같다.

그림 2.2 산업혁명의 발전 출처: 미래창조 과학부 블로그

빅데이터 개념의 시작

데이터는 정보의 바다에서부터 시작하여 정보의 홍수, 정보의 폭발을 지나 현재는 빅데이터에 이르기까지 그림 2.3과 같이 정보 단계는 빠른 속도로 진화해왔다. 빅데이터는 단순히 데이터를 수집하는 목적이 아닌 데이터를 통하여 정보를 얻고자 하는 목적이 있음을 깨달아야 한다. 즉, 데이터를 처리할 수 있을 때 빅데이터의 가치가 빛을 발할 수 있는 것이다.

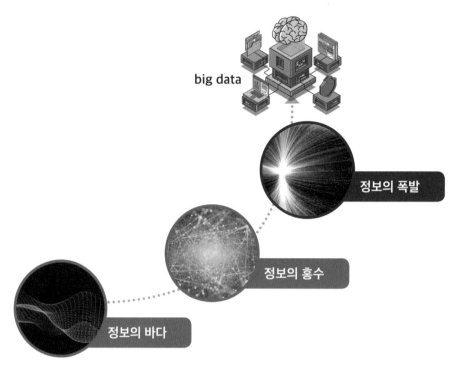

그림 2.3 빅데이터를 위한 정보 단계의 진화
출처: 한국정보화진흥원, '新가치 창출 엔진, 빅데이터의 새로운 가능성과 대응 전략 '

빅데이터 요소

이전에는 빅데이터를 3V, 즉 3요소로 나타내어 설명했다.

▸ **데이터의 양(Volumn)**: 빅데이터는 말 그대로 엄청난 양의 데이터로 이루어져 있다.

▸ **데이터의 다양성(Variety)**: 구조화(structured)된 정형 데이터만 다룰 수 있던 과거와 달리, 태그(Tag)를 통하여 데이터의 형식을 정의할 수 있는 반정형(semi-structured) 과 음성 또는 동영상과 같이 비정형(unstructured)인 다양한 데이터를 다룰 수 있다.

▸ **데이터의 속도(Velocity)**: 단순히 빠른 처리가 아닌 데이터가 생성된 직후 실시간으

로 데이터를 평가하고 처리할 수 있어야 한다. 일주일 지난 데이터는 이미 가치가 떨어지므로 빠른 처리를 할 수 없다면 빅데이터의 의미가 없는 것이다.

요즘에 와서는 이전의 3V에서 2가지의 V를 추가하여 5V로 빅데이터를 설명하고 있다. 정확성(Veracity)과 가치(Value)가 바로 그것이다. 빅데이터는 매우 정확하며 신뢰할 수 있어야 한다. 이러한 신뢰를 바탕으로 한 빅데이터를 사용하여 가치 있는 결과물 즉, 정보를 만들어낼 수 있어야 한다.

5V 데이터가 가능한 이유

빅데이터의 5V가 가능하기 위해 어떠한 기술들이 힘쓰고 있는지 알아보자. 먼저 사물인터넷(IoT, Internet of Things)을 기반으로 방대한 양의 데이터를 생성한 후, 이를 저장하기 위하여 클라우드 컴퓨팅(Cloud Computing) 기술을 사용한다. 클라우드 컴퓨팅은 컴퓨팅 자원에 대한 On-Demand Availability를 지원하여 적재적소에 필요한 컴퓨팅 자원을 제공한다. 이러한 데이터를 바탕으로 인공지능(AI, Artificial Intelligence)이 스스로 학습하여 결과를 도출해낸다. 이 모든 과정을 실현하기 위해서는 컴퓨터 기반 처리를 담당하는 소프트웨어(SW: Software)와 방대한 데이터를 초고속으로 주고받을 수 있도록 하는 5G(5th Generation) 기술이 뒷받침되어야 한다.

빅데이터의 역할

빅데이터의 역할은 미래사회의 특징과 연계되어 있다. 미래는 불확실하기에 우리는 미래에 벌어질 일들을 하나도 단언할 수 없다. 그러나 빅데이터를 기반으로 현실 세계의 패턴을 분석하여 미래사회의 다양한 가능성을 확인하고, 시뮬레이션을 제공함으로써 다각적인 상황이 고려된 통찰력과 유연성을 확보할 수 있다. 또한 빅데이터는 미래에 발생할 수 있는 리스크에 대한 대응력을 키울 수 있도록 한다. 예를 들어 환경,

소셜 데이터 등을 분석하여 이상 징후를 감지하고 빠르게 해당 상황을 분석하여 실시간으로 의사결정을 지원함으로써 국가, 기업 경영의 투명성을 제고함과 동시에 비용 절감도 할 수 있다. 미래에는 수많은 직업이 인공지능으로 대체되거나 사라지는 등 무서운 속도로 발전하는 기술로 더욱 스마트해질 것이다. 그렇기에 현재에 안주하지 않고 빠르게 변하는 사회에 발맞춰 자신만의 경쟁력을 키우는 것이 중요하다. 빅데이터는 이를 위해 상황인지, 인공지능 기반의 신규 서비스 창출과 차세대 사업 모델 발굴에 도움을 주고, 트렌드 분석을 통하여 기업 경쟁력을 확보할 수 있도록 한다. 마지막으로 미래는 융합의 시대이다. 따라서 빅데이터와 타 분야 간 결합을 통해 새로운 지식을 발견함으로써 창조적인 문제해결 능력을 기를 수 있을 것이다.

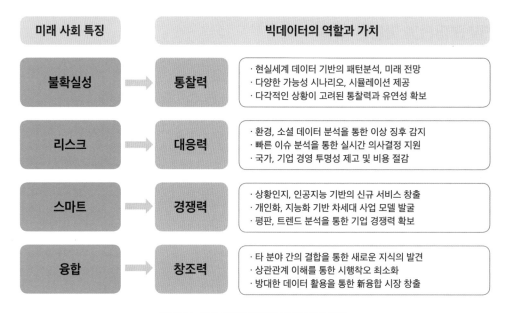

그림 2.4 미래사회의 특징과 빅데이터의 가치

데이터 분석과 빅데이터의 연관성

빅데이터 활용을 위해서 데이터 분석은 필수이다. 빅데이터를 활용하기 위해서 데이터 생성, 데이터 수집, 데이터 저장, 데이터 분석, 데이터 활용 등 총 다섯 단계를 진행한다. 생성된 데이터를 수집하기 위한 데이터 수집 단계에서는 스스로 분석하고자 하는 주제에 맞는 데이터를 수집할 수 있어야 한다. 원하는 데이터가 수집되었다면, 이제 자신의 목적에 맞게 사용하기 위하여 컴퓨터 환경에 저장해야 한다. 데이터를 분석하고 활용하는 단계에서 중요한 키워드는 시각화이다. 우리는 수치 데이터가 뜻하는 의미를 쉽게 이해하기 어렵다. 이러한 데이터들의 관계를 시각화한다면, 데이터가 나타내는 관계성과 의미를 쉽게 파악할 수 있기 때문이다. 시각화를 통하여 정확한 데이터 분석이 이루어졌다면, 데이터가 정보로, 정보가 지식으로 진화하고, 마지막 데이터 활용 단계에서 지혜가 생성되는 것이다.

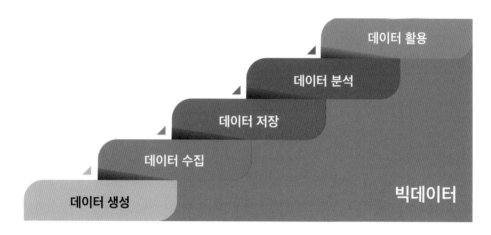

그림 2.5 빅데이터의 데이터 분석 과정

빅데이터 분석 방법

빅데이터 분석 방법은 크게 네 가지로 분류할 수 있다.

▸ **통계 분석**: 통계 기법에 의한 기본적인 분석 방법이다.

▸ **데이터 마이닝 분석**: 방대한 양의 데이터 속에서 숨겨진 유용한 패턴을 추출해 데

이터의 의미를 찾는 분석 방법이다. 세부적으로는 인공지능 기법에 해당하는 분류, 군집, 연관 등이 있다.

▸ **예측 분석**: 인공지능 기법을 적용하여 학습시킨 후 예측하여 분석하는 방법이다.

▸ **최적화 분석**: 빅데이터를 통한 결정 가치를 극대화하기 위하여 인공지능 알고리즘을 활용하는 빅데이터 분석 방법에 해당한다.

이러한 다양한 분석 방법을 통합적으로 적용하여 빅데이터 분석의 가치를 극대화할 수 있다.

빅데이터 활용 사례

🗂 아마존(Amazon)

아마존은 예측 분석을 사용해 고객의 이전 주문 기록 등을 분석하여 생필품을 주문하기 이전에 미리 주문 여부를 예측하여 배송을 지원하는 시스템을 갖추고 있다. 또한 고객이 자주 구입하는 물품을 분석하고, 관심 물품으로 예측되는 신상품에 대하여 개개인에 최적화된 배너 광고를 게시한다. 이뿐만 아니라 경쟁 업체의 가격 정보를 10분마다 분석해 자사 물품 가격을 최적화하여 고객을 유치한다. 이처럼 아마존은 빅데이터 분석을 통해 고객 만족도를 향상시키기 위해 노력한다.

🗂 자라(Zara)

패션 브랜드 자라는 광고를 하지 않는다. 광고 없이도 잘 팔 수 있다는 자신감을 가지는 이유와 실제로 굳건히 살아남을 수 있었던 비결은 바로 빅데이터이다. 자라는 판매량 등에 따라 물류량을 조절하는 등 효율적인 물류 배송을 통해 재고를 관리한다. 또한 모든 옷에 RFID(Radio-Frequency identification, 주파수를 이용해 ID를 식별하는 전자태그) 태그를 부착함으로써 고객들이 가장 많이 입어보는 옷, 가장 많이 팔리는 옷, 반응이 나쁜 옷 등을 분석하여 고객이 원하는 옷을 제공할 수 있도록 한다.

📂 스타벅스(starbucks)

스타벅스 매장은 가까운 거리에 여러 개 있어도 망하지 않는다는 말이 있다. 빅데이터를 통해 지역 인구 통계, 유동 인구, 교통 패턴 등 철저히 상권 분석을 진행한 후 최상의 입점 위치를 선정해 매장을 열기 때문이다. 또한 개별 고객의 취향을 분석하여 그에 맞는 신메뉴를 개발해 추천하고, 방문 예상 시간을 관리하는 등 소비자 정보를 수집해 분석한다.

📂 서울시 정책 결정: 심야버스

서울시는 심야버스 노선을 결정하는 데 빅데이터 분석을 사용한다. 스마트폰 기지국 데이터, 사람들의 이동 패턴 분석 데이터, 이용자가 몰리는 지역 등을 분석해 노선을 결정했다.

그림 2.6
심야버스 정책 결정을 위한
빅데이터 분석

2-2 다양한 공공데이터

공공데이터

공공데이터란 공공기관이 전자적으로 생성 또는 취득하여 관리하는 데이터를 총칭하는 용어이다. 공공데이터는 전자화된 파일로 이루어져 있다. 공공데이터는 개방 데이터라는 특징이 있으므로 공공기관은 이용자에게 데이터를 자유롭게 재활용할 수 있도록 제공하여 정보를 상업적, 비영리적으로 이용할 권한을 부여한다. 공공데이터를 제공함으로써 공공정보의 개방과 공유를 통한 정부와 국민 간 소통과 협력을 이루어 나가며, 이를 통하여 데이터 가치 창출을 지원한다.

공공데이터 활용 사례

공공데이터는 다양한 분야에서 제공되고 있으며, 대표적인 활용 사례는 다음과 같다.

📁 실시간 교통 정보가 탑재된 내비게이션
한국도로공사 교통 정보를 활용하여 내비게이션을 통해 실시간으로 교통 상황을 반영한 최적의 동선을 사용자에게 제공한다.

📁 전세 아파트를 찾기 위한 부동산 앱
한국 감정원 전·월세 실거래가 정보 데이터를 활용하여 내가 계약하려는 집의 전세

가가 시세와 비교하여 적절한지 등을 부동산 앱 내에서 판단할 수 있도록 지원한다.

🗂 내 택배의 실시간 위치
우정사업본부 우편물 종적 조회 서비스 데이터를 사용하여 택배의 실시간 위치를 확인할 수 있다.

🗂 내가 타는 버스의 도착 시간
전국 자치단체 버스 도착 정보 서비스를 활용하여 정류장에서 내가 타고자 하는 버스가 몇 분 후에 도착하는지, 현재 해당 버스가 어느 정류장을 지나고 있는지 편리하게 확인할 수 있다.

🗂 화장품의 성분 및 가격 정보
식품의약품안전처 화장품 제조·제조판매업 정보 서비스를 활용하여 화장품을 구매하기 전에 자신의 피부 타입에 맞는 성분이 포함되어 있는지, 성분 함량에 따라 가격은 적절한지 등을 판단할 수 있다.

🗂 종합 주거정보 플랫폼
국토교통부 아파트매매 실거래 상세 자료를 활용하여 부동산의 계약 조항과 비교하는 등 더욱 세심하게 아파트 매매 과정을 진행할 수 있다.

🗂 갑자기 아플 때 유용한 병원 찾기
건강보험심사평가원 병원약국찾기 DB를 통해 이용하고자 하는 시간에 열려 있는 병원, 약국 등을 확인하여 빠르게 치료받을 수 있다.

이처럼 공공기관에서 수집한 데이터는 전국민에게 개방되어 필요와 목적에 따라 사용할 수 있도록 제공하고 있다.

공공데이터 포털

공공데이터를 제공하는 포털 사이트의 예는 다음과 같다.

👏 https://www.data.go.kr/

정부는 그림 2.7과 같이 공공데이터 제공을 위하여 사이트를 운영하고 있다. 전국민이 필요에 따라 각 분야의 다양한 공공데이터를 사용할 수 있도록 지원한다.

그림 2.7
정부가 제공하는
공공데이터 사이트

공공데이터에서 제공하는 데이터는 전국 종량제 봉투 가격 표준 데이터 등 사소한 데이터까지 포함한다.

그림 2.8
전국 종량제 봉투 가격
표준 데이터

국가 통계 포털

국가에서 데이터를 이미 통계 처리하여 결과를 제공하는 사이트이다. 그림 2.9와 같은
내용으로 통계 자료를 제공한다.

👏 https://www.kosis.kr/

그림 2.9
국가통계포털 사이트의
화면 구성

그림 2.10과 그림 2.11은 소비자 물가 지수 관련 통계 데이터를 다운로드 받기 위한 단
계이다.

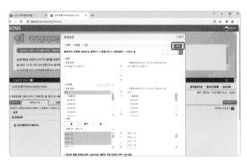

그림 2.10 통계 데이터 수집을 위한 조건 입력 화면   그림 2.11 통계 데이터 다운로드를 위한 입력 화면

국민건강보험 통계 데이터

건강보험 관련 통계 데이터를 사용하기 위한 사이트 내용은 그림 2.12와 같다.

👋 https://nhiss.nhis.or.kr/

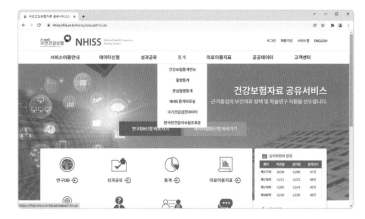

그림 2.12
국민건강보험 통계 자료
제공 화면

국민연금

국민연금은 국민의 데이터이므로 국민연금 공단에서는 그림 2.13과 같이 국민연금 관련 데이터를 국민에서 공개하고 있다.

👋 https://www.nps.or.kr/

그림 2.13
국민연금 데이터
제공 사이트 화면

국민연금 사이트에서 확인할 수 있는 통계자료의 내용은 그림 2.14와 같다. 국민연금 관련 필요한 데이터를 검색하여 첨부된 데이터를 다운로드하면 관련 데이터에 대한 분석을 할 수 있다.

그림 2.14
국민연금 정보
통계 자료 화면

환경부 환경통계

요즘 모두가 염려하며 관심을 갖고 있는 환경 관련 통계 데이터는 그림 2.15와 같이 환경부에서 제공하고 있다.

🖐 http://stat.me.go.kr/nesis/index.jsp

그림 2.15
환경부가 제공하는
환경통계 포털 사이트 화면

환경통계에서 확인할 수 있는 자료의 예시로 분야별 환경통계 중 세계 온실가스 배출량의 내용의 검색과 검색 결과의 화면은 그림 2.16과 그림 2.17과 같다.

그림 2.16 세계 온실가스 배출량 검색　　　　그림 2.17 검색 결과의 통계 자료

한국노동연구원 노동통계

정부 산하의 연구소도 기관의 통계 데이터를 공유하고 있다. 그림 2.18은 한국노동연구원 기관에서 제공하는 노동통계 자료 구성 화면에 해당한다.

👏 https://www.kli.re.kr/kli/index.do

그림 2.18
한국노동연구원의
노동통계 제공 화면

CSV 파일 활용

Netflix 정보 조회

데이터 분석을 위하여 기본적으로 가장 많이 활용되는 파일의 형식은 CSV(Comma Separated Values)이다. CSV 파일 활용을 위하여 넷플릭스(Netflix) 콘텐츠를 조회하는 코드를 학습해 보기로 하자.

📁 CSV 파일 읽어오기

데이터는 Kaggle에서 제공하는 'netflix_titles.csv' CSV 파일을 다운로드받아서 사용한다. 해당 파일은 그림 2.19와 같이 구성되어 있다.

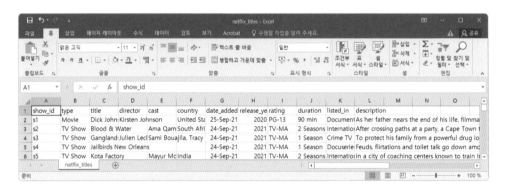

그림 2.19 Netflix 데이터 csv 파일 내용

Netflix 데이터를 읽어와서 자신의 PC 환경에 저장하기 위한 코드는 코드 2.1에서 확인할 수 있다.

```
1    import csv
2
3    #csv 파일 불러오기
4    #데이터 출처: https://www.kaggle.com/shivamb/netflix-shows
5    file_name = 'netflix_titles.csv'
6    fp = open(file_name, 'r', encoding = 'utf-8')
7
8    #파일 읽기
9    data = []
10   my_reader = csv.reader(fp) #_csv.reader 객체로 반환
11   print(type(my_reader))

<class '_csv.reader'>
```

코드 2.1 Netflix 데이터 저장

코드 2.1의 5번째 줄에서 file_name 변수에 파일의 이름을 저장한다. 이때 데이터 파일이 해당 파이선 프로그램과 같은 위치에 저장되어 있지 않다면, 해당하는 위치를 정확하게 입력해야 한다. 코드 2.1은 주피터 노트북(.ipynb) 파일과 넷플릭스 데이터셋(.csv) 파일이 같은 폴더 내에 존재하도록 위치해 아래와 같이 file_name을 'netfilx_titles.csv'로 선언하였다. 만약 CSV 파일이 주피터 노트북 파일의 상위 또는 하위 폴더에 위치시킨다면 변수 file_name에 들어갈 내용은 달라져야 함을 유념해야 한다. 코드 2.1의 6번째 줄에서 변수 fp는 file pointer를 의미하는 것으로, open() 함수를 통해 CSV 파일을 불러온다. open() 함수 내 파라미터는 순서대로 open할 파일, 불러온 파일을 어떠한 방법으로 사용할 것인지, 파일 인코딩 방식을 의미한다. 우리는 파일을 읽어올 것이기 때문에 두 번째 파라미터에 read를 의미하는 'r'을 입력한다. 세 번째 파라미터 encoding 부분에서 일반적으로 8비트를 처리하는 'utf-8'을 사용한다. 그러나 한글은 2바이트를 사용하기 때문에, 한글로 이루어진 파일의 경우는 인코딩 방식이 달라지기도 하니 불러오는 파일에 알맞게 encoding 파라미터를 수정해야 한다.

코드 2.1의 9번째 줄부터는 열어 놓은 CSV 파일의 내용을 읽어온다. CSV 파일의 내용을 리스트 자료형에 저장하기 위하여 리스트 형식의 변수 data를 선언한다. 코드 2.1의 10번째 줄에서 csv 모듈에 내장된 csv.reader() 함수를 사용하여 fp에서 위치시킨 file pointer로 파일을 읽어와 변수 my_reader에 저장한다. 코드 2.1의 11번째 줄의 출력된 결과로 확인할 수 있듯이, my_reader의 데이터 형식은 _csv.reader 객체에 해당한다.

📁 자료 저장하기

```
1  #한 줄씩 읽어서 저장
2  for line in my_reader: #각 줄은 list로 반환
3      print(type(line))
4      print(line) #데이터에 ','가 포함되어있는 경우에도 잘 나누어 짐
5      data.append(line)
6  fp.close()
7  print (data)
```

```
<class 'list'>
['show_id', 'type', 'title', 'director', 'cast', 'country', 'date_added', 'release_ye
ar', 'rating', 'duration', 'listed_in', 'description']
<class 'list'>
['s1', 'Movie', 'Dick Johnson Is Dead', 'Kirsten Johnson', '', 'United States', 'Sept
ember 25, 2021', '2020', 'PG-13', '90 min', 'Documentaries', 'As her father nears the
end of his life, filmmaker Kirsten Johnson stages his death in inventive and comical
ways to help them both face the inevitable.']
```

코드 2.2 파일 내용을 변수에 저장하기

다음으로는 읽어온 자료를 저장하기 위한 코드로 **코드 2.2**와 같다. my_reader 객체를 for 문을 통해 한 줄씩 불러와 데이터 타입을 출력해보면 **코드 2.2**의 3번째 줄의 결과로 확인할 수 있듯이 리스트에 해당한다. 이렇게 불러온 내용을 **코드 2.1**의 9번째 줄에서 미리 선언해둔 리스트 형식의 변수 data에 저장해 최종적으로 csv.reader 객체였던 데이터(변수 my_reader)가 비교적 손쉽게 다룰 수 있는 형태인 list(변수 data)로 바뀌게 되었다. 파일을 모두 읽어와 자료를 저장했다면 **코드 2.2**의 6번째 줄과 같이 file pointer인 fp를 닫고(close) 종료한다.

📁 CSV 파일 생성

```
1  #쓰기용 파일 생성하고 열기
2  file_name = 'output.csv'
3  fp = open(file_name, 'w', encoding = 'utf-8', newline = '') #개행문자 추가되는 것 방지
4
5  #writer 객체 생성
6  my_writer = csv.writer(fp)
7  print(type(my_writer))
8
9  col = data[0]
10 my_writer.writerow(col)
11 print(col)
```

```
<class '_csv.writer'>
['show_id', 'type', 'title', 'director', 'cast', 'country', 'date_added', 'release_ye
ar', 'rating', 'duration', 'listed_in', 'description']
```

코드 2.3 데이터를 CSV 파일로 저장

변수에 저장된 내용을 CSV 파일로 저장하여 파일을 생성하는 방법을 알아보자. 코드 2.1에서 CSV 파일을 읽어오는 방법과 유사하게 파일을 저장할 위치와 파일 이름을 변수 file_name에 저장한다. 코드 2.3의 3번째 줄과 같이 변수 fp를 쓰기 모드 'w'(write)로 지정하여 file pointer가 새로운 파일을 생성하도록 한다. 코드 2.3의 3번째 줄에 있는 newline은 필수 파라미터 항목은 아니나, ''로 지정해두면 개행 문자가 두 번 추가되는 상황을 막아 이후 사용자가 파일을 확인할 때 용이하다. 파일을 쓰기 위해 코드 2.3의 6번째 줄과 같이 csv.writer() 함수를 사용해 writer 객체를 생성하여 my_writer 변수에 저장한다. 코드 2.3의 6번째 줄은 변수 data에 저장된 첫 번째 행을 변수 col에 저장하여 my_writer에 추가하는 내용이다. 일반적으로 CSV 파일 가장 첫 행은 CSV 파일 내 각 열이 어떠한 내용을 담고 있는지 설명하는 행이며, 이는 데이터 내용마다 달라지는 부분이기에 미리 확인하여 데이터의 내용을 이해하는 것이 필요하다.

📂 원하는 자료를 조회하여 저장

```
1  #우리나라에서 제작한 2020년 개봉한 영화인 행만 찾아서 csv파일에 쓰기
2  for line in data[1:]:
3      if 'South Korea' == line[col.index('country')]: #국가가 대한민국이고
4          if '2020' == line[col.index('release_year')]: # 개봉연도가 2020년이고
5              if 'Movie' == line[col.index('type')]: #종류가 영화일 때
6                  my_writer.writerow(line) #한 행 쓰기
7                  print(line)
8  fp.close()
```

```
['s1644', 'Movie', 'The Call', 'Lee Chung-hyun', 'Park Shin-hye, Jun Jong-seo, Kim Sung-ryoung, EL, Park H
o-san, Oh Jung-se, Lee Dong-hwi, Um Chae-young', 'South Korea', 'November 27, 2020', '2020', 'TV-MA', '112
min', 'International Movies, Thrillers', 'Connected by phone in the same home but 20 years apart, a serial
killer puts another woman's past - and life - on the line to change her own fate.']
['s2037', 'Movie', '#Alive', 'Cho Il', 'Yoo Ah-in, Park Shin-hye', 'South Korea', 'September 8, 2020', '20
20', 'TV-MA', '99 min', 'Horror Movies, International Movies, Thrillers', 'As a grisly virus rampages a ci
ty, a lone man stays locked inside his apartment, digitally cut off from seeking help and desperate to fin
d a way out.']
['s2216', 'Movie', 'The Larva Island Movie', 'Ahn Byoung-wook', 'Hong Bum-ki, Eddy Lee, Kang Shi-hyun, Ahn
Hyo-min, Kim Yeon-woo, Choi Nak-yoon, Tom Wayland, Erica Schroeder', 'South Korea', 'July 23, 2020', '202
0', 'TV-Y7', '91 min', 'Children & Family Movies, Comedies', 'In this movie sequel to the hit series, Chuc
k returns home and talks to a reporter about life on the island with zany larva pals Red and Yellow.']
['s2651', 'Movie', 'Time to Hunt', 'Yoon Sung-hyun', 'Lee Je-hoon, Ahn Jae-hong, Choi Woo-shik, Park Jeong
-min, Park Hae-soo', 'South Korea', 'April 23, 2020', '2020', 'TV-MA', '135 min', 'International Movies, T
hrillers', 'Wanting to leave their dystopian world behind for a faraway paradise, three outlaws plot a mon
ey heist - and draw the attention of a vicious killer.']
```

코드 2.4 대한민국에서 제작한 2020년 영화 검색 코드

변수 data의 두 번째 행부터는 본격적으로 우리가 원하는 데이터셋의 정보를 담고 있다. 코드 2.4의 2번째 줄과 같이 반복문으로 data 변수의 내용을 한 줄씩 불러와 데이터를 분석할 수 있다. 코드 2.4는 원하는 자료를 조회하여 my_writer에 저장하고

내용이 맞는지 출력한다. 예시에서는 앞서 변수 col에 저장한 국가(country), 개봉연도(release_year), 종류(type) 등의 카테고리에 해당하는 index를 토대로 하여 조건을 지정해 대한민국에서 2020년에 개봉한 영화 데이터를 선별해 저장한다. 이러한 과정을 위하여 파이선의 index()함수를 이해해야 한다. index() 함수는 해당 내용의 인덱스 번호를 반환한다. 반환된 인덱스 번호는 모든 데이터의 구성에 동일하여 적용되므로 **코드 2.4**의 3~5줄과 같이 해당 컬럼명의 데이터가 원하는 조건과 일치하는 데이터를 갖고 있는지 비교할 수 있다. 비교 조건을 모두 만족시키는 데이터가 검색되었다면 **코드 2.4**의 6줄과 같이 my_write에 검색 내용을 저장할 수 있다. 저장 후엔 **코드 2.4**의 8줄과 같이 fp를 종료한다.

🗂 **생성된 CSV 파일 확인**

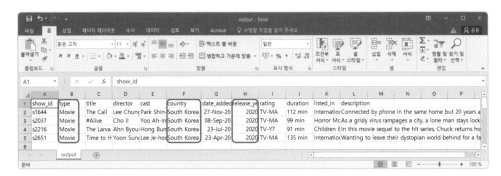

그림 2.20 생성된 CSV 파일 내용 확인

이렇게 생성된 CSV 파일을 열어보면 **그림 2.20**과 같이 앞서 **코드 2.4**에서 지정한 조건에 따라 2020년 개봉된 대한민국의 영화가 정확하게 저장된 것을 확인할 수 있다.

2-4 공공 데이터 활용

한국장학재단 정보 조회

직접 공공데이터를 불러와 실습해 보자.

📂 공공 데이터 가져오기

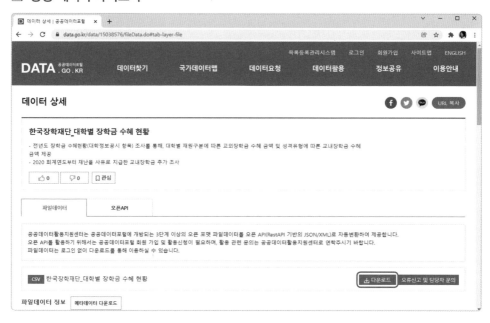

그림 2.21 한국장학재단 공공 데이터 활용

공공데이터 포털(www.data.go.kr)에서 한국장학재단 대학별 장학금 수혜 현황 자료를 CSV 파일로 다운로드하는 화면은 그림 2.21과 같다.

📁 CSV 파일 형태

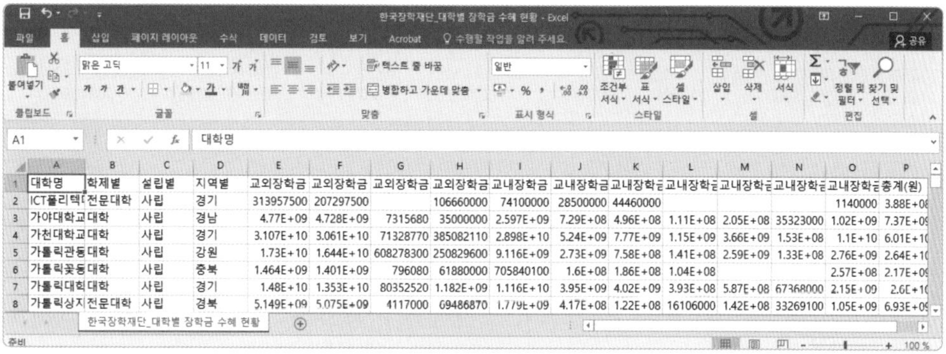

그림 2.22 다운로드 파일의 내용

다운로드하여 저장된 파일은 그림 2.22에서와 같이 첫 번째 행(row)에 대학명, 학제별, 설립별, 지역별, 교외·교내장학금 등의 내용이 담겨 있으며 두 번째 행부터 데이터의 내용을 담고 있다. 참고로 해당 데이터의 장학금 액수에 숫자가 아닌 문자 E가 포함되어 있는데, 엑셀의 숫자 값이 큰 경우의 표현 방식에 따른 것으로, 이는 일반적으로 10의 거듭제곱을 간편하게 표현하는 데 사용된다. E 뒤에 따라오는 숫자는 지수를 나타내며, 예를 들어 2.8E+11은 2.8×10^{11}으로 208,000,000,000를 뜻하며, 만약 2.08E-3이라면 2.08×10^{-3}으로 0.00208을 의미한다.

📁 공공 데이터 저장 및 CSV 데이터 가져오기

```
1  import csv
2
3  #공공데이터 csv파일 활용
4  #데이터 출처: https://www.data.go.kr/data/15038576/fileData.do
5  file_name = "한국장학재단_대학별 장학금 수혜 현황.csv"
6
7  #파일 열고 데이터 읽기
8  fp = open(file_name, 'r', encoding = 'cp949')
9
10 data = []
11 rd = csv.reader(fp)
12 for line in rd:
13     data.append(line)
14
15 # data 내용 확인 하기
16 for each_line in data[:5]:
17     print(each_line)
```

```
['대학명', '학제별', '설립별', '지역별', '교외장학금 소계(원)', '교외장학금 국가', '교외장학금 지방자치단
체', '교외장학금 사설및기타', '교내장학금 소계(원)', '교내장학금 성적우수장학금', '교내장학금 저소득층장학
금', '교내장학금 근로장학금', '교내장학금 재난장학금', '교내장학금 교직원장학금', '교내장학금 기타', '총계
(원)']
['ICT폴리텍대학', '전문대학', '사립', '경기', '313957500', '207297500', '', '106660000', '74100000', '2850
0000', '44460000', '', '', '', '1140000', '388057500']
['가야대학교', '대학', '사립', '경남', '4770453020', '4728137340', '7315680', '35000000', '2597409989', '7
28834350', '495775000', '111420040', '204740000', '35323000', '1021317599', '7367863009']
['가천대학교', '대학', '사립', '경기', '31069946981', '30613536101', '71328770', '385082110', '2898149328
0', '5235788800', '7773391520', '1153833140', '3663381300', '153002400', '11002096120', '60051440261']
['가톨릭관동대학교', '대학', '사립', '강원', '17301336859', '16442229959', '608278300', '250829600', '9115
744536', '2730948600', '757615500', '140986400', '2588442035', '132937000', '2764815001', '26417081395']
```

코드 2.5 한국장학재단의 대학별 장학금 수혜 현황 데이터 수집 및 확인 코드

다운로드한 파일을 코드로 작성할 jupyter notebook 파일과 같은 경로에 위치시키면 파일을 불러올 때 경로 확인이 편리함을 기억하자. 앞서 넷플릭스 데이터로 실습했던 것과 같이 변수 file_name에 파일 이름을 지정하고(코드 2.5의 5줄), 변수 fp에서 읽기 모드로 파일을 불러온다(코드 2.5의 8줄). 해당 파일은 한글이 포함된 데이터이기 때문에 인코딩 방식을 cp949로 지정했다. 물론 인코딩 방식은 utf-8, cp949 이외에도 존재하며, 한글과 영어에 국한되지 않고 다양한 원인에 의해 달라질 수 있기 때문에 상황에 맞게 여러 인코딩 방식을 적용할 수 있어야 한다. 코드 2.5의 11줄과 같이 csv.reader()를 사용하여 파일을 읽어와 변수 rd에 저장하고, 이렇게 저장된 csv.reader 객체를 for문을 통해 list 형식으로 저장한다(코드 2.5의 12~13줄). 코드 2.5의 16줄에서 변수 data에 저장된 내용을 앞부분부터 5행, 즉 인덱스 번호 0부터 5 미만에 해당하는 인덱스 번호 4까지 확인하면 각 행이 list로 이루어져 있으며, 코드 2.5의 17줄의 print()함수를 통하여 정상적으로 저장된 것을 확인할 수 있다.

🗂 특정 대학 검색

```
1   col = data[0]
2   cnt = 0
3   #특정 학교의 장학금 수혜 현황 검색
4   search = input("검색할 학교명: ")
5   for line in data[1:]:
6       if search in line[col.index('대학명')]:
7           cnt+=1
8           print(str(cnt)+".")
9           for i,name in enumerate(col) :
10              print(f"{name} : {line[i]}")
11          print("="*40)
12
13  print(f"총 {cnt}건 검색되었습니다.")
```

```
검색할 학교명: 성균관대학교
1.
대학명 : 성균관대학교
학제별 : 대학
설립별 : 사립
지역별 : 서울
교외장학금 소계(원) : 25683596468
교외장학금 국가 : 22178669901
교외장학금 지방자치단체 : 221559760
교외장학금 사설및기타 : 3283366807
교내장학금 소계(원) : 34050342159
교내장학금 성적우수장학금 : 14238520500
교내장학금 저소득층장학금 : 5948328309
교내장학금 근로장학금 : 1473707604
교내장학금 재난장학금 : 1831100000
교내장학금 교직원장학금 :
교내장학금 기타 : 10558685746
총계(원) : 59733938627
========================================
총 1건 검색되었습니다.
```

코드 2.6 입력 내용으로 검색

```
1   # enumerate 이해하기
2   for info in enumerate( ['Name', 'ID', 'Phone'] ) :
3       print( info )
```
```
(0, 'Name')
(1, 'ID')
(2, 'Phone')
```

코드 2.7 enumerate 이해하기

data에 저장된 내용에서 대학명을 입력받아 입력값에 해당하는 대학교의 장학금 수혜 내역을 확인하는 코드를 작성해 보자. 조건 지정에 활용하기 위해 **코드 2.6**의 1줄과 같이 col 변수에 data의 가장 첫 번째 행, 즉 각 컬럼의 이름 항목들을 저장한다. 코드 2.6의 5줄은 변수 search에 학교명을 입력받아 data의 두 번째 행, 즉 인덱스 번호 1부터 반복문을 실행한다. **코드 2.6**의 7줄에서 대학명이 입력값을 포함하는 경우에만 정보를 출력하는 코드를 확인할 수 있다. 예시와 같이 입력값이 '성균관'일 때 대학명이 '성균관대학교'라면 if문에서 맞는 조건(True)이라고 판별한다. 이렇게 조건문을 통과한 line을 내용과 카테고리를 함께 한 줄씩 출력하기 위하여 **코드 2.6**의 10줄과 같이 enumerate()를 사용한다. enumerate는 입력된 리스트에 대하여 인덱스와 값을 튜플 형태로 반환하는 함수로 **코드 2.7**을 참조하여 이해할 수 있다. **코드 2.6**의 8줄과 같이 cnt 변수에는 입력값에 포함된 대학명이 존재할 때마다 1을 추가한 값이 저장된다. 코드 2.6의 14번째 줄에서 전체 반복문이 종료된 후에 cnt 변수에 저장된 값을 바탕으로 몇 개의 대학교가 검색되었는지 출력한다. 이때 사용한 출력문 형식을 f-string으로 f문자 이후 따옴표 안에 있는 내용을 출력하는 방식이다. { }를 사용하여 그 안에 포함된 변수의 값을 출력한다.

본 장에서는 단순히 데이터의 활용으로 실습코드를 제시하였다. 데이터 분석 과정에서 4번째 단계에 해당하는 데이터 분석 단계에 도달하기 이전의 3단계 데이터 저장까지만의 단계임을 기억하길 바란다. 앞으로 4단계 데이터 분석에 대한 내용을 알아볼 것이다.

3장

데이터 수집 방법

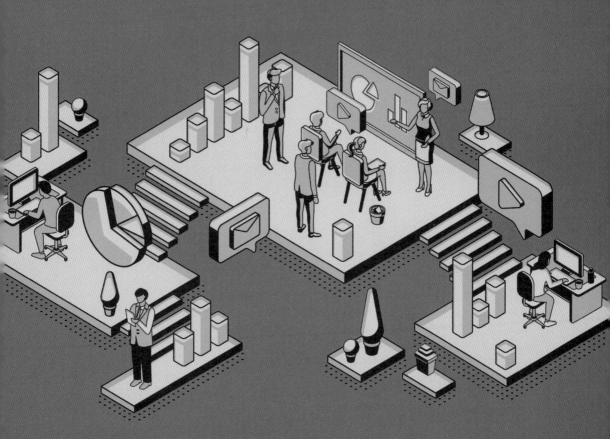

데이터를 본격적으로 분석하기 위해서는, 먼저 데이터를 수집하는 과정이 필요하다. 본 장에서는 원하는 데이터를 수집하기 위해서 어떤 방법들이 사용되는지 확인해 보도록 하자. 본 장에서는 세 가지 데이터 수집 방법에 대해 알아볼 것인데, 첫 번째는 웹상에서 url로 제공되는 홈페이지의 자료를 가져오는 웹 크롤링이다. 이때 웹 페이지마다 크롤링을 모두에게 허용하는 경우와, 권한 또는 허락이 있어야 가능한 경우 등이 있기 때문에 데이터를 크롤링하고 싶어도 불가능한 경우가 있을 수 있다. 두 번째 방법은 텍스트 자료 수집으로, 문자로 표현된 텍스트 데이터를 어떻게 수집하여 분석하는지 검토해볼 것이다. 세 번째는 설문 데이터 수집이다. 논문을 작성할 때와 같은 경우에 설문 조사를 통해 대중이 특정 경우에는 결과적으로 어떤 경향성을 보이는지와 같은 분석 결과를 얻을 수 있다. 세 가지 데이터 수집 방법에 대해 자세히 알아보기로 하자.

3-1 웹 크롤링 자료 수집

웹 크롤링이랑?

웹 크롤링(Web Crawling)은 인터넷상의 웹 페이지를 수집해서 데이터를 분석하고 저장하는 과정을 의미한다. 옛날에 신문이나 잡지 등에서 자신이 원하는 부분만 잘라내어 붙였던 스크랩북의 개념이 웹페이지에서 원하는 내용만 가져오는 웹 크롤링과 비슷하기 때문에 웹 스크래핑(Web Scraping)이라고 통용해서 사용하기도 한다. 웹 크롤링의 정식적인 정의는 인터넷에서 존재하는 데이터를 컴퓨터 프로그램을 사용하여 자동화된 방법으로 웹에서 데이터를 수집하는 모든 작업에 해당한다. 웹 크롤링과 웹 스크래핑 두 용어 중에 어느 것이 '자료 수집'에 더 적합할까? 두 용어 모두 비슷한 의미이지만, 글로벌적인 관점에서는 가급적 웹 스크래핑을 사용하는 것이 더 좋다.

웹 크롤링 대상

그렇다면 웹 크롤링의 대상은 무엇일까? 용어의 명칭에서 알 수 있듯이 웹상 또는 온라인상의 데이터들을 찾아서 가져오는 것이다. 그런데 인터넷상의 다양한 웹 페이지들은 통일된 방식으로 작성되어 있지 않고 다양한 형태로 내용을 제공하고 있다. 뉴스 기사, 댓글, 글을 읽은 횟수, 온라인 쇼핑 웹사이트의 방문자 수, 상품평, 메신저 · 블로그 · 온라인 카페 · 유튜브 · SNS 등에서 생산된 데이터와 같이 데이터는 다양한 형태로 웹 페이지 내에 존재한다. 이렇게 웹 크롤링을 해오는 데이터들의 특징은 데이터 접근자가 컴퓨터를 사용하여 읽을 수 있다는 점이다. 웹 페이지 내에는 텍스트 데이터와 같이 우리가 읽을 수 있는 데이터도 있지만, 아스키(ASCII) 코드 또는 유니코드나 사진, 음성 파일과 같이 0과 1의 비트로 구성된 이진 데이터들은 사람이 읽을 수 없다. 이 책에서 다루는 데이터 크롤링 과정은 읽을 수 있는 데이터에 해당하는 텍스트 데이터를 기반으로 진행된다.

웹 크롤링 방법

웹 크롤링의 방법은 두 가지가 있다.

첫 번째로는 데이터 분석가가 직접 코드를 작성하여 크롤링하는 것이다. 빅데이터를 활용할 때는 데이터의 양이 너무 많기 때문에 자신에게 필요한 데이터만을 선택하여 불러오는 것이 중요하다. 이 작업을 직접 프로그래밍한 코드를 통해 실행할 수 있다. 웹 크롤링을 통하여 수집한 데이터는 전처리 작업이 추가적으로 실행되어야 데이터 분석을 진행할 수 있다. 상세한 부분은 Beautiful Soup 활용 방법을 통하여 이해할 수 있다.

두 번째 방법은 데이터를 수집하고자 하는 사이트 또는 회사에서 제공하는 API를 사용하는 방법이다. API란 Application Programming Interface의 약자로, 사용자가 응용해서 무언가를 프로그래밍하기 위해 사용할 수 있게 해주는 인터페이스, 즉 필요한 자료를 제공해주는 방식이다. API는 데이터를 소유하고 있는 기업에서 제공해주는 도구이기 때문에, 정제된 형태의 데이터를 법적인 문제 없이 사용할 수 있는 장점이 있다. 반면에 웹 크롤링은 자신이 크롤링해서 가져온 데이터들을 조합한 결과물을 판매하여 이윤을 취한 경우, 해당 웹 페이지의 제공자가 이것을 허락하지 않았다면 문제가 발생할 수 있음을 유의해야 한다. 따라서 웹 크롤링을 할 때에는 모두에게 데이터가 허가가 되어있는지 확인할 필요가 있다.

     웹 자료를 수집하는 두 가지 방법 모두 프로그래밍을 하는 과정은 필수이다. 이 책에서는 API 사용이 아닌 직접 코드를 작성하여 웹 크롤링하는 과정에 대해서 중점 적으로 알아보기로 한다.

웹 크롤링 과정 이해하기

웹 크롤링의 과정은 그림 3.1과 같이 진행된다. 먼저 원하는 데이터가 존재하는 웹 사이트의 주소인 url(Uniform Resource Locator)을 확인해야 한다. 그 이후에 해당 url의 웹 페이지 내용을 자신의 pc환경으로 불러와 저장한다. 그리고 저장된 내용에서 HTML(HyperText Markup Language)을 확인한 후 원하는 내용을 찾아서 활용해야 한다. HTML 확인을 위하여 HTML의 모든 문법을 알고 있을 필요는 없다. url을 제공해주는 웹 페이지에서 구성한 HTML을 보면서, '이 문법은 이런 결과물이 나오는구나'

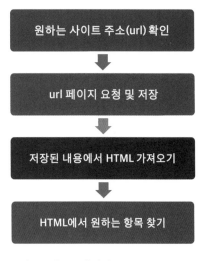

그림 3.1 웹 크롤링 과정

자신의 사고력을 최대한 활용하여 처리하면 된다. 물론 기대한 결과가 안 나온다면, 당황하지 말고 HTML에 대하여 조금 더 면밀하게 분석하여 필요한 데이터를 품고 있는 태그가 무엇인지 확인하면 된다.

url 내용 확인

코드 3.1의 2번째 줄 import requests를 통해 url을 불러올 수 있다. 5번째 줄에서 url이라는 이름의 변수에 네이버 뉴스 웹 페이지 주소인 https://news.naver.com/을 저장하였다. 8번째 줄에서는 import한 requests 패키지에서의 get()이라는 메소드를 통해 url 변수의 내용을 가져오라고 요청하고 있다. 불러온 웹 페이지의 내용은 response라는 변수에 저장된다. 9번째 줄에서는 url의 내용을 저장해뒀던 response라는 객체의 속성 중 text의 내용을 출력하여 확인하고 있다.

```
1   # 웹페이지 요청을 위한 패키지
2   import requests
3
4   # 네이버 뉴스 페이지 url
5   url = 'https://news.naver.com/'
6
7   # 네이버 뉴스 페이지 요청, 응답 저장
8   response = requests.get(url)
9   print(response.text)  # 내용 확인
10
```

```
                         loading="lazy"
                src="https://mimgnews.pstatic.net/image/origin/009/20
22/09/14/5016742.jpg?type=nf264_176&ut=20220914094501" width="100%" alt="" onerror="s
howNoImage(this)">

                </div>
                <div class="cjs_news_tw">


                              <div class="cjs_t">'78세 깐부' 오영수, 파격댄스로
에미상 뒤풀이 찢었다(영상)</div>
```

코드 3.1 url 내용 확인의 예

출력 결과를 통하여 div의 class 값이 cjs_t로 적용된 부분에 뉴스의 헤드라인이

적용되는 것을 확인할 수 있어야 한다. 이 부분은 웹 페이지에 접속하여 원하는 내용의 소스 페이지를 확인하여 HTML 태그에서 찾을 수 있어야 한다. 웹 페이지에서 보여지는 데이터와 그것을 표현한 HTML 코드를 같이 이해하여 적용해야 하므로, 특정한 방법이 있는 것이 아니고, 스스로 사고력을 통하여 찾아가야 한다.

Beautiful Soup

Beautiful Soup은 파이선 라이브러리 중 하나로, HTML의 태그를 파싱(Parsing)해서 필요한 데이터만 추출해주는 함수를 제공한다. 앞에서 언급하였듯이 HTML은 Hyper Text Markup Language로, 웹을 이루는 가장 기초적인 구성 요소이며, 웹 컨텐츠의 의미와 구조를 정의해 준다. 예를 들면 〈title〉NAVER〈/title〉의 경우에는 NAVER라는 단어가 제목으로 표시되라는 뜻의 'title' 태그를 붙인 것이다. 하나의 태그는 〈해당 태그명〉으로 시작되고, 〈/해당 태그명〉으로 끝난다. 태그 안에는 또 다른 태그를 포함할 수 있으므로 태그의 구조를 논리적 사고력을 통하여 잘 분석할 수 있어야 한다.

Beautiful Soup은 파서(Parser)를 통해서 HTML 구문에서 원하는 데이터를 특정 패턴이나 순서로 추출하고 가공하여 파싱을 진행한다. 파싱이란 구성 내용을 쪼개서 객체별로 어떤 내용들이 포함되어 있는지 분석하며 문법적 관계를 나타내는 과정에 해당한다. HTML의 내용에 대한 파싱 작업을 Beautiful Soup이 지원해주는 것이다. 그러나 Beautiful Soup은 파이선에서 기본적으로 제공해주는 라이브러리가 아니기 때문에

```
pip install bs4
```

설치 명령어를 통해 설치한 이후에 사용할 수 있다. jupyter notebook에서 바로 설치하고자 할 때는

```
!pip install bs4
```

라고 입력하면 된다. 여기서 bs4 대신에 Beautiful Soup이라고 입력해야 한다고 생각할 수 있으나, 버전이 계속 바뀌고 있으므로 반드시 bs4를 설치해야 함을 유념하자.

📖 Beautiful Soup 사용

Beautiful Soup을 통해 원하는 데이터를 HTML로부터 가져오기 위해서는 태그(Tag)에 대한 이해가 필요하다. 태그의 규칙에 대해서 파악했다면 원하는 태그를 찾아서 반환해주는 find() 또는 find_all() 메소드를 사용할 수 있다. find() 메소드는 HTML에서 가장 먼저 검색되는 태그를 반환해주는 반면, find_all() 메소드는 HTML 전체를 대상으로 검색된 태그의 내용을 반환해 준다. 코드 3.2에서 find_all()의 사용 예를 확인할 수 있다.

```
1   # 웹페이지 파싱을 위한 패키지
2   from bs4 import BeautifulSoup
3
4   # response로 부터 html 가져오기
5   html = response.text
6
7   # BeautifulSoup 으로 html 파싱
8   soup = BeautifulSoup(html, 'html.parser')
9
10  # html에서 원하는 태그 찾기
11  hdline_titles = soup.find_all('div', {"class":"cjs_t"})
12
13  # div에 cjs_t의 class에 속한 텍스트만 추출
14  for title in hdline_titles:
15      print(title.get_text(strip=True))    # 결과 출력
```

```
혈액 순환 이상 징후…개선하는 방법 10
'78세 깐부' 오영수, 파격댄스로 에미상 뒤풀이 찢었다(영상)
"공룡 멸종 원인은 대규모 화산 폭발"…'소행성 충돌설' 반박
개발자 구하다 덜컥 다국적 기업 '어글경'을 아십니까
2025년 제주에 UAM 뜬다
Korean book events to be held in 8 countries
현대家 며느리 드레스코드는 '한복'[오너의 취향]
현대차그룹, 야구·축구 스포츠단 통해 '2030 부산엑스포' 유치 열기 조성
Korea wins Emmys for first time as 'Squid Game' dominates
김건희도 포괄일죄 검토했었다…이준석과 같은 듯 다른 경찰 수사, 왜?
헐렁하게 묶인 개, 4세 아이 덮쳤다…견주 "안락사시킬 것"
[신뢰도 조사] 검찰 신뢰는 극과 극 대통령실 신뢰는 바닥
'우영우' 7주째 넷플릭스 비영어권 드라마 1위…'수리남' 5위
[날씨] 한낮 다소 더워…14호 태풍 '난마돌' 19일 제주 접근
탄핵 얘기까지 술술…잇따른 민주당 강경 발언에 내부서도 역풍 우려
시속 209km 광란 질주…조울증 주장 간호사 보석 불허(영상)
```

코드 3.2 HTML에서 항목 찾기

HTML에서 항목 찾기

코드 3.2의 2번째 줄에서 BeautifulSoup 패키지를 불러오는 것을 확인할 수 있다. 5번째 줄에서는 이전 코드 예제인 **코드 3.1**에서 저장했던 response 변수의 텍스트 내용을 html변수에 저장하였다. 이때 response의 내용은 HTML 언어로 작성되어 있었다는 점을 기억하자. 그리고 8번째 줄에서 BeautifulSoup패키지를 사용하여 html이라는 변수를 html.parser를 사용하여 파싱한다. 파싱된 결과물은 soup이라는 변수에 저장이 되고, 11번째 줄에서 이 soup에 대해 cjs_t라는 태그를 전부 찾아서 반환해주는 find_all() 메소드를 실행한다.

결과적으로 14~15번째 줄에서 for문을 통해 컬렉션 자료형인 hdline_titles에 저장된 cjs_t 태그의 객체들을 title로 하나씩 가져온 후, get_text 메소드로 해당 title의 내용을 텍스트로 불러와 출력한다. 여기까지 이해가 되었다면, 웹 크롤링을 위해 HTML의 태그가 어떻게 구성되어 있는지 우선 확인하고, BeautifulSoup을 통해 파싱한 후에 find_all()을 실행하여 웹 페이지에서 원하는 내용을 획득할 수 있는 과정을 이해한 것이다.

3-2 텍스트 자료 수집

텍스트 파일에서 자료 수집

이번에는 텍스트 파일에서 원하는 자료를 수집하는 방법에 대하여 검토해 보자. 그림
3.2와 같이 TheLittlePrince.txt 파일에는 어린 왕자의 내용이 저장되어 있다.

```
TheLittlePrince - 메모장                          —   □   ×
파일(F) 편집(E) 서식(O) 보기(V) 도움말

어린 왕자

생텍쥐페리

어린 왕자
1장
 내가 여섯 살 때 한 번은 원시림을 다룬 『생명체 이야기』라는 책에서 굉장한 그림 하나를 본 적이
있는데. 그건 야수를 한 입 에 삼킨 보아 뱀에 관한 얘기였어. 여기 이 그림이 그거 야.



 황갈색 보아 뱀

 책엔 이렇게 쓰여 있더라고, 보아 뱀은 씹지도 않고 산 채로 먹이를 삼킨데. 그런 다음엔 소화를 위
해 여섯 달 동안 꿈쩍 도 않고 잠만 잔데.
 난 정말 이 얘기를 듣고 정글의 모험에 관한 많은 생각들이 들더라, 이어 색연필로 내 첫 번째 그
림을 그려보게 시작했지. 바로 이게 그거 야.

 솜브레로(챙이 넓은 멕시코 모자)

 난 이 걸작을 어른들께 보여드리며 내 그림이 무섭지 않냐고 물어보았지. 그들이 말하데. 뭐가 무
섭다는 거니?

                              Windows (CRLF)    Ln 1, Col 1    100%
```

그림 3.2 어린 왕자 본문

텍스트 파일 내용 가져오기

코드 3.3의 1번째 줄에서는 TheLittlePrince.txt 파일을 open()함수로 "r"인자를 주며 열고 있다. 여기서 "r"은 해당 파일을 읽기(read) 모드로 열겠다는 의미이다. 그리고 유의할 점은 현재 열고자 하는 파일의 경로를 따로 표시해주고 있지 않은데, 이는 이 텍스트 파일이 주피터 노트북 파일(확장자가 .ipynb인 파일)이 존재하는 폴더 내에 함께 존재하기 때문이다. 만약 여러 데이터 파일들과 ipynb 파일들을 별도로 관리하고 싶은 경우, 데이터 파일이 존재하는 경로의 경로명까지 파일명과 함께 open() 함수에서 명시해야 한다.

파일을 연 이후에는 2번째 줄에서 read() 함수를 통해 file 변수의 내용을 읽어 text 변수에 저장한다. 텍스트 파일을 open하여 file에 저장한 내용 자체는 텍스트가 아닌 파일 객체에 해당하므로 이러한 2번째 줄의 처리가 필요함을 알아두자. 3번째 줄에서 print() 함수를 통하여 text 변수의 내용을 확인하면, 원문의 내용이 그대로 저장된 것을 확인할 수 있다.

```
1  file = open ('TheLittlePrince.txt', 'r')
2  text = file.read()
3  print(text)
```

```
어린 왕자

생텍쥐페리


어린 왕자
1장
 내가 여섯 살 때 한 번은 원시림을 다룬 『생명체 이야기』라는 책에서 굉장한 그림 하나를 본 적이 있는데. 그건 야수를 한 입 에 삼킨 보아 뱀에 관한 얘기였어. 여기 이 그림이 그거 야.



황갈색 보아 뱀

 책엔 이렇게 쓰여 있더라고, 보아 뱀은 씹지도 않고 산 채로 먹이를 삼킨데. 그런 다음엔 소화를 위해 여섯 달 동안 꿈쩍 도 않고 잠만 잔데.
```

코드 3.3 어린 왕자 파일 open

📂 저장 후 활용

이제 text변수에 어린 왕자의 원문 내용 전체를 저장했으니, 활용을 할 단계이다. 가장 간단한 활용 예시로 단어들의 빈도수를 확인해 보자. 단어 빈도수를 확인하는 방법을 알아두면, 나중에 wordcloud 같은 시각화 도구를 사용하는 것으로도 확장이 가능하다.

```
 1   word_list = text.split()
 2
 3   count_list = [ ]
 4   for word in word_list :
 5       count = word_list.count(word)    # 한 단어씩 빈도수 계산
 6       count_list.append ( [word, count] )
 7
 8   # 빈도수 높은 순으로 정렬
 9   sorted_list = sorted(count_list, key = lambda x:x[1], reverse=True)
10
11   # 중복 자료 제거 후 출력
12   word_dict = {}
13   for word, frequency in sorted_list:
14       if word not in word_dict:
15           word_dict[word] = frequency
16           print(word, frequency)
```

코드 3.4 어린 왕자 저장 후 활용

코드 3.4의 1번째 줄에서 text변수를 split()하여 word_list 변수에 저장하고 있다. split() 함수는 괄호 안에 제시된 문자를 기준으로 문자열을 나눠서 단어들을 리스트에 저장하여 반환해 준다. 여기서는 괄호 안에 아무것도 제시되지 않았기 때문에 기본 값인 공백을 기준으로 단어들을 구분하여 준다.

코드 3.4의 4~6번째 줄에서는 text에서 공백을 기준으로 나눈 단어들의 컬렉션 자료인 word_list에서 단어를 하나씩 뽑아 word에 저장한 후 반복하는 for문이 처리된다. 5번째 줄에서 word_list에 word가 몇 번 존재하는지 알려주는 count() 메소드를 통해 해당 단어인 word의 출현 횟수를 count 변수에 저장한다. 그리고 6번째 줄에서는, 3번째 줄에서 선언했던 count_list에 word와 count로 구성된 리스트를 추가하는 append() 함수를 실행한다.

코드 3.4의 9번째 줄에서는 sorted() 함수를 사용해서 count_list를 빈도수가 높은 순으로 정렬을 해 준다. 원본 데이터를 정렬된 상태로 바꿔주는 sort() 함수와는 다르게 sorted() 함수는 정렬된 리스트를 새로 만들어 반환한다는 차이가 있다. 그리고

key는 람다 함수를 통해 count_list의 요소의 인덱스 번호 1의 값, 즉 두 번째 데이터인 count 변수를 기준으로 정렬하게 된다. 마지막으로 reverse=True를 통해 기본적으로 오름차순으로 정렬해주는 sorted() 함수를 거꾸로 내림차순으로 정렬하도록 하여 빈도수가 많은 단어를 먼저 위치 시킨다.

마지막으로는 중복된 자료를 제거하는 과정이 필요하다. **코드 3.4**의 4~6번째 줄에서 count_list에 append할 때, 해당 word가 이미 리스트에 추가되었는가에 대한 여부를 확인하지 않고 추가했기 때문에 sorted_list 내에는 같은 단어의 빈도수 만큼 같은 리스트가 중복되어 존재하게 된다. 따라서 **코드 3.4**의 13번째 줄에 sorted_list 내의 요소들에 대해 word에 단어, frequency에는 빈도수를 저장한 후, 14번째 줄에서는 위에서 선언했던 word_dict라는 딕셔너리에 word를 기준으로 중복이 되지 않게 저장을 한다. 그리고 if 조건문 안의 15번째 줄에서 word는 키, frequency는 밸류로 word_dict 딕셔너리 변수에 저장 한 뒤, 단어와 빈도수에 대해서 출력을 시켜준 내용이 16번째 줄이다.

🗂 결과 확인

실행 결과는 그림 3.3과 같이 '어린'이라는 단어가 287번, '말했다.'가 165번, '그'가 158번과 같이 높은 빈도수의 단어들이 정렬된 것을 확인할 수 있다. 이 결과에서의 문제점은 단어에 문장부호나 은/는/이/가와 같은 조사들이 포함되어 있다는 것이다. 따라서 순수한 단어 자체에 대한 빈도수를 파악하기 위해서는 언어학적인 지식이 요구되는 자연어처리가 필요하다. 하지만 본 장에서는 자연어처리의 내용까지는 다루지 않고 공백으로만 단어를 나눈 빈도수를 구하는 내용까지 포함하기로 한다.

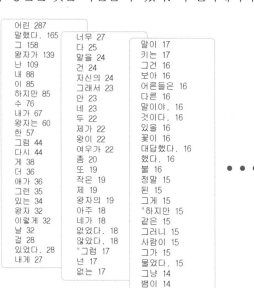

그림 3.3 어린 왕자 실행 결과

PPT 파일에서 텍스트 수집

ppt파일에서 텍스트 데이터를 수집하는 방법에 대해 알아보자. 코드 3.5와 같이 python-pptx 패키지를 설치하면, 파이선에서 ppt 파일 내의 데이터에 대한 처리가 가능하다.

```
1  !pip install python-pptx
```
```
Collecting python-pptx
  Downloading python-pptx-0.6.21.tar.gz (10.1 MB)
```

코드 3.5 python-pptx 설치

🗐 텍스트 출력

python-pptx 패키지 설치가 되었다면, ppt 내용에서 텍스트를 수집하는 과정을 코드 3.6을 보며 확인해 보자. 코드 3.6의 1번째 줄에서와 같이 Presentation 모듈을 import할 때 주의할 사항은, 모듈의 이름은 대소문자를 구별하기 때문에 앞글자인 대문자 P에 주의할 필요가 있다. 코드 3.6의 3번째 줄에서는 파일명이 "데이터이해와활용.pptx"인 파일을 불러와서 contents 변수에 저장하고 있다. 코드 3.6의 4번째 줄에서는 text_collection이라는 리스트 자료형을 선언했으며, 이후에 코드 3.6의 10번째 줄에서 텍스트 자료들을 append하여 리스트 자료를 추가한다. 코드 3.6의 5번째 줄의 for문에서는 변수 contents 객체가 갖는 속성(attribute)에 해당하는 slides의 각 내용을 slide라는 카운터 변수에 저장하며 반복을 진행한다. 여기서 속성(attribute)은 객체의 특징 또는 객체에 관해 알고 있는 사항으로 숫자, 문자열 등과 같은 정보로 구성되어 있다. 즉 속성은 객체 안에 포함된 변수(데이터)에 해당한다. 객체(object)는 object.attribute와 객체의 행동에 해당하는 object.method( ), 즉 객체의 속성과 메서드로 표현될 수 있다.

코드 3.6의 6번째 줄에서는 slide의 shapes이라는 속성을 shape 카운터 변수에 저장하며 반복을 진행한다. 7~10번째 줄에서는 만약 해당 shape의 has_text_frame 속성 값이 거짓, 즉 텍스트가 포함되지 않으면 다음 shape로 넘어가도록 continue 명령을 실행한다. 반면에 shape에 텍스트가 존재한다면, 코드 3.6의 9번째 줄과 같이 shape의 text_frame.paragraphs 속성을 paragraph에 for문을 반복하며 하나씩 대응하여 paragraph의 text 속성 값을 text_collection 리스트에 추가한다. 마지막으로 for문이 끝난 11번째 줄에서 ppt 파일 전체의 텍스트 내용이 저장된 text_collection 을 출력한다.

```python
 1  from pptx import Presentation
 2
 3  contents = Presentation("데이터이해와활용.pptx")
 4  text_collection = []
 5  for slide in contents.slides:
 6      for shape in slide.shapes:
 7          if not shape.has_text_frame:
 8              continue
 9          for paragraph in shape.text_frame.paragraphs:
10              text_collection.append(paragraph.text)
11  print(text_collection)
```

```
['데이터 이해와 활용', '빅데이터 이해', '다양한 공공 데이터', 'CSV 파일 활용', '공공
데이터 활용', 'Contents', '3', '빅데이터 이해', '빅 데이터의 개념', '5', '데이터가 크
다는(big) 것인가요?', '지금은 빅데이터 시대', '6', '시대의 변화', '출처 : 한국정보화
진흥원', '新가치 창출 엔진, 빅데이터의 새로운 가능성과 대응 전략 ', '산업혁명 이해
하기', '7', '지능정보기술 기반의 지능정보사회₩t', '빅데이터로 인하여 가능', '출처 :
미래창조과학부 블로그', '빅데이터 개념의 시작', '8', '정보 단계의 진화', '', '빅데이
터 요소', '9', '3V 요소에서 5V 요소로 확장', '3V', 'Volume (양)', '엄청난 양의 데이
터', 'Variety (다양성)', '비정형(unstructured) 또는 반정형(semi-structured) 데이터',
'Velocity (속도)', '실시간 평가 및 처리가 가능한 데이터', '추가 2V', 'Veracity (정확
성)', '정확하여 신뢰할 수 있는 데이터', 'Value (가치)', '가치를 창출하는 데이터', '5V
데이터가 가능한 이유', '10', 'IoT (Internet of Things)', '방대한 데이터', 'AI (Artifi
```

코드 3.6 PPT 파일의 텍스트 출력 결과

📑 텍스트 파일로 저장

ppt 파일로부터 수집한 텍스트를 텍스트 파일로 저장하고 싶다면 어떻게 해야 할까? 파일을 읽어올 때 open() 함수에서 'r' 모드로 읽었던 것과 달리, 파일을 새로 작성하 는 것이기 때문에 'w' 모드로 open() 한다. 파일명은 이미 존재하는 파일을 불러오면 해당 파일이 초기화되기 때문에 새로운 파일명으로 open() 해줘야 함을 주의하자. 인 코딩은 UTF-8 방식으로 지정한 후, outfp라는 변수에 파일 포인터를 저장한다.

코드 3.7의 3번째 줄에서 writelines() 함수를 통해 text_collection의 내용을 text_data.txt 파일에 작성한 후, 4번째 줄에서는 파일 포인터를 close()하여 닫아준 다. 이렇게 저장한 파일을 코드 3.7의 7~9번째 줄에서 다시 open()하고 파일 open한 파일 포인터 infp의 메소드인 read()를 통하여 data 변수를 생성한 후 data의 내용을 print하여 확인한다.

```
1  # text_data.txt 파일에 저장하기
2  outfp = open ("text_data.txt", 'w', encoding = 'utf-8')
3  outfp.writelines (text_collection)
4  outfp.close()
5
6  # 저장된 자료 확인
7  infp = open ("text_data.txt", 'r', encoding = 'utf-8')
8  data = infp.read()
9  print(data)
```

데이터 이해와 활용빅데이터 이해다양한 공공 데이터CSV 파일 활용공공 데이터 활용Content
s3빅데이터 이해빅 데이터의 개념5데이터가 크다는(big) 것인가요?지금은 빅데이터 시대6시
대의 변화출처 : 한국정보화진흥원, '新가치 창출 엔진, 빅데이터의 새로운 가능성과 대응
전략 '산업혁명 이해하기7지능정보기술 기반의 지능정보사회   빅데이터로 인하여 가
능출처 : 미래창조과학부 블로그빅데이터 개념의 시작8정보 단계의 진화빅데이터 요소93V
요소에서 5V 요소로 확장3VVolume (양)엄청난 양의 데이터Variety (다양성)비정형(unstruct
ured) 또는 반정형(semi-structured) 데이터Velocity (속도)실시간 평가 및 처리가 가능한
데이터추가 2VVeracity (정확성)정확하여 신뢰할 수 있는 데이터Value (가치)가치를 창출하
는 데이터5V 데이터가 가능한 이유10IoT (Internet of Things)방대한 데이터AI (Artificial
Intelligence)스스로 학습하여 판단SW (Software)Computer 기반 처리클라우드 컴퓨팅 (Clo
ud Computing)컴퓨터 자원에 대한 On-Demand Availability5G (5th Generation) 기술 방대한
데이터의 초고속 전송빅데이터의 역할11미래사회의 특징과 연계출처 : 한국정보화진흥원,
'新가치 창출 엔진, 빅데이터의 새로운 가능성과 대응 전략 '데이터 분석과 빅데이터의
연관성12빅데이터의 활용을 위해서는 데이터 분석이 필수빅데이터 활용을 위한 단계빅데이
터 분석 방법13통계 분석통계 기법에 의한 분석데이터 마이닝 분석수 많은 데이터 속에 숨
겨진 유용한 패턴을 추출인공지능 기법에 해당하는 분류 기법에 의한 분석인공지능 기법에
해당하는 군집 기법에 의한 분석인공지능 기법에 해당하는 연관 기법에 의한 분석예측 분석

코드 3.7 텍스트 파일로 저장

엑셀 파일에서 텍스트 수집

이번에는 엑셀 파일에서의 텍스트를 수집하는 과정을 알아보자. 주피터 노트북에서
코드 3.8과 같이 openpyxl 패키지를 설치하여 엑셀 데이터를 수집할 수 있다.

```
1  !pip install openpyxl
```

코드 3.8 openpyxl 설치

🗐 **텍스트 출력**

2장에서 사용했던 Netflix 자료가 담긴 엑셀 파일에서 데이터 수집을 해 보자. 코드

3.9의 1번째 줄과 같이 openpyxl 패키지에서 load_workbook을 불러온다. 5번째 줄은 load_workbook을 사용해 Neflix 엑셀 파일을 불러와 그 내용을 workbook 변수에 저장한다. 6번째 줄에서는 active 속성을 통해 workbook의 활성화된 워크시트의 내용을 불러와 text 변수에 저장한다. 그리고 7~9번째 줄에서 text 워크시트의 'C2', 'C3', 'C4'에 해당하는 셀들의 value 속성 값들을 text_collection 리스트에 append한다. 여기서 C는 엑셀 시트의 열(column)명, 2부터 4의 숫자는 행(row)명에 해당한다.

```
1  from openpyxl import load_workbook
2
3  text_collection = []
4
5  workbook = load_workbook("netflix_titles.xlsx")
6  text = workbook.active
7  text_collection.append(text['C2'].value) # title 해당 column C
8  text_collection.append(text['C3'].value)
9  text_collection.append(text['C4'].value)
10
11 print(text_collection)
['Dick Johnson Is Dead', 'Blood & Water', 'Ganglands']
```

코드 3.9 엑셀 파일의 텍스트 출력

이 예시에서는 프로그램들의 제목을 세 가지만 출력하지만, 만약 100개를 출력하고 싶다면 어떻게 할까? for문을 통해 카운터 변수 i를 증가시키며 ['C' + str(i)]와 같이 셀주소에 해당하는 문자를 반복하여 생성하면 될 것이다.

이와 같이 원하는 결과를 얻기 위해서는 프로그램을 구조화할 수 있는 능력이 요구된다. 데이터 분석을 위해서는 분석적 사고력도 중요하지만, 프로그래밍 능력 또한 중요하기 때문에 파이선의 기본 문법 및 패키지 사용법에 대해서도 숙지하고 있어야 한다. 모든 패키지와 모든 문법을 암기할 필요는 전혀 없으며, 필요한 상황에 따라 사용법을 검색하여 스스로 코딩할 수 있다면 충분하다.

3-3 설문 데이터 수집

설문 만들기

기본에 존재하는 파일이 아닌, 설문을 생성해 새로운 데이터를 수집하기 위한 과정을 학습해 보자. 설문 플랫폼은 다양하게 존재하지만, https://docs.google.com/forms 에서 구글 설문지를 생성하여 데이터를 수집해 보자.

그림 3.4 플랫폼 사용 설문지 생성

설문 문항 구성

설문지를 생성했다면 원하는 제목을 설정하고, 설문 문항들을 작성한다. 이때 질문의 유형은 그림 3.5와 같이 단답형, 장문형, 객관식, 체크박스 등 다양하게 존재하므로 문항의 상황에 맞게 적절하게 질문을 작성하면 된다. 만약 데이터의 통계적 분석이 요구될 때는, 장문형 질문에 대한 답변을 텍스트 분석을 통해 사용하는 것보다 객관식이나 체크박스 같은 질문 유형이 더 적합할 수 있다는 점 알아두자. 또한 설문 조사는 설문 응답자가 설문을 끝까지 포기하지 않고 잘 마칠 수 있게 질문을 구성하는 것이 좋다. 따라서 질문은 한 페이지에 너무 많은 설명 및 질문이 있지 않도록 구성하고, 페이지 수가 너무 많으면 설문의 응답 싱실도가 떨어지는 점을 고려하며 질문을 작성해야 한다. 이와 같이 설문을 만들 때는 설문에 응답하는 대상자의 특성에 맞춰 만들어야 한다. 초등학교 저학년 학생들이 설문 대상이라면, 질문의 내용이 과다하게 긴 것은 적절하지 않을 것이고, 중간에 그림을 삽입하면 설문을 진행할 때의 집중도와 이해도가 높아질 수 있는 것이 하나의 예가 될 수 있다. 단순히 데이터를 분석하는 것뿐만 아닌, 인간의 특성에 대한 이해도 할 수 있어야 한다.

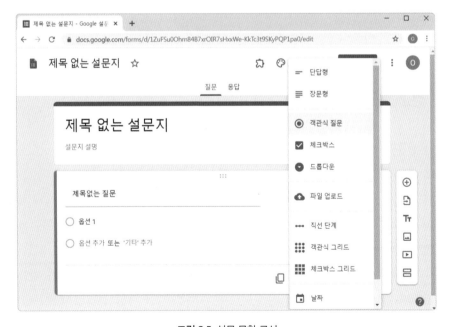

그림 3.5 설문 문항 구성

설문지 배포

설문지 작성을 완성했다면, 다른 사람들이 설문에 참여할 수 있도록 해당 설문지의 링크를 제공해야 한다. 그림 3.6 오른쪽 상단에 있는 보내기 버튼을 클릭하고, 전송 용 앱에서 링크 버튼을 선택하면 다른 사람들이 설문에 응답할 수 있는 url이 생성된다.

그림 3.6
설문지 참여를 위한 링크 생성

설문 결과 가져오기

작성한 설문에 응답이 입력되었다면 그림 3.7과 같이 자신의 구글 드라이브를 통하여 확인할 수 있다.

해당하는 설문 파일을 선택하면, 그림 3.8과 같이 각 문항의 응답 결과와 시각화 된 내용을 확인할 수 있다. 여기서 우측 상단에 스프레드시트 만들기 버튼을 클릭하 면, 그림 3.9와 같이 설문조사의 응답 결과가 스프레드시트 형태로 저장된 것을 확인 가능하다. 이렇게 저장된 스프레드시트를 자신의 pc에 내려받아 사용하기 위해서는 그림 3.10과 같이 파일 메뉴에서 다운로드를 진행하면 되는데, .xlsx형식 또는 .csv형 식 등 원하는 형식으로 지정하면 된다.

그림 3.7 구글 드라이브에서 설문 결과 파일 확인

그림 3.8 설문 응답 결과 확인

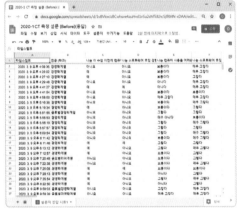

그림 3.9 스프레드시트 형식의 설문 응답 결과

그림 3.10 설문 결과 다운로드

PC로 가져오기

원하는 파일 형식으로 설문 결과가 저장되었다면, Windows 운영체제를 사용하는 경우 그림 3.11과 같이 pc의 다운로드 폴더에서 파일을 확인할 수 있다. 확인된 파일은 파이선 코딩할 때 사용하기 위해 적절한 폴더로 이동하고, 가급적 파일명도 간단한 영문 이름으로 수정할 것을 권장한다.

그림 3.11 PC의 다운로드된 파일 확인

csv 형식으로 변환

만약에 .xlsx로 저장된 엑셀 파일을 csv 형식의 파일로 변환하고 싶다면, 엑셀 파일을 다른 이름으로 저장할 때 그림 3.12와 같이 파일 형식을 CSV로 지정하여 저장해주면 된다. 여기까지 실행되었다면, 설문 결과 파일을 주피터 노트북에서 사용할 준비가 완료되었다.

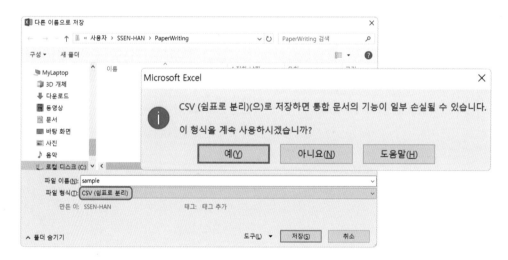

그림 3.12 csv 형식으로 변환 저장하기

Ready to use

이제 그림 3.13과 같이 주피터 노트북에서 New 메뉴를 통해 python3 notebook파일을 만들고 방금 저장했던 csv파일을 활용해 보자.

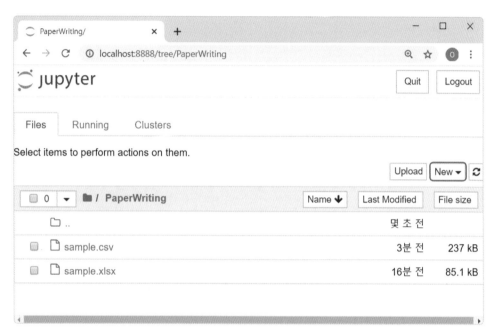

그림 3.13 새로운 파이선 파일 생성

파이선 코드를 생성할 수 있는 창으로 전환되었다면 코드 3.10과 같이 첫 번째 셀에서 csv 모듈을 불러온 이후, 두 번째 셀에서 csv파일을 읽기 모드로 open하여 파일 포인터를 fp 변수에 저장한다. 그리고 csv 모듈안의 reader 메소드를 통해 파일 안의 내용들을 data변수에 저장한다. 세 번째 셀에서는 for문을 통해 data의 각각의 값을 line에 저장하고, line에 해당하는 값들 중 처음 10개의 값만 출력한다. 여기서는 단순히 파일의 일부 내용을 확인한 것이며, 프로그램의 목적에 따라 CSV 파일이 포함하고 있는 데이터의 분석을 실행하면 된다.

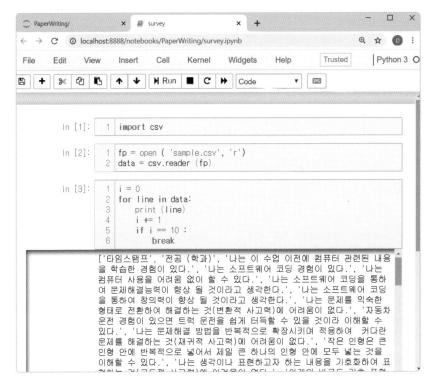

코드 3.10 CSV 파일 내용 확인하기

필요한 내용에 대한 처리가 실행된 후에는, 코드 3.11과 같이 파일 포인터 fp를 close() 함수를 통해 닫아주는 것을 잊지 말자.

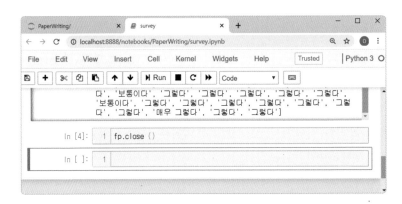

코드 3.11
CSV 파일 닫기

Tips

설문 결과에 대한 처리를 위한 몇 가지 팁은 다음과 같다.

설문을 진행할 때 리커트(Lijert) 척도를 사용하여 응답 결과를 수치 자료로 변환한 후에 분석 작업을 진행하는 것이 용이하다. 리커트 척도는 응답자가 제시된 문장에 대해 얼마나 동의하는지를 답변하도록 한다. 앞의 CSV 파일에 저장된 답변 내용을 리커트 척도로 변화하기 위해서는 다음과 같이 수치 자료로 전환하여 사용한다.

매우 아니다 ➡ 1
아니다 ➡ 2
보통이다 ➡ 3
그렇다 ➡ 4
매우 그렇다 ➡ 5

앞으로 공부하게 될 numpy, pandas와 같은 패키지들은 숫자를 분석하기에 알맞은 패키지이기 때문에 이와 같은 데이터 처리 과정에 대한 이해가 필요하다.

또한 numpy를 위하여 제목 행을 삭제하여 모든 내용을 수치로 처리할 수 있도록 하거나, pandas를 위하여 column명을 영어로 수정하는 것도 데이터 분석을 위한 편리한 Tip이 될 수 있다. pandas를 활용하여 데이터를 분석한 후 결과를 시각화할 때 특정 문항에 대해 그 내용을 상징하는 간단한 영문 column명으로 적용한다면, 시각적으로 한눈에 들어오는 효과를 제공할 수 있기 때문이다.

활용 예

이렇게 설문한 결과로 생성된 CSV 데이터를 수집한 후에 어떻게 활용이 가능한지 예시를 확인해 보자. 그림 3.14와 같이 수업을 수강하기 전, 1학기 수강하고 난 후, 2학기 수강하고 난 후에 대한 컴퓨팅 사고력 중 데이터 처리에 관한 사고력 관련 설문 결과 데이터를 정규 분포로 확인할 수 있고, 3차원으로도 시각화할 수 있다. 이런 시각화된 결과를 통해서 교육에 따라서 Computational Thinking 능력이 향상되었다는 것을 한눈에 확인할 수 있다.

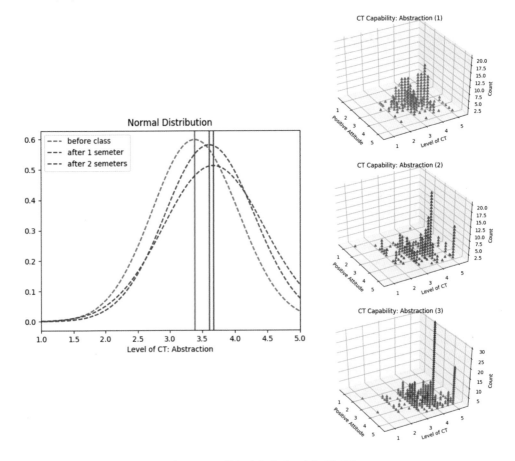

그림 3.14 CSV 활용 결과 예-컴퓨팅사고력 변화

3-4 실전 데이터 수집 도전

BeautifulSoup 활용 데이터 수집

BeautifulSoup을 활용해 데이터 수집하기 위하여 대한민국 정책 브리핑 데이터를 적용해 보자. 코드 3.12의 첫 번째 셀에서 필요한 모듈들인 requests와 BeautifulSoup을 불러온다. 두 번째 셀에서 크롤링할 웹사이트 주소를 url 변수에 저장하고, 해당 url에 대해서 requests 모듈의 get 메소드를 통해 요청받아온 내용을 resp 변수에 저장한다. 두 번째 셀의 5번째 줄에서는 resp의 텍스트 내용을 BeautifulSoup 모듈을 통해 파싱하여 soup 변수에 저장한다. 앞에서 BeautifulSoup에 대해 알아볼 때 find() 또는 find_all() 함수를 사용하여 원하는 내용을 찾았다면, 코드 3.12에서는 select() 함수를 통해 얻고자 하는 태그의 조건을 설정하였다. 따라서 10번째 줄에서는 text라는 속성을 가진 span 태그의 내용 중 strong 태그에 해당하는 내용들이 select() 함수를 통해 strong 변수에 저장된다. 그리고 11~12번째 줄에서 strong에 저장된 각 요소들에 대해 get_text 메소드로 텍스트로 불러온 후, strip() 함수를 통해 top_news 리스트에 append하고 있다. 마지막으로 15번째 줄에서는 저장된 텍스트 내용을 print() 하여 확인한다.

```
1   #BeautifulSoup 불러오기
2   import requests
3   from bs4 import BeautifulSoup
```

```
1   #크롤링할 웹사이트 설정
2   url = 'https://www.korea.kr/news/top50List.do'
```

```
 3  resp = requests.get(url)
 4
 5  soup = BeautifulSoup(resp.text)
 6
 7  top_news = []
 8
 9  #크롤링할 태그 조건 설정
10  strong = soup.select("span.text > strong") # text라는 클래스명을 가진 span 태그의
11  for n in strong:
12      top_news.append(n.get_text().strip())
13
14  #크롤링 결과 확인
15  print(top_news)
```

['현행 거리두기, 2월 6일까지 3주 연장…"사적모임 4인→6인까지"', '방역패스 유효기간 확인하세요', '문 대통령 "4차접종 빨리 결론내야…먹는 치료제 이번 주부터 사용"', '한 장으로 알아보는 2022년 공휴일!', '확진자 7천명 발생 시 '오미크론 대응단계'…격리기간 10일→7일로', '영양소 풍부한 1월 농산물 2가지', '여의도 면적 3배 군사보호구역 해제…재산권 행사 가능', '14일부터 65세 이상·면역저하자에 코로나19 '먹는 치료제' 우

코드 3.12 대한민국 정책 브리핑 Web Crawling

이러한 뉴스 데이터는 크롤링하는 시점에 따라 내용이 계속 변화하기 때문에, 시간 데이터가 필요할 수 있다. 이를 위해 코드 3.13과 같이 datetime 모듈을 불러온 후, 해당 모듈의 today() 함수를 통해서 년, 월, 일에 해당하는 속성들을 변수에 저장한다. 이 변수들을 6번째 줄에서 f-string 방식을 사용해 출력하여 뉴스의 날짜에 대해서 표기하고, 9~12번째 줄에서 top_news 변수에 저장된 뉴스 제목 중 상위 50개를 출력한다.

```
 1  from datetime import datetime
 2  year = datetime.today().year        # 현재 연도 가져오기
 3  month = datetime.today().month      # 현재 월 가져오기
 4  day = datetime.today().day          # 현재 일 가져오기
 5
 6  print(f'<<< {year}년 {month}월 {day}일', end=' ')
 7  print('대한민국 정책 브리핑 TOP 50 뉴스 >>>')
 8
 9  n = 1
10  for i in top_news[:50]:
11      print("%d: "%n + i)
12      n = n+1
```

<<< 2022년 1월 16일 대한민국 정책 브리핑 TOP 50 뉴스 >>>
1: 현행 거리두기, 2월 6일까지 3주 연장…"사적모임 4인→6인까지"
2: 방역패스 유효기간 확인하세요'
3: 문 대통령 "4차접종 빨리 결론내야…먹는 치료제 이번 주부터 사용"
4: 한 장으로 알아보는 2022년 공휴일!
5: 확진자 7천명 발생 시 '오미크론 대응단계'…격리기간 10일→7일로

```
6:  영양소 풍부한 1월 농산물 2가지
7:  여의도 면적 3배 군사보호구역 해제…재산권 행사 가능
8:  14일부터 65세 이상·면역저하자에 코로나19 '먹는 치료제' 우선 투약
9:  공무원 증원, 대국민 서비스 개선·정부 역할 수행하기 위한 것
10: 14조원 원포인트 추경…매출 감소한 소상공인에 300만원 지원
11: [사실은 이렇습니다] 팍스로비드, 확진 후 5일 이내에 복용?
12: 복지장관 "오미크론 점유율 10% 내외…설 연휴가 우세종화 분수령"
13: 정부, 3주간 설 물가 대응총력…성수품 공급 135% 달성
14: 김 총리 "이번 설 연휴도 고향 방문, 가족·친지 만남과 모임 자제를"
15: 소상공인 손실보상 500만원 선지급, 19일부터 신청
16: 올해 1월 1일 비엔나 신년음악회의 '불사조'
17: 방역패스 시행 중인 대형마트 가보니
```

코드 3.13 개선된 대한민국 정책 브리핑 Web Crawling

텍스트 파일 활용 데이터 수집

이번에는 일반적인 텍스트 파일의 데이터를 활용해 보자. 그림 3.15는 「먼 후일」이라는 김소월 시인의 시 내용이 저장된 텍스트 파일이다. 여기서 인코딩 형식이 UTF-8로 저장되어 있는 것을 기억해두고, 코드 3.14를 확인해 보자.

코드 3.14의 3번째 줄은 open() 함수를 통해 먼 후일.txt 파일을 읽기 모드로, 그

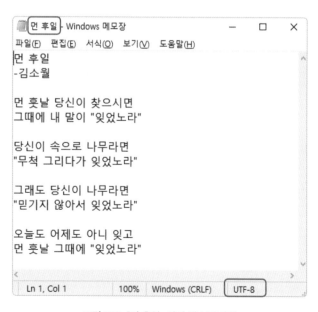

그림 3.15 「먼 후일」 시의 텍스트 파일

리고 인코딩은 UTF-8형식으로 열어 fp 변수에 파일 포인터를 저장한다. 저장된 fp
에 대해 6번째 줄에서 readlines() 함수를 통해 파일의 내용을 읽어와 data 변수에
저장한다. 파이선에서 파일 포인터를 통해 내용을 읽을 때에는 read(), readline(),
readlines() 등의 3가지 함수를 사용할 수 있다. **코드** 3.14에서 사용한 readlines() 함
수는 파일 내의 전체 내용을 줄 단위로 문자열 자료를 저장한 리스트를 반환한다. 텍
스트 내용을 저장한 이후에는 7번째 줄과 같이 close() 함수를 통해 파일을 닫은 후,
print 함수를 통해 출력하여 내용을 확인한다. 그런데 **코드** 3.14의 출력 결과를 확인해

```
1   #텍스트 파일 불러오기
2   file_name = "먼 후일.txt"
3   fp = open(file_name, "r", encoding = "utf-8") #읽기용
4
5   #파일 읽기
6   data = fp.readlines() #리스트로 저장
7   fp.close()
8
9   print(data)
```

['먼 후일\n', '-김소월\n', '\n', '먼 훗날 당신이 찾으시면\n', '그때에 내 말이 "잊었노라"\n', '\n', '당신이 속으로 나무라면', '"무척 그리다가 잊었노라"\n', '\n', '그래도 당신이 나무라면\n', '"믿기지 않아서 잊었노라"\n', '\n', '오늘도 어제도 아니 잊고\n', '먼 훗날 그때에 "잊었노라"']

코드 3.14 「먼 후일」 텍스트 파일 내용 확인 파이선 코드

```
1   #한 줄씩 출력
2   for line in data:
3       print(line, end='')
```

```
먼 후일
-김소월

먼 훗날 당신이 찾으시면
그때에 내 말이 "잊었노라"

당신이 속으로 나무라면
"무척 그리다가 잊었노라"

그래도 당신이 나무라면
"믿기지 않아서 잊었노라"

오늘도 어제도 아니 잊고
먼 훗날 그때에 "잊었노라"
```

코드 3.15 「먼 후일」 텍스트 파일 내용 확인을 개선한 파이선 코드

보면 줄바꿈 문자인 ₩n까지 포함되어 있다. 따라서 가독성을 개선하기 위해서 **코드 3.15**와 같이 data의 내용을 한 line씩 반복하며 출력할 수 있다.

더 나아가서 특정 문구를 포함하여 정보를 처리하는 방법을 확인해 보자. 이 예제에서는 "잊었노라"라는 문구가 포함된 줄이 몇 번째 줄인지, 그리고 그 내용이 무엇인지 새로운 파일에 저장하고자 한다. 데이터를 수정 및 가공하고자 할 때는 원본 데이터를 바꾸기보다는 새로운 파일을 만들어 저장하는 것이 바람직하다는 점을 기억하자.

```
1   #복사본 파일 생성하고 열기
2   fp2 = open(file_name.split(".")[0]+"_작업본.txt","w") #쓰기용
3
4   cnt=0
5   where=[]
6
7   for i,line in enumerate(data):
8       if "잊었노라" in line : #특정 단어 검색
9           cnt+=1
10          where.append(i)
11          fp2.write(str(i) + ' : ' + line) #한 줄씩 쓰기
12
13  fp2.close()
14
15  print(f"'잊었노라'는 {where}줄에 총 {cnt}번 존재합니다.")
```
'잊었노라'는 [4, 7, 10, 13]줄에 총 4번 존재합니다.

코드 3.16 「먼 후일」특정 내용 분석을 위한 파이선 코드

코드 3.16의 2번째 줄을 확인하면 새로 가공한 정보를 저장할 텍스트 파일을 open하여 쓰기('w') 모드로 fp2 변수에 저장하고 있다. 여기서 이전에 파일명을 저장해뒀던 file_name변수를 마침표를 기준으로 split하여 인덱스 번호 0의 요소를 확인하면, 확장자를 제외한 파일의 이름이 된다. 즉 "먼 후일"이라는 파일명 뒤에 "_작업본"이라는 단어가 붙어서 생성된 파일이 생성되기 위하여 open된다.

코드 3.16의 7~11번째 줄에서는 for문을 통해 파일의 내용이 저장되어 있는 data에 대해 각 줄마다 반복하며 "잊었노라" 문자열이 존재하는지 확인하고, 만약 존재한다면 "잊었노라"가 몇 번 존재하는지를 저장하는 cnt 변수를 1씩 증가시킨다. 그리고 몇 번째 줄에 존재했는지 where 리스트 변수에 append하여 정보를 추가한다. 마지막으로 fp2 변수를 사용하여 '먼 후일_작업본.txt' 파일에 해당 줄의 번호와 해당 줄의

내용을 저장한다. 반복문이 종료되면 fp2 변수를 close하여 닫아주고, 저장된 where 와 cnt변수의 내용에 대해 출력한다. 출력 결과와 새로 저장된 '먼 후일_작업본.txt' 파일를 보면 "잊었노라" 문자열이 4, 7, 10, 13번째 줄에 총 4번 존재했고, 어떤 문장 안에 존재했는지를 확인할 수 있다. 새롭게 생성된 '먼 후일_작업본.txt' 파일의 내용은 그림 3.16에서 확인할 수 있다.

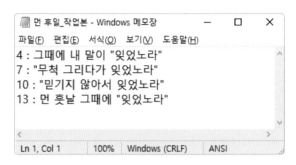

그림 3.16 '먼 후일_작업본.txt' 파일 내용

본 장에서는 데이터를 분석하기에 앞서 데이터를 수집하는 방법들에 대해서 알아보았다. 보편적으로 인터넷상에 많은 데이터가 존재하기 때문에, 웹 크롤링에 대하여 학습하였고, 텍스트 파일이나 pptx, xlsx, csv 형식의 파일도 파이썬을 통해 활용할 수 있음을 학습하였다. 원하는 데이터가 인터넷상에 없다면 여러분이 직접 설문지를 만들어 진행하여 설문 데이터를 얻을 수도 있다. 결국에는 이러한 방법들이 수치 데이터 처리에 용이한 csv파일 활용으로 이어진다는 점을 기억하면서 다음 장으로 넘어가도록 하자.

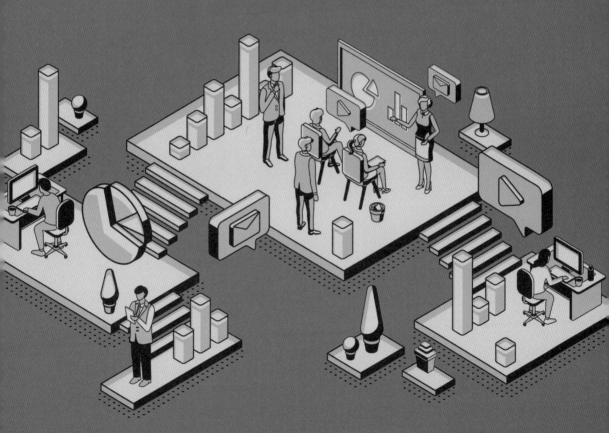

4장

엑셀 파일 다루기

데이터 분석을 위하여 엑셀이 보편적으로 많이 사용되어져 왔다. 이미 엑셀 파일로 데이터 파일을 가지고 있는 경우 확장하여 파이썬 프로그램 환경에서 사용하고자 하는 필요를 느끼는 경우도 있을 것이다. 하여 본 장에서는 엑셀 데이터 파일을 파이썬 프로그램을 활용하여 작업하는 내용에 대하여 학습해 보기로 한다.

4-1 엑셀 데이터 읽기

openpyxl 이해하기

3장에서 엑셀 데이터 수집을 위하여 openpyxl 패키지 사용을 검토하였다. 본 장에서는 좀 더 깊이 있게 엑셀 데이터를 파이선을 통하여 처리하는 과정을 학습해 보자.

openpyxl 관련 자세한 내용을 학습하고자 한다면, 아래의 url을 접속하여 학습할 수 있으며, 접속 화면의 내용은 그림 4.1과 같다.

👆 https://openpyxl.readthedocs.io/en/stable/index.html

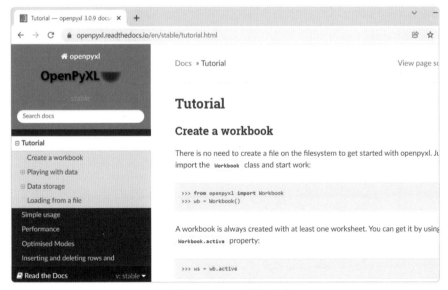

그림 4.1 openpyxl 학습 화면

엑셀 데이터를 읽기 위해서는 파이선 라이브러리 openpyxl(open python excel)을 사용한다. openpyxl은 파이선으로 엑셀 파일을 다루기 위한 라이브러리로, 적용할 수 있는 파일 형식은 확장자가 xlsx인 엑셀 파일로 제한되는 것을 유의해야 한다. openpyxl이 지원하는 기능은 파이선 환경에서 엑셀 파일 열기, 엑셀 파일의 시트명 획득, 엑셀의 특정 셀 값 취하기, 엑셀의 시트명 수정하기, 새로운 엑셀 파일 생성하기, 새로운 시트 추가, 시트 삭제, 시트 복사하기 등 다양하다. 또한 엑셀 파일에 문자열과 이미지 데이터 등을 추가할 수 있다. 이러한 다양한 기능을 지원하는 openpyxl에 대하여 공부해 보기로 하자.

파이선 라이브러리

openpyxl을 주피터 노트북에서 설치하는 방법은 **코드 4.1**과 같다.

```
1  !pip install openpyxl
```

코드 4.1 openpyxl 패키기 설치

설치 명령문 앞에 '!' 기호를 붙여 설치 명령어 '!pip install openpyxl'를 실행함으로써 아나콘다 shell 창이 아닌 주피터 노트북 파일 내부 셀에서 곧바로 파이선 라이브러리를 설치할 수 있다.

설치 후 사용하기 위해서는 다음의 2가지 방법이 가능하다.

```
1  import openpyxl
```

코드 4.2 openpyxl 사용법 I

```
1  from openpyxl import load_workbook
```

코드 4.3 openpyxl 사용법 II

코드 4.2는 openpyxl 라이브러리를 전부 불러오는 방식이고, **코드 4.3**은 라이브러리에서 load_workbook 모듈 하나만 불러와서 사용하는 방식이다. 상황에 따라 더 편리한 방법을 선택하여 적절하게 사용하면 된다.

엑셀 파일 열기

앞에서 사용하였던 Netflix 엑셀 파일을 사용하여 학습해 보자. 엑셀 파일의 내용은 그림 4.2와 같다.

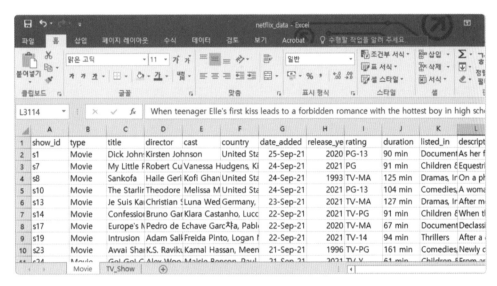

그림 4.2 Netflix 엑셀 파일 내용

파이선 변수로 저장

데이터를 분석하기 위해서는 파일을 불러와 저장하는 과정이 필요하다. 파일의 내용을 주피터 노트북 파일로 불러오면 파이선 객체가 생성된다. 엑셀 파일을 대상으로 이러한 작업을 실행해 보자.

```
1  import openpyxl
2  excel_file = openpyxl.load_workbook('netflix_data.xlsx')
```

코드 4.4 객체 생성 방법 I

```
1  from openpyxl import load_workbook
2  excel_file = load_workbook('netflix_data.xlsx')
```

코드 4.5 객체 생성 방법 II

코드 4.4와 코드 4.5와 같이 라이브러리를 불러오기 위해 두 가지 방법을 사용했는데, 이 방법에 따라 객체를 생성하는 코드도 달라진다. 먼저 라이브러리 파일을 전부 불러오는 **코드 4.4**의 경우, openpyxl.load_workbook()과 같이 코드를 작성해야 한다. 반면 **코드 4.5**와 같이 이미 라이브러리에서 load_workbook()를 지정해 불러오는 경우는 보다 편리하게 load_workbook()를 해당 모듈의 이름 지정 없이 바로 사용할 수 있다. 엑셀 파일 여는 과정에서는 openpyxl 라이브러리에서 load_workbook() 메소드만을 사용하기에 코드 4.5의 방법이 유용하다. load_workbook() 메소드의 파라미터에는 불러오고자 하는 엑셀 파일 이름을 입력한다. 이와 같이 사용하는 경우에는 주피터 노트북 파일과 엑셀 파일이 같은 폴더에 존재해야 함을 기억하자. 불러온 데이터는 변수 excel_file에 저장하여 사용하기로 한다.

엑셀 파일 worksheet 선택

엑셀 파일에는 여러 개의 워크시트가 사용될 수 있다. 파이선에서 사용하고자 하는 워크시트가 어느 것인지 정해야 한다. 엑셀 파일에서 사용할 워크시트를 선택하는 방법을 학습해 보자.

	A	B	C	D	E	F
1	show_id	type	title	director	cast	country
2	s1	Movie	Dick John	Kirsten Johnson		United Sta
3	s7	Movie	My Little F	Robert Cu	Vanessa Hudgens, Ki	
4	s8	Movie	Sankofa	Haile Geri	Kofi Ghan	United Sta
5	s10	Movie	The Starlir	Theodore	Melissa M	United Sta
6	s13	Movie	Je Suis Ka	Christian S	Luna Wed	Germany,
7	s14	Movie	Confession	Bruno Gar	Klara Castanho, Lucc	
8	s17	Movie	Europe's N	Pedro de	Echave Garc차a, Pabl	
9	s19	Movie	Intrusion	Adam Sal	Freida Pinto, Logan I	
10	s23	Movie	Avvai Shar	K.S. Ravikt	Kamal Hassan, Meen	
11	s24	Movie	Gol Gol G	Alex Woo	Maisie Benson, Paul	

Movie | TV_Show | (+)

그림 4.3
활성 중인 워크시트 확인

사용할 엑셀 파일의 구조는 그림 4.3과 같이 'Movie'라는 워크시트와 'TV_Show'라는 워크시트가 존재한다. 이 가운데 'Movie' 워크시트를 사용하고자 한다면 **코드**

4.6과 같이 실행하면 된다. 선택한 워크시트는 변수 selected_sheet에 저장 후 출력하여 올바르게 선택되었는지 확인할 수 있다.

```
1  selected_sheet = excel_file.active
2  print(selected_sheet)
```
```
<Worksheet "Movie">
```

코드 4.6 활성 중인 워크시트 사용 방법

🗂 worksheet 이름으로 선택

워크시트의 이름을 확인하고, 확인된 워크시트 중에서 원하는 워크시트를 선택할 수 있다. 코드 4.7과 같이 저장한 엑셀 파일의 변수명, 즉 엑셀 파일 객체에 sheetnames 속성(attribute)을 실행하여 확인할 수 있다. 여기서 sheetnames는 메소드가 아닌 속성이므로 괄호 없이 사용하는 것을 유의하자.

```
1  excel_file.sheetnames
```
```
['Movie', 'TV_Show']
```

코드 4.7 엑셀 파일의 워크시트 확인

코드 4.7과 같이 excel_file.sheetnames를 사용하여 반환된 워크시트 명을 확인하였다면, 코드 4.8과 같이 excel_file['Movie']와 같이 원하는 워크시트 명을 직접 지정해서 불러올 수 있다. 사용하고 싶은 워크시트 이름을 이미 알고 있다면, 코드 4.7의 확인 없이 바로 코드 4.8을 실행할 수 있다.

```
1  selected_sheet = excel_file["TV_Show"]
2  print(selected_sheet)
```
```
<Worksheet "TV_Show">
```

코드 4.8 원하는 워크시트 선택

🗂 모든 worksheet 접근법

excel_file이 포함하고 있는 모든 워크시트에 대한 작업이 필요한 경우, **코드 4.9**과 같이 워크시트의 이름을 하나씩 sheet라는 카운터 변수명에 저장하며 작업할 수 있다. **코드 4.9**는 반복문을 사용하여 excel_file 파일 내 각각의 워크시트 타이틀을 출력한 경우이다.

코드 4.9의 1번째 줄 sheet는 임의로 지정한 카운터 변수명이므로 원하는 변수명으로 수정이 가능하나, 2번째 줄의 title은 sheet 객체(object)의 제목을 확인하는 속성(attribute)에 해당하는 property이므로 그대로 사용해야 한다.

```
1  for sheet in excel_file:
2      print(sheet.title)    # 원하는 작업
```

```
Movie
TV_Show
```

코드 4.9 모든 워크시트에 대한 접근

특정 열 선택

선택된 워크시트에서 열(column) 하나만을 불러와서 작업을 진행할 수 있으며, 열 이름을 직접 입력하여 사용한다.

코드 4.10은 선택한 워크시트에 해당하는 selected_sheet에서 L열을 불러오는 코드이며, 선택된 열의 모든 데이터를 출력하기 위해 반복문을 사용하여 데이터를 한 줄씩 불러와 value 값을 출력한 예이다.

```
1  data_col = selected_sheet['L']
2  for each in data_col:
3      print(each.value)
```

```
description
After crossing paths at a party, a Cape Town teen sets out to prove whether a private
-school swimming star is her sister who was abducted at birth.
To protect his family from a powerful drug lord, skilled thief Mehdi and his expert t
eam of robbers are pulled into a violent and deadly turf war.
Feuds, flirtations and toilet talk go down among the incarcerated women at the Orlean
s Justice Center in New Orleans on this gritty reality series.
In a city of coaching centers known to train India?쉪 finest collegiate minds, an ear
nest but unexceptional student and his friends navigate campus life.
The arrival of a charismatic young priest brings glorious miracles, ominous mysteries
and renewed religious fervor to a dying town desperate to believe.
A talented batch of amateur bakers face off in a 10-week competition, whipping up the
ir best dishes in the hopes of being named the U.K.'s best.
Sicily boasts a bold "Anti-Mafia" coalition. But what happens when those trying to br
```

코드 4.10 특정 열 선택

특정 행 선택

앞에서 확인한 것과 같이 특정 열 하나를 선택하기 위해서는 [](대괄호) 내에 열의 이름을 지정해주어야 했다. 이와 달리 특정 행 하나를 선택하기 위해서는 인덱스 번호를 사용한다. 인덱스 번호를 적용할 때 유념할 사항은 인덱스가 0이 아닌 1부터 시작한다는 점이다.

코드 4.11과 같이 선택된 워크시트 selected_sheetd의 인덱스 1에 해당하는 값은 데이터의 카테고리에 해당하는 가장 첫 번째 행의 값이다. 선택한 행에 해당하는 데이터를 출력하는 방법은 열의 경우와 같이 value 속성을 사용한다.

```
1  data_row = selected_sheet[1]
2  for each in data_row:
3      print(each.value)
```

```
show_id
type
title
director
cast
country
date_added
release_year
rating
duration
listed_in
description
```

코드 4.11 특정 행 선택

특정 범위 선택

선택한 워크시트에서 데이터의 특정 범위를 선택하기 위해서는 슬라이싱을 사용한다. 사용법은 다음과 같다.

```
worksheet['시작 셀':'끝 셀']
```

예를 들어 코드 4.12에서는 C열에서 L열까지의 범위 내에서 두 번째 행의 값만을 선택하여 내용을 출력하는 과정을 나타낸 것이다. 코드 4.12의 2번째 줄에서부터 확인할 수 있듯이 중첩 반복문이 사용되었다. 중첩 반복문이 적용된 이유는 첫 번째 for 문에서 각각의 data에 해당하는 값이 전체 객체 하나를 포함한 튜플로 반환되기 때문에 각각의 value 속성을 출력하기 위해서는 3번째 줄과 같이 for 문을 한 번 더 실행하거나 data[0].value와 같은 형태로 실행할 수 있다.

```
1  sel_data = selected_sheet['C2':'L2']
2  for data in sel_data:
3      for each in data :
4          print(each.value)
```

```
Blood & Water
None
Ama Qamata, Khosi Ngema, Gail Mabalane, Thabang Molaba, Dillon Windvogel, Natasha Tha
hane, Arno Greeff, Xolile Tshabalala, Getmore Sithole, Cindy Mahlangu, Ryle De Morny,
Greteli Fincham, Sello Maake Ka-Ncube, Odwa Gwanya, Mekaila Mathys, Sandi Schultz, Du
ane Williams, Shamilla Miller, Patrick Mofokeng
South Africa
2021-09-24 00:00:00
2021
TV-MA
2 Seasons
International TV Shows, TV Dramas, TV Mysteries
After crossing paths at a party, a Cape Town teen sets out to prove whether a private
-school swimming star is her sister who was abducted at birth.
```

코드 4.12 특정 범위 데이터 선택

특정 열 범위 선택

선택한 워크시트에서 데이터의 특정 열 범위를 선택하기 위해서도 슬라이싱을 사용한다. 사용법은 다음과 같다.

worksheet[' 시작 열:끝 열 ']

코드 4.13에서 확인할 수 있듯이 특정 범위 선택의 경우와 따옴표의 위치에 차이가 있다는 것을 알아챌 수 있을 것이다. 각각의 열에 따옴표를 표시하지 않고, 전체 범위를 묶어서 따옴표를 한 번만 표시한다. 코드 4.13 예시에서는 열 C와 E 사이의 범위를 선택하였다. 2번째 줄과 같이 중첩 반복문의 첫 번째 for 문이 실행될 때, 각각의 data에는 하나의 열에 해당하는 모든 행의 데이터가 담겨 있으며, 3번째 줄의 두 번째 for 문에서 행의 value 속성을 ',' (콤마) 로 구분하여 출력하고 있다.

```
1  sel_data = selected_sheet['C:E']
2  for data in sel_data:
3      for each in data :
4          print(each.value, end = ',')
5      print("\n\n>>> The Next Column")
```

```
title,Blood & Water,Ganglands,Jailbirds New Orleans,Kota Factory,Midnight Mass,The Gr
eat British Baking Show,Vendetta: Truth, Lies and The Mafia,Bangkok Breaking,Crime St
ories: India Detectives,Dear White People,Falsa identidad,Jaguar,Monsters Inside: The
24 Faces of Billy Milligan,Resurrection: Ertugrul,Love on the Spectrum,Chicago Party
Aunt,Sex Education,Squid Game,Tayo and Little Wizards,Angry Birds,Chhota Bheem,He-Man
and the Masters of the Universe,The Smart Money Woman,Castle and Castle,Dharmakshetr
a,Nailed It,Numberblocks,Raja Rasoi Aur Anya Kahaniyan,Saved by the Bell,Stories by R
abindranath Tagore,Too Hot To Handle: Latino,Jack Whitehall: Travels with My Father,T
he World's Most Amazing Vacation Rentals,Yowamushi Pedal,Lucifer,Metal Shop Masters,P
okémon Master Journeys: The Series,Titipo Titipo,Mighty Raju,Into the Night,The Circ
le,Kid Cosmic,Octonauts: Above & Beyond,On the Verge,Tobot Galaxy Detectives,Countdow
n: Inspiration4 Mission to Space,Tayo the Little Bus,Bunk'd,Dive Club,La casa de pape
l,Money Heist: From Tokyo to Berlin,Sharkdog,Heroes of Goo Jit Zu,Hotel Del Luna,Luv
Kushh,Pororo - The Little Penguin,Q-Force,Brave Animated Series,How to Be a Cowboy,HQ
Barbers,Kid-E-Cats,Kuroko's Basketball,Major Dad,Oldsters,Turning Point: 9/11 and the
War on Terror,Sparking Joy,Hometown Cha-Cha-Cha,The Ingenuity of the Househusband,Bre
ad Barbershop,D.P.,Deadly Sins,I Heart Arlo,King of Boys: The Return of the King,Rebe
llion,RIDE ON TIME,Titletown High,EDENS ZERO,Family Reunion,Clickbait,John of God: Th
```

코드 4.13 특정 열 범위 데이터 선택

특정 열 기준 부분 행 범위 선택

열을 기준으로, 모든 행이 아닌 부분적으로 행의 범위에 해당하는 값을 추출하기 위해서 iter_cols 모듈을 사용한다. 사용법은 다음과 같다.

```
worksheet.iter_cols()
```

```
1   for data in selected_sheet.iter_cols(min_col=1, max_row=4, max_col=5):
2       for each in data :
3           print(each.value, end = ',')
4       print("\n\n>>> The Next Column")
```

```
show_id,s2,s3,s4,

>>> The Next Column
type,TV Show,TV Show,TV Show,

>>> The Next Column
title,Blood & Water,Ganglands,Jailbirds New Orleans,

>>> The Next Column
director,None,Julien Leclercq,None,

>>> The Next Column
cast,Ama Qamata, Khosi Ngema, Gail Mabalane, Thabang Molaba, Dillon Windvogel, Natash
a Thahane, Arno Greeff, Xolile Tshabalala, Getmore Sithole, Cindy Mahlangu, Ryle De M
orny, Greteli Fincham, Sello Maake Ka-Ncube, Odwa Gwanya, Mekaila Mathys, Sandi Schul
tz, Duane Williams, Shamilla Miller, Patrick Mofokeng,Sami Bouajila, Tracy Gotoas, Sa
muel Jouy, Nabiha Akkari, Sofia Lesaffre, Salim Kechiouche, Noureddine Farihi, Geert
Van Rampelberg, Bakary Diombera,None,

>>> The Next Column
```

코드 4.14 특정 열 기준 부분 행 범위 데이터 선택

코드 4.14에서는 첫 번째 열(min_col)에서 다섯 번째 열(max_col)까지의 범위 내에서 처음부터 네 번째 행(max_row)까지의 데이터를 출력한다. 예시에서 min_row의 값이 생략된 경우와 같이, 파라미터에 값을 명시해주지 않으면 자동으로 min_row, min_col의 경우는 처음부터 적용되며, max_row, max_col의 경우는 마지막 값의 위치까지 범위가 지정된다. 코드 4.14의 1번째 줄에 해당하는 첫 번째 for 문이 실행될 때, 각각의 data에는 하나의 열에 해당하는 데이터가 담겨 있으며, 2번째 줄에 해당하는 두 번째 for 문에서 첫 번째 행을 포함하여 4개 행에 대하여 처리하며, 3번째 줄에서 각각의 데이터에 대한 value 속성을 ','(콤마)로 구분하여 출력하라고 명령하였다.

특정 행 범위 선택

특정 행 범위를 선택하는 방법은 특정 열 범위를 선택하는 방법과 유사하며, 행 범위

를 선택하기 위해서 인덱스 슬라이싱을 사용한다. 인덱스는 파이선 리스트 슬라이싱의 문법과 달리 0이 아닌 1부터 시작하며 끝 범위를 포함하여 나타낸다. 인덱스는 숫자로 이루어져 있기 때문에 열 범위 선택과 달리 따옴표를 사용하지 않는다. 사용법은 다음과 같다.

worksheet[시작 행 index:끝 행 index]

```
1  sel_data = selected_sheet[1:3]
2  for data in sel_data:
3      for each in data :
4          print(each.value, end = ',')
5      print("₩n₩n>>> The Next Row")
```

show_id,type,title,director,cast,country,date_added,release_year,rating,duration,listed_in,description,

>>> The Next Row
s2,TV Show,Blood & Water,None,Ama Qamata, Khosi Ngema, Gail Mabalane, Thabang Molaba, Dillon Windvogel, Natasha Thahane, Arno Greeff, Xolile Tshabalala, Getmore Sithole, Cindy Mahlangu, Ryle De Morny, Greteli Fincham, Sello Maake Ka-Ncube, Odwa Gwanya, Mekaila Mathys, Sandi Schultz, Duane Williams, Shamilla Miller, Patrick Mofokeng,South Africa,2021-09-24 00:00:00,2021,TV-MA,2 Seasons,International TV Shows, TV Dramas, TV Mysteries,After crossing paths at a party, a Cape Town teen sets out to prove whether a private-school swimming star is her sister who was abducted at birth.,

>>> The Next Row
s3,TV Show,Ganglands,Julien Leclercq,Sami Bouajila, Tracy Gotoas, Samuel Jouy, Nabiha Akkari, Sofia Lesaffre, Salim Kechiouche, Noureddine Farihi, Geert Van Rampelberg, Bakary Diombera,None,2021-09-24 00:00:00,2021,TV-MA,1 Season,Crime TV Shows, International TV Shows, TV Action & Adventure,To protect his family from a powerful drug lord, skilled thief Mehdi and his expert team of robbers are pulled into a violent and deadly turf war.,

>>> The Next Row

코드 4.15 특정 행 범위 데이터 선택

코드 4.15는 1행에서 3행까지의 범위를 선택하여 처리하는 코드이다. 코드 4.15의 2번째 줄과 같이 중첩 반복문의 첫 번째 for 문이 실행될 때, 각각의 data에는 하나의 행에 해당하는 모든 열의 데이터가 담겨 있으며, 코드 4.15의 3번째 줄에 해당하는 두 번째 for 문에서 열의 각각의 데이터를 저장하여 4번째 줄과 같이 value 속성을 ','(콤마)로 구분하여 출력할 수 있다. 전체 3개 행의 데이터가 출력된 것을 코드 4.15의 결과를 통하여 확인할 수 있다.

특정 행 기준 부분 열 범위 선택

행을 기준으로, 열의 범위에 해당하는 데이터를 추출하기 위해서는 iter_rows 모듈을 사용한다. 사용법은 다음과 같다.

```
worksheet.iter_rows()
```

```
1  for data in selected_sheet.iter_rows(min_row=1, min_col=3, max_col=5, max_row=5):
2      for each in data :
3          print(each.value, end = ',')
4      print("\n\n>>> The Next Row")
```

```
title,director,cast,

>>> The Next Row
Blood & Water,None,Ama Qamata, Khosi Ngema, Gail Mabalane, Thabang Molaba, Dillon Win
dvogel, Natasha Thahane, Arno Greeff, Xolile Tshabalala, Getmore Sithole, Cindy Mahla
ngu, Ryle De Morny, Greteli Fincham, Sello Maake Ka-Ncube, Odwa Gwanya, Mekaila Mathy
s, Sandi Schultz, Duane Williams, Shamilla Miller, Patrick Mofokeng,

>>> The Next Row
Ganglands,Julien Leclercq,Sami Bouajila, Tracy Gotoas, Samuel Jouy, Nabiha Akkari, So
fia Lesaffre, Salim Kechiouche, Noureddine Farihi, Geert Van Rampelberg, Bakary Diomb
era,

>>> The Next Row
Jailbirds New Orleans,None,None,

>>> The Next Row
Kota Factory,None,Mayur More, Jitendra Kumar, Ranjan Raj, Alam Khan, Ahsaas Channa, R
evathi Pillai, Urvi Singh, Arun Kumar,

>>> The Next Row
```

코드 4.16 특정 행 기준 부분 열 범위 데이터 선택

코드 4.16 예시에서는 1행(min_row)에서 5행(max_row)까지의 범위 내에서 3열(min_col)부터 5열(max_col)까지의 데이터를 출력한다. iter_rows 메소드의 파라미터에 값을 명시해주지 않으면 자동으로 min_row, min_col의 경우 처음부터, max_row, max_col의 경우 마지막 값의 위치까지 범위가 지정된다. 코드 4.16의 1번째 줄과 같이 첫 번째 for 문이 실행될 때, 각각의 data에는 하나의 행에 해당하는 데이터가 담겨있으며, 코드 4.16의 2번째 줄의 두 번째 for 문에서 3,4,5번째 열의 데이터가 선택되며,

3번째 줄에서 value 속성을 ','(콤마)로 구분하여 출력한다. 1행부터 5행까지 5행의 데이터가 출력된 것을 코드 4.16에서 확일할 수 있다.

특정 셀 선택

선택한 시트에서 특정 셀을 선택하여 사용할 수 있다. 사용법은 다음과 같다.

worksheet[' 셀 주소 ']

```
1  descrp = selected_sheet['L2']
2  print (descrp.value)
```
```
After crossing paths at a party, a Cape Town teen sets out to prove whether a private
-school swimming star is her sister who was abducted at birth.
```

코드 4.17 특정 셀 데이터 선택

코드 4.17은 L열의 두 번째 행에 해당하는 셀을 출력하기 위한 코드이다. 해당 워크시트는 TV_Show에 해당하며, L열은 TV_Show 내용의 소개에 대한 description 카테고리에 해당하며, 2행의 데이터이므로 첫 번째 TV_Show인 Blood & Water에 대한 내용임을 확인할 수 있다.

참고 Property에 대한 이해

앞에서 value 속성(attribute)에 대한 코드가 여러 번 언급되었다. 객체에 대한 property의 개념에 해당하며, Property란 객체 지향 프로그래밍 언어에서 필드(변수)와 메소드(함수) 이외에 중간에 해당하는 클래스 멤버의 특수한 유형이다.

Property의 예시로는 앞서 코드에서 등장했던 sheetnames과 value 들이 있었고, 코드 4.17의 1번째 줄에서 L2 셀의 내용을 선택하기 위해서 정의했던 변수 descrp의 Property의 예에 대한 코드는 코드 4.18에서 확인할 수 있다. 코드 4.18의 결과를 통하여 변수 descrp이 두 번째 행(row)에 해당하며, 12번째 열(column), 즉 12번째 알파벳에 해당하는 L열에 해당하는 것을 확인할 수 있다. 즉 L2에 위치한 셀이라는 사실을 코드 4.18의 결과를 통하여 확인할 수 있다.

```
1  print(descrp.row)
2  print(descrp.column)
3  print(descrp.coordinate)
```
```
2
12
L2
```

코드 4.18 엑셀의 셀 property 예

4-2 엑셀 데이터 처리

엑셀 파일의 데이터를 파이선에서 직접 처리할 수 있다. 엑셀 데이터 처리 방법에 대하여 학습해 보기로 하자.

새로운 worksheet 추가

엑셀 파일에 새로운 워크시트를 추가하기 위해서는 create_sheet 메소드를 사용한다. 사용법은 다음과 같다.

create_sheet(' 추가할 워크sheet 이름 ')

```
1  new_sheet = excel_file.create_sheet("Mysheet") # insert at the end (default)
2  print(excel_file.sheetnames)
```
```
['Movie', 'TV_Show', 'Mysheet']
```

코드 4.19 맨 뒤에 새로운 워크시트 추가

코드 4.19와 같이 새로운 워크시트 이름만 제공하면서 추가하는 경우 해당 워크시트는 자동으로 맨 뒤에 위치하게 된다. 코드 4.19의 실행 결과에서 확인할 수 있듯이 가장 뒤에 새로 추가한 Mysheet이 위치하고 있다.

특정 위치에 새로운 워크시트를 추가할 수 있다. 사용법은 다음과 같다.

```
create_sheet('sheet 이름', '삽입할 위치 index')
```

create_sheet 메소드의 두 번째 파라미터에 새로 추가할 워크시트가 위치할 인덱스를 입력한다. 인덱스를 입력하지 않을 경우, **코드 4.19**와 같이 시트는 맨 뒤에 위치하게 된다. 만약 맨 앞에 새로운 워크시트를 추가하고 싶은 경우는 **코드 4.20**을 참조하면 된다.

```
1  excel_file.create_sheet("Mysheet2", 0) # 맨 앞 추가
2  print(excel_file.sheetnames)

['Mysheet2', 'Movie', 'TV_Show', 'Mysheet']
```

코드 4.20 맨 앞에 새로운 워크시트 추가

코드 4.20 실행 결과에서 'Mysheet2'가 0번째 인덱스에 해당하는 위치, 즉 첫 번째 워크시트에 위치한 것을 확인할 수 있다. 맨 앞과 맨 뒤의 위치 이외에 원하는 순서에 새로운 워크시트를 추가하는 것도 가능하다. **코드 4.21**에서 이와 같은 내용을 확인할 수 있다.

```
1  excel_file.create_sheet("Mysheet3", -1) # 끝에서 2번째 추가
2  print(excel_file.sheetnames)

['Mysheet2', 'Movie', 'TV_Show', 'Mysheet3', 'Mysheet']
```

```
1  excel_file.create_sheet("Mysheet4", 1) # 앞에서 2번째 추가
2  print(excel_file.sheetnames)

['Mysheet2', 'Mysheet4', 'Movie', 'TV_Show', 'Mysheet3', 'Mysheet']
```

코드 4.21 원하는 순서에 새로운 워크시트 추가

워크시트 추가 위치를 위하여 인덱스가 0 이상의 정수일 때 앞에서부터 위치를 결정하고, 빈칸이거나 음수인 경우 맨 뒤에서부터 위치를 결정한다. **코드 4.21**을 보면 인덱스가 −1일 경우 워크시트가 끝에서 두 번째 순서에 추가되었으며, 삽입할 위치가 1일 경우 맨 앞에서 두 번째에 워크시트가 추가되었다. 이렇듯 원하는 위치의 인덱스 번호를 지정하여 새로운 워크시트를 추가할 수 있다.

worksheet 이름 변경

엑셀 파일의 워크시트에 직접 접근하여 워크시트의 Property에 해당하는 title을 사용하여 워크시트의 이름을 원하는 이름으로 변경할 수 있다.

```
1  print(f'수정 전 >>\n {excel_file.sheetnames}')
2  excel_file['Mysheet2'].title = 'First'
3  print(f'수정 후 >>\n {excel_file.sheetnames}')

수정 전 >>
 ['Mysheet2', 'Mysheet4', 'Movie', 'TV_Show', 'Mysheet3', 'Mysheet']
수정 후 >>
 ['First', 'Mysheet4', 'Movie', 'TV_Show', 'Mysheet3', 'Mysheet']
```

코드 4.22 워크시트 이름 변경

코드 4.22의 1번째 줄에서 저장한 엑셀 파일의 워크시트 이름들을 확인하였으며, 가장 앞에 있는 워크시트의 이름에 해당하는 'Mysheet2'를 'First'로 워크시트 이름을 변경하는 내용이 2번째 줄에 해당한다. title 속성을 사용하여 이름을 변경할 수 있음을 확인할 수 있다. 3번째 줄에서 확인할 결과의 내용에서 맨 앞의 워크시트 이름이 'First'로 수정되었음을 알 수 있다.

셀에 데이터 입력

원하는 위치의 셀에 데이터를 새로 입력하는 방법은 두 가지가 있다. 첫 번째 방법의 예시는 코드 4.23과 같다.

```
1  my_sheet = excel_file["First"]
2  my_sheet.cell(row=1, column=1).value = 'My Choice'
3  data = my_sheet['A1']
4  print (f'A1에 저장된 데이터 : {data.value}')

A1에 저장된 데이터 : My Choice
```

코드 4.23 특정 셀에 데이터 입력 방법 I

코드 4.23의 1번째 줄에서 확인할 수 있듯이 셀을 입력할 워크시트를 우선 지정한다. **코드 4.23**에서는 맨 앞에 위치한 'First' 워크시트를 선택하였다. 워크시트 객체에 적용할 수 있는 cell 메서드를 사용하여 row, column에 셀의 위치에 해당하는 숫자를 지정한 내용인 **코드 4.23**의 2번째 줄 전반에 해당한다. 여기서 행과 열 모두 0이 아닌 1에서부터 시작되는 것을 유의하자. **코드 4.23**의 2번째 줄 후반에서 위치를 지정한 셀의 value 속성에 원하는 데이터값인 'My Choice'를 입력하였다. **코드 4.23**의 3번째 줄에서 워크시트의 'A1' 위치에 해당하는 셀, 즉 행(row)이 1이며 열(column)이 1인 셀에 저장된 내용을 data라는 변수에 저장하였으며, 저장된 내용을 **코드 4.23**의 4번째 줄에서 확인할 결과 앞에서 저장한 값이 알맞게 출력되는 것을 확인할 수 있다.

원하는 위치의 셀에 데이터를 새로 입력하는 두 번째 방법은 첫 번째 방법보다 간단하고 직관적이다. 두 번째 방법의 예시는 **코드 4.24**와 같다.

```
1  my_sheet['A2'] = '오징어 게임'
2  my_sheet['A3'] = '고요의 바다'
3  data_col = my_sheet['A']
4  for each in data_col:
5      print(each.value)
```

```
My Choice
오징어 게임
고요의 바다
```

코드 4.24 특정 셀에 데이터 입력 방법 II

코드 4.24와 같이 셀 위치를 직접 적용하여 value 속성 값을 정의할 수 있다. **코드 4.24**의 1번째 줄에서 선택한 워크시트인 my_sheet의 A2 셀 값을 '오징어 게임'으로 직접 입력한 것을 확인할 수 있다. 같은 방법으로 A3 셀의 값을 입력한 후 **코드 4.24**의 3번째 줄에서 A열 전체를 선택하고, 4번째 줄에서 반복문을 사용하여 열에 입력된 내용을 출력하면 특정 셀에 데이터를 입력하는 두 가지 방법 모두를 사용하여 입력된 총 세 개의 데이터가 정상적으로 출력되는 것을 확인할 수 있다.

셀 데이터 수정

셀 데이터의 값을 수정할 수 있으며, 데이터 수정의 예시는 **코드 4.25**와 같다. 데이터 수정은 기본적으로 새로운 데이터를 입력하는 방식과 같다.

```
1  print (f"A1 기존 데이터 : {my_sheet['A1'].value}")
2  my_sheet.cell(row=1, column=1).value = 'My Rank'
3  print (f"A1 수정 데이터 : {my_sheet['A1'].value}")

A1 기존 데이터 : My Choice
A1 수정 데이터 : My Rank
```

코드 4.25 셀 데이터 수정 방법

코드 4.25에서는 A1 셀의 내용을 'My Choice'에서 'My Rank'로 수정한 내용을
확인할 수 있다. 코드 4.25의 3번째 줄에서 수정된 데이터 셀에 해당하는 'A1'의 셀 주
소를 선택하기 위하여 작은따옴표를 사용하였다. 이미 작은따옴표를 사용해서 셀 위
치를 표기했기 때문에 전체 f-string 부분은 오류 발생 방지를 위해 큰따옴표를 사용
한 것을 유의해야 한다.

조건식으로 새로운 데이터 추가

셀에 새로운 데이터를 추가할 때 if문을 사용하여 조건식을 제시하여 조건식을 만족
하는 경우에만 새로운 데이터를 추가할 수 있다. 코드 4.26은 my_sheet이라는 워크시
트에 '오징어 게임'의 주인공이 '이정재'라는 데이터를 추가하는 예시이다.

코드 4.26의 1번째 줄에서 선택한 워크시트에서 A열에 해당하는 모든 데이터를

```
1   sel_data = my_sheet['A']
2   my_sheet['B1'] = '주인공'
3   for data in sel_data:
4       if data.value == '오징어 게임':
5           sel_col, sel_row = data.coordinate  # 오징어 게임이 저장된 셀 주소 반환
6           my_sheet['B'+sel_row] = '이정재'     # 해당 행에 주인공 정보 입력
7
8           check_data = my_sheet[int(sel_row)]  # 저장된 내용 확인
9           for each in check_data:
10              print (each.value)

오징어 게임
이정재
```

코드 4.26 조건을 만족하는 경우 새로운 데이터 추가

변수 sel_data에 저장하였다. 그리고 2번째 줄에서 선택한 워크시트의 B1 셀에 '주인공'이라는 값을 저장하였다. 코드 4.26의 3번째 줄에서부터 중첩 반복문을 구현하였으며, 중첩 반복문 안에서 사용되는 카운터 변수 data는 선택한 열의 각 행을 나타낸다. 코드 4.26의 4번째 줄은 만약 data 객체의 value 속성이 '오징어 게임'이면, 5번째 줄에서 확인한 coordinate 속성을 통하여 해당 데이터의 열과 행 위치를 파악해 해당 데이터가 위치하는 행과 B열, 즉 'B+sel_row'의 셀 위치에 '이정재'를 추가하여 A열에 오징어 게임이 저장된 셀의 행에 주인공이 이정재임을 해당하는 행의 B열에 저장한다.

새로운 row 추가

새로운 행(row)을 추가하기 위해서 먼저 행이 추가될 열을 선택한다. 선택한 열의 데이터 개수에 1을 더하여 추가할 위치의 행 주소를 파악하고, 선택한 열과 행 주소를 합쳐 데이터를 입력하는 방법을 사용한다. 코드 4.27을 통하여 예시를 확인해 보자.

코드 4.27의 1번째 줄에서 A열을 선택하여 sel_data에 저장하였다. 2번째 줄에서 새로운 값을 입력할 행 위치를 파악하기 위하여 sel_data의 데이터 개수를 확인할 수 있는 len() 함수를 사용하였고, 이미 사용된 행의 다음 번호를 위하여 +1을 실행한 후 셀 주소를 구성하기 위하여 str() 함수를 사용하여 형변환을 한 후 해당 열인 A와 문자로 연결하여 새로운 데이터를 입력할 셀주소인 new_position를 생성하였다. 코드 4.27의 3번째 줄에서 워크시트 my_sheet에 새로 생성된 셀 주소인 new_position에

```
1  sel_data = my_sheet['A']
2  new_position = 'A'+ str ( len(sel_data)+1 )
3  my_sheet[new_position] = '그해 우리는'
4
5  sel_data = my_sheet['A']
6  for each in sel_data:
7      print(each.value)
```

```
My Rank
오징어 게임
고요의 바다
그해 우리는
```

코드 4.27 새로운 행 추가

원하는 데이터 '그해 우리는' 이라는 새로운 데이터를 입력하였다. 코드 4.27의 5번째 줄 이하는 A열의 데이터를 모두 출력하는 코드이며, 결과에서 확인할 수 있듯이 새롭게 입력한 '그해 우리는'이 포함된 것을 알 수 있다.

새로운 column 추가

새로운 열을 추가하기 위해서는 먼저 열이 추가될 행을 선택하여 진행할 수 있다. 새로운 열에 데이터를 추가하는 예시는 코드 4.28에서 확인할 수 있다.

```
1  sel_data = my_sheet[1]
2  start = ord('A')   # ASCII 값 찾기
3  new_column = start + len(sel_data)
4  new_position = chr(new_column)+'1'   # 추가 열의 첫줄
5  my_sheet[new_position] = '구분'
6
7  sel_data = my_sheet[1]
8  for each in sel_data:
9      print(each.value)  # column 제목 출력

My Rank
주인공
구분
```

코드 4.28 새로운 열 추가

코드 4.28의 1번째 줄에서는 my_sheet 워크시트의 1번째 행(row)를 우선 선택하여 sel_data에 저장하였다. 코드 4.28의 2번째 줄에서는 열의 주소를 파악하기 위하여 알파벳을 그래도 사용할 수 없기 때문에, 알파벳 값을 ASCII 값으로 대응해주는 ord() 함수를 사용하였다. 3번째 줄에서 기존의 열 개수를 계산하여 추가 열 위치를 파악하기 위한 내용을 실행하였다. 이를 위하여 첫 열에 해당하는 A의 ASCII 값에 존재하는 열의 개수를 더하였다. 4번째 줄에서는 3번째 줄에서 파악한 추가할 열에 해당하는 알파벳에 행의 값인 1을 연결하여 새로이 셀의 위치를 찾았으며, 5번째 줄에서 해당 셀에 새로운 데이터 '구분'을 추가하였다. 코드 4.28의 7번째 줄 이하의 내용은 저장된 열의 내용을 확인하기 위한 코드이며, 실행 결과에서 추가된 '구분'이 새롭게 저장된 것을 확인할 수 있다.

엑셀 파일 저장하기

현재까지의 작업은 오직 파이선에서만 실행되고 있는 내용이며, 엑셀 파일에는 전혀 반영되지 않고 있었음을 유념하자. 파이선 코드는 스스로 엑셀 파일을 저장하지 않기 때문에 save 메소드를 사용하여 엑셀 파일에 저장해야 한다. **코드 4.29**는 지금까지 excel_file 변수명으로 저장하여 작업한 모든 내용을 'updated_netflix.xlsx' 파일로 저장해 준다. 저장은 save 메소드의 파라미터에 저장할 파일명을 입력하는 방식으로 실행되는 것을 확인할 수 있다.

```
1  excel_file.save('updated_netfilx.xlsx')
```

코드 4.29 파이선 작업 내용 저장

저장한 엑셀 파일의 내용은 **그림 4.4**에서 확인할 수 있다.

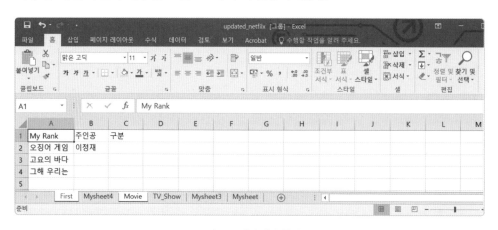

그림 4.4 엑셀 파일 확인

4-3 엑셀 데이터 활용 도전

앞에서 학습한 내용을 공공데이터를 사용하여 엑셀 데이터 처리에 도전해 보자!

활용 데이터

우선 도전에 사용할 데이터는 서울시 가로휴지통 설치정보 데이터이며, 서울시 공공데이터 사이트에서 다운로드받을 수 있다. 사이트 url은 다음과 같다.

👋 https://data.seoul.go.kr/dataList/OA-15069/F/1/datasetView.do

여기에 접속하면 그림 4.5의 내용을 확인할 수 있다. 2개의 파일을 제공하고 있으며, 엑셀 데이터 활용 도전을 위하여 서울특별시 가로쓰레기통 설치정보(2019.9).xlsx 파일을 내

그림 4.5
서울시 가로휴지통
설치정보 사이트

려받아 사용하기로 하자.

선택한 '서울특별시 가로쓰레기통 설치정보(2019.9).xlsx' 파일을 다운로드하여 확인한 파일의 내용은 그림 4.6과 같다.

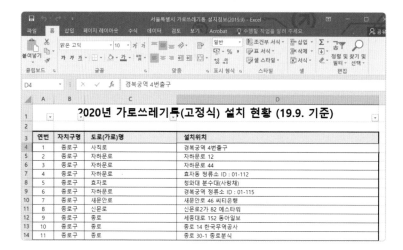

그림 4.6
도전을 위하여
다운로드한
엑셀 파일 내용

엑셀 데이터 읽기

앞에서 학습한대로 엑셀 데이터를 읽어오는 과정에 도전해 보자.

```
1  #openpyxl 라이브러리를 불러오고, 다뤄볼 엑셀 데이터를 불러오기
2  #데이터 출처: https://data.seoul.go.kr/dataList/OA-15069/F/1/datasetView.do
3  import openpyxl
4  workbook = openpyxl.load_workbook('서울특별시 가로쓰레기통 설치정보(2019.9).xlsx'
5  wb1 = workbook['상세현황(중앙차로제외)']
6
7  #출력하여 제대로 불러왔는지 확인하기
8  for row in wb1.rows:
9    for cell in row:
10     print(cell.value, end = ' ')
11   print()
```

```
2020년 가로쓰레기통(고정식) 설치 현황 (19.9. 기준) None None None
None None None None
연번 자치구명 도로(가로)명 설치위치
1 종로구 사직로 경복궁역 4번출구
2 종로구 자하문로 자하문로 12
```

코드 4.30 엑셀 데이터 불러오기

코드 4.30의 3번째 줄에서 엑셀 파일을 다루기 때문에 openpyxl 라이브러리를 import 한다. 4번째 줄에서 openpyxl 모듈에서 제공하는 load_workbook()을 활용하여 엑셀 파일을 불러오는데, data_only=True로 지정하여 데이터만 가져올 수 있도록 하자. 5번째 줄에서 '상세현황(중앙차로제외)' 워크시트를 선택하여 변수 wb1에 저장하고 코드 4.30의 8번째 줄 이하의 코드로 행별로 저장된 내용을 출력할 수 있다.

특정 자료 찾기

도로명으로 특정 설치 위치를 검색하여 데이터를 확인해 보자. 코드 4.31의 내용은 삼청로에 위치한 가로쓰레기통에 대한 정보이다.

```
1  location = wb1['C']
2  sel_data = []
3  for data in location:
4      if data.value == '삼청로':
5          sel_row = data.coordinate[1:]    # 행 번호 선택
6          pick = 'D'+ sel_row
7          sel_data.append ( wb1[pick].value )    # 설치 위치 확인
8  for each in sel_data:
9      print ( each )
```
```
삼청로 66 삼청파출소 앞
총리공관옆
삼청로 102
삼청수제비 건너편
삼청파출소앞
삼청파출소앞
총리공관입구광장
삼청동수재비건너
```

코드 4.31 특정 위치의 가로쓰레기통 확인

코드 4.31의 1번째 줄은 워크시트에서 설치 위치에 해당하는 C열을 선택하였다. 코드 4.31의 3번째 줄에서 C열의 각 행마다 반복문을 통해 찾고자 하는 설치 위치와 일치하는지 확인한다. 4번째 줄에서 제시한 '삼청로'에 대한 조건문을 만족했다면, 5번째 줄에서 해당 데이터의 coordinate에 슬라이싱을 적용하여 행 번호를 선택하고, 6번째 줄에서 셀의 주소를 완성한다. 코드 4.31의 7번째 줄에서 미리 선언해둔 리스트

sel_data에 값을 추가한다. 반복문이 끝난 후 조건에 만족되어 선택 저장된 sel_data의 내용들을 출력하는 내용은 **코드 4.31**의 8~9번째 줄의 내용이다. 출력 결과를 통하여 삼청로에는 서울시에서 관리하는 가로쓰레기통이 8군데 있음을 확인할 수 있다.

이와 같이 존재하는 엑셀 데이터에서 조건을 만족하는 데이터만을 선택하여 별도의 데이터를 생성할 수 있으며, 단순히 존재하는 데이터를 확인하는 작업에서 더욱 확장하여, 쓰레기통의 분포를 시각화하여 쓰레기통이 부족한 지역을 분석하여 깨끗한 서울을 유지하기 위한 정책 결정의 활용 데이터로 사용될 수 있다. 데이터 분석은 있는 데이터의 현황을 파악할 수 있지만, 더 나아가 그 현황을 활용하여 더 나은 세상을 만드는 것에 이바지할 수 있어야 한다. 그것이 데이터 분석의 목적이고, 데이터를 분석하는 모든 분석자들의 의무이다.

새로운 엑셀 만들기

이제 존재하는 엑셀 파일을 사용하는 것이 아닌, 완전히 새롭게 엑셀 파일을 만드는 방법에 도전해 보기로 하자. 해당 방법에는 튜플을 활용할 수 있다.

```
1  from openpyxl import Workbook
2
3  wb = Workbook()
4  sheet = wb.active
5
6  rows = (
7      ('A', 496, 48, 454),
8      ('B', 730, 42, 116),
9      ('C', 905, 17,257),
10     ('D', 132, 839, 453),
11     ('F', 81, 240, 444),
12     ('E', 151, 716, 482),
13     ('G', 100, 200, 300)
14 )
15
16 for row in rows:
17     sheet.append(row)
18
19 wb.save('new_data.xlsx')
```

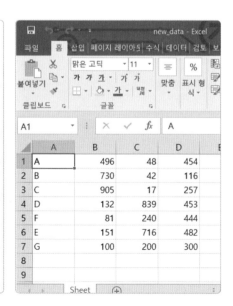

코드 4.32 새로운 엑셀 파일 생성   **그림 4.7** 생성된 엑셀 파일 내용

코드 4.32의 1번째 줄은 새로운 엑셀 파일 생성을 위해 openpyxl 라이브러리에서 Workbook을 import 하였다. 2번째 줄에서 변수 wb를 Workbook 함수를 사용하여 선언하였다. 4번째 줄에서 wb의 첫 번째 워크시트를 활성화 워크시트로 선언하였고, 6번째 줄에서부터 튜플 자료형으로 엑셀 데이터를 구성할 rows 변수를 선언하였다. 코드 4.32의 7~13번째 줄에서는 엑셀 파일의 워크시트 데이터로 rows의 각행 데이터를 정의하였다. 만약 워크시트에 저장할 데이터가 리스트 데이터 자료형으로 이미 존재한다면 튜플로 형변환을 해준 후 워크시트에 저장해야 하는 것을 유념하자. 지금 생성한 rows 변수는 단순히 파이선의 튜플 자료형으로만 선언되었으므로, 코드 4.32의 16~17번째 줄과 같이 각각의 내용을 워크시트에 추가해 주어야 한다. 마지막으로 코드 4.32의 19번째 줄과 같이 save를 사용해 'new_data.xlsx'라는 파일 이름으로 생성한 워크시트의 내용을 저장하면 주피터 노트북 파일이 있는 경로에서 그림 4.7의 내용과 같이 새로 생성된 엑셀 파일을 확인할 수 있다.

위와 같은 방법으로 새로운 엑셀 데이터를 생성하여 다양한 데이터 분석에 필요한 데이터를 새로 작성할 수 있다. 학습한 내용을 이용하여 스스로에게 필요한 엑셀 데이터 파일을 생성해 낼 수 있는 경험적 추론의 사고력이 이 책으로 학습하는 모든 독자에게 발전하기를 기대한다.

특정 데이터 숨기기

경우에 따라 존재하는 엑셀 데이터의 특정 데이터를 숨겨야 할 경우가 있을 것이다. 이와 같은 작업을 위한 코드를 학습해 보자.

```
1  wb_sheet = wb.active
2
3  # 특정 Column 숨기기
4  wb_sheet.column_dimensions.group('B','C', hidden=True)
5
6  # 특정 Row 숨기기
7  wb_sheet.row_dimensions.group(2, 4, hidden=True)
8
9  wb.save("updated_data.xlsx") #실행결과 확인 - 접혀서 숨겨진 것을 확인
```

코드 4.33 특정 열과 행의 내용 숨기고 저장

엑셀 데이터 파일에서 특정 데이터를 숨기는 방법은 간단하다. **코드 4.33**의 4줄은 B와 C열의 내용을 숨겨 저장하는 방법이고, 7번째 줄은 2~4행의 내용을 숨겨 저장하는 방법이다. 실행 결과를 'updated_data.xlsx'에 저장하였으며, 저장된 파일의 내용은 **그림 4.8**에서 확인할 수 있다.

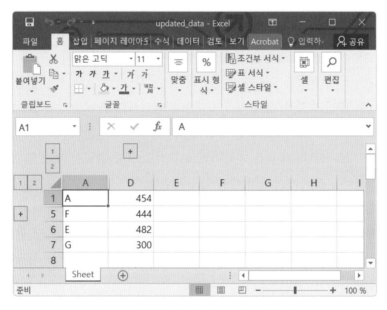

그림 4.8 데이터 숨김을 반영하여 저장한 엑셀 파일

물론 이 모든 내용들은 엑셀에서 작업할 수 있는 내용이므로 도전하고 있는 내용의 가치에 대하여 의심할 수 있다. 여기서 경험할 수 있는 내용은 파이선만을 사용하여 원하는 엑셀 데이터를 얼마든지 처리할 수 있다는 것이다. 엑셀이 작업하기 편한 독자들은 불필요하게 느낄 수 있는 내용이지만, 파이선의 능력을 경험할 수 있는 내용이고, 파이선만으로도 원하는 엑셀 데이터 처리가 가능하여 하나의 통일된 환경에서 데이터 분석을 진행할 수 있는 것을 경험할 수 있다. 특히 아직 엑셀 프로그램 사용에 익숙하지 않은 독자들은 추가적으로 엑셀 사용법을 익히지 않고 파이선 환경에서의 엑셀 데이터 활용이 가능하다.

합 구하여 저장

엑셀 프로그램의 장점 중 하나가 수식 제공이라 할 수 있다. 파이선을 활용하여 수식 함수를 사용할 수 있음을 확인해 보자.

```
1   workbook = openpyxl.load_workbook('new_data.xlsx')
2
3   wb_sheet = workbook.active
4
5   wb_sheet['A8'] = 'Total'
6
7   sum = 0
8   data = wb_sheet['B']
9   for each in data:
10      sum += int(each.value)
11
12  cell = wb_sheet.cell(row=8, column=2)
13  cell.value = sum
14
15  for row in wb_sheet.rows:
16    for cell in row:
17      print(cell.value, end = ' ')
18    print()
```

```
A 496 48 454
B 730 42 116
C 905 17 257
D 132 839 453
F 81 240 444
E 151 716 482
G 100 200 300
Total 2595 None None
```

코드 4.34 열 데이터 합 구하기

코드 4.34는 엑셀 데이터 열 자료를 더해 저장하는 내용이다. load_workbook 메소드를 활용하여 workbook 변수를 생성한 내용이 1번째 줄의 내용이다. 3번째 줄에서는 선택한 엑셀 데이터의 활성화 워크시트를 wb_sheet로 저장한 내용이다. 5번째 줄에서는 총합을 저장하기 위하여 A열의 8번째 행, 즉 A8 셀에 'Total'을 입력하였다.

코드 4.34의 9번째 줄에서 반복문을 통해 B열 데이터를 모두 더한 값을 변수 sum에 저장한다. 이때 각각의 value는 문자열로 이루어져 있기에 int형 변환이 적용된 것을 10번째 줄에서 확인할 수 있다. 8번째 행(row), B열, 즉 2번째 열(column)

에 cell을 만들어 cell 변수에 저장한 내용이 12번째 줄의 내용이며, 저장된 sum 값을 cell 객체의 value 속성으로 저장한 것이 13번째의 내용이다.

지금은 B열의 합만 계산한 상황이고, 여기까지의 결과는 **코드 4.34**의 15~18줄에서 확인하였다. **코드 4.34**의 결과에서 행별로 출력하면 총합을 계산하지 않은 3, 4번째 열이 None 값을 가지고 있는 것을 확인할 수 있다.

모든 열의 합을 구하기 위해서는 수치 데이터를 포함하고 있는 열을 확인할 후 각 열에 대하여 합을 구하는 처리가 적용되어야 한다.

이번에는 행을 기준으로 합을 구하는 내용을 검토해 보자.

```
1  workbook = openpyxl.load_workbook('new_data.xlsx')
2
3  wb_sheet = workbook.active
4
5  data = wb_sheet['B1:D1']
6  print(data)
```
((<Cell 'Sheet'.B1>, <Cell 'Sheet'.C1>, <Cell 'Sheet'.D1>),)

코드 4.35 행 자료 확인

워크시트의 내용은 객체로 이루어져 있어서 **코드 4.35**와 같이 행 자료를 확인하기 위하여 출력하더라도 실제 데이터값을 확인할 수 없으며 단순히 Cell 자료형임만을 확인해 준다.

워크시트의 실제 자료 내용을 확인하기 위해서는 **코드 4.36**과 같이 반복문을 사용하여 각각의 셀 객체의 value 속성으로 접근해야 한다. **코드 4.36**의 3~5번째 줄과 같이 중첩 반복문으로 모든 행의 값을 더해서 변수 sum에 저장한 후 7번째 줄과 같이 첫번째 행(row), 다섯 번째 열(column) 위치를 지정하고, 8번째 줄에서와 같이 sum을 해당 셀의 값으로 저장할 수 있다. **코드 4.36**에서도 10~13번째 줄에와 같이 출력해보면 총합을 계산한 첫 번째 행을 제외한 나머지 행은 모두 None인 것을 확인할 수 있다.

어떻게 코드를 수정하여 전체 행에 대한 합을 구할 수 있는지 독자 스스로 도전하여 완성할 수 있기를 바란다. 프로그래밍의 과정을 읽을 때는 모두 이해한 것 같으나 막상 스스로 코딩을 작성할때는 막막해지는 경우가 많다. 반드시 스스로 도전하여 전체 행의 합을 구하는 프로그램으로 확장하는 코드를 구현해 볼 것을 권장한다.

```
 1  sum = 0
 2
 3  for each in data:
 4      for i in range(3):
 5          sum += int(each[i].value)
 6
 7  cell = wb_sheet.cell(row=1, column=5)
 8  cell.value = sum
 9
10  for row in wb_sheet.rows:
11    for cell in row:
12      print(cell.value, end = ' ')
13    print()
```

```
A 496 48 454 998
B 730 42 116 None
C 905 17 257 None
D 132 839 453 None
F 81 240 444 None
E 151 716 482 None
G 100 200 300 None
```

코드 4.36 value 속성 반영하여 워크시트 자료 확인

프로그래밍이 동반되는 학습은 단순히 책을 읽는 것으로 학습될 수 없으며, 멀티모달 학습이 필요하다. 그림 4.9에서 확인할 수 있듯이 완벽한 학습은 멀티모달 학습

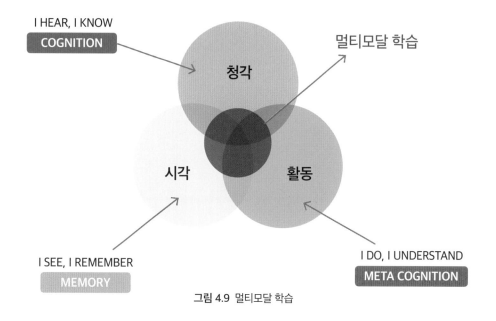

그림 4.9 멀티모달 학습

으로 이루어질 수 있다. 이 책을 읽고 있다면 시각적 학습에 참여하고 있다. 청각적 학습을 위하여 관련 동영상을 학습할 수 있다면 학습의 효과는 더욱 강화될 것이다. 그리고 스스로 코딩하여 활동에까지 참여한다면 학습의 효과가 극대화될 것이다. 스스로의 코딩을 통하여 'I do!'에 참여하여 학습한 내용에 대한 확실한 이해가 이루어질 수 있기를 기대한다.

5장

탐색적 데이터 분석

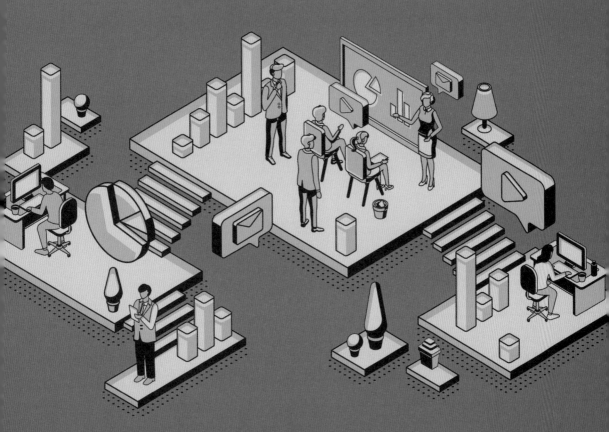

본 장에서 공부하게 될 EDA, 즉 탐색적 데이터 분석은 데이터를 탐색하여 분석의 결과를 향상시키기 위한 필수 과정이다. EDA는 데이터 분석을 위한 데이터와 데이터 간의 관계를 살펴보며, 본격적인 데이터 분석을 진행하기 앞서 데이터를 깨끗하게 정제하는 과정을 포함한다. 데이터를 정제하는 과정에서는 결측치와 이상치에 대한 처리가 진행된다. 결측치는 측정된 데이터가 존재하지 않는 결손을 의미하며, 이상치는 비정상적인 값의 데이터를 내포하고 있는 상태를 의미한다.

5-1 데이터 분석 목적 이해하기

탐색적 데이터 분석, EDA

데이터 분석 목적을 이해하기 위해서는 탐색적 데이터 분석, EDA(Exploratory Data Analysis)의 개념도 같이 이해되어야 한다. 데이터를 수집하는 과정에 대한 이해가 끝났다면, 이제 수집한 자료를 본격적으로 분석하기에 앞서 EDA를 진행해야 한다. EDA는 데이터 분석뿐 아니라, 데이터를 통해 학습하는 머신러닝 분야에서도 필수적인 과정이다. 데이터 중에 필요한 값이 결손되어 있거나 이상한 값이 포함되어 있다면 이는 데이터 분석을 함에도 정확성이 떨어질 수 있는 문제가 발생될 수 있으며, 머신러닝 과정에서의 학습도 올바른 학습을 완성할 수 없을 것이다. 그러므로 데이터에 대해 다양한 각도에서 관찰 및 이해를 하며 데이터를 탐색적으로 분석할 수 있어야 한다.

이 과정은 데이터의 구성 자체와, 어느 데이터가 다른 어느 데이터와 연관되었을 때 자신이 원하는 결과를 얻을 수 있겠다는 데이터 간의 관계에 대해서 생각할 수 있는 통찰력이 요구된다. 그리고 EDA과정을 원활히 진행하기 위해 평균, 편차, 분포 등 통계적 수치를 확인하고, 시각화 도구를 활용해 데이터에 대해 이해할 수 있어야 한다.

이러한 통계적 수치들과 시각화된 자료는 데이터의 패턴을 파악하는 데 도움을 준다. 여기서의 패턴은 단순히 반복되는 외형적 형식이 아니라, 보다 상위 개념의 의미로 논리적으로 내포된 규칙으로 볼 수 있다. 따라서 패턴을 파악하는 연습이 이뤄진다면 데이터에 대한 통찰력도 향상될 것이다.

마지막으로는 EDA를 통해 데이터의 특성을 파악할 수가 있는데, 이러한 특성 파악은 효과적인 AI 모델링을 위해서도 필수적인 과정에 해당한다.

EDA 필요한 이유

📑 데이터 표현 현상 이해

데이터의 분포 및 데이터값에 대한 검토를 통하여 데이터가 표현하고 있는 현상에 대하여 잠재적인 문제를 발견하고 문제가 유발할 수 있는 결과에 대하여 파악해야 한다. 이는 EDA 과정으로 해결할 수 있기에 필요하다.

📑 데이터 수집의 방향성 결정

EDA는 데이터 수집 이후의 과정에 해당하지만, 실질적으로 데이터 분석을 진행할 때는 분석을 한 번 진행하고 멈추는 것이 아닌, 분석 결과를 통해 새로운 데이터를 추가적으로 수집하거나 파생되는 또 다른 분석을 진행할 수가 있다. 이렇듯 분석 이후의 데이터 분석 개선을 위하여 데이터 수집에 대한 방향성 검토 등을 EDA를 통해 행할 수 있으므로 EDA가 필요하다.

📑 데이터 패턴 분석

EDA를 통하여 문제 정의 단계에서 누락 가능한 패턴, 즉 논리적 규칙을 발견할 수 있다. 데이터가 내포한 패턴을 찾는 것이 데이터 분석의 중요한 목적에 해당하므로 데이터 분석 과정에서 EDA는 필수적이다.

📑 가설에 대한 유효성

데이터 분석을 진행하기에 앞서 가설을 세우고, 분석 결과를 토대로 세웠던 가설을 검증할 수가 있다. 만약 기존에 제시한 가설과 불일치하는 결과가 확인된다면, 기존 가설을 수정하거나 새로운 가설을 제시할 수 있어야 한다. 가설에 대한 검증이 데이터 분석의 목적인 경우, EDA가 필수적으로 요구된다.

📑 정교한 데이터 분석과 AI 모델링

EDA는 AI 모델링에 사용되는 데이터와 같이 정교한 데이터 분석이 요구되는 경우 필요하다. 분석하고 있는 데이터가 올바르게 구성되어 있지 않다면 AI 모델링 결과는 사용될 수 없는 무의미한 결과가 되며, AI를 통한 예측은 위험한 결과를 초래할 수 있기에, EDA 없이 진행하는 데이터 분석과 AI 모델링은 무가치할 뿐 아니라 위험할 수 있음을 인식해야 한다.

EDA 도구

탐색적 데이터 분석을 위하여 사용될 수 있는 도구는 다음과 같다.

🗀 요약 통계

요약 통계를 통해 데이터 전체에 대한 특징을 파악할 수 있다. 전반적인 데이터의 요약 내용을 통하여 데이터의 의미를 읽을 수 있으며, 데이터 분석의 방향성을 계획할 수 있게 한다. 또한 데이터 분석의 정확도 확보에 방해가 되는 데이터 요인들이 무엇인지 유추할 수 있다. 데이터 분석의 목적이 무엇이든 요약 통계는 모든 데이터 분석을 위한 탐색적 데이터 분석 도구에 해당한다.

🗀 데이터 간의 관계 시각화

시각화는 데이터 분석의 중요 기능에 해당하며, 시각화를 통해 데이터 간의 관계를 쉽게 파악할 수 있다. 수치로 쉽게 파악하기 어려운 내용들을 시각화를 통하여 확인할 수 있으며, 특히 이상치 데이터 확인에 많은 도움이 된다. 데이터 분석 중 데이터 간의 관계성 및 상호작용 분석이 필요한 경우, 반드시 포함시켜야 할 탐색적 데이터 분석의 도구이다.

🗀 데이터 군집화

데이터 군집화는 주어진 데이터들을 비슷한 카테고리로 묶어 군집화시키는 과정이다. 특히 K-means 클러스터링은 몇 가지의 군집으로 나눴을 때 가장 그 특성이 구별이 잘 되는지 확인하는 과정이다. K-means 클러스터링은 비지도 학습에 속하며, 데이터의 위치가 각 그룹의 중심으로부터 얼마나 떨어져 있는지 거리를 측정하여 데이터의 정체성에 대하여 분석할 수 있는 탐색적 데이터 분석 도구에 해당한다.

🗂 결과 예측 분석

통계 분석의 결과 예측을 위하여 선형 회귀 분석이 사용될 수 있다. 선형 회귀 분석 자체가 데이터 분석의 중심 과정인 경우도 있으나, 통계 분석의 경우 탐색적 데이터 분석을 위하여 선형 회귀 분석을 적용할 수 있다. 독립 변수와 종속 변수 간의 상관 관계를 검토하기 위해서 탐색적 데이터 분석이 필요한 경우이다.

EDA 유형

탐색적 데이터 분석(EDA)은 표 5.1과 같이 크게 4가지의 유형으로 구분된다.

변량 　　　　시각화	비시각화	시각화
단일 변수	일변량 비시각화	일변량 시각화
복수 변수	다변량 비시각화	다변량 시각화

표 5.1 EDA 대표 유형

각 유형의 내용은 다음과 같다.

▶ **일변량 비시각화**(Univariate non-graphical)
분석되는 데이터가 하나의 변수로 구성되는 가장 간단한 데이터 분석 형식이며, 단일 변수이기 때문에 원인 및 결과를 다룰 필요가 없다. 일변량 분석의 목적은 데이터의 설명과 그 안에 존재하는 패턴을 찾기 위함이기에 별도의 시각화를 요구하지 않는 경우도 있으며, 이런 경우가 일변량 비시각화 유형에 해당한다.

▶ **일변량 시각화**(Univariate graphical)
하나의 단일 변수를 사용하지만 데이터 전체의 모습을 파악하기 위해 그래픽을 활용하며, 모든 데이터의 값과 분포에 시각화를 적용하는 경우이다. 일변량이기 때문에 산점도 그래프나, 각각의 막대가 개별 값의 범위에 대한 빈도와 비율을 나타내는 히스토그램과 같은 시각화 기법이 사용될 수 있다.

> ▸ **다변량 비시각화(Multivariate non-graphical)**
>
> 다변량 시각화는 변수가 두 개 이상 존재하는 경우이다. 비시각화 유형이기 때문에 일반적으로 교차표 또는 통계를 통해 변수 간의 관계를 나타내는 것으로 EDA를 수행할 수 있는 경우에 적용한다.

> ▸ **다변량 시각화(Multivariate graphical)**
>
> 다변량 시각화는 여러 변수 간의 관계를 시각화로 표현하는 유형에 해당한다. 일반적으로 탐색적 데이터 분석에서 가장 많이 활용되는 유형이다.

다변수 시각화 유형

변수와 변량 용어에 혼란이 올 수 있다. 일반적으로 변수(Variable)는 데이터 분석가가 관찰을 통해 수집한 자료를 의미하며, 변수는 여러 번 측정할 때 그 값이 변할 수 있다. 반면 변량(Variate)은 데이터 분석가가 각각의 변수에 가중치를 부여하여 변수들의 선형조합으로 나타낸 것으로 분석의 대상인 변수의 관찰 값들의 차이가 변량(Variation)에 해당한다. 즉, 변수는 다양한 값을 갖는 하나의 요소이며, 변량은 분석 대상인 변수 값들의 차이에 해당한다. 그러나 일반적으로 변량과 변수 또는 분산을 같은 의미로 사용하는 경우가 많다.

탐색적 데이터 분석을 위하여 다변수의 시각화하는 다양한 유형에 대하여 학습해 보자.

📁 산점도 (Scatter)

산점도 그래프는 한 변수가 다른 변수에 영향을 받는 정도를 수평 및 수직 축에 데이터 포인트로 표시하는 시각화 방식이다. 일변량 분석은 하나의 통일된 색으로 데이터 포인트를 표시한다면, 그림 5.1과 같이 다변량 분석을 할 때는 변수마다 색을 다르게 표현하여 변량의 차이를 표시한다.

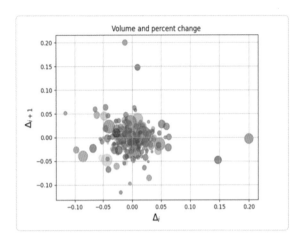

그림 5.1 산점도
출처: https://matplotlib.org/stable/gallery/lines_
bars_and_markers/ scatter_demo2.html#sphx-glr-
gallery-lines-bars-and-markers-scatter-demo2-py

📁 다변량 차트(Multi-Vari Chart)

다변량 차트는 시각화를 통하여 데이터와 가능한 관계, 그리고 변동의 근본 원인을 확인하는 방식으로 탐색적 데이터 분석에 사용한다. 데이터 간의 인과관계를 시각화해 주는 개념으로 이해할 수 있다. 수많은 변동 원인들 중에서 기여율이 낮은 변인을 제거하여 주요 변인의 범위를 좁히기 위한 목적으로 사용된다. 그림 5.2는 다변량 차트의 예시이다.

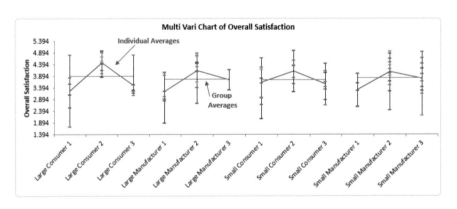

그림 5.2 다변량 차트 출처: https://www.qimacros.com/quality-tools/multivari-chart/

📁 버블 차트(Bubble Chart)

100퍼센트의 비율 내에서 나눠야 하기 때문의 하나의 항목만 선택할 수 있는 데이터를 표현하는 파이 차트와 달리, 버블 차트는 여러 개의 항목을 선택했을 때의 데이터를 표시해줄 수 있다. 버블 차트는 2차원의 데이터 시각화 방식으로 버블이 클수록 큰 값을 의미하여 데이터 간의 가치를 한눈에 비교할 수 있다. 버블 차트는 다양한 목적으로 사용될 수 있으며, 그림 5.3은 웹브라우저의 마켓 분배 정도를 한눈에 확인할 수 있는 예시에 해당한다.

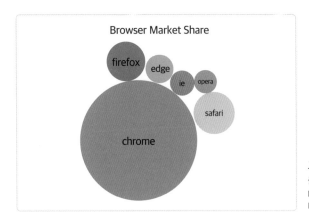

그림 5.3 버블 차트
출처: https://matplotlib.org/stable/gallery/misc/packed_bubbles.html#sphx-glr-gallery-misc-packed-bubbles-py

런 차트(Run chart)

런 차트는 run-sequence plot이라고도 하며, 시계열(time sequence) 데이터를 표현하는 기법에 해당한다. 그림 5.4와 같이 시간의 흐름에 따라 데이터가 어떻게 변화했는지 확인할 때 유용한 시각화 방법이다.

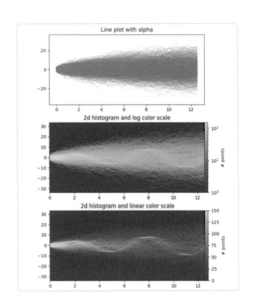

그림 5.4 런 차트
출처: https://matplotlib.org/stable/gallery/statistics/time_series_histogram.html#sphx-glr-gallery-statistics-time-series-histogram-py

히트맵(Heatmaps)

히트맵은 데이터 간의 상관관계에 대해서 시각화하고자 할 때 사용된다. 색상으로 표현할 수 있는 다양한 정보를 일정한 이미지 위에 열분포 형태의 비주얼한 그래픽으로 출력하는 것이 특징이다. 데이터 분석 영역에서는 변수들 간의 상관 관계 정도를 표현할 때 주로 사용한다. 상관 관계에서 확인할 수 있는 히트맵의 예시는 그림 5.5와 같다.

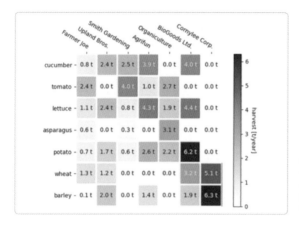

그림 5.5 히트맵
출처: https://matplotlib.org/stable/gallery/images_contours_and_fields/image_annotated_heatmap.html#sphx-glr-gallery-images-contours-and-fields-image-annotated-heatmap-py

EDA Life Cycle

탐색적 데이터 분석(EDA) 과정은 한 번 진행되고 끝나는 것이 아니라 반복되어 되풀이된다. EDA의 Life Cycle이 어떻게 이뤄지며, 결과에 따른 데이터가 어떻게 생성되는지 살펴보자.

그림 5.6에서와 같이 Data Collection 단계를 통해 데이터를 수집하고, 수집된 데이터에 대항 Pre-processing(전처리) 과정을 거친 후 Clean Data 단계에서 정제된 데

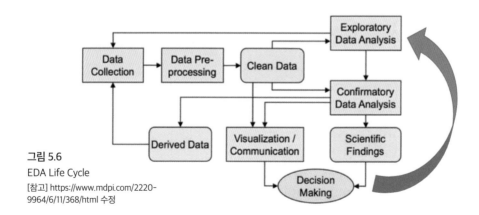

그림 5.6
EDA Life Cycle
[참고] https://www.mdpi.com/2220-9964/6/11/368/html 수정

이터를 획득할 수 있다. Clean Data 과정인 정제 처리는 EDA로 연결되어 데이터에 대한 탐색석 분석을 진행한다. 유의할 점은 Clean Data 과정은 데이터의 외형적인 부분을 정제하는 것에 제한되며, EDA에서는 내용적인 부분의 정제 과정이 진행된다.

EDA 이후에는 다시 Data Collection을 돌아가서 이 과정을 반복할 수도 있고, 본격적인 데이터 분석이 시작되는 Confirmatory Data Analysis로 진행할 수도 있다. 그리고 마지막에 분석 결과를 토대로 Decision Making이 이루어진다.

EDA는 그 과정이 반복되어 진행되는데, 이 과정에서 버려지는 데이터는 과연 아무 의미와 쓸모가 없는 것일까? 버리기까지 데이터를 탐색하는 과정 바로 그 자체가 의미 있다. 그리고 추후 또 다른 데이터를 분석할 때, 경험에 의한 어떤 데이터들이 필요가 없을 것이라는 판단을 빠르게 내릴 수 있게 하는 밑거름이 될 것이다. 데이터 분석에서 의사 결정을 하기 위한 과정 중에서 필수적인 EDA 과정을 충분히 이해하고, EDA의 중요성을 되새기면서 EDA 처리 과정에 대하여 계속하여 학습해 보기로 하자.

5-2 데이터 처리 과정

데이터의 관계도

데이터 분석은 데이터의 가치를 찾는 과정이다. 그림 5.7에서 확인할 수 있듯이 빅 데이터와 데이터 분석이 결국 데이터 사이언스 영역과 연결되는 것을 확인할 수 있다. 따라서 데이터 분석도 결국 절차적이고 과학적인 접근을 통해서 어떤 결과물을 도출해 내는 데이터 사이언스적인 관점에서 이뤄져야 한다. 이러한 절차적인 접근을 위하여 데이터 처리 과정을 이해하는 것이 데이터 분석의 핵심에 해당한다.

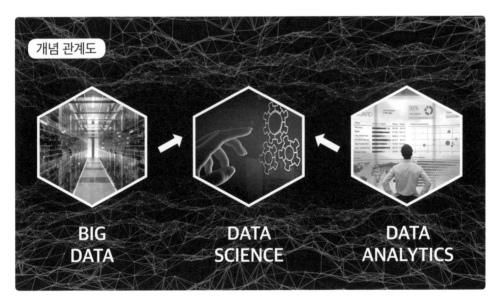

그림 5.7 데이터 관련 개념 관계도

일반적 데이터 과학 프로세스

일반적인 데이터 과학 프로세스는 그림 5.8과 같이 진행된다.

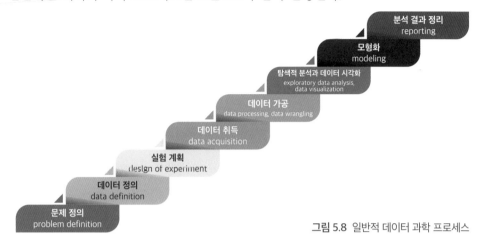

그림 5.8 일반적 데이터 과학 프로세스

첫 단계에서 해결하고자 하는 문제를 정의하고, 그 다음 단계에서 문제에 필요한 데이터가 무엇인지 정의한다. 실험 계획 단계에서는 정의한 내용을 바탕으로 어떻게 실행할 것인지 계획한다. 계획이 되었다면 이제 필요한 데이터를 취득한다. 취득한 데이터를 가공한 후에는, 탐색적 데이터 분석과 시각화를 진행하고, 그 이후 모형화를 통해 모델링을 한 다음, 마지막으로 분석한 결과를 정리한다. 단계별로 구분하여 작업하는 것이 중요하지 않고, 흐름을 따라 필요한 분석 작업을 적용하면 된다. 하지만 한 가지 기억해야 할 점은 데이터 분석 과정에서든, 데이터 과학의 프로세스에서든 탐색적 데이터 분석(EDA) 과정은 모두 필수적으로 요구되는 과정이라는 것이다.

데이터 특성

데이터의 특성(Feature)은 속성(Attribute)과 값(Value)으로 이뤄진다. 파이선 코드 내용에서 객체(object)에 대한 속성(property)과 모듈이 존재하는 것을 학습하였다. 데이터를 하나의 객체로 본다면 각 객체에 대한 속성이 존재할 수 있으며, 그 속성에 대한 값이 부여될 수 있음을 이해할 수 있다.

Object ＼ 속성	속성 1	속성 2	속성 3
Object 1	1	2	0
Object 2	1	2	0
Object 3	2	0	0
Object 4	0	0	1

표 5.2 데이터 특성의 예

데이터 특성의 예시인 표 5.2에서와 같이 속성 1, 속성 2, 속성 3에 대해 Object 1, Object 2, Object 3, Object 4의 값(value)이 각각 존재한다. 따라서 Object는 속성과 값 두 가지를 포함하는 데이터라는 것을 알 수 있다. 예를 들어 Object 1은 3개의 속성으로 정의되며, 각각의 속성에 대한 값으로 1, 2, 그리고 0의 값으로 정의된다.

특성을 통한 분석

데이터 특성의 개념이 이해되었다면, 특성에 의한 분석을 살펴보자.

타이타닉 데이터 특성을 통해 생존자 예측이 가능할까? 타이타닉이 침몰했을 때 어떤 특성을 가진 사람이 죽은 경우가 더 많았는지를 통계적으로 확인한다면 예측이 가능하다고 할 수 있다.

그림 5.9
타이타닉의 침몰

1단계 처리 과정

타이타닉 데이터는 다음의 url에서 수집 가능하다.

✋ **https://www.kaggle.com/c/titanic/data**

캐글(kaggle)에 존재하는 데이터들은 코딩 대회를 위한 것이므로 공공데이터가 아니며, 데이터로 이득을 취할 수 없으며 데이터를 사용할 때는 출처가 캐글임을 반드시 밝혀야 한다.

　타아타닉 자료의 학습 데이터셋은 train.csv에 해당하며, 테스트 데이터셋은 test.csv 파일에 해당한다. train.csv 파일을 통해서 학습한 내용을 토대로 test.csv 파일의 내용을 예측하게 된다. 두 파일을 주피터 노트북의 작업 폴더(working directory)에 저장하였다면 이제 파이선 프로그램을 구현할 준비가 완료되었다. 코드 5.1과 같이 pandas와 numpy모듈을 불러온 다음, pandas 모듈의 read_csv 메소드를 사용하여 두 데이터 파일을 읽어서 각각 train, test 변수에 저장하여 데이터프레임을 생성한다.

```
1  # 데이터 수집
2  import pandas as pd
3  import numpy as np
4
5  train = pd.read_csv('train.csv')
6  test = pd.read_csv('test.csv')
```

코드 5.1 타이타닉 데이터 수집

2단계 데이터 이해

1단계 데이터 수집 단계가 성공적으로 완료되었다면, 본격적으로 분석을 진행할 단계이다. 수집된 데이터의 구성을 확인하기 위하여 info 메소드를 사용한다. info 메소드는 해당 데이터 프레임의 class가 무엇인지, 몇 개의 entry, 즉 행이 있는지, 몇 개의 column이 있는지 기본적인 정보를 확인해 준다. 또한 각 column별 자세한 정보를 확인해 준다. 코드 5.2와 코드 5.3은 각각 학습 데이터셋과 테스트 데이터셋의 기본 정보를 확인한 내용이다. 일반적으로 학습 데이터셋과 테스트 데이터셋을 구분하는 경우는 기계학습을 위한 과정이며, 이 경우 데이터를 일반적으로 데이터셋이라고 칭하는 것을 참고하기 바란다.

```
1  train.info()

<class 'pandas.core.frame.DataFrame'>
RangeIndex: 891 entries, 0 to 890
Data columns (total 12 columns):
 #   Column       Non-Null Count   Dtype
---  ------       --------------   -----
 0   PassengerId  891 non-null     int64
 1   Survived     891 non-null     int64
 2   Pclass       891 non-null     int64
 3   Name         891 non-null     object
 4   Sex          891 non-null     object
 5   Age          714 non-null     float64
 6   SibSp        891 non-null     int64
 7   Parch        891 non-null     int64
 8   Ticket       891 non-null     object
 9   Fare         891 non-null     float64
 10  Cabin        204 non-null     object
 11  Embarked     889 non-null     object
dtypes: float64(2), int64(5), object(5)
memory usage: 83.7+ KB
```

코드 5.2 타이타닉 학습 데이터셋 정보

```
1  test.info()

<class 'pandas.core.frame.DataFrame'>
RangeIndex: 418 entries, 0 to 417
Data columns (total 11 columns):
 #   Column       Non-Null Count   Dtype
---  ------       --------------   -----
 0   PassengerId  418 non-null     int64
 1   Pclass       418 non-null     int64
 2   Name         418 non-null     object
 3   Sex          418 non-null     object
 4   Age          332 non-null     float64
 5   SibSp        418 non-null     int64
 6   Parch        418 non-null     int64
 7   Ticket       418 non-null     object
 8   Fare         417 non-null     float64
 9   Cabin        91 non-null      object
 10  Embarked     418 non-null     object
dtypes: float64(2), int64(4), object(5)
memory usage: 36.0+ KB
```

코드 5.3 타이타닉 테스트 데이터셋 정보

코드 5.2와 코드 5.3에서 각각 학습 데이터셋과 테스트 데이터셋의 차이를 비교해 보면, test.info()에서는 우리가 예측하고자 하는 생존 여부 속성인 Survived 열(column)이 존재하지 않는 것을 확인할 수 있다. 데이터 자료형에 해당하는 Dtype에서는 각 column이 어떤 자료형을 갖는지 알려준다. Dtype의 object 자료형은 문자열 자료형으로 이해하면 된다.

주목할 점은 학습 데이터셋의 entry 수는 891개이고, 테스트 데이터셋은 417개이다. 100개의 학습 데이터셋을 가지고 100개의 테스트 데이터셋을 예측하면 낮은 신뢰도의 결과가 나올 수밖에 없다. 일반적으로 학습 데이터셋과 테스트 데이터셋의 구성은 70:30 또는 80:20과 같은 비율로 데이터셋을 구성하는 것이 적절하다. 예측을 보다 정확하게 하기 위해서 적절한 데이터셋의 구성을 반영할 수 있어야 한다.

info 메소드 출력 결과의 마지막에서는 각 Dtype별로 몇 개의 column이 존재하는지의 개수와 해당 파일의 용량인 memory usage도 확인할 수 있다. 제공되는 값들의 의미를 충분히 이해하고 분석에 필요한 내용을 적용할 수 있어야 할 것이다.

데이터의 구성을 info 메소드를 통하여 확인했다면, 데이터의 의미를 이해하는 과정이 필요하다. 타이타닉 데이터에서 사용된 속성들의 의미는 다음과 같다.

- **PassengerId** – 승객 번호
- **Survived** – 생존 여부(0=사망, 1=생존)
- **Pclass** – 티켓 클래스(1=1등석, 2=2등석, 3=3등석)
- **Name** – 승객 이름
- **Sex** – 성별
- **Age** – 나이
- **SibSp** – 함께 탑승한 형제자매(Sibling) / 배우자(Spouse)
- **Parch** – 함께 탑승한 부모(Parent) / 아이들의 수(Child)
- **Ticket** – 티켓 번호
- **Fare** – 탑승 요금
- **Cabin** – 객실 번호
- **Embarked** – 선착장 (C=Cherbourg, Q=Queenstown, S=Southampton)

속성들이 나타내는 의미를 잘 이해하여, 원하는 분석에 필요한 속성과 불필요한 속성들을 구분할 수 있어야 한다.

3단계 데이터 가공

2단계 과정에서 데이터의 구성과 의미에 대해 파악했다면, 데이터 가공이 필요하다. 생존 여부에 대한 예측을 위해서 인공지능 알고리즘을 적용하고, 결측치 제거를 위하여 데이터 가공을 실행한다. 결측치는 NaN(Not a Number) 또는 NA(Not Available)과 같은 유효하지 않은 데이터들이 해당되고, 이를 제거하기 위하여 데이터를 가공하여야 데이터 분석의 결과를 향상시킬 수 있다.

결측치와 이상치 데이터를 위한 가공 과정은 섹션 3에서 자세히 다루기로 한다.

4단계 모델 생성

데이터 분석을 위한 데이터 가공까지 완료되었다면 마지막 단계에서는 모델 생성을 진행하여 예측 준비 단계를 완료한다. 여러 가지 분석 방법이 채택될 수 있는데 타이타닉의 경우 남녀, 티켓 클래스, 가족 동승 여부, 나이, 이외의 속성들 중 어떤 분석 방법을 고를지 결정해야 한다. 여기서는 어떤 분석 방법이 효과적일지 알기 위한 데이터에 대한 통찰력이 필요하다. 모든 분석자가 같은 통찰력을 가지고 있지 않기 때문에 다양한 서로 다른 모델이 생성될 수 있다.

5장에서 학습하고 있는 탐색적 데이터 분석(EDA)는 언급된 4단계 중 어느 단계에 해당할까? 우선 2단계에서 데이터의 구성을 탐색적으로 확인한 뒤, 3단계에서 결측치 제거와 같은 가공을 통해 EDA를 진행하였음을 이해할 수 있어야 한다. 이와 같이 탐색적 데이터 분석(EDA) 처리가 이뤄진 후에야 4단계에서 모델링을 통한 분석 결과를 도출해낼 수 있는 것임을 유념하자. 즉 탐색적 데이터 분석 과정 없이 모델을 생성하는 경우 생성된 모델은 쓸모없는 무의미한 모델일 수 있다.

5-3 결측치와 이상치

개념 이해

EDA 과정에서 처리해야 문제점인 결측치와 이상치의 개념에 대해 알아보자. 결측치란 값이 누락되어 비어 있는 값이며, 문자로는 Null 또는 NaN(Not a Number)로 표기한다. 이상치는 정상적인 범주에서 벗어난 값을 의미한다. 결측치와 이상치에 대한 처리가 이뤄지지 않은 채로 데이터 분석을 진행한다면 올바르지 못한 결과를 얻을 수 있다.

해결 방법

결측치와 이상치를 해결하는 방법은 크게 두 가지이다. 첫 번째로 해당 데이터를 삭제하는 것이다. 데이터를 삭제해도 분석 결과에 영향이 없거나 미비할 때 가능한 방법이다. 영향이 미치지 않는 것을 확인하기 위해서는 데이터의 특성과 구조에 대한 이해가 선행되어야 한다. 두 번째 방법으로는 데이터를 다른 값으로 채우는 것이다. 무작위의 값을 임의로 반영해서는 안 되며, 다른 데이터들의 최빈값, 평균값, 중앙값과 같은 값을 선택하며 해당 데이터에는 어떤 값이 알맞을지 고려하는 과정이 필요하다. 만약 그림 5.10과 같은 경우에는 어떻게 해결하는 것이 적절할까?

그림 5.10의 인덱스 번호 1인 행을 확인하면 모든 column의 속성들이 NaN 값으로 나타났다. 이런 경우에는 망설임 없이 행을 삭제하면 된다. 인덱스 번호 2행의 경우에는 preTestScore와 postTestScore의 값이 결측치이다. 이런 경우에 분석 과정에

	first_name	last_name	age	sex	preTestScore	postTestScore
0	Jason	Miller	42.0	m	4.0	25.0
1	NaN	NaN	NaN	NaN	NaN	NaN
2	Tina	Ali	36.0	f	NaN	NaN
3	Jake	Milner	24.0	m	2.0	62.0
4	Amy	Cooze	73.0	f	3.0	70.0

그림 5.10
결측치를 포함한
데이터 예시

서 성적이 중요하다고 판단된다면, 성적을 포함하고 있는 않는 데이터에 해당하므로 해당 행은 삭제할 수 있다. 하지만 시험에 참여했다는 사실이 중요하다면, 인덱스 번호 2행은 남겨야 한다. 이와 같이 처리 과정에는 결측치를 해결하기 위한 정답이 없으며, 분석 목적에 따라 해결 방법이 다를 수 있다. 만약 인덱스 번호 2행을 남기기로 결정했다면, 이 학생의 시험 점수는 다른 사람들의 평균값 등이 아닌 0점으로 부여하는 것이 논리적으로 올바른 처리 방법일 것이다.

최빈값

최빈값은 데이터 내에서 가장 많은 빈도수로 존재하는 값이다. 그림 5.11에서 확인할 수 있듯이 데이터의 분포에 따라 평균값과 최빈수, 중앙값의 위치가 다르게 나타난다. 최빈수에 해당하는 값은 분포를 나타낸 그래프 상에서 가장 높은 지점에 존재하는 것을 확인할 수 있다.

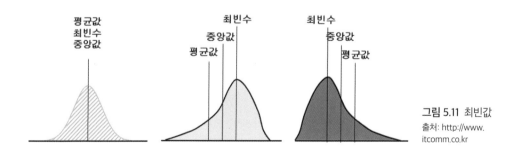

그림 5.11 최빈값
출처: http://www.
itcomm.co.kr

이상치 왜 문제인가?

이상치는 결측치와 달리 삭제를 하지 않는 경우도 있다. 하지만 이 경우에는 전반적으로 데이터의 신뢰도가 떨어질 수 있다. 그림 5.12에서 중간에 표시된 선에 유독 멀리 떨어진 점이 이상치에 해당하며, 시각화된 자료를 통해 쉽게 확인할 수 있다. 이러한 이상치들은 그대로 사용하지 않는 경우에 삭제하거나, 다른 데이터들과 유사한 값으로 바꿔주는 처리를 해줄 수 있다.

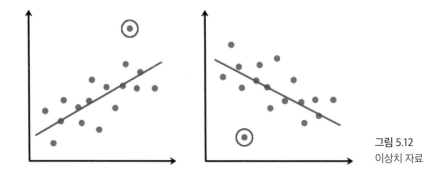

그림 5.12
이상치 자료

Titanic에서 결측치

코드 5.4와 같이 타이타닉 데이터셋의 결측치를 확인하기 위해서 isnull 메소드를 사용하였다. isnull 메소드는 데이터셋의 값들이 결측치인가의 여부를 True 또는 False로 반환해주며, 이 결과를 sum 메소드를 통해 각 열의 결측치 여부가 True인 값들의 개수를 반환하여 준다.

코드 5.4의 결과에서 확인할 수 있듯이 학습 데이터셋에서 Age 데이터가 177개, Cabin 데이터가 687개, Embarked 데이터가 2개의 결측치를 포함하고 있는 것을 확인할 수 있다. 또한 테스트 데이터셋에서는 Age 데이터가 86개, Fare 데이터가 1개, Cabin 데이터가 327개가 결측치로 나타났다. 결측치의 존재를 확인했으니 결측치를 해결하는 방법에 대해 알아보자.

```
1  # train의 칼럼별 결측치 합계
2  train.isnull().sum()
```

```
PassengerId     0
Survived        0
Pclass          0
Name            0
Sex             0
Age           177
SibSp           0
Parch           0
Ticket          0
Fare            0
Cabin         687
Embarked        2
dtype: int64
```

```
1  # test의 칼럼별 결측치 합계
2  test.isnull().sum()
```

```
PassengerId     0
Pclass          0
Name            0
Sex             0
Age            86
SibSp           0
Parch           0
Ticket          0
Fare            1
Cabin         327
Embarked        0
dtype: int64
```

코드 5.4 타이타닉 데이터셋의 결측치 확인

Titanic에서 Age 결측치 해결 방법

결측치를 해결하는 방법에 정답은 없다. Age에 대한 결측치를 해결하는 한 가지 방법으로는 해당 데이터와 같은 성별의 데이터들의 나이의 평균값으로 바꾸는 것이 될수 있다. 코드 5.5는 학습 데이터셋과 테스트 데이터셋 각각에 대해 fillna 메소드를 통해 결측치의 값을 채우고 있다. fillna 메소드는 na(결측치)의 자료를 파라미터로 제시된 값으로 fill, 즉 채워주는 작업을 실행한다. 파라미터에 제시되어 채우게 되는 값은 groupby 메소드를 통해 성별("Sex")을 기준으로 데이터들을 묶은 뒤, transform 메소드를 통해 성별 마다의 평균 나이("Age") 값을 계산하여 적용하였다. 만약 기본적인 파이선의 문법만 사용한다면, for문을 통해 각 데이터마다 반복하며 결측치를 수정해야하겠지만, pandas를 활용하여 데이터 프레임이 생성되었다면 **코드 5.5**와 같이 간단하게 코드를 작성할 수 있다. 효율적인 코드로 데이터 분석을 하기 위해서는 pandas를 숙지하는 것은 필수적 요구 사항이다.

```
1  train["Age"].fillna(train.groupby("Sex")["Age"].transform("mean"), inplace=True)
2  test["Age"].fillna(test.groupby("Sex")["Age"].transform("mean"), inplace=True)
```

코드 5.5 타이타닉 Age 결측치 해결 방법

Titanic에서 Cabin 결측치 해결 방법

개실 번호에 대한 데이터인 Cabin의 결측치는 간단히 해결 가능하다. 객실 번호는 객실 등급과 상관이 없으며, Cabin은 탑승자의 생존 여부에 영향을 미치는 요인이 아니다. 따라서 코드 5.6과 같이 drop 메소드를 통해 열을 삭제하여 해결할 수 있다. drop 메소드의 axis는 1일 때는 열, 0일 때는 행을 뜻한다. axis 값이 1로 반영되었으므로 학습 데이터셋과 테스트 데이터셋의 Cabin 열 전체를 삭제하는 방식으로 결측치를 문제를 해결한 방법이다.

```
1  train = train.drop(['Cabin'], axis=1)
2  test = test.drop(['Cabin'], axis=1)
```

코드 5.6 타이타닉 Cabin 결측치 해결 방법

Titanic에서 Embarked 결측치 해결 방법

Embarked 속성에 대하여 학습 데이터셋에만 2건의 결측치가 존재하였다. 학습 데이터셋에 존재하는 Embarked 속성의 결측치를 해결하는 과정을 확인해 보자.

코드 5.7에서 확인할 수 있듯이 Embarked 데이터의 결측치를 해결하기에 앞서 value_counts 메소드를 통해 Embarked 값의 분포를 확인하였다. dropna의 의미는 na(결측치) 값에 대한 제외 여부를 확인하는 것인데, False로 정의하여 결측치도 포함하여 값을 카운트하라고 요청하였다. 확인된 값들 중에 644번으로 가장 많이 나타난 값은 S이다. 가장 많이 나타난 값, 즉 최빈값으로 결측치를 채워보자.

코드 5.8을 보면 학습 데이터셋과 테스트 데이터셋 각각에 대해, 결측치를 fillna

```
1  train.Embarked.value_counts(dropna=False)
S     644
C     168
Q      77
NaN     2
Name: Embarked, dtype: int64
```

코드 5.7 타이타닉 Embarked 최빈값 확인

메소드를 통해 S 문자로 채웠다. 학습 데이터셋에만 결측치가 있는 것을 확인하였지만, 테스트 데이터셋에도 결측치가 있는 경우 최빈값으로 해결하고자 하는 명령문이다. 테스트 데이터셋에는 Embarked 속성에 결측치를 포함하고 있지 않기 때문에 적용되지 않는 내용임을 알 수 있다. 데이터셋의 일괄성을 위한 처리 방식으로 각각의 데이터셋 모든 경우에 같은 방법으로 결측치를 해결하겠다는 상징적인 처리 내용임을 참조하자. 코드 5.8의 3번째 줄에서는 astype 메소드를 통해 Embarked 값의 자료형을 문자열로 지정하고 있다.

```
1  for dataset in [train, test]:
2      dataset['Embarked'] = dataset['Embarked'].fillna('S')
3      dataset['Embarked'] = dataset['Embarked'].astype(str)
```

코드 5.8 타이타닉 Embarked 결측치 해결 방법

Titanic에서 Fare 결측치 해결 방법

운임 가격에 대한 데이터인 Fare의 결측치 해결은 어떻게 해야 할까? 일반적으로 운임 가격은 티켓의 종류에 따라서 결정이 되기 때문에 Pclass와 직접적으로 연관이 있다고 볼 수 있다.

```
1  print (train[['Pclass', 'Fare']].groupby(['Pclass'], as_index=False).mean())
2  print(test[test["Fare"].isnull()]["Pclass"])

   Pclass      Fare
0       1  84.154687
1       2  20.662183
2       3  13.675550
152      3
Name: Pclass, dtype: int64
```

코드 5.9 타이타닉 Fare 평균값 계산

코드 5.9와 같이 groupby 메소드를 통해 학습 데이터셋을 Pclass로 묶으면, 실행 결과를 통하여 Pclass가 1, 2, 3 으로 구성된 것을 확인할 수 있다. 코드 5.9의 1번째 줄 끝부분의 mean 메소드를 통해 Pclass로 묶였을 때 Pclass와 Fare의 평균값을 보

여준다. 코드 5.9의 2번째 줄에서는 Fare의 값이 결측치를 갖는 테스트 데이터셋의 데이터를 isnull 메소드를 통해 얻은 뒤, 해당 데이터의 Pclass 값을 확인하여 3이 출력된 것을 확인하 수 있다. 코드 5.9의 실행 결과를 통하여 Pclass 값이 3인 경우, Fare의 평균값이 13.675550임이 확인되었기 때문에 코드 5.10과 같이 테스트 데이터셋의 결측치 해결을 위하여 fillna 메소드를 사용하여 결측치인 Fare 값을 13.675550으로 채울 수 있다.

```
1  for dataset in [test]:
2      dataset['Fare'] = dataset['Fare'].fillna(13.675550)
```

코드 5.10 타이타닉 Fare 결측치 해결 방법

결측치 해결 결과 확인

해결한 결측치가 잘 반영되었는지 확인하는 과정이 필요하다. 코드 5.11에서는 테스트 데이터셋의 모든 결측치가 해결되었음을 확인할 수 있다.

```
1  test.isnull().sum()

PassengerId    0
Pclass         0
Name           0
Sex            0
Age            0
SibSp          0
Parch          0
Ticket         0
Fare           0
Embarked       0
dtype: int64
```

코드 5.11 테스트 데이터셋의 결측치 해결 결과 확인

결측치를 확인하고 해결하는 방법에 대해 알아봤으며, 이상치도 이와 비슷한 과정으로 해결할 수 있다. 하지만 이상치는 데이터에 대한 시각화 이후에 이상치를 삭제할지 또는 특정 값으로 대체할지 고민이 요구되므로, 이 과정에는 조금 더 심도 깊

은 통찰력이 필요하다. 분석하고자 하는 데이터에 대해 전문가가 된다면, 이러한 통찰력을 가지고 데이터의 처리 방향성을 잡을 수 있을 것이다. 이상치에 대한 처리는 실행하지 않을 수 있으나, 결측치에 대한 처리는 필수라는 점을 유의하여 본 장에서 적용한 다양한 결측치에 대한 해결 방법을 충분하게 숙지하도록 하자.

5-4 EDA 도전

지금까지 진행한 타이타닉 데이터에 내해 탐색적 데이터 분석(EDA) 과정을 진행해 보자.

데이터 가져오기

데이터 분석의 첫 단계는 데이터 수집이며, 이를 위하여 아래의 url을 확인한다.

👏 https://www.kaggle.com/c/titanic/data?select=train.csv

캐글 링크에 해당하며, 사이트에서 안내하는 대로 실행하여 데이터를 다운로드받을 수 있다. 링크에 접속하여 그림 5.13에 표시된 다운로드 버튼을 클릭하면 각자의 pc 환경에 데이터 파일이 저장된다.

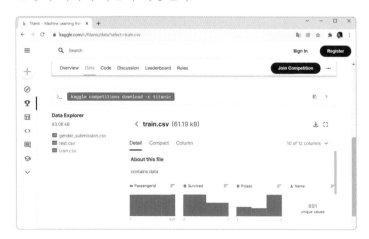

그림 5.13
캐글 타이타닉
데이터 다운로드

데이터 저장 및 확인

코드 5.12에서는 다운로드된 학습 데이터셋에 해당하는 train.csv 파일을 pandas 모듈의 read_csv 메소드를 통해 data라는 변수에 저장하였다. 코드 5.12의 7번째 줄에서는 data 변수에 대하여 head 메소드를 적용하여 처음 다섯 개의 행만을 출력하였다. 코드 5.12의 7번째 줄과 같이 head 메소드에 인자가 없으면 기본 값으로 다섯 개의 행만을 출력하고, head(n)과 같이 숫자 n을 인자로 지정하면 n만큼의 행이 출력된다.

```
1  # Titanic Data Set 불러오기
2  # 출처: https://www.kaggle.com/c/titanic/data
3
4  import pandas as pd
5
6  data = pd.read_csv('train.csv')
7  data.head()
```

	PassengerId	Survived	Pclass	Name	Sex	Age	SibSp	Parch	Ticket	Fare	Cabin	Embarked
0	1	0	3	Braund, Mr. Owen Harris	male	22.0	1	0	A/5 21171	7.2500	NaN	S
1	2	1	1	Cumings, Mrs. John Bradley (Florence Briggs Th...	female	38.0	1	0	PC 17599	71.2833	C85	C
2	3	1	3	Heikkinen, Miss. Laina	female	26.0	0	0	STON/O2. 3101282	7.9250	NaN	S
3	4	1	1	Futrelle, Mrs. Jacques Heath (Lily May Peel)	female	35.0	1	0	113803	53.1000	C123	S
4	5	0	3	Allen, Mr. William Henry	male	35.0	0	0	373450	8.0500	NaN	S

코드 5.12 데이터 불러오기

열과 데이터 사이즈 확인

타이타닉 데이터의 행과 열의 개수와 속성의 종류를 확인해 보자. 코드 5.13의 2~3번

```
1  # data에 어떤 값들이 존재하는지와 그 크기를 알아보자
2  print('Columns: ', end ='')
3  print(data.columns)
4  print('Data size: ', end = '')
5  print(data.shape)
```
```
Columns: Index(['PassengerId', 'Survived', 'Pclass', 'Name', 'Sex', 'Age', 'SibSp',
       'Parch', 'Ticket', 'Fare', 'Cabin', 'Embarked'],
      dtype='object')
Data size: (891, 12)
```

코드 5.13 열 이름과 데이터셋 data size 확인

째 줄에서 data에 대한 columns 속성을 출력하여 PassengerId부터 Embarked까지의 속성들을 확인하고, 자료형이 object임을 확인한다. 그리고 **코드 5.13**의 4~5번째 줄에서 data에 대한 shape 속성을 출력하여 행과 열의 개수가 각각 891개, 12개임을 확인 수 있다.

생존자 확인

생존자 확인은 value_counts 메소드를 통해 할 수 있다. **코드 5.14**와 같이 Survived 속성에 대한 value_counts 메소드의 결과를 보면, 생존한 사람들에 해당하는 1의 값을 갖는 승객이 342명이었음을 알 수 있다. 두 번째 셀에서는 이 결과를 plot.pie 메소

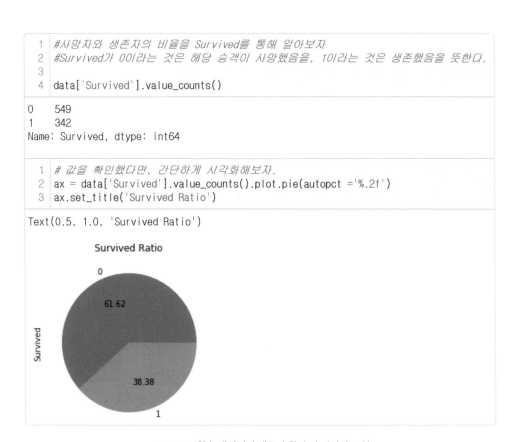

```
1  #사망자와 생존자의 비율을 Survived를 통해 알아보자
2  #Survived가 0이라는 것은 해당 승객이 사망했음을, 1이라는 것은 생존했음을 뜻한다.
3
4  data['Survived'].value_counts()
```

```
0    549
1    342
Name: Survived, dtype: int64
```

```
1  # 값을 확인했다면, 간단하게 시각화해보자.
2  ax = data['Survived'].value_counts().plot.pie(autopct ='%.2f')
3  ax.set_title('Survived Ratio')
```

```
Text(0.5, 1.0, 'Survived Ratio')
```

코드 5.14 학습 데이텃의 생존자 확인 및 시각화 표현

드를 통해 파이 차트로 시각화하여 보여준다. 생존자 비율의 값은 %.2f로 autopct를
활용하여 소수점 아래 둘째 자리까지 표기하고, set_title 메소드를 통해 파이 차트의
제목을 Survived Ratio로 나타낸다.

성별에 따른 생존

이번에는 성별에 따른 생존율을 확인해 보자.

코드 5.15와 같이 시각화를 위한 패키지인 matplotlib과 seaborn패키지를 import
하여 불러온다. 코드 5.15의 5번째 줄에서는 figure에 해당하는 f 그리고 axes에 해당

```python
1   # 성별에 따른 생존율은 어떨까?
2   import matplotlib.pyplot as plt
3   import seaborn as sns
4
5   f,ax = plt.subplots(1,2,figsize=(12,5))
6   data[['Sex','Survived']].groupby(['Sex']).mean().plot.bar(ax=ax[0])
7   ax[0].set_title('Survived VS Sex')
8   sns.countplot('Sex',hue='Survived',data=data,ax=ax[1])
9   ax[1].set_title('Sex:Survived VS Dead')
10  plt.show
```

<function matplotlib.pyplot.show(*args, **kw)>

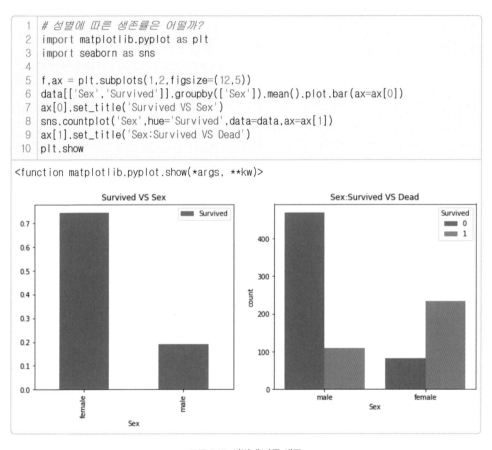

코드 5.15 성별에 따른 생존

하는 ax 변수에 대해 subplots 메소드를 통하여 1, 2 값을 주어 1개의 행에 2개의 열로 구성된 plot을 생성하고 있다. matplotlib에 대한 자세한 학습이 아직 진행되지 않은 관계로 이해하기 어려운 경우는 이 책의 후반부에 있는 matplotlib에 대하여 학습한 후 **코드5.15**의 이해를 높일 수 있을 것이다.

코드 5.15의 6~7번째 줄은 시각화 결과의 왼쪽 plot에 대한 내용인데, data를 groupby 메소드를 통해 성별을 기준으로 묶은 다음, mean 메소드를 통해 Survived 값의 평균을 plot.bar 메소드를 통해 막대그래프로 나타낸다. 코드 5.15의 8~9번째 줄은 시각화 결과의 오른쪽 plot에 대한 내용이다. 코드 5.15를 확인해 보면 각 성별마다 생존한 사람과 생존하지 못한 사람의 비율을 쉽게 파악할 수 있다. 결과적으로 시각화 자료 확인을 통해 여성이 남성보다 생존한 비율이 더 높았다는 것을 알 수 있다.

탐색적 데이터 분석(EDA) 과정은 데이터의 의미를 찾는 과정으로 데이터 분석의 방향성을 정할 수 있는 단계이다. 타이타닉 관련 데이터 분석 과정에서는 남녀의 속성이 매우 중요한 요인임을 확인할 수 있는 것이다.

선실 종류에 따른 생존

코드 5.16의 첫 번째 셀에서는 각 등급별로 선실의 개수를 출력해주고 있다. 코드 5.16의 두 번째 셀에서는 crosstab 메소드를 통해 Pclass별로 생존 여부에 따라 몇 명씩 존재했는지 확인하고 있다. 이 결과를 통해 선실의 등급이 좋아질수록 생존한 비율이 더 높았음을 확인할 수 있고, 따라서 Pclass와 Survived 간의 상관관계도 존재한다는 것을 확인할 수 있다.

```
1  # 다음으로 선실의 등급인 Pclass도 분석해보자
2  # 1은 1등실을, 2는 2등실을, 3은 3등실을 나타낸다.
3
4  data['Pclass'].value_counts()
```
```
3    491
1    216
2    184
Name: Pclass, dtype: int64
```

```
1  # 선실 등급 별 생존자 수도 알아보자
2  pd.crosstab(data.Pclass, data.Survived)
```

Survived	0	1
Pclass		
1	80	136
2	97	87
3	372	119

코드 5.16 선실 종류에 따른 생존

선실별 생존 시각화

앞에서 확인한 선실별 생존 인원 값은 코드 5.17과 같이 plt.bar 메소드를 통해 막대그래프로 시각화할 수 있으며, 빨간색은 생존하지 못한 사람을 초록색은 생존한 사람으로 구분하여 시각화하여 나타낼 수 있다. 파이선 코드에 대한 설명은 matplotlib에 대한 학습이 진행되기 전이므로 생략하기로 한다. 스스로 코드를 읽으며 이해할 수 있다면, 상향식 학습법으로 데이터 분석을 학습하는 훌륭한 경험이 될 것 이다.

본 장에서는 탐색적 데이터 분석의 과정을 설명하는 것이므로 EDA 과정을 통하여 무엇을 추구하고 있는지 이해하는 것으로 충분하다. 코드를 이해하지 못하여 낙담할 필요는 전혀 없음을 기억하자.

```
1  import numpy as np
2  import matplotlib.pyplot as plt
3
4  survived = [136, 87, 119]
5  not_survived = [80, 97, 372]
6
7  Pclass = ["1","2","3"]
8
9  plt.bar(Pclass, survived, color="green", label="Survived")
10 plt.bar(Pclass, not_survived, color="red",
11        bottom=np.array(survived), label="Not Survived")
12
13 plt.legend(loc="lower left", bbox_to_anchor=(0.7,1.0))
14 plt.show()
```

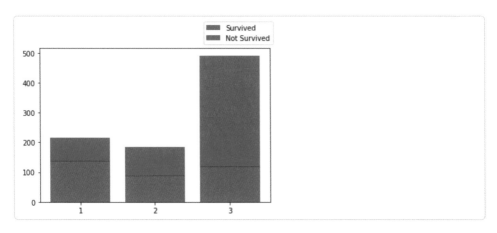

코드 5.17 선실별 생존 시각화

성별에 따른 선실별 생존

코드 5.18은 성별과 선실에 따라 생존 비율을 시각화하기 위한 코드이다. 코드 5.18의 결과에 해당하는 그림 5.14를 확인하면 여성은 남성보다 많이 생존했고, 여성 중에서는 1, 2등급 선실 승객이 3등급보다 더 높은 비율로 생존한 것을 확인할 수 있다.

```python
import numpy as np
import matplotlib.pyplot as plt

Pclass = ["1","2","3"]
f_survived = [91, 70, 72]
f_not_survived = [3, 6, 72]

m_survived = [45, 17, 47]
m_not_survived = [77, 91, 300]

plt.subplot(1, 2, 1)                    # nrows=1, ncols=2, index=1
plt.bar(Pclass, f_survived, color="green", label="Survived")
plt.bar(Pclass, f_not_survived, color="red",
        bottom=np.array(f_survived), label="Not Survived")
plt.title('Female Graph')

plt.subplot(1, 2, 2)                    # nrows=1, ncols=2, index=2
plt.bar(Pclass, m_survived, color="green", label="Survived")
plt.bar(Pclass, m_not_survived, color="red",
        bottom=np.array(m_survived), label="Not Survived")
```

```
21  plt.title('Male Graph')
22
23  plt.tight_layout()
24  plt.show()
```

코드 5.18 성별에 따른 선실별 생존

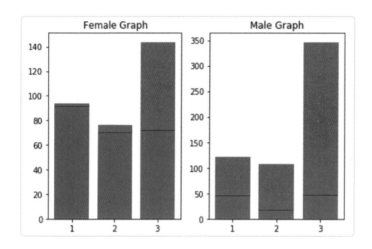

그림 5.14
코드 5.18의 결과
- 성별에 따른
선실별 생존

통계량 확인

탐색적 데이터 분석(EDA) 과정에서 통계량 확인은 중요한 과정에 해당한다. 타이타닉 파일로 생성된 데이터 프레임에서 어떻게 통계량을 확인하는지 검토해 보자.

　describe 메소드는 데이터 프레임의 각 열의 통계량을 출력해 준다. 코드 5.19 결과에서 가장 왼쪽에 표시된 개수에 해당하는 count, 평균값인 mean, 표준편차인 std, 최솟값인 min, 최댓값인 max 등의 통계량을 각 속성마다 확인할 수 있다.

```
1  # 다음으로 각 column의 통계량을 확인해보자
2  # describe 함수는 수치형 데이터에 대한 요약만을 제공하므로,
3  # Name과 같은 column은 빠져있는 것을 확인할 수 있다.
4
5  data.describe()
```

	PassengerId	Survived	Pclass	Age	SibSp	Parch	Fare
count	891.000000	891.000000	891.000000	714.000000	891.000000	891.000000	891.000000

mean	446.000000	0.383838	2.308642	29.699118	0.523008	0.381594	32.204208
std	257.353842	0.486592	0.836071	14.526497	1.102743	0.806057	49.693429
min	1.000000	0.000000	1.000000	0.420000	0.000000	0.000000	0.000000
25%	223.500000	0.000000	2.000000	20.125000	0.000000	0.000000	7.910400
50%	446.000000	0.000000	3.000000	28.000000	0.000000	0.000000	14.454200
75%	668.500000	1.000000	3.000000	38.000000	1.000000	0.000000	31.000000
max	891.000000	1.000000	3.000000	80.000000	8.000000	6.000000	512.329200

코드 5.19 통계량 확인

속성 간 상관 관계

코드 5.20에서는 각 속성들 간의 상관계수를 corr 메소드를 통해 확인한다.

```
1  # 이번에는 각 Column 간 상관계수를 확인해보자
2  data.corr()
3
4  # Pclass-Survived, 그리고 Fare-Pclass 간 큰 상관계수가 나옴
```

	PassengerId	Survived	Pclass	Age	SibSp	Parch	Fare
PassengerId	1.000000	-0.005007	-0.035144	0.036847	-0.057527	-0.001652	0.012658
Survived	-0.005007	1.000000	-0.338481	-0.077221	-0.035322	0.081629	0.257307
Pclass	-0.035144	-0.338481	1.000000	-0.369226	0.083081	0.018443	-0.549500
Age	0.036847	-0.077221	-0.369226	1.000000	-0.308247	-0.189119	0.096067
SibSp	-0.057527	-0.035322	0.083081	-0.308247	1.000000	0.414838	0.159651
Parch	-0.001652	0.081629	0.018443	-0.189119	0.414838	1.000000	0.216225
Fare	0.012658	0.257307	-0.549500	0.096067	0.159651	0.216225	1.000000

코드 5.20 속성 간 상관 관계

동일한 속성과의 상관관계에 대해서는 대각선의 상관계수 값들이 1로 나타난 것이 확인된다. 이처럼 상관계수의 절댓값이 1에 가까울수록 두 속성은 상관관계가 높다고 볼 수 있다. 하지만 우리가 앞에서 성별에 따른 생존 여부를 확인했었는데, 코드 5.20의 결과에서는 성별 속성을 확인할 수 없다. 그 이유는 성별의 값이 숫자가 아니라 female, male과 같이 문자열로 되어 있기 때문이다. 따라서 성별과 다른 속성들

간의 상관관계를 corr 메소드를 통해 확인하기 위해서는 성별의 값을 숫자로 치환해 줄 필요가 있음을 탐색적 데이터 분석(EDA) 단계에서 확인할 수 있다.

다양한 EDA 과정을 위한 제시된 코드의 결과가 이해되었다면 EDA의 개념에 대해서 충분히 이해된 것이다. 코드의 내용을 상세하게 이해되지 않아도 코드의 결과를 통하여 무엇을 처리하고, 무슨 목적으로 코드를 실행하고 있는지 이해하고 있다면 지금 단계에서는 충분하다. 데이터 분석하고자 하는 데이터를 가져와서 저장하고, 저장된 데이터의 구성을 확인한 뒤 필요한 데이터만 선별할 수 있는 EDA 단계는 데이터 분석의 시작이라고 볼 수 있다. 탐색적 데이터 분석에 대하여 충분히 이해하고 본격적으로 데이터 분석 단계로 넘어갈 수 있는 여러분 모두를 응원하다. 화이팅!

데이터 분석 방법론

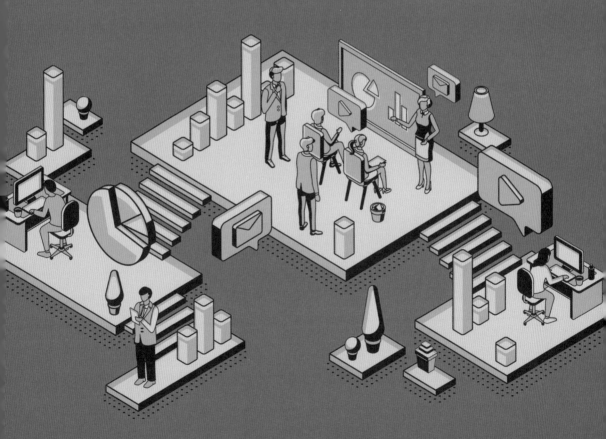

5장에서 탐색적 데이터 분석을 이해하였다면 본격적으로 데이터 분석에 도전해 보기로 하자. 데이터 분석은 분석 목적에 따라 다양한 방법이 적용될 수 있지만 6장에서는 인공지능 모델을 통한 데이터 분석 방법론에 대한 검토로 구성된다.

데이터 분석의 목적 및 데이터 분야에 적합한 가장 최적의 데이터 분석 방법을 찾는 과정이다. 데이터 분석 방법을 정하기 위해서는 수집한 데이터에 대한 충분한 이해가 반드시 우선되어야 하므로 탐색적 데이터 분석을 먼저 실행한 후에 적용하는 단계임을 꼭 기억하자.

데이터 분석 방법 개념

데이터 분석은 목적, 분야, 그리고 데이터 분석 도구의 다양한 종류와 방법이 존재하기 때문에 정해진 한 가지 방법이 존재하지 않는다. 따라서 데이터 분석 방법을 선택할 때는 여러 가지 방법 중 가장 효율적인 데이터 분석 결과를 도출하는 방법에 대한 고찰이 필수적이다.

예를 들어 식재료로 닭이 있는 경우, 백숙 또는 닭볶음, 닭튀김, 닭죽 등 다양한 요리를 할 수 있을 것이다. 만약 식용유가 없는데, 닭을 튀겨 먹을 계획을 세우는 사람은 없을 것이다. 우리가 요리할 재료가 데이터에 해당하고, 요리 재료 방법이 다양하듯 데이터 분석 방법도 다양한 것이다. 만약 닭볶음 만드는 법을 모르면서, 닭볶음을 만들어 먹으려고 계획하지는 않을 것이다. 데이터도 분석 방법은 여러 방식이나 자신이 실행할 방법을 모르거나 분석할 도구가 없는 경우 그 방법은 택할 수 없다. 요리 방법을 많이 알수록 원하는 요리를 해 먹을 수 있듯이 여러 데이터 분석 방법을 알고 있다면 원하는 데이터 분석 결과를 위한 다양한 분석 방법을 적용할 수 있는 것이다.

분석할 데이터에 대한 특성과 데이터 간 관계를 적용하여, 자신이 적용할 수 있는 데이터 분석 도구의 장단점과 한계점 등을 올바르게 파악한 후 그 내용에 대하여 계획을 세울 수 있어야 한다.

데이터 분석 과정에서의 고려 사항

데이터 분석 과정을 원활히 진행하기 위해 고려해야 할 몇 가지 사항이 있다. 전체적인 접근 방법에 대한 고려 사항은 다음과 같다. 먼저 주어진 데이터로부터 원하는 답을 찾을 수 있는지 결정할 수 있어야 한다. 자신의 능력치와 데이터의 한계, 패키지와 같은 도구의 적절성 등을 바탕으로 데이터 분석 결과의 유의미성을 예측한다. 그리고 문제 해결을 위하여 데이터가 충분한가를 질문해야 한다. 이후 학습하게 될 양적 연구와 질적 연구 중 어떤 연구 방법론을 선택할지가 이 질문의 답에 의해 결정된다. 표본의 양이 충분하지 않다고 예상된다면 많은 수의 데이터를 기반으로 신뢰도를 높이는 양적 연구가 아닌, 심층 취재, 인터뷰 등 밀착 탐구, 즉 질적 연구를 진행하는 것이 적절하다.

이어서 어떤 데이터 분석 방법을 적용하면 좋을지, 추출할 데이터의 특성이 무엇인지 고민해보아야 한다. 이를 위해서는 연계성이 있으며, 적절성에 대한 근거를 제시할 수 있는, 즉 과학적 증명이 가능한 방법론으로 접근하는 과학자적 관점이 요구된다. 또한 데이터 분석의 결론을 무엇으로 설정할 것인지 그 목적을 결정해야 한다. 가령 타이타닉 침몰 사건에 대하여 분석할 경우, 성별, 나이대에 따른 생존 확률과, 단순히 선실 번호에 따른 생존 확률 중 어느 것이 더 데이터 분석의 목적으로 적절한지 질문한다면, 당연히 전자에 손을 드는 사람이 대부분일 것이다. 이렇듯 데이터 분석이 추구하는 결과가 무엇인지 먼저 정확하게 이해하고 분석의 목표를 설정할 수 있어야 한다.

그 후 생성된 결과물을 응용할 때 어떻게 사용할 것인지 고민해야 한다. 우리가 아무리 지대한 노력을 거쳐 수집한 데이터를 정성껏 다듬어, 방법론을 심도 깊게 고민해 결정하고, 오랜 시간 인공지능 학습을 거쳐 모델링을 성공했다고 하더라도 누군가에게 기여하지 못하고 윤리의식 없이, 자신만의 이익을 챙기기 위해서만 해당 과정을 진행했다면 이는 성공적인 데이터 분석이라 할 수 없다. 데이터 활용에 요구되는 윤리 의식과 데이터 분석의 결과를 유익하게 적용할 수 있는 통찰력이 요구된다.

이제 다음 단계로 실질적으로 데이터 분석을 진행할 때 고려할 사항을 알아보자. 데이터의 전반적인 형태는 어떻게 이루어져 있는지, 데이터를 전부 다 사용하는지 또는 일부만 사용하는지, 데이터의 크기가 적당한지 등이 우선적으로 고려해야 할 사항이다. 데이터 분석에 있어서 위의 항목들은 데이터 분석의 목적과 밀접한 연관이 있다. 가령 우리나라 국민의 음식 기호도 조사가 목적인데, 특정 지역의 십대 청소년을 대상으로 한 데이터 분석을 진행한다면, 적절치 않은 것이다.

또한 데이터 식별자가 있는지, 있다면 무엇인지도 파악해야 한다. 이는 여러 데이터가 있을 때 이들 간 차이를 구별할 수 있어야 한다는 의미이다. 식별자의 예로는 학교의 학생임을 증명할 수 있는 학번, 회사 사원임을 확인할 수 있는 사번, 대한민국 국민에게 부여되는 주민등록 번호 등이 있다. 대한민국 국민을 식별하려고 하는데 전화번호를 사용한다면 부적절한 식별자이다.

이어서 데이터를 합병한다면 같은 종류가 맞는지 확인하여 전혀 다른 데이터들이 연결 짓지 않도록 한다. 적어도 한 개 이상의 식별자가 일치해야 해당 식별자를 중심으로 합병이 가능하다. 그다음 탐색적 데이터 분석에서 이미 언급한 통계 분석을 위해 최댓값, 최솟값을 알아야 하며, 결측치, 이상값 등의 처리를 위해 중간값, 평균, 최빈값 등도 확인해야 한다. 수치 데이터를 분석하는 과정에서 반드시 확인해야 할 내용이다.

데이터 분석 방법

데이터 분석 방법에는 정량 데이터 분석과 정성 데이터 분석이 있다. 정량 데이터 (Quantitative Data) 분석이란 양적으로 데이터를 분석하는 방법으로 '수치 데이터'를 바탕으로 분석하는 경우가 많다. 설문 데이터와 같은 정량 데이터는 사람의 경험이나 느낌이 개입해서는 안 되며 데이터를 그대로 보존해서 분석해야 한다. 또한 분석 결과의 확실성을 보장하기 위해 많은 샘플 데이터를 수집할 필요가 있다. 샘플 데이터에 대하여 '많음'의 기준은 데이터 분석을 하는 분석가가 결정하는 사항이며, 이는 분석 목적, 분야 등에 따라 달라질 수 있다.

정성 데이터(Qualitative Data) 분석은 '질적 데이터'를 바탕으로 분석하는 방법으로 숫자적 통계에 대한 분석이 아닌 질적으로 데이터의 값(value)에 의미를 두고 분석하는 방법이다. 정량 데이터 분석에 비해 객관성이 부족하기에, 데이터가 어느 집단에 의해 도출되었는지를 명시하는 것이 필요하다. 서로 다른 집단에서 완전히 다른 분석 결과가 나올 수 있으므로 데이터 수집 대상에 대한 세밀한 계획이 요구된다.

우리가 중점적으로 알아볼 것은 정량 데이터 분석 방법이다. 이는 통계적 방법으로, 수집된 데이터에 대해서 어떤 패턴, 즉 규칙을 가지는지 분석하는 것으로, 발견된 규칙을 알고리즘에 적용하여 분석한다. 통계적 방법에 대응하는 분석 방법인 인공지능 방법은 대량의 학습 데이터로부터 데이터에 대한 규칙을 찾아가는 방법이다. 인공지능 방법을 통해 찾은 규칙은 사람이 해석할 수 있는 화이트박스 알고리즘과 해석이 불가능한 블랙박스 알고리즘으로 구분한다. 화이트박스 알고리즘의 예로 결정 트리(decision tree)가 있다. 트리 구조를 사용하여 규칙을 확인하기 때문에 결과가 나오기까지의 판별 과정이 그대로 드러난다. 반대로 블랙박스 알고리즘은 딥러닝의 기본 구조인 신경망을 활용한 알고리즘으로, 인공지능이 어떠한 기준으로 결론을 냈는지 과정을 드러내지 않는 방식이다.

데이터 분석 관련 용어

독립변수(Independent variable)란 말 그대로 다른 변수에 의존하지 않는 변수로, 종속 변수의 원인에 해당한다. 해당 변수는 일반적으로 X로 표시한다. 종속변수(Dependent variable)는 결과를 나타내는 변수로, 일반적으로 Y로 표시한다. 가령 본인의 맥박, 혈압, 혈당 등은 독립변수가 되며, 이들을 바탕으로 하는 건강 상태는 종속변수라 할 수 있다. 인공지능이 학습할 때, 테스트 데이터셋에서 제외되는 데이터가 바로 종속변수이다. 앞에서 예시로 들었던 타이타닉 생존 확률 분석에서, 성별, 나이, 호실의 등급 등은 독립변수에 해당하고, 이러한 독립변수들로부터 기인한 그들의 생사 여부는 종속변수이다. 종속변수와 독립변수의 관계는 그림 6.1과 같다.

그림 6.1 독립변수와 종속변수 간 관계

데이터 분석 유형

데이터 분석 유형은 다음과 같이 정리 가능하다.

▸ **기술 분석(Descriptive analysis):** 주어진 데이터를 요약/집계하여 결과를 도출한다.

▸ **탐색적 분석(Exploratory analysis):** 여러 변수 간 트렌드 또는 패턴 및 관계를 도출한다.

▸ **추론 분석(Inferential analysis):** 샘플-모집단 간 관계를 탐구한다.

▸ **예측 분석(Predictive analysis):** 통계적 기법을 사용하여 미래 혹은 발생하지 않은 어떤 사건에 대한 예측 분석이다.

▸ **인과관계 분석(Casual analysis):** 독립 변수와 종속 변수간 인과관계가 있는지 그 여부를 확인하기 위한 분석이다.

▸ **기계론적 분석(Mechanistic analysis):** 독립 변수가 어떠한 매커니즘으로 종속 변수에 영향을 미치는지 분석한다. 즉, 독립-종속 변수 간 인과관계를 체계적으로 탐색한다.

분석할 데이터가 어떤 데이터 분석 유형에 속하는지 인지하여 적절한 분석 방법을 적용할 수 있어야 한다. 일반적으로 하나의 분석 유형만으로 진행하지 않고 복합적으로 목적에 맞게 유형을 융합하여 적용하는 것이 적절하다.

데이터 분석 단계

데이터 분석의 첫 번째 단계는 데이터 준비 단계로 데이터 수집의 작업이 요구된다. 데이터 획득을 위하여 데이터 소스를 불러오고, 원본 데이터를 보호하기 위하여 데이터 백업 작업을 진행한다. 두 번째는 데이터 보기 단계로 데이터의 구성을 검토하는 과정이다. 이 과정에서는 먼저 파이선의 판다스(pandas) 패키지가 데이터를 불러오는 단위인 데이터프레임(Data frame) 등을 통해 기본 정보, 통계 요약 정보, 유형 등을 확인한다. 데이터프레임을 생성함으로써 데이터를 값(value)에 해당하는 행(row)과 특성(attribute)에 해당하는 열(column)로 구조화된 형태로 확인이 가능하다. 따라서 데이터

단계	단계작업	내용
1	데이터 준비	데이터 소스, 데이터 백업
2	데이터 보기	데이터프레임의 기본 정보 출력: df.info() 데이터프레임의 통계 요약 정보 출력: df.describe() 데이터유형 확인 df.dtypes 행데이터 열변수 변수유형 데이터 조작 : 데이터 개수 확인, 정렬 데이터 병합과 연결(옵션)
3	데이터 전처리	결측값, 이상값, 중복값
4	데이터 탐색	단일변수 데이터 분석 데이터 재구조화 데이터 그룹 분석
5	데이터 시각화	범주형 단일변수 연속형 단일변수 범주형/ 범주형 연속형/ 연속형 범주형/ 연속형

표 6.1 데이터 분석 5단계

는 각각의 특성에 대한 값들의 집합으로 이해하면 된다. 또한 데이터 보기 단계에서는 데이터의 개수를 확인하고 정렬하는 조작이 가능하며, 필요에 따라 데이터를 병합하거나 연결할 수 있다. 세 번째 단계는 데이터 전처리 단계이고, 데이터 내 결측값, 이상값, 중복값 등을 처리한다. 네 번째 데이터 탐색 단계에서는 더 깊이 있는 단계로 들어선다. 단일변수에 대하여 데이터를 분석하고, 데이터를 재구조화하며, 데이터 그룹에 대한 분석을 진행한다. 데이터 분석 3, 4단계에서는 모두 EDA를 사용한다. 마지막으로 5단계인 데이터 시각화 단계는 범주형, 연속형 단일변수 등을 다양하게 조합하여 적절한 시각화 방법을 결정한다. 데이터 분석의 5단계는 표 6.1에 정리되었다.

머신러닝의 분석 방법

머신러닝의 학습 방법은 크게 지도학습, 비지도 학습, 강화학습 세 가지로 나뉜다. 지도학습은 정답이 포함된 데이터로 규칙을 찾아내는 방식으로 학습하는 방법을 말한다. 반대로 비지도 학습은 인공지능이 정답이 알려지지 않은 데이터의 패턴을 스스로 학습하는 방법을 말한다.

　　지도학습에는 분류, 회귀 알고리즘 등이 포함되고, 비지도 학습은 클러스터링, 차원 축소로 등이 해당한다. 강화학습은 인공지능이 정답을 맞히면 보상을 주어 보상을 최대로 하는 방식으로 학습 결과를 개선하는 기계 학습 방법이다.

6-2 회귀 분석 방법

회귀 분석은 기계학습(machine learning)의 지도학습에 속하며, 찾고자 하는 분석 결과의 값이 수치라면 사용 가능한 데이터 분석 방법에 해당한다.

회귀란?

회귀(Regression)의 사전적 정의는 '돌아서 제자리로 돌아간다'로, 종속변수와 독립변수 간 관계를 알아보기 위한 통계적 분석 방법이다. 결과물은 확률론적 의미를 내포하며, 데이터 분석에서의 의미는 데이터와의 오차의 합이 가장 작은 선을 찾아내는 방법이다.

회귀 분석은 유전적 특성을 연구하던 영국의 통계학자 갈톤(Galton)이 수행한 연구에서 유래되었다. 해당 연구에서는 부모와 자식 간 키의 상관관계를 분석했는데, 부모의 키가 모두 클 때 자식의 키가 크긴 하지만 그렇다고 부모를 능가할 정도로 크지는 않았고, 부모의 키가 모두 아주 작을 때 그 자식의 키가 작기는 하지만 부모보다는 큰 경향을 발견했다. 갈톤은 연구 결과를 바탕으로 사람의 키는 평균 키로 회귀하려는 경향을 가진다는 자연의 법칙을 제시했다.

정리하자면 회귀란 여러 개의 독립변수와 한 개의 종속변수 간의 상관관계를 모델링하는 기법이다. 만약 아파트의 방 개수, 방 크기, 주변 학군 등 여러 개의 독립변수와 아파트 가격이라는 종속변수가 어떠한 관계를 나타내는지 분석한다면, 방 개수가 많고, 방 크기가 크며 주변 학군이 좋을 때 아파트 가격은 비교적 높을 것으로 예상할 수 있다.

회귀 분석의 유형은 독립변수와 종속변수의 관계에 따라서 선형 회귀와 비선형 회귀로 나뉜다. 또한 독립변수의 개수 및 종속변수의 개수에 따라서 단순 회귀와 다중 회귀로 나뉜다. 마지막으로 독립변수의 척도에 따라 일반 회귀에서는 비율 척도를 확인할 수 있고, 더미 변수를 이용한 회귀에서는 서열 척도를 확인할 수 있다.

단순 선형 회귀

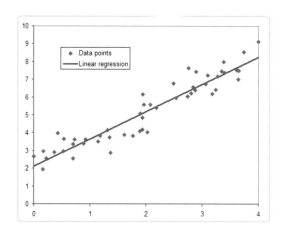

그림 6.2
단순 선형 회귀 그래프
출처: https://satisfactoryplace.tistory.com/322

단순 선형 회귀(Simple Linear Regression)은 하나의 독립변수(설명 변수)를 사용하는 직선 형태의 회귀 분석 방법이다. 직선 y=ax+b, 즉 x에 대한 y의 회귀 직선을 찾아낸다. 그림 6.2에서 단순 선형 회귀 그래프를 확인할 수 있다.

다중 선형 회귀

다중 선형 회귀(Multiple Linear Regression)은 둘 이상의 독립변수(설명 변수)에 기반한 경우 사용하는 회귀 분석 방법이다. 여러 개의 특성을 이용하여 분석 결과(종속변수)를 예측하며 일반적으로 단순 선형 회귀보다 더 좋은 성능을 기대할 수 있다. 펭귄 주둥이의 깊이와 길이로 펭귄의 종에 따른 다중 선형 회귀의 시각화 예시는 그림 6.3과 같다.

아델리 펭귄(Adelie)

젠투 펭귄(Gentoo)

턱끈 펭귄(Chinstrap)

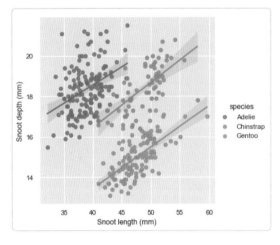

그림 6.3 다중 선형 회귀 그래프
출처: https://seaborn.pydata.org/examples/
multiple_regression.html

오차의 개념

분석에서는 오차를 줄이는 것이 목표이다. 추정 오차란 실제값과 추정치의 차이를 말한다. 실제값에서 예측값을 뺀 값으로 잔차(residual)라고 한다. 잔차계산식의 내용은 수식 6.1과 같다. 평균제곱오차를 최소화하는 선을 정하는 것이 선형 회귀 분석이며, 개념은 그림 6.4에서 확인할 수 있다.

$$J(\theta) = \frac{1}{n} \sum_{i=1}^{n} (yi - \hat{y})^2$$

수식 6.1 잔차(오차) 계산식

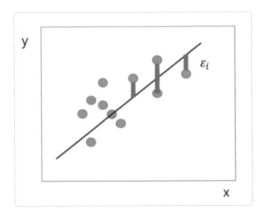

그림 6.4
단순 선형 회귀 분석에서의 잔차(오차) 그래프
출처: https://shacoding.com/2019/12/08/mining-회귀-분석

그림 6.4에서 확인할 수 있는 빨간 선들의 길이의 합을 최소화할 수 있는 하나의 직선을 찾는 것이 단순 선형 회귀분석이다.

로지스틱 회귀

로지스틱 회귀(Logistic regression)는 종속변수에 0 또는 1, 참 또는 거짓, 흑 또는 백과 같은 방식으로 2분화하는 값으로 데이터가 구성된 경우 적용 가능하다. 단순 선형 회귀와 로지스틱 회귀를 비교한 시각화는 그림 6.5와 같다.

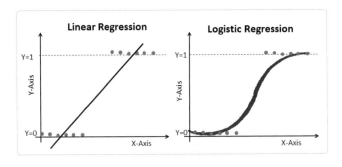

그림 6.5
단순 선형 회귀와
로지스틱 회귀 그래프 비교
출처: https://satisfactoryplace.tistory.com/322

스팸 또는 스팸이 아닌 것 등의 이산값을 대상으로 적용하는 회귀 방법이다. 두 가지 중 하나의 종속변수로만 귀결되며 종속변수와 독립변수 간 관계를 표시한다. 종속변수에서 동일한 값이 발생하는 대규모 데이터셋에서 가장 효과적이다.

리지 회귀

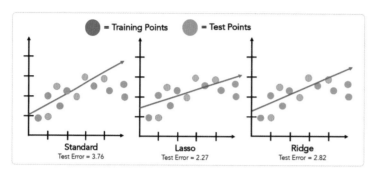

그림 6.6
일반 회귀와 라쏘 회귀,
리지 회귀 그래프 비교

리지 회귀(Ridge regression)는 독립 변수들 사이에 높은 상관관계가 있는 경우 활용하는 회귀 분석 방식에 해당하며, 다중 회귀 방식에 속한다. 정규화 또는 규제화 (Regularization) 기법이라 부르고, 복잡성을 줄이고자 할 때 사용되며, 일반 회귀보다 테스트 오류(test error)의 값이 작게 나오는 것을 그림 6.6에서 확인할 수 있다.

이 책을 읽는 독자들에게는 다소 생소한 내용이 될 수 있다. 다양한 회귀 방법이 존재하는 것을 설명하고자 하는 것이 목적이며, 각 회귀 방법에 대한 구현 방법은 다루지 않는다.

라쏘 회귀

라쏘 회귀(Lasso regreesion)는 리지 회귀와 같이 모델의 복잡성을 줄이는 또 다른 정규화 기법이다. 회귀 계수의 절대 사이즈를 금지함으로써 복잡성을 최소화한다. 계수 값을 0에 가깝게 조정하는 리지 회귀와는 다르게 라쏘 회귀는 계수 값을 0으로 지정한다. 라쏘 회귀는 데이터 집합에서 기능 세트를 선택하여 모델을 구축할 수 있다. 필요한 요소들만 사용하고 나머지를 0으로 설정함으로써 과대적합을 방지하는 것이다.

과대적합(Overfitting)이란 머신러닝 모델을 학습할 때 학습 데이터셋에 지나치게 최적화하여 발생하는 문제이다. 모델을 지나치게 복잡하게 학습하면 학습 데이터에서는 모델 성능이 높게 나타내지만 정작 새로운 데이터가 주어졌을 때 정확한 예측 및 분류를 수행하기 힘들어진다. 모델 적합성에 관한 내용은 그림 6.7에서 확인할 수 있다.

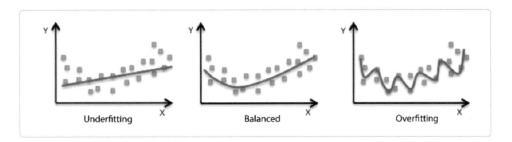

그림 6.7 모델 적합성

출처: https://docs.aws.amazon.com/ko_kr/machine-learning/latest/dg/model-fit-underfitting-vs-overfitting.html

다항 회귀

다중 회귀는 앞에서 언급한 다중 선형 회귀에서와 같이 3가지 종류의 펭귄에 대한 주둥이 특징을 표현하기 위해 여러 개의 선형 회귀로 이해하면 된다. 반면 다항 회귀는 항(차수)이 많은 회귀 방법이다.

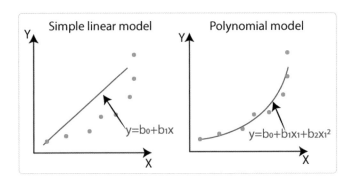

그림 6.8
단순 선형 회귀와
다항 회귀 그래프 비교
출처: https://www.javatpoint.com/
machine-learning-polynomial-
regression

다항 회귀(Polynomial regression)는 비선형 데이터 집합을 모델링하는 회귀 기법이다. 그림 6.8과 같이 다항 회귀는 비선형 곡선으로 데이터 포인트가 비선형 방식으로 존재할 때 사용한다.

6-3 분류 분석 방법

데이터셋을 통하여 학습한 후 데이터의 특징에 맞는 레이블(label)이 정의되었다면, 분류를 통하여 데이터 분석을 할 수 있다. 분류는 회귀와 함께 지도학습의 대표적 데이터 분석 방법이다.

분류 이해하기

분류(Classification)란 데이터에 레이블이 있어서 학습 후 새로운 데이터가 입력되면 학습된 내용으로 레이블을 적용하는 지도학습의 한 종류이다. 분류 방식의 분석 결과 값은 언제나 학습했던 데이터의 레이블 중 하나로 결정된다. 가령 그림 6.9와 같이 다양한 숫자 이미지를 학습한 후 새로 손글씨로 적은 숫자를 인식하는 것을 예로 들 수 있다.

그림 6.9
손글씨 데이터 분류 결과

분류에는 단일 분류와 다중 분류가 있다. 단일 분류는 단어를 판별하여 스팸 보관함으로 분류하는 등의 예시와 같이 어떠한 경우에서든 참, 거짓과 같이 둘 중 하나로 귀결되는 분류를 말하며, 다중 분류는 수능 점수가 몇 등급에 해당하는지 판별하는 작업과 같이 여러 개의 클래스 중 하나를 선택하는 분류이다.

분류 알고리즘

분류 알고리즘에는 다음과 같은 다양한 알고리즘을 활용할 수 있다.

- ▸ K-최근접 이웃(KNN, K-Nearest Neighbor)
- ▸ 의사결정 트리(Decision Tree)
- ▸ Random Forest
- ▸ Naive Bayes
- ▸ Support Vector machine
- ▸ 앙상블 학습(Ensemble Learning)

분류 알고리즘에 대하여 하나씩 검토해 보기로 하자.

📁 KNN

K-최근접 이웃(KNN, K-Nearest Neighbor) 알고리즘은 유유상종 알고리즘이라 할 수 있다. 데이터가 주어지면 그 주변 또는 이웃의 데이터를 살펴본 뒤 더 많은 데이터가 포함되어 있는 범주로 해당 데이터를 분류한다.

그림 6.10의 경우, 초록색 데이터는 이웃으로 정의한 영역이 실선에 해당하는 K 값이 3이라면 실선 원 안에 빨간 데이터가 2개이며, 파란 데이터가 1개 존재하게 되므로, 빨간 데이터로 분류할 수 있다. 반면, K 값이 5로 정의되어 점선으로 표시된 영역이 이웃으로

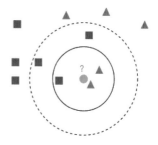

그림 6.10 K-최근접 이웃 도식화
출처: https://ko.wikipedia.org/wiki/K-최근접_이웃_알고리즘

정의된다면, 이웃의 범주 안에 빨간 데이터 2개, 파란 데이터 3개가 존재하므로 더 많이 존재하는 파란 데이터로 분류하게 된다. 이와 같이 이웃의 수를 의미하는 K를 무엇으로 지정하느냐에 따라 분류 결과에 영향을 미친다.

📁 의사결정 트리

의사결정 트리(Decision Tree)는 예/아니오로 답변 가능한 질문을 이어가며 데이터를 분석하는 분류 알고리즘이다. 데이터 분석의 결과 값으로 확인하고자 하는 종속 변수에 대한 관측값과 목표값을 연결시켜주는 예측 모델에 해당한다.

그림 6.11과 같이 의사결정 트리는 주어진 조건에 대하여 예/아니오를 선택하여 조건 상황에 따른 분류를 확인할 수 있다. 그림 6.11은 타이타닉에 탑승한 승객에 대하여 의사결정 트리를 적용하여 데이터 분석 결과를 분류한 내용으로, 첫 단계에서 남자가 아니면 생존할 확률이 73%이며, 탑승객 중 36%가 여기에 해당할 것이라 분류하였다. 만약 남자인지 확인하는 조건에서 '예'가 선택되었다면, 나이가 9.5살 이상인가를 조건으로 확인하게 된다. 이 조건에서도 '예'를 선택하여 9.5세 이상 남성의 경우라면, '사망'으로 분류되며 이 조건을 만족하는 경우 17%의 생존 확률로 분류되고, 전체

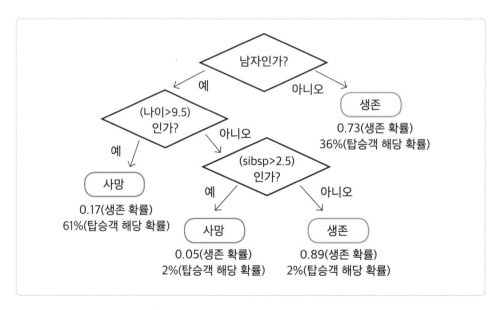

그림 6.11 타이타닉 생존 여부 의사결정 트리 도식화

출처: 위키피디아 Titanic 생존 여부 관련 의사결정트리

탑승객 중 61%에 해당하는 사람이 9.5세 이상 남성으로 분류되는 것을 나타내고 있다. 그림 6.11의 독립 변수는 성별, 나이, sibsp 3개가 사용되었으며, 종속 변수는 탑승자의 생존 여부로 '생존'과 '사망' 2가지의 값으로 분류되었다.

이와 같이 의사결정 트리는 일련의 분류 규칙을 기반으로 종속 변수에 해당하는 데이터를 분류하는 방식이다.

📂 Random Forest

랜덤 포레스트(Random Forest)는 의사결정 트리를 여러 개 합쳐 Forest를 구성한 알고리즘이다. 의사결정 트리의 분류 결과를 통합하여 다시 결론을 내는 구조이기에 결과의 정확도가 개선된다.

그림 6.12는 랜덤 포레스트의 예시에 해당한다. 예를 들어 여행지에 대한 데이터 분석 결과를 찾는다면, 첫 번째 의사결정 트리는 휴가 기간이 될 수 있을 것이다. 만약 휴가 가능 기간이 3일인데 유럽을 가려는 계획을 세우지는 않을 것이다. 두 번째 의사결정 트리는 희망하는 여행지 유형이 될 수 있을 것이다. 산, 바다, 강, 계곡 등 원하는 유형에 대한 의사결정을 통하여 희망하는 장소를 결과로 분류할 수 있다. 세 번째 의

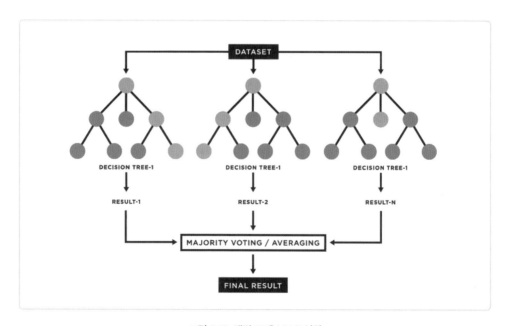

그림 6.12 랜덤 포레스트 도식화

사결정 트리는 예산이 될 수 있다. 작은 예산인 경우 최종 여행지로 가능한 장소가 어느 곳인지 조건에 따라 분류 가능하다. 이렇게 3가지 결정을 취합하여 조건에 가장 적합한 여행 장소를 찾아줄 수 있는 것이다.

📑 Naive Bayes

나이브 베이즈(Naive Bayes)는 데이터가 각 클래스(레이블)에 속할 특징에 대하여 그 확률을 계산하는 조건부 확률 기반 분류 방법이다. 간단하게 정리하자면, 두 확률 변수의 사전 확률과 사후 확률 사이의 관계를 특징 짓는 것이다. 나이브(Naïve)란 예측한 특징이 상호 독립적이라는 가정하에 확률 계산을 단순화하는 것으로, 모든 변수(특징)가 동등하다는 것을 의미한다. 베이즈는(Bayes)는 입력 특징이 클래스 전체의 확률 분포 대비 특정 클래스에 속할 확률을 베이즈 정리 기반으로 계산한 것이다. 데이터의 특징이 하나 이상일 때 나이브 베이즈로 해당 데이터가 어떤 레이블에 속할 확률이 가장 높은지 확인하여 분류하는 방법이다. 나이브 베이즈의 예로는 스팸 메일 필터, 텍스트 분류, 감정 분석, 추천 시스템 등이 해당되며, 다양한 분야에서 폭넓게 활용되고 있다.

📑 SVM

서포트 벡터 머신(SVM)은 결정 경계(Decision Boundary), 즉 분류를 위한 기준 선을 정의하는 모델이다. 그래서 분류되지 않은 새로운 점이 나타나면 경계의 어느 쪽에 속하는지 확인해서 분류 결과를 제시할 수 있게 된다.

그림 6.13은 8개의 검은색과 8개의 흰색으로 구성된 데이터에 대하여 3개의 분류기를 적용한 경우이다. H_1은 검은색과 흰색을 수직으로 분류한 경우에 해당하며, H_2는 검은색과 흰색을 대각선으로 분류한 경

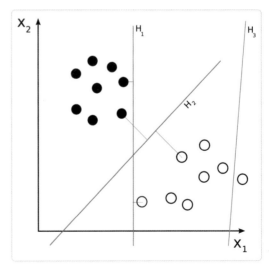

그림 6.13 SVM 도식화
출처: https://ko.wikipedia.org/wiki/서포트_벡터_머신

우, H_3은 8개의 검은색과 7개의 흰색을 하나의 클래스로 분류하여 좋지 않은 분류기로 누구나 판단할 것이다. H_1과 H_2 중 더 좋은 분류기를 결정짓는 기준이 결정 경계이다. 결정 경계를 기준으로 서로 다른 분류 데이터 간의 거리가 멀수록 더 나은 분류기로 평가한다. 이와 같은 기준에 따르면, H_1은 검은색과 흰색과 모두 너무 가까이 위치하고 있다. 더 먼 거리를 유지하고 있는 H_2가 조금 더 나은 분류기로 평가될 수 있다.

📑 앙상블 학습

앙상블 학습은 단일의 뛰어난 알고리즘보다 여러 개의 알고리즘이 더 나은 결과를 제시할 수 있다는 개념이다.

앙상블 학습(Ensemble Learning) 알고리즘은 여러 개의 분류기(Classifier)에서 각각 예측을 수행하고 그 예측을 결합해서 더 나은 예측 결과를 도출해내는 방법으로 그림 6.14의 접근법이다. 앙상블 학습 알고리즘은 일반적으로 정형 데이터를 분류해낼 때 뛰어난 성능을 보인다. 비정형 데이터는 딥러닝에 의하여 더 나은 성능을 나타낸다.

앙상블 학습의 유형은 보팅(Voting), 배깅(Bagging), 부스팅(Boosting), 그리고 스태킹(stacking)이 포함된다. 보팅은 서로 다른 알고리즘을 가진 분류기를 결합하여 투표를 통해 최종 예측 결과를 결정하는 방식이다. 배깅은 각각의 분류기가 모두 같은 유

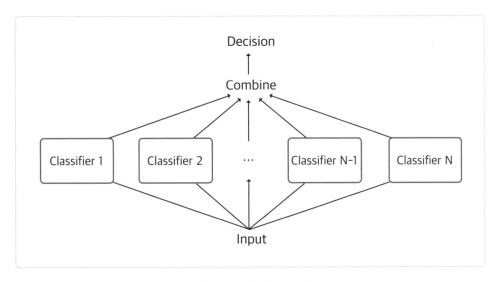

그림 6.14 앙상블 학습 도식화
출처: https://link.springer.com/article/10.1007/s00500-019-04141-w

형의 알고리즘 기반을 적용하며, 데이터 샘플링을 서로 다르게 가져가서 학습을 수행해 보팅을 수행하는 방식으로 랜덤 포레스트가 배깅에 해당한다. 부스팅은 여러 개의 분류기가 순차적으로 학습을 수행하되, 먼저 학습한 분류기의 예측이 틀린 데이터의 경우 올바르게 예측할 수 있도록 다음 분류기에서는 가중치(weight)를 부여하면서 학습과 예측을 진행하는 방식이다. 스태킹은 여러 가지 다른 모델의 예측 결과값을 다시 학습 데이터로 반영하여 다른 모델로 재학습시켜 결과를 예측하는 방식이다.

📁 분류 기법의 오차 행렬

분류 알고리즘을 사용하면서 나타나는 오차에 대한 성능 평가 지표가 있다. 그림 6.15는 예측 과정에서 나타난 혼돈(confused) 값에 대한 지표이다.

그림 6.15에서 확인할 수 있듯이 총 네 가지의 예측 클래스로 구분하는데, TN(True Negative)은 Negative 값 0으로 예측했고, 실제 값도 Negative 값인 0인 클래스다. FP(False Positive)는 Positive 값 1로 예측했는데, 실제 값이 Negative 값인 0인 클래스다. FN(False Negative)은 Negative 값 0으로 예측했으나 실제 값이 Positive 값 1인 클래스다. 마지막으로 TP(True Positive)는 Positive 값 1로 예측했고, 실제 값도 Positive 값 1인 클래스다. FP와 FN은 잘못 예측한 클래스를 나타내고, TN과 TP는 바

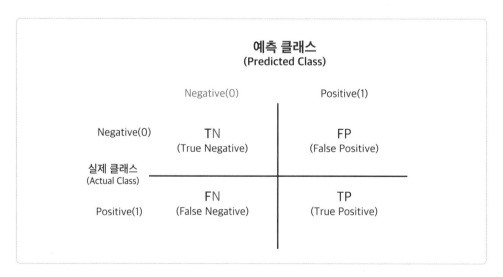

그림 6.15 성능 평가 지표의 예측 클래스 분류
출처: https://en.wikipedia.org/wiki/Cluster_analysis/

르게 예측한 클래스를 나타낸다.

정확도(Accuracy)는 실제 데이터와 예측 데이터의 일치 여부를 오차 행렬로 계산한다. 수식 6.2에서 해당 식을 살펴보면, 클래스에 해당하는 값을 모두 더하여 분모로, TP, TN을 더한 값을 분자로 가진다.

$$Accuracy = \frac{(TP+TN)}{(TP+FP+TN+FN)}$$

수식 6.2 예측 클래스의 정확도 계산 방법

6-4 군집 분석 방법

군집 분석 방법은 각 데이터의 유사성을 측정하여 다수의 군집으로 나누고 군집 간의 상이성을 확인하는 분석 방법이다.

군집화 개념

유사한 집단끼리 군집하여 분류하는 것을 군집화라 한다. 통계 분석 방법에 속하며, 군집 내 동질성과 이질성을 분석하여 비슷한 특성을 가진 매체들끼리 묶어 유사 특성 군집을 발굴한다. 그림 6.16은 군집화된 세 묶음을 나타낸 것이다.

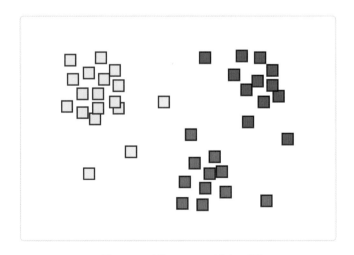

그림 6.16 군집화(클러스터링) 결과 도식화

군집화, 즉 클러스터링(Clustering)은 머신러닝 학습의 관점에서 소속 집단의 정보가 없고 모르는 상태에서 비슷한 집단으로 묶는 학습 방법을 말한다. KNN과 군집화는 개념적으로 유사해 보이나, 지도학습인 KNN과 달리 클러스터링은 비지도 학습이다. 해당 학습 방법은 일반적으로 입력 데이터를 바탕으로 출력값을 예측하는 목적으로 사용되기보다는 데이터에서 의미를 파악하고 기준을 만드는 데 그 목적을 둔다.

그렇다면 분류와 군집화에 관하여 아래의 표 6.2를 바탕으로 비교해 보자. 먼저 분류와 군집화는 모두 데이터를 비슷한 집단으로 묶는 방법이다. 그러나 소속 집단에 대한 정보가 있으면 분류이고, 없으면 군집화다. 예를 들어 다리가 네 개 달린 가구들을 그룹화하는 것은 가구의 다리 개수라는 속성을 비교하여 군집화하는 것이다. 그러나 주어진 가구를 책상, 의자, 침대로 나누는 것은 분류에 해당한다. 또한 분류는 레이블이 있기에 지도학습에 속하지만, 군집화는 레이블이 없는 비지도 학습에 속한다.

	분류	군집화
소속집단에 대한 정보	있다	없다
레이블 유무	있다	없다
종류	지도 학습	비지도 학습
공통점	데이타를 비슷한 집단으로 묶는 방법	

표 6.2 분류와 군집화 비교

군집화의 개념에는 클러스터와 클러스터링을 구분하여 알아둘 필요가 있다. 클러스터(Cluster)는 유사한 여러 개의 클래스로 나누어진 데이터를 말하며, 클러스터링(Clustering)은 유사한 특성을 가진 그룹들로 묶는 작업이다. 같은 클러스터 내 데이터는 다른 클러스터의 것보다 더 유사하다. 즉, 유사한 데이터끼리의 집합이 바로 클러스터이다.

그림 6.17을 통하여 입력 데이터에 대한 클러스터링으로 출력 데이터가 형성되는 개념을 이해하면 된다.

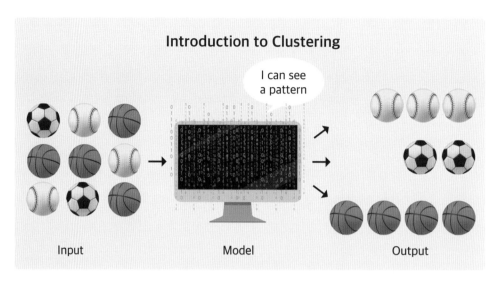

그림 6.17 군집화 예

K-평균(K-means) 알고리즘

K-평균(K-means) 알고리즘은 K개의 초기 중심을 지정해 해당 값에 가까운 데이터를 군집에 배정하고, 각 군집에 해당하는 데이터들의 평균을 계산하며 이를 반복하여 군집이 결정될 때까지 각 군집의 중심을 재설정하는 알고리즘이다. 해당 단계를 정리하면 그림 6.18과 같다.

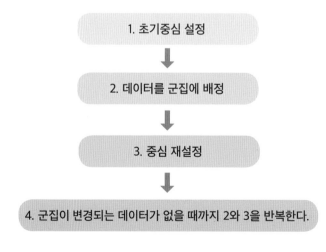

그림 6.18
K-평균 알고리즘 단계

군집화 적용 목적

군집화는 목적에 맞는 집단을 찾기 위해 사용한다. 가령 A 제품의 10% 할인 쿠폰을 효과적으로 배포하고자 할 때 해당 혜택을 제공 받기 적절한 사람은 당연하게도 무작위로 선정한 100명 그룹보다 A 제품에 관심이 있는 사람들일 것이다. 이때 제품에 우호적인 사람들을 선정하는 것이 군집화의 역할이다.

군집화 과정 예시

그림 6.19의 예시를 통하여 군집화를 이해해 보기로 하자. 고객들의 구매 금액과 구매 횟수에 따른 그래프가 있다. 그래프를 일부 읽어 보면, 가장 왼 편의 안경 쓴 고객의 경우 구매횟수 40번에 걸쳐 제품을 10만큼 구입하였고, 가장 오른편의 긴 머리 고객의 경우 단 30번 만에 110만큼을 구입하였다.

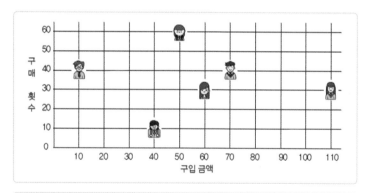

그림 6.19
군집화 과정(1)
-기본 데이터
출처: 학교에서 만나는
인공지능 수업.
교육부

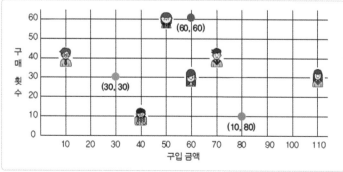

그림 6.20
군집화 과정(2)
-초기 중심점 설정
출처: 학교에서 만나는
인공지능 수업.
교육부

K를 3으로 두어 초기 중심 세 개를 지정한다. 예시에서는 그림 6.20과 같이(구입 금액, 구매 횟수)를 좌표로 하여 $(10, 80)$, $(30, 30)$, $(60, 60)$을 초기 값으로 지정했다.

그런 다음 데이터를 초기 중심과의 거리를 기준으로 각 군집에 배정한다. 위에서 살펴보았던 가장 왼편 고객 데이터의 경우 파란색 점인 $(30, 30)$에 속한다는 것을 쉽게 그림 6.21을 통하여 확인할 수 있다.

반면 좌표 $(60, 30)$에 해당하는 고객의 경우, 그림 6.22와 같이 초록색 중심인 $(80, 10)$의 군집에 해당한다. 좌표평면에서 두 점 사이의 거리 공식에 해당하는 수식 6.3을 이용한다.

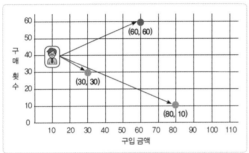

그림 6.21 군집화 과정(3-1) - 군집 배정 예
출처: 학교에서 만나는 인공지능 수업. 교육부

그림 6.22 군집화 과정(3-2) - 군집 배정 예2
출처: 학교에서 만나는 인공지능 수업. 교육부

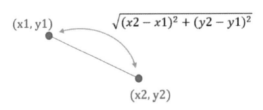

수식 6.3 두 점 사이의 거리 공식

같은 방법으로 나머지 고객도 각 중심으로부터의 거리를 계산하여 군집을 배정하는 과정을 그림 6.23에서 확인할 수 있다. 초기 중심값에 대한 군집 배정 결과는 그림 6.24와 같다. 초기 중심은 임시로 지정한 중심이므로, 고객을 군집에 배정한 후 각 군집의 중심을 재설정해야 한다. 따라서 각 군집에 속한 고객들의 중간 위치로 그림 6.25와 같이 중심을 새로 지정한다.(표 6.3 참조)

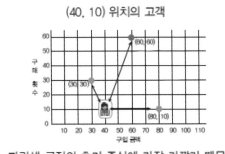

(40, 10) 위치의 고객

파란색 군집의 초기 중심에 가장 가깝기 때문에 파란색 군집으로 배정

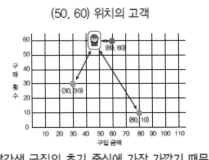

(50, 60) 위치의 고객

빨간색 군집의 초기 중심에 가장 가깝기 때문에 빨강색 군집으로 배정

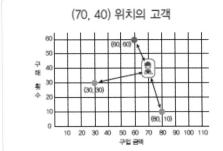

(70, 40) 위치의 고객

빨간색 군집의 초기 중심에 가장 가깝기 때문에 빨간색 군집으로 배정

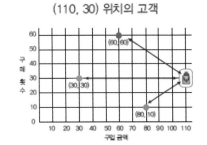

(110, 30) 위치의 고객

초록색 군집의 초기 중심에 가장 가깝기 때문에 초록색 군집으로 배정

그림 6.23 군집화 과정(3-3) - 군집 배정 예3 출처: 학교에서 만나는 인공지능 수업. 교육부

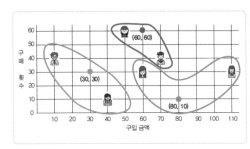

그림 6.24 군집화 과정(3-4) - 군집 배정 결과
출처: 학교에서 만나는 인공지능 수업. 교육부

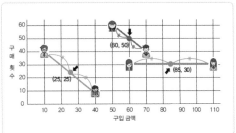

그림 6.25 군집화 과정(4) - 중심 재설정
출처: 학교에서 만나는 인공지능 수업. 교육부

파란색 군집	빨간색 군집	초록색 군집
(10, 40), (40, 10)	(50, 60), (70, 40)	(60, 30), (110, 30)
$\dfrac{10 + 40}{2} = 25$	$\dfrac{50 + 70}{2} = 60$	$\dfrac{60 + 110}{2} = 85$
$\dfrac{40 + 10}{2} = 25$	$\dfrac{60 + 40}{2} = 50$	$\dfrac{30 + 30}{2} = 30$
(25, 25)	(60, 50)	(85, 30)

표 6.3 군집화 과정 – 좌표 설정

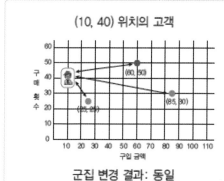

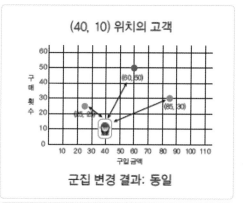

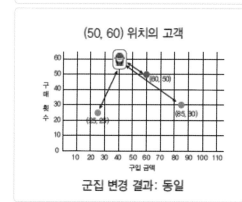

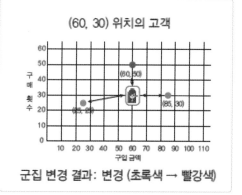

그림 6.26 군집화 과정(5-1) – 재설정 중심에 대한 군집 배정1 출처: 학교에서 만나는 인공지능 수업. 교육부

재설정된 중심으로 군집을 그림 6.26과 그림 6.27과 같이 재배정한다.

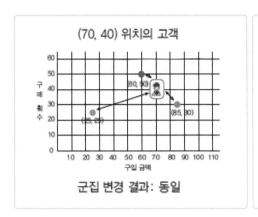
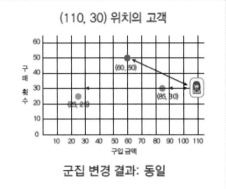

그림 6.27 군집화 과정(5-2) - 재설정 중심에 대한 군집 배정2 출처: 학교에서 만나는 인공지능 수업. 교육부

군집을 재배정한 결과는 그림 6.28에서 확인할 수 있다.

소속된 군집이 변한 고객 데이터가 존재하기 때문에(60, 30)에 해당하는 고객 데이터 중심을 그림 6.29와 같이 다시 변경한 후, 과정을 반복한다.

더 이상의 중심점 이동 또는 군집 재배정이 발생하지 않을 때 군집화 과정을 멈추면 된다.

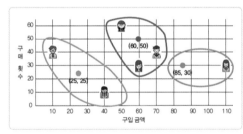
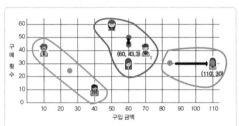

그림 6.28 군집화 과정(5-3)
-재설정 중심에 대한 군집 배정 결과
출처: 학교에서 만나는 인공지능 수업. 교육부

그림 6.29 군집화 과정(6)
-중심 재설정
출처: 학교에서 만나는 인공지능 수업. 교육부

6-5 데이터 분석 도전

지금까지 배운 내용을 바탕으로 데이터 분석 방법론을 실제적으로 적용하여 프로그램을 구현해 보기로 하자.

회귀 분석

선형 회귀 분석을 실습해 보자. 선행 회귀 분석을 위하여 필요한 모델은 다음과 같다.

📁 **LinearRegression()**

```
1  from sklearn.linear_model import LinearRegression
2  import matplotlib.pyplot as plt
```

```
1  #선형회귀 모델 생성
2  model = LinearRegression()
3
4  X = [[1],[2],[3],[4],[5]]
5  y = [[3],[5],[9],[13],[15]]
6  model.fit(X, y) # 모델 학습
```

```
LinearRegression()
```

코드 6.1 선형 회귀 분석 - 선형 회귀 모델 생성

먼저 사이킷런(Scikit Learn) 라이브러리 중 선형 모델에서 선형 회귀 모듈(Linear Regression)과 시각화를 위해 matplotlib 라이브러리 내 pyplot 모듈을 불러온다.

X, y에 각각 리스트 형태로 데이터를 입력하여 모델을 학습한다. X가 1일 때, y는 3에 대응하는 형태로 이루어져 있다. 참고로 학습 데이터는 2차원으로 이루어져야 한다. 데이터가 2차원으로 이루어져 있으면 수학적으로 기울기와 절편을 구하기가 편리하기 때문이다.

📁 **기울기와 절편**

```
1  #기울기 & y절편
2  print("coef:",model.coef_)
3  print("intercept:",model.intercept_)
```

```
coef: [[3.2]]
intercept: [-0.6]
```

```
즉, Linear Regression이 나타내는 그래프는
y = 3.2x - 0.6
```

코드 6.2 선형 회귀 분석 - 기울기와 절편 계산

기울기(coefficient)와 y절편(intercept)을 각각 출력해보면 기울기는 3.2, y절편은 −0.6의 값을 가진다는 결과를 확인할 수 있다. 따라서 선형 회귀 모델이 학습하여 나타낸 그래프는 $y = 3.2x - 0.6$ 이다.

📁 **시각화**

이제 matplotlib을 사용하여 학습 데이터와 회귀 분석 결과인 그래프를 시각화해 보자. 시각화 자료를 위한 제목, x축과 y축에 각각 값을 지정한 후 scatter 함수를 사용하여 학습 데이터 좌표를 표기한다. plot 함수(메소드)를 사용하여 학습에 사용한 데이터 중 X 좌표, 기울기와 y절편을 차례로 입력하여 나타낸다. 결과를 보면 회귀 분석 모델이 X가 증가할수록 Y도 점차 증가한다는 경향을 학습했다는 사실을 확인할 수 있다.

```
1  #시각화
2  plt.title("Linear Regression")
3  plt.xlabel("X")
4  plt.ylabel("Y")
5  plt.scatter(X,y)
6  plt.plot(X,model.coef_*X + model.intercept_)
```

```
[<matplotlib.lines.Line2D at 0x1ebdc190df0>]
```

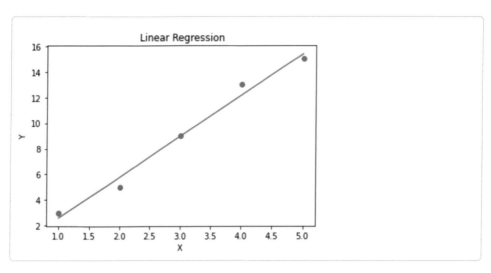

코드 6.3 선형 회귀 분석 - 시각화

📁 예측 분석

그렇다면 새로운 데이터를 모델에 입력하여 예측값을 출력해 보자. 값이 하나여도 데이터는 2차원으로 입력해야 한다. 코드 6.4와 같이 학습한 모델은 X에 6을 입력했을 때 y가 18.6의 값을 가질 것으로 예측한다.

```
1  #예측
2  x = [[6]]
3  y_predict = model.predict(x)
4  print("x: {} -> y_predict: {}".format(x,y_predict))
```

```
x: [[6]] -> y_predict: [[18.6]]
```

코드 6.4 선형 회귀 분석 - 예측 분석

분류 분석

다음은 분류 분석을 적용한 프로그램 구현이다.

📁 데이터 가져오기

데이터는 사이킷런 라이브러리에서 붓꽃 데이터를 불러와 사용한다. 해당 데이터는

load_iris 모듈에 저장되어 있다.

데이터를 불러온 후 코드 6.5의 9번째 줄과 같이 데이터 개수와 데이터가 어떻게 구성되어 있는지 출력해본다. 붓꽃 데이터는 150개로 이루어져 있으며 이는 행의 개수와 같다. 또한 하나의 데이터는 차례로 꽃받침의 길이, 꽃받침의 넓이, 꽃잎의 길이와 넓이 등으로 이루어져 있다. 이 네 개의 특성은 열의 개수와 같다.

```
1  #붓꽃 데이터 불러오기
2  from sklearn.datasets import load_iris
3
4  iris = load_iris()
5
6  # sepal length(꽃받침의 길이), sepal width(꽃받침의 넓이),
7  # petal length(꽃잎의 길이), petal width(꽃잎의 넓이)
8  X = iris.data
9  print(f'데이터 수: {len(X)}\n데이터 >>\n {X}')
```

```
데이터 수: 150
데이터 >>
 [[5.1 3.5 1.4 0.2]
 [4.9 3.  1.4 0.2]
 [4.7 3.2 1.3 0.2]
 [4.6 3.1 1.5 0.2]
 [5.  3.6 1.4 0.2]
 [5.4 3.9 1.7 0.4]
 [4.6 3.4 1.4 0.3]
 [5.  3.4 1.5 0.2]
```

코드 6.5 분류 분석 - 데이터셋 준비

데이터 이해하기

값에 따라 붓꽃 데이터는 종류가 다르다. 위에서 X에 붓꽃 데이터 특성을 저장했는데,

```
1  #꽃 종류 class
2  y = iris.target
3  print(f'데이터 수: {len(y)}\n데이터 >>\n {y}')
```

```
데이터 수: 150
데이터 >>
 [0 0 0 0 0 0 0 0 0 0 0 0 0 0 0 0 0 0 0 0 0 0 0 0 0 0 0 0 0 0 0 0 0 0 0
 0 0 0 0 0 0 0 0 0 0 0 0 0 0 1 1 1 1 1 1 1 1 1 1 1 1 1 1 1 1 1 1 1 1 1
 1 1 1 1 1 1 1 1 1 1 1 1 1 1 1 1 1 1 1 1 2 2 2 2 2 2 2 2 2 2
 2 2 2 2 2 2 2 2 2 2 2 2 2 2 2 2 2 2 2 2 2 2 2 2 2 2 2 2 2 2
 2 2]
```

코드 6.6 분류 분석 - 붓꽃 데이터 종류

y에는 각각의 X에 해당하는 붓꽃 데이터의 종류를 저장하는 내용을 **코드 6.6**의 2번째 줄에서 확인할 수 있다. y를 출력해보면 데이터는 종류를 기준으로 정렬되어 있으며, 총 세 종류로 이루어져 있다는 사실을 알 수 있다.

📋 학습 데이터셋과 테스트 데이터셋

```
1  # 학습데이터와 테스트 데이터 생성
2  # 전체 데이터의 80%를 학습데이터로 사용
3  from sklearn.model_selection import train_test_split
4
5  X_train, X_test, y_train, y_test = train_test_split(X, y, test_size=0.2)
6  print(f'학습 결과 값 >>₩n데이터 수: {len(y_train)}₩n ₩
7  {y_train}₩n학습 데이터 >>₩n{X_train}')
```

```
학습 결과 값 >>
데이터 수: 120
[1 1 2 0 2 2 2 2 1 2 1 2 2 1 1 0 0 0 2 2 2 0 0 1 0 1 0 0 1 1 0 1 1 1 1 0 2
 2 2 0 0 1 0 1 2 0 2 0 0 2 2 0 2 1 2 0 0 2 2 0 2 0 2 1 0 1 1 0 2 0 2 0 0 2
 1 2 2 1 2 1 2 2 1 1 1 1 0 1 1 0 0 0 1 1 1 2 1 0 1 0 0 2 1 0 1 2 1 2 1 2 0
 2 2 0 1 2 1 0 1 0]
학습 데이터 >>
[[6.  2.7 5.1 1.6]
 [5.9 3.  4.2 1.5]
 [7.2 3.2 6.  1.8]
 [4.5 2.3 1.3 0.3]
 [6.4 2.7 5.3 1.9]
 [7.9 3.8 6.4 2. ]
 [6.9 3.1 5.1 2.3]
 [6.7 3.1 5.6 2.4]
 [6.7 3.  5.  1.7]
 [5.7 2.5 5.  2. ]
 [5.  2.  3.5 1. ]
```

코드 6.7 분류 분석 - 학습 데이터셋과 테스트 데이터셋

이제 분류 분석을 위해 학습 데이터셋과 테스트 데이터셋을 분류해 보자. 이를 위해 사이킷런 라이브러리에서 train_test_split 함수를 활용한다. 해당 메소드는 데이터를 무작위로 섞어 학습 데이터셋과 테스트 데이터셋으로 나눈다. 학습 데이터셋과 테스트 데이터셋의 비율은 사용자가 정할 수 있으며 예시에서는 **코드 6.7**의 5번째 줄과 같이 8:2의 비율로 나누었다.

학습 데이터를 출력해보면 120개로, 데이터가 충분히 섞여 배정되었다는 것을 확인할 수 있다.

📁 GaussianNB()

분류 분석 모델은 가우시안 나이즈 베이즈 모델을 사용한다. 사이킷런 라이브러리에서 GaussianNB 모듈을 불러온다. 모델을 정의하고 **코드 6.8**의 5번째 줄과 같이 학습 데이터셋의 독립 변수에 해당하는 X_train과 종속 변수에 해당하는 y_train 값을 활용하여 모델을 학습시킨다.

```
1  #가우시안 나이즈 베이즈 모델 생성
2  from sklearn.naive_bayes import GaussianNB
3
4  model = GaussianNB()
5  model.fit(X_train,y_train) #모델 학습
```
```
GaussianNB(priors=None, var_smoothing=1e-09)
```

코드 6.8 분류 분석 - 가우시안 나이즈 베이즈 모델 생성

📁 예시 데이터

코드 6.9는 인덱스 번호가 0, 50, 100인 데이터에 해당하는 값을 출력하는 내용이다. 데이터는 모두 다른 클래스에 속해 있는 것을 2번째 셀의 결과에서 확인할 수 있다.

데이터를 전부 출력하여 클래스 종류와 개수를 알아보는 대신 classes_ 속성을 통해 클래스 종류를 확인할 수 있다. 또한 class_count_ 속성을 사용하여 클래스별로 데이터의 개수를 확인할 수 있어, 원활한 학습을 위해 데이터가 적절히 분포되어 있

```
1  print("X :\n", X[0],X[50],X[100])
2  print("y :\n", y[0],y[50],y[100])
```
```
X :
 [5.1 3.5 1.4 0.2] [7.  3.2 4.7 1.4] [6.3 3.3 6.  2.5]
y :
 0 1 2
```
```
1  model.classes_ #y 클래스 종류
```
```
array([0, 1, 2])
```
```
1  model.class_count_ #클래스별 표본 수
```
```
array([39., 37., 44.])
```

코드 6.9 분류 분석 - 예시 데이터가 속한 클래스와 클래스 별 표본의 개수

는지 등을 판별할 수 있다. 코드 6.9의 3번째 셀 결과에서 확인할 수 있듯이 각 붓꽃 종류별로 39, 37, 44개의 표본이 존재한다.

데이터 기반 분류 예측

테스트 데이터셋을 학습이 완료된 모델에 입력해 예측값을 확인해 보자. 코드 6.10의 3번째 줄에서는 테스트 데이터셋 중 앞에서 10개의 데이터를 적용하여 그에 대한 예측값을 출력하고 있다. 적용한 10개의 데이터의 붓꽃 종류 결과는 코드 6.10의 결과물 마지막 줄에서 확인할 수 있다.

```
1  #예측
2  y_predict = model.predict(X_test)
3  print("x: {} Wn-> y_predict: {}".format(X_test[:10],y_predict[:10]))
```

```
x: [[4.9 2.4 3.3 1. ]
 [5.6 3.  4.5 1.5]
 [4.9 3.1 1.5 0.1]
 [7.3 2.9 6.3 1.8]
 [4.4 2.9 1.4 0.2]
 [4.4 3.2 1.3 0.2]
 [7.2 3.6 6.1 2.5]
 [5.1 3.8 1.5 0.3]
 [5.8 2.7 5.1 1.9]
 [5.  3.  1.6 0.2]]
-> y_predict: [1 1 0 2 0 0 2 0 2 0]
```

코드 6.10 분류 분석 - 테스트 데이터를 사용한 예측

분류 성능 확인

분류 성능을 확인하기 위해 confusion_matrix, classification_report 메소드를 불러온다. 코드 6.11의 4번째 줄과 같이 confusion_matrix에 테스트 데이터셋의 타겟 데이터와 예측값을 입력해 확인해 보면, 모델이 첫 번째, 세 번째 클래스에 속한 데이터는 전부 정확히 판단했으나 두 번째 클래스에 속한 데이터 중 한 개를 세 번째 클래스로 잘못 분류했다는 결과를 보여준다.

classification_report에서 정확도(accuracy)를 확인해 보면 precision과 recall의 가중 조화 평균(weight harmonic average)에서 가중치를 1로 적용하는 f1-score가 0.97로 분류가 성공적으로 이루어졌다고 판단할 수 있다.

```
1  #성능 평가
2  from sklearn.metrics import confusion_matrix, classification_report
3
4  print(confusion_matrix(y_test, y_predict))
5  print(classification_report(y_test, y_predict))
```

```
[[11  0  0]
 [ 0 12  1]
 [ 0  0  6]]
              precision    recall  f1-score   support

           0       1.00      1.00      1.00        11
           1       1.00      0.92      0.96        13
           2       0.86      1.00      0.92         6

    accuracy                           0.97        30
   macro avg       0.95      0.97      0.96        30
weighted avg       0.97      0.97      0.97        30
```

코드 6.11 분류 분석 - 성능 평가

🗐 새로운 데이터 분류

코드 6.12에서와 같이 학습 데이터셋과 테스트 데이터셋 이외의 새로운 값을 모델에 입력해 분류해 보자. 코드 6.12의 1번째 줄에서 제시한 조건에 해당 데이터는 인덱스 1에 해당하는 두 번째 클래스 'versicolor'로 분류되는 붓꽃에 해당한다고 예측하였다.

```
1  new_predict = model.predict([[5, 2,4,0.2]])
2  print(new_predict)
```

```
[1]
```

```
1  print("타깃의 이름: {}".format(iris['target_names']))
```

```
타깃의 이름: ['setosa' 'versicolor' 'virginica']
```

코드 6.12 분류 분석 - 새로운 데이터를 사용한 예측

군집 분석

마지막으로 군집 분석의 실습을 붓꽃 데이터를 활용해서 실행해 보자.

📁 데이터 가져오기

군집 분석에 필요한 라이브러리를 불러온다. 사이킷런에서 KMeans 메소드와 분류 분석에서 사용한 데이터와 같은 데이터인 붓꽃 데이터를 사용하기 위한 패키지와 시각화를 위한 matplotlib.pyplot을 차례로 가져온다. 데이터는 분류 분석에서와 다르게 네 가지 특징을 모두 사용하지 않고, 슬라이싱을 통해 앞의 두 가지 특징인 꽃받침의 길이인 'sepal length'와 꽃받침의 넓이에 해당하는 'sepal width'만을 불러온다.

```python
1   #라이브러리 불러오기
2   from sklearn.cluster import KMeans
3   from sklearn.datasets import load_iris
4   import matplotlib.pyplot as plt
5
6   # iris 데이터 불러온 뒤 sepal length, sepal width를 활용하여
7   # 클러스터링 할 것이므로 해당 데이터만 추림.
8   iris = load_iris()
9   data = iris.data[:,[0,1]]
10
11  #data 값 확인
12  data[:10]
```

```
array([[5.1, 3.5],
       [4.9, 3. ],
       [4.7, 3.2],
       [4.6, 3.1],
       [5. , 3.6],
       [5.4, 3.9],
       [4.6, 3.4],
       [5. , 3.4],
       [4.4, 2.9],
       [4.9, 3.1]])
```

코드 6.13 군집 분석 - 데이터셋, 라이브러리 불러오기

📁 KMeans()

K-means 알고리즘에서는 군집의 개수를 지정해주어야 한다. **코드 6.14**의 3번째 줄과 같이 데이터의 실제 클래스 개수인 3을 n_clusters에 입력하여 KMeans 메소드를 실행한다. 알고리즘 진행 방식은 'auto'로 지정하여 실행하면 된다. 모델이 생성되면 꽃받침 길이와 넓이로 구성된 data 변수를 학습시키는 내용이 **코드 6.14**의 4번째 줄이다. 학습을 시킨 후 붓꽃 종류를 예측하기 위하여 **코드 6.14**의 7번째 줄과 같이 predict 메소드에 data 변수 값을 적용하여 실행한다. 붓꽃의 종류가 예측되었다면

10번째 줄과 같이 그 내용을 출력하여 확인한다.

```
1   # Iris의 종류는 3가지 (Iris Versicolor, Iris Setosa, Iris Virginica)
2   # 클러스터를 3개 활용하여 클러스터링
3   model = KMeans(n_clusters=3, algorithm='auto')
4   model.fit(data)
5
6   #이후 predict 함수를 사용하여 예측
7   predict = model.predict(data)
8
9   #예측값 확인
10  predict
```
```
array([1, 1, 1, 1, 1, 1, 1, 1, 1, 1, 1, 1, 1, 1, 1, 1, 1, 1, 1, 1, 1,
       1, 1, 1, 1, 1, 1, 1, 1, 1, 1, 1, 1, 1, 1, 1, 1, 1, 1, 1, 1, 1,
       1, 1, 1, 1, 1, 1, 0, 0, 0, 2, 0, 2, 0, 2, 0, 2, 2, 2, 2, 2, 2, 0,
       2, 2, 2, 2, 2, 2, 2, 0, 0, 0, 0, 2, 2, 2, 2, 2, 2, 2, 0, 2,
       2, 2, 2, 2, 2, 2, 2, 2, 2, 2, 2, 0, 2, 0, 0, 0, 0, 2, 0, 0, 0,
       0, 0, 0, 2, 2, 0, 0, 0, 0, 2, 0, 0, 0, 2, 0, 0, 2, 2, 0, 0, 0, 0,
       0, 2, 2, 0, 0, 0, 2, 0, 0, 0, 2, 0, 0, 0, 2, 0, 0, 2])
```

코드 6.14 군집 분석 - K-평균 알고리즘

군집 결과 시각화

예측한 결과를 시각화해보는 코드는 코드 6.15에서 확인할 수 있다. 꽃받침 길이(sepal

```
1   # sepal length를 x, sepal width를 y,
2   # 예측 결과를 색상으로 활용하여 시각화
3   plt.scatter(data[:,0], data[:,1], c=predict)
4   plt.show()
```

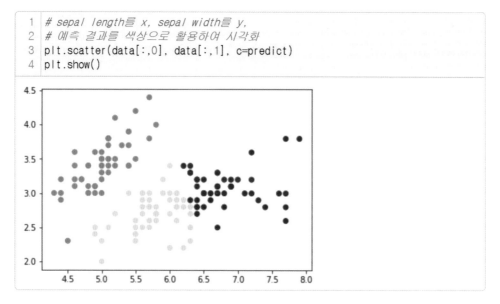

코드 6.15 군집 분석 - 시각화

length)를 x, 꽃받침 넓이(sepal width)를 y로 적용하여, 예측 결과를 scatter 함수를 사용하여 좌표로 나타낸 코드가 **코드 6.15**의 3번째 줄이다. 시각화 결과에서 확인할 수 있듯이, 초록색 군집은 꽤 적절하게 분류되었으나, 노란색과 보라색으로 이루어진 군집 분석 결과는 특히 x값이 6.0-6.5 범위일 경우 모호하다. 이를 통해 붓꽃 데이터에서 두 가지 특징만을 사용한다면 군집이 명확히 형성되지 않는다는 것을 확인할 수 있다.

붓꽃 종류는 이미 3개로 정의 되었기 때문에 KMeans() 알고리즘 적용 시 클러스트의 개수를 수정하는 것은 적절하지 않으나, n_clusters의 값을 변화하여 종류를 3개가 아닌 다른 개수로 분류하는 것이 더 정확한 예측 결과를 가져오지 않는지 확인하는 것도 의미있는 데이터 분석이 될 수 있을 것이다.

지금까지 데이터 분석 방법론으로 기계학습에 해당하는 지도학습과 비지도 학습의 방법에 대하여 살펴보았다. 인공지능 알고리즘이 익숙하지 않은 독자는 학습 내용의 이해가 조금 어려울 수 있으나, 코드 구현 능력을 목적으로 하지 않고, 코드 이해를 통한 개념 정리 수준으로 학습하는 것을 우선 권장한다. 데이터 분석 방법론은 데이터 분석을 위한 도구일 뿐이다. 도구 사용은 반복적으로 경험할 때 비로소 스스로 부담 없이 사용할 수 있으므로 코드를 이해하고자 노력하면 어느 순간 코드가 익숙해질 것이고, 거기서 더욱 성장하여 아무 어려움 없이 인공지능 방법론을 적용한 데이터 분석 프로그램을 구현하는 날이 올 것임을 확신한다. 이 책으로 학습하는 모든 독자가 데이터 분석을 어려움 없이 구현하는 그날이 속히 오기를 꿈꾸며 6장의 내용을 마친다.

7장

데이터 분석을 위한 Numpy

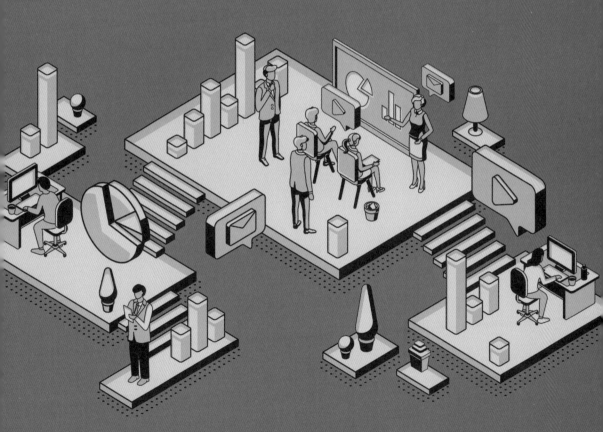

데이터 분석에 가장 많이 쓰이는 데이터 자료형은 수치 데이터형이다. 수치 데이터형을 위한 파이썬 패키지인 넘파이(numpy)에 대하여 학습해 보자.

7-1 Numpy 이해하기

numpy에 대한 기본적인 이해와 함께 배열 생성 방법에 대해 알아보기로 한다.

NumPy란?

본 장에서는 데이터 분석을 하기 위해 널리 쓰이는 numpy라는 라이브러리에 대해서 알아보자. NumPy는 Numerical Python의 줄임말로, 데이터 분석을 할 때

그림 7.1 NumPy

사용되는 라이브러리인 pandas와 matplotlib의 기반으로 사용된다. 언급된 세 가지 라이브러리들을 잘 활용하면 여러 줄의 코드를 짧게 줄일 수 있기 때문에 데이터 분석을 하는 데 있어서 사용법과 메소드들을 숙지하는 것이 좋다. NumPy는 수학 라이브러리로서, 배열을 이용하여 수치해석, 구조화된 식 계산, 행렬 연산, 통계 분석 등 다양한 계산을 쉽게 해 준다.

데이터 사이언스를 위한 NumPy

본 책은 데이터 분석을 다루고 있지만, 결국에 데이터 분석은 데이터 사이언스의 일부이다. 그리고 데이터 사이언스를 위해서는 그림 7.2과 같이 기본적인 파이선 지식들을 기반으로, NumPy, SciPy, Matplotlib 라이브러리들을 익히는 것이 중요하다.

NumPy는 수학 계산 관련 기능을, SciPy는 과학기술 관련 기능을, Matplotlib은 시각화 기능을 제공해 준다.

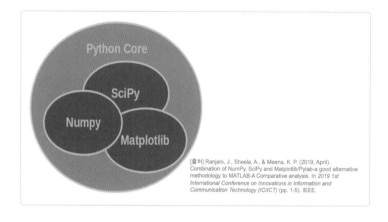

[출처] Ranjani, J., Sheela, A., & Meena, K. P. (2019, April). Combination of NumPy, SciPy and Matplotlib/Pylab-a good alternative methodology to MATLAB-A Comparative analysis. In *2019 1st International Conference on Innovations in Information and Communication Technology (ICIICT)* (pp. 1-5). IEEE.

그림 7.2
데이터 사이언스를 위한
NumPy

데이터 분석을 위한 NumPy

이번에는 데이터 분석을 위해 필요한 라이브러리들을 확인해 보자. 그림 7.3을 보면 역시 기본적인 파이썬 지식 위에, NumPy, SciPy, Matplotlib, Pandas 지식이 필요함을 나타내고 있다. 본 책에서는 SciPy에 대해서는 다루지 않으나, 나머지 패키지들에 대해서는 연결되는 장에서 자세히 다룰 것이다.

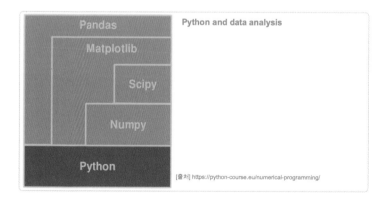

[출처] https://python-course.eu/numerical-programming/

그림 7.3
데이터 분석을 위한
NumPy

NumPy 사용법

NumPy는 Anaconda를 설치했다면 별도의 설치 과정 없이 사용할 수 있다. 만약 파이선 실행 환경에 설치되어 있지 않아도 pip install numpy를 통해 설치가 가능하다. 설치가 되어 있다면, 코드 7.1과 같이 import하여 사용할 수 있으며, numpy 라이브러리는 통상적으로 np로 줄여서 많이 사용한다.

```
import numpy


import numpy as np
```

코드 7.1
NumPy 사용법

NumPy에서 배열 생성

NumPy를 통해 랜덤값을 갖는 배열을 만드는 법을 확인해 보자. 코드 7.2의 2번째 줄을 보면 random.rand 메소드를 통해, 5×2 크기의 랜덤값, 즉 5행과 2열로 구성된 배열을 생성한다. 출력된 결과를 확인해 보면 0에서 1 사이의 랜덤한 값들이 배열에 저장된 것을 확인할 수 있다.

```
1  import numpy as np
2  np.random.rand(5, 2)     # 5 X 2 랜덤값을 가진 배열 생성

array([[0.39663715, 0.9508772 ],
       [0.47066099, 0.2052124 ],
       [0.36368727, 0.76122445],
       [0.95349073, 0.28339245],
       [0.9897659 , 0.85983586]])
```

코드 7.2 NumPy에서 배열 생성

배열의 이해

그림 7.4에서는 NumPy에서의 배열이 차원에 따라 어떤 형태로 생성되는지 보여주고

있다. 1차원 배열은 하나의 행에 여러 열이 있는 리스트와 같은 형태로, 2차원 배열은 여러 행에 여러 열이 있는 행렬의 형태로, 3차원 배열은 2차원 행렬에서 폭이 추가된 형태로 이해하면 된다.

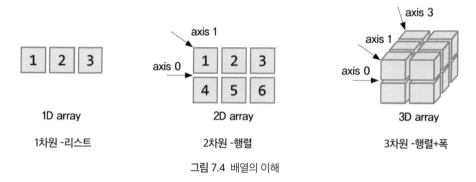

그림 7.4 배열의 이해

NumPy 배열 개념 이해

NumPy에서 배열을 어떻게 사용하는지 알아보자. 코드 7.3의 첫 번째 셀에서 arange

```
1  import numpy as np
2  np.arange(6)
```
```
array([0, 1, 2, 3, 4, 5])
```

```
1  np.arange(12).reshape(4,3)
```
```
array([[ 0,  1,  2],
       [ 3,  4,  5],
       [ 6,  7,  8],
       [ 9, 10, 11]])
```

```
1  np.arange(24).reshape(2,3,4)
```
```
array([[[ 0,  1,  2,  3],
        [ 4,  5,  6,  7],
        [ 8,  9, 10, 11]],

       [[12, 13, 14, 15],
        [16, 17, 18, 19],
        [20, 21, 22, 23]]])
```

코드 7.3 NumPy 배열 개념 이해

메소드를 통해 0부터 5까지의 6개 숫자가 들어 있는 배열이 만들어졌다. 두 번째 셀에서는 12개의 숫자가 들어 있는 배열을 만들고, reshape 메소드를 통해 배열의 형태를 4×3 크기의 행렬로 바꿔주고 있다. 이때 주의할 점은 reshape를 통해 바꿔주는 배열의 원소의 총 개수가 기존 배열의 원소의 개수와 동일하지 않으면 오류가 발생한다. 세 번째 셀에서는 3×4 크기의 행렬이 두 묶음 존재하는 3차원 배열의 형태로 reshape해 주고 있다. 4개의 원소를 묶은 1차원 배열 3개가 하나의 배열로 묶이고, 그러한 배열 2개가 또다시 하나의 배열로 묶이는 것을 대괄호의 개수를 통해 확인하면 이해가 더 쉽다. 이와 같이 NumPy는 1, 2, 3차원뿐만 아니라 그 이상의 n차원의 배열도 표현 및 연산이 가능하다.

리스트 vs 배열

파이선의 리스트와 NumPy의 배열은 무엇이 다를까? 코드 7.4의 첫 번째 셀에서는 리스트, 두 번째 셀에서는 배열에 대한 +연산을 확인하고 있다. a리스트가 b리스트와 +된 c를 출력하면 a리스트 뒤에 b리스트가 연결되어 합쳐진 것을 볼 수 있다. 하지만 배열의 경우에는 a배열과 b배열이 +된 c를 출력하면 각 배열의 원소들의 값이 서로

```
1  a = [1,3,5,7,9]
2  b = [3,5,6,7,9]
3  c = a + b
4  print(c)
```

```
[1, 3, 5, 7, 9, 3, 5, 6, 7, 9]
```

```
1  a = np.array([1,3,5,7,9])
2  b = np.array([3,5,6,7,9])
3  c = a + b
4  print(c)
```

```
[ 4  8 11 14 18]
```

```
1  c.shape
```

```
(5,)
```

코드 7.4 리스트 vs 배열

더해진 값이 저장된 배열이 출력된다. 또한 리스트와는 달리 쉼표 없이 공백으로만 숫자를 구별하고 있다. 마지막 세 번째 셀에서는 배열 c의 형태를 shape 속성을 통해 확인하는데, 출력값인 (5,) 튜플을 통해 배열 c는 5개의 요소가 저장된 1차원 배열의 형태를 갖는다.

리스트로 배열 생성 (1)

리스트를 통해서 배열을 생성하는 것도 가능하다. 코드 7.5에서는 3개의 요소가 있는 리스트 3개를 묶어주는 2차원 리스트 my_list를 통해, 두 번째 줄에서 my_array라는 변수명의 배열로 생성하고 있다. 이러한 배열의 형태를 두 번째 셀에서 shape 속성을 통해 3×3 크기임을 확인하고 있다.

```
1  my_list = [[1, 2, 3], [3, 6, 9], [2, 4, 6]]  # create a list
2  my_array = np.array(my_list)  # convert a list to an array
3  print(my_array)
```

```
[[1 2 3]
 [3 6 9]
 [2 4 6]]
```

```
1  my_array.shape
```

```
(3, 3)
```

코드 7.5 리스트로 배열 생성 (1)

리스트로 배열 생성 (2)

수치 데이터뿐만 아니라 서로 다른 자료형으로 구성된 리스트로 배열을 생성하는 것 또한 가능하다. 코드 7.6의 1번째 줄을 보면 my_list 안에 숫자로 구성된 튜플, 문자로 구성된 튜플이 섞여 있다. 이러한 리스트를 통해 만들어진 my_array의 내용을 확인해 보면, 숫자와 문자에 상관없이 자료형이 유니코드로 통일되어 저장되어 있다. 즉 1, 2, 3 또한 문자열 '1', '2', '3'으로 바뀌어 저장된다는 점을 유의하자.

```
1  my_list = [(1,2,3), ('a','b','c'), ("가","나","다")]
2  my_array = np.array(my_list)
3  my_array
```
```
array([['1', '2', '3'],
       ['a', 'b', 'c'],
       ['가', '나', '다']], dtype='<U11')
```

코드 7.6 리스트로 배열 생성 (2)

배열 생성 함수

NumPy에서 배열을 생성해주는 함수의 종류는 다양한데, np.array 함수는 입력된 데이터를 ndarray로 변환하고, dtype을 명시해서 자료형을 설정할 수 있다. 여기서 ndarray는 N-dimensional array로 N 차원 배열을 의미한다.

np.arange 함수는 앞서 살펴본 것과 같이, range 함수와 유사하게 인자로 받은 숫자에 대한 범위의 숫자를 가지는 ndarray를 생성하여 반환한다.

np.ones 함수는 인자로 주어지는 크기의 배열을 생성하고, 배열 내의 모든 내용을 1로 초기화한 ndarray를 반환한다. np.ones와 비슷하게 np.zeros 함수는 0으로 초기화하고, np.empty 함수는 값을 초기화하지 않는다. 여기서 생성되어 반환되는 ndarray들은 reshape 메소드와 함께 사용하여 n차원의 형태로 바꿀 수 있다.

함수	내용
np.array	입력된 데이터를 ndarray로 변환. dtype을 명시하여 자료형 설정 *ndarray: N Dimensional Array
np.arange	range 함수와 유사하나 ndarray를 반환
np.ones	전달인자로 전달한 dtype과 모양(행,렬)으로 배열을 생성하고 모든 내용을 1로 초기화하여 ndarray를 반환
np.zeros	np.ones와 같으나 초기값이 0
np.empty	ones와 zeros와 비슷하나 값을 초기화하지 않음

표 7.1 배열 생성 함수

배열 생성 함수 예

그렇다면 이제 배열 생성 함수들을 실제로 어떻게 사용할 수 있는지 **코드 7.7**를 보며 확인해 보자. 첫 번째와 두 번째 셀은 모두 2×3 크기의 배열을 만들지만, 각각 0과 1로 초기화되어 있다. 세 번째 셀의 np.empty함수는 2×3×2 크기의 3차원 배열을 초기화하지 않고 생성하는데, 정체를 알 수 없는 값들이 출력된다. np.empty가 요소들을 초기화하지 않았기 때문에, 기존의 메모리에 잔존해있던 값들이 출력되는 것이다.

```
1  create_array1 = np.zeros( (2,3))
2  create_array1
```

```
array([[0., 0., 0.],
       [0., 0., 0.]])
```

```
1  create_array2 = np.ones( (2,3))
2  create_array2
```

```
array([[1., 1., 1.],
       [1., 1., 1.]])
```

```
1  create_array3 = np.empty( (2,3,2))
2  create_array3
```

```
array([[[1.10423230e-311, 2.86558075e-322],
        [0.00000000e+000, 0.00000000e+000],
        [0.00000000e+000, 3.76231868e+174]],

       [[5.20765409e-090, 2.74072580e-057],
        [1.52431287e-052, 2.48972159e+180],
        [6.48224659e+170, 5.82471487e+257]]])
```

코드 7.7 배열 생성 함수 예

배열 생성 함수 More (1)

코드 7.8의 첫 번째 셀에서는 np.full 함수를 통해 3×3 크기의 배열을 만들고, 배열의 내용을 전부 8로 초기화한다. 두 번째 셀에서는 np.eye 함수를 통해 좌측 상단에서 우측 하단으로의 대각선 요소가 전부 1인 배열을 생성한다. 이때 np.eye 함수에 전달한 인자인 5에 따라, 행과 열의 크기가 전부 5인 5×5 크기의 배열이 생성된 점 또한 확인할 수 있다.

```
1  create_array4 = np.full( (3,3), 8 )
2  create_array4
```

```
array([[8, 8, 8],
       [8, 8, 8],
       [8, 8, 8]])
```

```
1  create_array5 = np.eye( 5 )
2  create_array5
```

```
array([[1., 0., 0., 0., 0.],
       [0., 1., 0., 0., 0.],
       [0., 0., 1., 0., 0.],
       [0., 0., 0., 1., 0.],
       [0., 0., 0., 0., 1.]])
```

코드 7.8 배열 생성 함수 More (1)

배열 생성 함수 More (2)

코드 7.9를 보면 np.linspace라는 함수가 0부터 10까지의 범위를 균등한 간격으로 나누어 5개의 요소를 갖는 배열을 생성하고 있다. 여기서 10 또한 범위의 마지막에 포함되어 출력되고 있다는 점을 확인하자. 두 번째 셀에서는 np.arange 함수를 통해 0부터 40 미만의 수에 대해 8의 간격의 요소들을 갖는 배열을 생성하고 있다.

np.linspace( ) : 요소 개수를 기준으로 균등 간격의 배열을 생성

```
1  create_array6 = np.linspace(0, 10, 5)
2  create_array6
```

```
array([ 0. , 2.5, 5. , 7.5, 10. ])
```

np.arnage( ) : 데이터의 간격을 기준으로 데이터 생성

```
1  create_array7 = np.arange( 0, 40, 8 )
```

```
2  create_array7
```
```
array([ 0,  8, 16, 24, 32])
```

코드 7.9 배열 생성 함수 More (2)

자료형 설정

배열을 생성할 때는 요소의 값도 중요하지만 해당 요소들의 자료형 또한 중요하다. 자료형을 따로 명시해야 하는 상황도 존재한다. 코드 7.10과 같이 세 가지의 셀이 전부 동일한 내용의 리스트를 통해 배열을 생성하고 있지만, 명시해주는 dtype에 따라 배열에 저장되는 요소의 자료형이 다르다. 첫 번째 셀에서는 정수형 자료로 이루어진 배열이 생성되고, 두 번째 셀에서는 실수형, 세 번째 셀에서는 문자열 자료형으로 이루어진 것을 확인할 수 있다.

```
1  int_array = np.array ([[1, 2], [3, 4], [5, 6]], dtype=int)
2  int_array
```
```
array([[1, 2],
       [3, 4],
       [5, 6]])
```

```
1  float_array = np.array ([[1, 2], [3, 4], [5, 6]], dtype=float)
2  float_array
```
```
array([[1., 2.],
       [3., 4.],
       [5., 6.]])
```

```
1  str_array = np.array ([[1, 2], [3, 4], [5, 6]], dtype=str)
2  str_array
```
```
array([['1', '2'],
       ['3', '4'],
       ['5', '6']], dtype='<U1')
```

코드 7.10 자료형 설정

배열을 생성하는 법을 알았다면, 이제 생성한 배열의 내용을 처리하는 법에 대해 알아보기로 하자.

인덱싱 by position

코드 7.11의 첫 번째 셀은 fancy indexing에 대한 예시를 보여주고 있다. 우선 2번째 줄에서 np.arange 함수를 통해 0부터 80 미만까지 10의 간격을 가지고 배열을 만들어 a에 저장한다. 그리고 4번째 줄에서 fancy indexing을 하는데, 결과로 출력된 y의 10, 20은 각각 a 배열의 1번째와 2번째 요소에 해당한다. 여기서 특이한 점은 인덱

```
1  import numpy as np
2  a = np.arange(0,80,10)
3  print(a)
4  y = a[[1, 2, -3]]    # fancy indexing
5  print(y)
```

```
[ 0 10 20 30 40 50 60 70]
[10 20 50]
```

```
1  y = np.take(a,[1,2,-3])    # using take() 함수
2  print(y)
```

```
[10 20 50]
```

코드 7.11 인덱싱 by position

스에 마이너스(−) 기호를 붙여 배열의 맨 끝의 요소부터 접근한다는 것이다. 따라서 −3에 해당하는 a 배열의 뒤에서 3번째 요소 50이 y 배열에 저장된 것을 확인할 수 있다. 이와 같이 fancy indexing을 해도 되고, 두 번째 셀에서 take 메소드를 사용하는 방법도 같은 결과를 제공한다.

인덱싱 with booleans

True, False로 구성되는 boolean 값을 통해서도 인덱싱이 가능하다. 코드 7.12를 보면 1번째 줄에서 boolean 자료들을 갖는 mask 배열을 생성한 뒤, 2번째 줄에서 이 배열을 통해 y 배열을 생성하고 있다. mask 배열에서 1, 2, 5번째 요소들이 1, 즉 True 였기 때문에 a 배열에서의 1, 2, 5번째 요소들이 y 배열에 저장되는 것이다. 그림 7.5를 통하여 시각적으로 이해할 수 있다. 이렇게 boolean 값으로 이루어진 배열을 통한 인덱싱은 코드의 두 번째 셀처럼 compress 메소드를 통해서도 가능하다.

```
1  mask = np.array([0,1,1,0,0,1,0,0], dtype=bool)
2  y = a[mask]
3  print(y)
```

[10 20 50]

```
1  y = np.compress(mask, a)    # using compress() 함수
2  print(y)
```

[10 20 50]

코드 7.12 인덱싱 with booleans

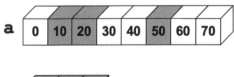

그림 7.5
인덱싱 with booleans

Fancy indexing in 2D

이번에는 fancy indexing을 2차원 배열에서 사용하는 예제에 대해 확인해 보자. 2차원에서의 fancy indexing은 행과 열에 내한 정보를 쉼표를 통해 구분해 준다. 코드 7.13의 첫 번째 셀은 그림 7.6과 같은 형태의 2차원 배열을 생성하고, 4번째 줄에서 fancy indexing을 통해 오렌지 색으로 표시된 요소들을 선택한다. fancy indexing을 통해 선택된 1은 0번째 행 1번째 열에 해당하며 12는 1번째 행 2번째 열의 요소이고, 마지막의 45는 4번째 행 5번째 열의 요소이다.

두 번째 셀에서는 슬라이싱(:)을 통해서 3번째 행부터 마지막 행까지 범위를 지정하고, 선택하고자 하는 열들을 특정하고 있다. 결과적으로 3번째부터 5번째까지의 행 가운데 0, 2, 5번째 열들에 해당하는 요소들을 선택한 것을 그림 7.6에서 파란색으로 표시된 부분을 통해 확인할 수 있다.

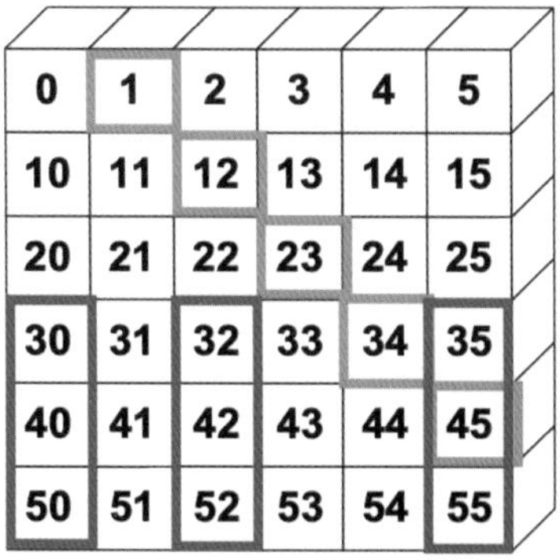

그림 7.6 Fancy indexing in 2D (1)

```
1  a=np.array([np.arange(0,6),np.arange(10,16),
2         np.arange(20,26),np.arange(30,36),
3         np.arange(40,46),np.arange(50,56)])
4  a[(0,1,2,3,4),(1,2,3,4,5)]    # orage color

array([ 1, 12, 23, 34, 45])

1  a[3:,[0, 2, 5]]    # blue color

array([[30, 32, 35],
       [40, 42, 45],
       [50, 52, 55]])
```

코드 7.13 Fancy indexing in 2D (1)

코드 7.14와 같이 boolean 값을 갖는 배열을 통해서도 fanxy indexing이 가능하다. 첫 번째 셀에서는 행에 대한 인덱싱을 mask배열을 통해 0, 2, 5번째 행의 2번째 열을 선택한다. 해당 결과는 그림 7.7의 빨간색으로 표시되었다. 동일한 mask 배열을 두 번째 셀에서는 열에 대한 인덱싱을 하는 데 사용하여, 3번째 행에 대해 0, 2, 5번째 열의 요소들을 선택하였다. 해당 결과는 그림 7.7의 초록색으로 표시되었다.

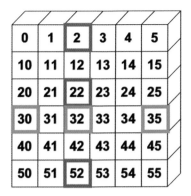

그림 7.7 Fancy indexing in 2D (2)

```
1  mask = np.array ( [1,0,1,0,0,1], dtype=bool )
2  a[mask,2]    # red color
```
```
array([ 2, 22, 52])
```
```
1  a[3,mask]    # green color
```
```
array([30, 32, 35])
```

코드 7.14 Fancy indexing in 2D (2)

where() 메소드

인덱싱은 배열의 특정 위치에 접근하는 방식이었다면, where 메소드는 배열의 요소의 값을 조건에 따라 선택할 수 있게 해 준다.

코드 7.15는 배열 a에서 0 미만의 값들을 0으로 바꾸는 과정이다. 첫 번째 셀의 2번째 줄에서 where 메소드를 통해 0 미만의 값들의 인덱스를 result 배열에 저장한다. 그리고 두 번째 셀과 같이 result의 내용인 1, 2, 5의 인덱스 번호를 실제로 배열 a

```
1  a = np.array([ 3, -5, -10, 8, 0, -5])
2  result = np.where(a < 0)
3  result
```
```
(array([1, 2, 5], dtype=int64),)
```
```
1  a[result]
```
```
array([ -5, -10,  -5])
```
```
1  a[result] = 0
2  a
```
```
array([3, 0, 0, 8, 0, 0])
```

코드 7.15 where() 메소드

에서 확인해 보면 음수인 값들이 저장된 것을 확인할 수 있다. 그리고 세 번째 셀에서 result 배열을 통해 접근할 수 있는 a의 음수 요소들을 0으로 대체한 것을 확인할 수 있다. 이와 같이 where 메소드는 관계 연산자를 통해서 조건식에 대해 True인 배열 요소의 인덱스 번호만 반환해 준다.

배열의 합

코드 7.16의 첫 번째 셀을 보면 np.arange 함수를 통해 배열을 생성하고 있다. 여기서 3번째 줄에서는 9부터 0 초과까지 감소하는 순서로 숫자들이 배열에 저장되는데, 이럴 때는 코드와 같이 인자에 −1을 같이 작성해줘야 한다. 이렇게 생성된 배열 array1과 array2에 대해 두 번째 셀에서는 + 연산자를 통해서, 그리고 세 번째 셀에서는 add 메소드를 통해 배열의 합을 구할 수 있다. 결과에서 확인할 수 있듯이 + 연산

```
1  import numpy as np
2  array1 = np.arange(1, 10).reshape(3, 3)
3  array2 = np.arange(9, 0, -1).reshape(3, 3)
4  print(array1)
5  print(array2)
```

```
[[1 2 3]
 [4 5 6]
 [7 8 9]]
[[9 8 7]
 [6 5 4]
 [3 2 1]]
```

```
1  array1 + array2
```

```
array([[10, 10, 10],
       [10, 10, 10],
       [10, 10, 10]])
```

```
1  np.add (array1, array2)
```

```
array([[10, 10, 10],
       [10, 10, 10],
       [10, 10, 10]])
```

코드 7.16 배열의 합

과 add 메소드는 배열의 합에 대한 같은 결과를 제시한다.

방금 살펴본 경우는 두 배열 모두 3×3의 동일한 크기였는데, 만약 두 배열의 크기가 다를 때는 어떻게 될까? 코드 7.17과 같이 두 배열의 모양이 다른 경우에는 연산이 불가능하여 ValueError 오류가 발생된다.

```
1  array1 = np.arange(1, 10).reshape(3, 3)
2  array2 = np.arange(10, 0, -1).reshape(2, 5)
3  print(array1)
4  print(array2)
```

```
[[1 2 3]
 [4 5 6]
 [7 8 9]]
[[10  9  8  7  6]
 [ 5  4  3  2  1]]
```

```
1  np.add (array1, array2)
```

```
---------------------------------------------------------------------------
ValueError                                Traceback (most recent call last)
<ipython-input-37-00ebf1f2a456> in <module>
----> 1 np.add (array1, array2)

ValueError: operands could not be broadcast together with shapes (3,3) (2,5)
```

코드 7.17 배열의 합 - 오류의 경우

배열의 합 : broadcasting

하지만 코드 7.18와 같이 예외도 있다. array1과 array2는 각각 5개의 열과 행을 갖는 배열인데, 배열의 크기가 다름에도 + 연산이 잘 이뤄진 것을 확인할 수 있다.

서로 다른 크기의 배열에 대한 연산이 가능한 이유는 그림 7.8과 같은 Broadcasting 과정이 일어나기 때문이다. 일반적인 경우라면 그림 7.8의 첫 번째 줄과 같이 같은 크기의 배열끼리 덧셈을 할 것이다. 하지만 두 번째 줄처럼 크기가 다르더라도 열의 개수가 동일하기 때문에, 존재하지 않는 행에 대해서도 0, 1, 2의 값이 채워지게 된다. 마찬가지로 세 번째 줄에서는 각각의 배열이 열이 한 개, 행이 한 개이기 때문에 다른 배열의 행과 열의 개수에 맞춰 값이 채워진다. 결과적으로 세 가지 경우 모두 동일한 배열이 연산되는 것이다.

```
1  array1 = np.arange(5).reshape((1, 5))
2  array2 = np.arange(5).reshape((5, 1))
3  print(array1)
4  print(array2)
```

```
[[0 1 2 3 4]]
[[0]
 [1]
 [2]
 [3]
 [4]]
```

```
1  array1 + array2
```

```
array([[0, 1, 2, 3, 4],
       [1, 2, 3, 4, 5],
       [2, 3, 4, 5, 6],
       [3, 4, 5, 6, 7],
       [4, 5, 6, 7, 8]])
```

코드 7.18 배열의 합 - 서로 다른 크기의 배열

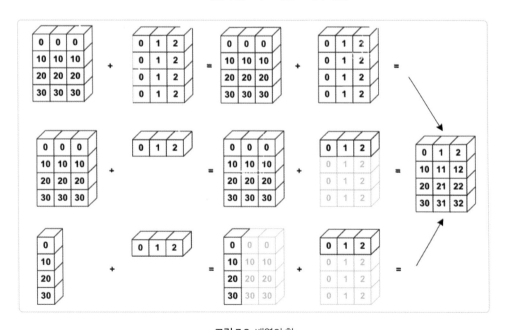

그림 7.8 배열의 합
출처: https://paris-swc.github.io/advanced-numpy-lesson/03-broadcasting.html

배열의 뺄셈

배열의 덧셈과 마찬가지로, 배열의 뺄셈 또한 가능하다. 코드 7.19를 보면 array1과 array2에 대해 첫 번째 셀에서는 - 연산자를 이용하여, 그리고 두 번째 셀에서는 substract 메소드를 통해서 뺄셈 연산을 실행하였다.

```
1  array1 = np.arange(1, 10).reshape(3, 3)
2  array2 = np.arange(9, 0, -1).reshape(3, 3)
3  print(array1)
4  print(array2)
5  array1 - array2
```

```
[[1 2 3]
 [4 5 6]
 [7 8 9]]
[[9 8 7]
 [6 5 4]
 [3 2 1]]
array([[-8, -6, -4],
       [-2,  0,  2],
       [ 4,  6,  8]])
```

```
1  np.subtract (array1, array2)
```

```
array([[-8, -6, -4],
       [-2,  0,  2],
       [ 4,  6,  8]])
```

코드 7.19 배열의 뺄셈

배열의 곱셈

배열의 곱셈도 2가지 방식으로 실행 가능하며, 그 내용은 코드 7.20과 같이 array1과 array2 배열에 대해 첫 번째 셀에서는 * 연산자를 통해서, 그리고 두 번째 셀에서는 multiply 메소드를 통해 가능하다.

```
1  array1 = np.arange(1, 10).reshape(3, 3)
2  array2 = np.arange(9, 0, -1).reshape(3, 3)
3  print(array1)
4  print(array2)
5  array1 * array2
```

```
[[1 2 3]
 [4 5 6]
 [7 8 9]]
[[9 8 7]
 [6 5 4]
 [3 2 1]]

array([[ 9, 16, 21],
       [24, 25, 24],
       [21, 16,  9]])
```

```
1  np.multiply (array1, array2)
```

```
array([[ 9, 16, 21],
       [24, 25, 24],
       [21, 16,  9]])
```

코드 7.20 배열의 곱셈

배열의 나눗셈

배열의 나눗셈 또한 코드 7.21와 같이 / 연산자와 divide 메소드를 통해 가능하다.

```
1  array1 = np.arange(1, 10).reshape(3, 3)
2  array2 = np.arange(9, 0, -1).reshape(3, 3)
3  print(array1)
4  print(array2)
5  array1 / array2
```

```
[[1 2 3]
 [4 5 6]
 [7 8 9]]
[[9 8 7]
 [6 5 4]
 [3 2 1]]

array([[0.11111111, 0.25      , 0.42857143],
```

```
         [0.66666667, 1.        ,  1.5        ],
         [2.33333333, 4.        ,  9.        ]])
```

```
  1  np.divide (array1, array2)
```

```
array([[0.11111111, 0.25      ,  0.42857143],
       [0.66666667, 1.        ,  1.5        ],
       [2.33333333, 4.        ,  9.        ]])
```

코드 7.21 배열의 나눗셈

두 배열 간의 연산 함수

앞서 살펴본 배열 간의 사칙 연산 외에도, NumPy에서는 다양한 연산 함수를 제공한
다. 표 7.2와 같이 배열 간 원소의 제곱을 해주는 power 메소드, 두 배열의 원소 중 큰
값과 작은 값을 각각 반환해 주는 maximum, minimum 메소드, 두 원소의 나머지 연
산을 해 주는 mod 메소드, 비교 연산을 해 준 후의 결과를 bool 배열로 반환해 주는
greater, greater_equal, less, less_equal, equal, not_equal 메소드, 논리 연산을 해
준 후의 결과를 bool 배열로 반환해 주는 logical_and, logical_or, logical_xor 메소
드가 있다. xor은 exclusive-or이며, 비교하는 두 값이 같은 경우는 False를, 다른 경
우는 True를 반환한다.

함수	설명
power	첫 번째 배열의 원소에 두 번째 배열의 원소만큼 제곱
maximum	두 원소 중 큰 값을 반환
minimum	두 원소 중 작은 값 반환
mod	첫 번째 배열의 원소에 두 번째 배열의 원소를 나눈 나머지
greater, greater_equal, less, less_equal, equal, not_equal	두 원소 간 >, >=, <, <=, ==, != 비교 연산 결과 bool 배열로 반환

함수	설명
logical_and, logical_or, logical_xor	각각 두 원소 간의 논리 연산 : &, |, ^ 결과를 반환

표 7.2 두 배열 간의 연산 함수

통계 관련 함수

표 7.3는 NumPy에서 제공하는 대표적인 통계 관련 함수에 대한 목록이다.

함수	설명
sum	배열 전체 혹은 특정 축에 대한 모든 원소의 합 계산
mean	산술평균
std, var	표준편차와 분산, 자유도
min, max	최솟값, 최댓값
argmin, argmax	최소 원소의 색인 값, 최대 원소의 색인 값
cumsum	각 원소의 누적 합
cumprod	각 원소의 누적 곱

표 7.3 통계 관련 함수

sum 메소드는 배열 전체 혹은 특정 축에 대한 모든 원소의 합을 계산한다. mean 메소드는 산술평균을 계산해 주고, std 메소드는 표준편차, var 메소드는 분산을 계산해 준다. min, max 메소드는 각각 최솟값 및 최댓값을, argmin, argmax 메소드는 각각 최소, 최대 원소의 인덱스 번호를 반환한다. 마지막으로 cumsum과 cumprod 메소드는 각각 배열 내 원소의 값들의 누적 합, 그리고 누적 곱을 계산해 준다. 이제 이 함수들 중 몇 가지 예시를 보자.

코드 7.22는 sum 메소드의 활용 예시이다. 두 번째 셀과 같이 sum 메소드에 배열 자체를 인자로 전달하면 배열 내의 모든 요소의 합이 구해진다. 세 번째와 네 번째 셀에서는 axis를 기준으로 arr 배열 내의 요소들을 더하고 있다. 여기서 axis의 값이 0이면 깊이, 1이면 행의 개수 기준, 2이면 열의 개수 기준을 의미한다. 따라서 arr의 모양은 2×3×4인데, 세 번째 셀과 같이 깊이를 기준으로 더했을 때는 결과가 깊이 2를 제외하여 3×4의 모양으로 나타나고, 네 번째 셀에서는 행을 기준으로 하기 때문에 모양이 2×4로 나타나게 된다. 즉, 같은 1열에 있는 행들의 값을 더하여, 0 + 4 + 8의 결과 12, 2열의 1 + 5 + 9를 계산하여 15, 같은 방식으로 3열의 2 + 6 + 10을 더한 값 18, 4열의 3 + 7 + 11은 더한 값 21이 첫 행의 값으로 구성된다. 같은 방식으로 2번째 행의 값을 계산한다.

```
1  arr = np.arange(24).reshape(2,3,4)
2  arr
```

```
array([[[ 0,  1,  2,  3],
        [ 4,  5,  6,  7],
        [ 8,  9, 10, 11]],

       [[12, 13, 14, 15],
        [16, 17, 18, 19],
        [20, 21, 22, 23]]])
```

```
1  np.sum(arr)
```

```
276
```

```
1  np.sum(arr, axis=0)
```

```
array([[12, 14, 16, 18],
       [20, 22, 24, 26],
       [28, 30, 32, 34]])
```

```
1  np.sum(arr, axis=1)
```

```
array([[12, 15, 18, 21],
       [48, 51, 54, 57]])
```

코드 7.22 통계 관련 함수 예

배열의 저장

numpy를 통해 생성한 배열을 개별 파일로 저장할 수도 있다. 코드 7.23의 첫 번째 셀에서는 a 배열을 a_file이라는 이름으로 save 메소드를 통해 저장한다. 그리고 두 번째 셀에서 .npy 형식으로 저장된 a_file.npy파일을 load 메소드를 통해 불러와서 배열의 내용을 확인하고 있다.

```
1  import numpy as np
2  a = np.arange (0, 100) * 0.5
3  np.save('a_file', a)
```

```
1  check_a = np.load('a_file.npy')
2  print(check_a)
```

```
[ 0.    0.5  1.    1.5  2.    2.5  3.    3.5  4.    4.5  5.    5.5  6.    6.5
  7.    7.5  8.    8.5  9.    9.5 10.   10.5 11.   11.5 12.   12.5 13.   13.5
 14.   14.5 15.   15.5 16.   16.5 17.   17.5 18.   18.5 19.   19.5 20.   20.5
 21.   21.5 22.   22.5 23.   23.5 24.   24.5 25.   25.5 26.   26.5 27.   27.5
 28.   28.5 29.   29.5 30.   30.5 31.   31.5 32.   32.5 33.   33.5 34.   34.5
 35.   35.5 36.   36.5 37.   37.5 38.   38.5 39.   39.5 40.   40.5 41.   41.5
 42.   42.5 43.   43.5 44.   44.5 45.   45.5 46.   46.5 47.   47.5 48.   48.5
 49.   49.5]
```

코드 7.23 배열의 저장

복수 배열의 저장

여러 개의 배열을 하나의 파일에 저장하는 것 또한 가능하다. 코드 7.24는 savez 메소드를 통해서 ab_file이라는 이름의 파일에 a 배열을 a라는 키워드로, b 배열을 b라는 키워드로 저장한다. 그 이후 저장된 ab_file.npz 파일을 load 메소드를 통해 불러온 후 그대로 출력하면 첫 번째 셀의 결과처럼 해당 파일에 대한 정보만 알 수 있다. 따라서 파일 내의 배열에 접근하기 위해서는 두 번째 셀처럼, 앞서 savez를 사용할 때 저장했던 키워드로 접근해야 한다. 따라서 두 번째 셀의 결과가 키워드 'b'에 해당하는 배열 b의 내용이 출력되는 것을 확인할 수 있다.

```
1  a = np.arange (0, 100) * 0.5
2  b = np.arange (-100, 0) * 0.5
3  np.save('a_file', a)
4  np.save('b_file', b)
5  np.savez('ab_file', a=a, b=b)
6  z = np.load('ab_file.npz')
7  print(z)
```

```
<numpy.lib.npyio.NpzFile object at 0x0000020861640688>
```

```
1  bb = z['b']
2  print(bb)
```

```
[-50.  -49.5 -49.  -48.5 -48.  -47.5 -47.  -46.5 -46.  -45.5 -45.  -44.5
 -44.  -43.5 -43.  -42.5 -42.  -41.5 -41.  -40.5 -40.  -39.5 -39.  -38.5
 -38.  -37.5 -37.  -36.5 -36.  -35.5 -35.  -34.5 -34.  -33.5 -33.  -32.5
 -32.  -31.5 -31.  -30.5 -30.  -29.5 -29.  -28.5 -28.  -27.5 -27.  -26.5
 -26.  -25.5 -25.  -24.5 -24.  -23.5 -23.  -22.5 -22.  -21.5 -21.  -20.5
 -20.  -19.5 -19.  -18.5 -18.  -17.5 -17.  -16.5 -16.  -15.5 -15.  -14.5
 -14.  -13.5 -13.  -12.5 -12.  -11.5 -11.  -10.5 -10.   -9.5  -9.   -8.5
  -8.   -7.5  -7.   -6.5  -6.   -5.5  -5.   -4.5  -4.   -3.5  -3.   -2.5
  -2.   -1.5  -1.   -0.5]
```

코드 7.24 복수 배열의 저장

Numpy 데이터 분석 도전

데이터 분석은 실제로 실행하여 확인하는 과정이 필수이다. numpy에 대하여 학습하였으니, 이제 numpy를 활용하는 실제 실습 과정에 도전해 보자.

지역별 규모별 지진 발생 횟수 분석

numpy를 활용하여 실제로 데이터 분석을 하기 위해 다음의 국가통계포털 자료를 사용하기로 하자.

👏 https://kosis.kr/index/index.do

그림 7.9
국가통계포털
사이트

위의 링크에 접속한 후, 그림 7.9과 같이 〈범죄 · 안전〉 항목에 들어가고, 〈지진및지
진해일발생통계〉에서 〈지역별 규모별 지진발생 횟수〉를 선택하자. 이후에는 그림
7.10과 같이 2001년부터 2020년까지의 세부 조건 지정을 하여 데이터를 선택한다.

그림 7.10
조건 입력

다음 단계로 그림 7.11과 같이 다운로드 버튼을 클릭하면, 그림 7.12에서 파일 형
식을 csv형식으로 지정한 뒤 데이터 파일을 내려받을 수 있다. 이렇게 내려받은 파일
을 열어서 확인해 보면 그림 7.13과 같은 상태이다. 다운로드받은 파일의 파일명은 그

그림 7.11
csv 파일 데이터

대로 사용해도 되지만, 간단한 영어 파일명으로 바꾸는 것을 권장한다.

그림 7.12
파일 다운로드

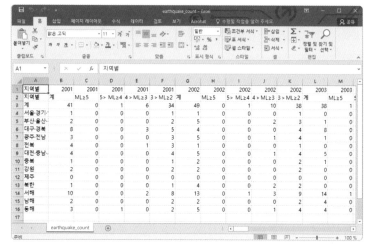

그림 7.13
다운로드 파일
내용확인

데이터 파일을 내려받았으면 주피터 노트북을 사용하여 본격적으로 분석을 시작할 수 있다. 코드 7.25를 보면 우선 numpy를 import 해온 뒤, loadtxt 메소드를 통해서 csv 파일을 불러온다. loadtxt에서는 구분자에 해당하는 delimiter를 쉼표로 지정해 주고, 인코딩은 cp949로, 자료형은 문자열로 지정해 주고 있다. 이 인자들의 값은 분석하고자 하는 자료에 따라 utf-8, np.float64 등 다른 값이 될 수도 있다는 점을 기억하자.

```
1  #데이터 출처: KOSIS 지역별 규모별 지진발생 횟수
2  import numpy as np
3
4  data = np.loadtxt("earthquake_count.csv", delimiter = ',', encoding='cp949', dtype = np.str_)
5  print(data)
```

```
[['"지역별"' '2001' '2001' ... '2020' '2020' '2020']
 ['"지역별"' '계' 'ML≥5' ... '5> ML≥4' '4>ML≥3' '3>ML≥2']
 ['"계"' '41' '0' ... '0' '5' '63']
 ...
 ['"서해"' '10' '0' ... '0' '1' '10']
 ['"남해"' '2' '0' ... '0' '0' '3']
 ['"동해"' '3' '0' ... '0' '0' '7']]
```

코드 7.25 데이터 확인

코드 7.26의 2번째 줄에서는 $20 \times 13 \times 5$ 크기의 0으로 가득찬 data_year 배열을
생성한다. 그리고 3~4번째 줄에서 for문을 통해 2001년부터 2020년까지 20개의 연
도에 대해 연도별로 지진 횟수를 슬라이싱하여 data_year 배열에 저장한다. 슬라이싱
할 때 행에 대한 정보는 3부터 마지막까지인데, 그림 7.13을 보면 3행부터 지진 횟수
에 대한 자료가 있는 것을 확인할 수 있다. 열에 대해서는 $i*5+1$부터 $i*5+6$로 슬라이
싱되었는데, 0번째 열에는 지역에 관한 정보가 있기 때문에 +1을 한 것이고, 연도별로

```
1  # 연도별 데이터로 배열 구조 변환
2  data_year = np.zeros((20,13,5),dtype=np.int64) #numpy 배열 초기화
3  for i in range(20):
4      data_year[i]=data[3:,i*5+1:i*5+6] #연도별 지진 횟수 슬라이싱
5  print(np.shape(data_year))
6  print(data_year[0])
```

```
(20, 13, 5)
[[ 1  0  0  0  1]
 [ 2  0  0  0  2]
 [ 8  0  0  3  5]
 [ 3  0  0  0  3]
 [ 4  0  0  1  3]
 [ 4  0  0  0  4]
 [ 1  0  0  0  1]
 [ 2  0  0  0  2]
 [ 0  0  0  0  0]
 [ 1  0  0  0  1]
 [10  0  0  2  8]
 [ 2  0  0  0  2]
 [ 3  0  1  0  2]]
```

코드 7.26 배열 구조 변환

5개씩의 열이 존재하기 때문에 *5를 했다는 것을 알 수 있다. 5번째 줄에서는 이렇게 저장된 data_year 배열의 모양을 확인하고, 6번째 줄에서는 data_year 배열의 0번째 요소인 2001년도의 지진 횟수를 출력하고 있다.

data_year에는 연도와 관련된 데이터가 제외되고 저장되었기 때문에, 코드 7.27의 첫 번째 셀에서와 같이 2001년부터 2020년까지의 연도가 저장된 years 배열을 따로 만들고자 한다. 그리고 두 번째 셀에서는 years 배열을 활용하여 data_year에서 2015년부터 2019년까지에 해당하는 요소들을 골라내어 data_new 배열에 저장하고 있다. 4번째 줄에서는 이렇게 골라낸 연도의 지진 발생 횟수의 합계를 저장하기 위한 choice 배열을 생성한다. 여기서 choice의 크기가 13×5인 이유는 data_year 배열이 20×13×5 크기의 배열이었기 때문임을 짚고 가자. 그리고 5~6번째 줄에서 for

```
1  #연도 배열 만들기
2  years = np.arange(2001,2001+20)
3  print(years)
```

```
[2001 2002 2003 2004 2005 2006 2007 2008 2009 2010 2011 2012 2013 2014
 2015 2016 2017 2018 2019 2020]
```

```
1  #2015년부터 2019년까지의 지역별 규모별 지진 발생 횟수 합계 구하기
2  data_new = data_year[(2015<=years) & (years<=2019)]
3
4  choice = np.zeros((13,5),dtype=np.int64) #결과 배열 초기화
5  for each in data_new:
6      choice = choice + each #선택된 연도별 배열 누적합
7
8  print(choice)
```

```
[[  7   0   0   0   7]
 [ 18   0   0   2  16]
 [352   3   3  31 315]
 [ 10   0   0   1   9]
 [  6   0   0   1   5]
 [ 15   0   0   2  13]
 [  9   0   0   0   9]
 [  5   0   0   0   5]
 [  3   0   0   0   3]
 [ 85   0   0  13  72]
 [ 70   0   0  11  59]
 [ 65   0   0   2  63]
 [ 77   1   2   5  69]]
```

코드 7.27 2015~2019 13개 지역 지진 발생 횟수

문을 통해 choice 배열에 data_new에 저장된 5개 연도의 지진 발생 횟수를 누적하여 더하게 된다.

　연도에 대한 데이터를 저장한 years 배열처럼, 지역명에 대한 데이터를 저장할 배열도 만들어보자. 코드 7.28에서는 코드 7.25에서 저장했던 data 배열에서 3번째 행부터 마지막까지에 대해 0번째 열을 슬라이싱하여 region 배열에 저장하고 있다. 여기서 squeeze 메소드가 사용된 이유는 불필요한 차원을 줄이기 위해서이다. 3번째 줄에서의 출력 결과는 현재 (13,)으로 region 배열이 1차원임을 확인할 수 있다. squeeze를 하지 않는다면 실질적인 내용은 1차원 배열 하나로 구성되지만, 형태가 2차원 배열로 저장이 되기 때문에 squeeze 메소드를 사용한 것이다. 그리고 두 번째 셀에서는 ML 배열에 data 배열을 슬라이싱하여 지진 규모에 대한 데이터를 저장한다.

```
1  #지역 이름 가져오기
2  region = np.squeeze(data[3:, 0])
3  print(np.shape(region))
4  print(region)
```

```
(13,)
['"서울·경기·인천"' '"부산·울산·경남"' '"대구·경북"' '"광주·전남"' '"전북"' '"대전·충남·세종"' '"충북"'
 '"강원"' '"제주"' '"북한"' '"서해"' '"남해"' '"동해"']
```

```
1  #규모 가져오기
2  ML = data[1,1:6]
3  print(ML)
```

```
['계' 'ML≥5' '5> ML≥4' '4>ML≥3' '3>ML≥2']
```

코드 7.28 지역 확인 및 지진 규모 확인

　지역과 규모에 대한 배열도 따로 저장했으니 더욱 세부적인 조건을 만족하는 데이터를 출력해 보자. 코드 7.29에서는 2015년부터 2019년까지의 제주 지역의 3> ML≥2 규모 지진 발생 횟수 합계를 구하고자 한다. 3번째 줄에서는 5개 연도의 지진

```
1  #2015년부터 2019년까지의 제주 지역의 3>ML≥2 규모 지진 발생 횟수 합계 구하기
2
3  choice = choice[region=='"제주"'].reshape(-1) #일차원으로 차원축소
4  print("2015년 ~ 2019년 제주지역 지진 횟수:",choice)
5  print("2015년 ~ 2019년 제주지역 3>ML≥2 규모 지진 횟수:",choice[ML=='3>ML≥2'])
```

```
2015년 ~ 2019년 제주지역 지진 횟수: [3 0 0 0 3]
2015년 ~ 2019년 제주지역 3>ML≥2 규모 지진 횟수: [3]
```

코드 7.29 기간별 지진 횟수 확인

횟수 누적합이 저장된 choice 배열에 대해 제주지역만 선택한 이후 1차원으로 차원 축소를 한다. 이 결과는 4번째 줄에서 확인하고 있고, 5번째 줄에서는 그중에서도 규모가 3>ML≥2이었던 지진 횟수의 합만 선택하여 출력한다.

지역별 지진 발생 총 횟수는 코드 7.30에서 확인하고 있다. 1~3번째 줄까지 choice 배열에 2015년부터 2019년의 연도별 지진 횟수의 누적합을 다시 저장하고, 5번째 줄에서 choice 배열의 모든 행에 대해 0번째 열에 있는 지역별 지진 횟수의 총계를 리스트로 만들어 total에 저장한다. 출력된 지역별 지진 발생 총 횟수를 보면 코드 7.27의 두 번째 셀에서 출력된 0번째 열들과 일치하는 것을 알 수 있다.

```
1  choice = np.zeros((13,5),dtype=np.int64) #결과 배열 초기화
2  for each in data_new:
3      choice = choice + each #선택된 연도별 배열 누적합
4
5  total = list(choice[:, 0])
6  print(f'지역별 지진 발생 총 횟수 : {total}')
```
지역별 지진 발생 총 횟수 : [7, 18, 352, 10, 6, 15, 9, 5, 3, 85, 70, 65, 77]

코드 7.30 연도별 지진 발생 횟수

마지막으로 앞에서 처리한 정보를 시각화해 보자. 코드 7.31를 보면 우선 matplotlib 라이브러리를 통해 시각화하고 있다. 3번째 줄에서 figsize를 가로는 12, 세로는 7로 설정해 주고, 5번째 줄에서 코드 7.28과 코드 7.30에서 만들었던 region과 total을 각각 x축과 y축으로 나타내고자 하는 데이터를 설정해 준다. color는 red로 설정하여 막대그래프 색이 빨간 색으로 나타나고 있다. 색을 지정하지 않으면 기본 색인 파란 색의 차트를 생성한다.

```
1  import matplotlib.pyplot as plt
2
3  plt.figure(figsize=(12,7))  # 차트 사이즈 지정
4      # 바 차트 출력, 막대 색을 red로 설정
5  plt.bar(region, total, color='red')
6  plt.rc('font', family='Gothic')  # 한글 지원
7  plt.title('지역별 지진 발생 횟수',fontsize=20) # 타이틀 출력
8  plt.xlabel('지역') # x축 라벨 출력
9  plt.ylabel('지진 발생 횟수') # y축 라벨 출력
10 plt.show()
```

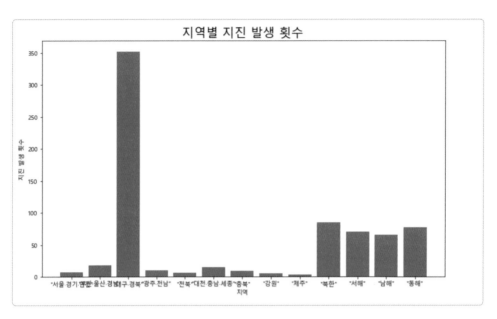

코드 7.31 numpy 데이터 분석 도전 - 시각화

    matplotlib이 기본적으로 한글 폰트를 지원하지 않기 때문에 한글을 출력하기 위해 **코드 7.31**의 6번째 줄에서 맑은 고딕 폰트를 불러와 준다. 이후의 7~9번째 줄에서는 차트의 제목과 각 축의 라벨을 지정해 준다.

    시각화된 결과를 통해 대구 및 경북 지역에 지진이 많이 발생했다는 것을 쉽게 확인할 수 있는데, 이를 통해 우리는 해당 지역에는 지진 대피 방책을 세워야겠다는 정책, 건물 시공 시의 기준을 강화해야 하겠다는 기준을 검토해볼 수 있다. 이와 같이 데이터 분석이 끝났다고 멈추는 것이 아니라, 분석 결과를 어떻게 활용할 수 있을지 고민하여 더 나은 세상을 위한 문제해결 단계로 확장할 수 있어야 한다.

8장

Pandas 활용 데이터 분석

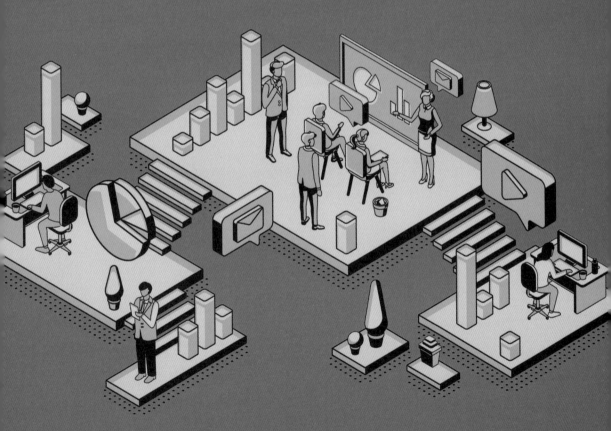

Pandas는 시리즈(Series)와 데이터 프레임(DataFrame) 자료형을 사용하여 데이터 분석을 위한 다양한 기능들을 활용할 수 있도록 지원한다. 데이터 분석을 용이하게 도와주는 Pandas에 대하여 공부해 보기로 하자.

8-1 Pandas 이해하기

pandas에 대한 기본적인 이해와 함께 1차원 자료형인 시리즈(Series)와 2차원 자료형인 데이터 프레임(DataFrame) 생성 방법에 대하여 알아보기로 한다.

Pandas란?

본 장에서는 데이터 분석을 위한 기본적인 패키지에 해당하는 pandas 라이브러리에 대해서 알아본다. Pandas는 Python Data Analysis Library로, 데이터의 수정/가공 및 분석을

그림 8.1 pandas 출처: https://pandas.pydata.org/

위한 수많은 함수를 지원하는 데이터 분석 라이브러리다. 이는 numpy를 기반으로 행, 열로 이루어진 데이터 객체를 빠르게 처리할 수 있도록 한다.

Pandas 사용법

Pandas를 설치를 위해서 'pip install pandas' 과정이 필요하다. 만약 Anaconda를

설치했다면 pandas library를 설치하지 않아도 된다.

```
import pandas
```

```
import pandas as pd
```

코드 8.1
pandas 사용법

코드 8.1과 같이 단순히 'import pandas'의 명령으로 pandas를 그대로 불러올 수 있지만 보통 pandas는 'pd'로 줄여 부르기에 일반적으로 'import pandas as pd'로 실행하여 사용한다.

Series로 데이터 생성

시리즈(Series)는 한 개의 열(column)을 나타내는 1차원 자료구조로, python의 list를 갖는 오브젝트다. 코드 8.2의 2번째 줄과 같이 리스트를 적용하여 바로 시리즈를 생성할 수 있고, 3번째 줄과 같이 시리즈 오브젝트를 확인하면 리스트 내 데이터가 인덱스와 함께 출력되며, 데이터 타입 또한 확인할 수 있다.

```
1  import pandas as pd
2  series_1 = pd.Series ( [ 1, 3, 5, 7, 9 ] )
3  series_1
```

```
0    1
1    3
2    5
3    7
4    9
dtype: int64
```

코드 8.2 시리즈 생성(1) 리스트를 사용한 생성

시리즈 데이터에 인덱스를 번호가 아닌 이름으로 부여하고 싶다면 **코드 8.3**의 3번째 줄과 같이 pd.Series의 index 파라미터에 각 행마다 부여하고자 하는 이름이 담긴 리스트를 입력하면 된다. 예시와 같이 문자열 또한 인덱스 값으로 적용 가능하다.

numpy 배열을 사용해서도 시리즈를 생성할 수 있다. 데이터 형식이 64 bits 만

```
1  import pandas as pd
2  series = pd.Series ( [ 58, 99, 68, 92,100 ],
3                       index=['exam1','exam2','exam3','exam4','exam5'])
4  series
```

```
exam1      58
exam2      99
exam3      68
exam4      92
exam5     100
dtype: int64
```

코드 8.3 시리즈 생성(2) 인덱스에 문자열 값 부여

큼의 용량을 차지하는 코드 8.3의 예와는 달리, numpy를 사용하는 경우 코드 8.4와
같이 32bit 정수형으로 생성된다. 이처럼 numpy 배열을 선언해 시리즈로 변환하는
작업은 데이터 용량을 줄일 수 있다는 장점이 있어 데이터의 크기가 매우 큰 경우 유
용하다.

```
1  import pandas as pd
2  import numpy as np
3  my_arr = np.array([1,3,5,7,9])
4  series = pd.Series(my_arr)
5  series
```

```
0    1
1    3
2    5
3    7
4    9
dtype: int32
```

코드 8.4 시리즈 생성(3) numpy 배열을 사용한 생성

DataFrame으로 데이터 생성

데이터 프레임은 2차원 배열구조로 엑셀과 같은 테이블 형태의 자료 구조를 나타낸
다. 이는 한 개 이상의 시리즈로 구성된 자료구조에 해당한다.

딕셔너리 활용 데이터 프레임 생성

코드 8.5와 코드 8.6에서 두 가지 방법으로 딕셔너리를 선언하여 데이터 프레임을 생성한다. 이때는 딕셔너리의 key 값을 column으로 사용하고, 리스트로 구성된 딕셔너리 value 값을 행 값으로 반영한다. value에 지정하는 리스트의 길이를 서로 다르게 지정한다면, 가장 긴 길이의 value를 기준으로 더 짧은 부분의 빈칸을 채우기 위해 NaN(Not a Number)이 기록되는 것에 유의해야 한다.

코드 8.5의 4번째 줄에서 key와 value가 각각 single과 series_1, tens와 series_2인 딕셔너리를 생성하여 data 파라미터에 입력한 결과를 출력한 내용을 확인할 수 있다.

```
1  import pandas as pd
2  series_1 = pd.Series ( [ 1, 3, 5, 7, 9 ] )
3  series_2 = pd.Series ( [ 11,13,15,17,19] )
4  pd.DataFrame ( data = dict ( single = series_1, tens = series_2 ) )
```

	single	tens
0	1	11
1	3	13
2	5	15
3	7	17
4	9	19

코드 8.5 딕셔너리 활용 데이터 프레임 생성(1) 딕셔너리가 시리즈를 value로 갖는 경우

코드 8.6에서는 temp_seoul, temp_daejeon, temp_kwangju, temp_pusan 등 4개의 리스트형 변수를 우선 선언한 후, 순서대로 딕셔너리 변수 temperatures의 key 값 'Seoul', 'Daejeon', 'Kwangju', 'Pusan'의 value로 삽입한다. 이렇게 선언한 딕셔너리를 pandas의 DataFrame 메소드를 사용하여 데이터 프레임 객체로 변환하여 그 내용을 확인할 수 있다.

```
1  import pandas as pd
2  temp_seoul = [20, 25, 23, 24, 28]
3  temp_daejeon = [22, 27, 25, 23, 29]
4  temp_kwangju = [22, 23, 24, 25, 28]
5  temp_pusan = [24, 257, 26, 26, 27]
```

```
6   temperatures = {'Seoul' : temp_seoul,
7                   'Daejeon' : temp_daejeon,
8                   'Kwangju' : temp_kwangju,
9                   'Pusan' : temp_pusan}
10  pd.DataFrame(temperatures)
```

	Seoul	Daejeon	Kwangju	Pusan
0	20	22	22	24
1	25	27	23	257
2	23	25	24	26
3	24	23	25	26
4	28	29	28	27

코드 8.6 딕셔너리 활용 데이터 프레임 생성(1) 딕셔너리가 리스트를 value로 갖는 경우

📁 파일 활용 데이터 프레임 생성(1) - csv 파일

csv 파일에서 데이터를 가져와 데이터 프레임으로 저장하기 위하여 이전에 학습한 read.csv 메소드를 사용한다. 그림 8.2의 내용은 Data_Frame.csv 파일의 내용이다. 코드 8.7에서 확인할 수 있듯이 read.csv는 단순히 그림 8.2의 Data_Frame.csv 파일을 읽어오는 것뿐만 아니라 동시에 데이터 분석을 즉시 진행할 수 있도록 데이터 프레임을 생성한다.

	A	B	C	D
1	FIELD	CASES	CIVIL	CRIMINAL
2	economics	2435	2142	293
3	tax	5243	3899	1344
4	work	3214	3101	113
5	social	4112	2019	2093
6	education	2131	1993	138
7	environment	4192	4081	111

그림 8.2
파일 활용 데이터 프레임 생성(1)
csv 파일

```
1   import pandas as pd
2   df = pd.read_csv('Data_Frame.csv')
3   df
```

	FIELD	CASES	CIVIL	CRIMINAL
0	economics	2435	2142	293
1	tax	5243	3899	1344

2	work	3214	3101	113
3	social	4112	2019	2093
4	education	2131	1993	138
5	environment	4192	4081	111

코드 8.7 파일 활용 데이터 프레임 생성(1) csv 파일

📁 파일 활용 데이터 프레임 생성(2) - 텍스트(.txt) 파일

텍스트 파일을 불러와 데이터 프레임으로 변환할 수 있다. 그림 8.3의 Data_Frame.txt 파일에서 확인할 수 있듯이 콤마(,)로 구분된 text 파일을 사용한다. 데이터 프레임으로 변환하기 위해서 코드 8.8과 같이 pd.read_csv 메소드를 사용한다. 코드 8.7과 같이 read_csv는 자동으로 데이터 프레임을 생성한다.

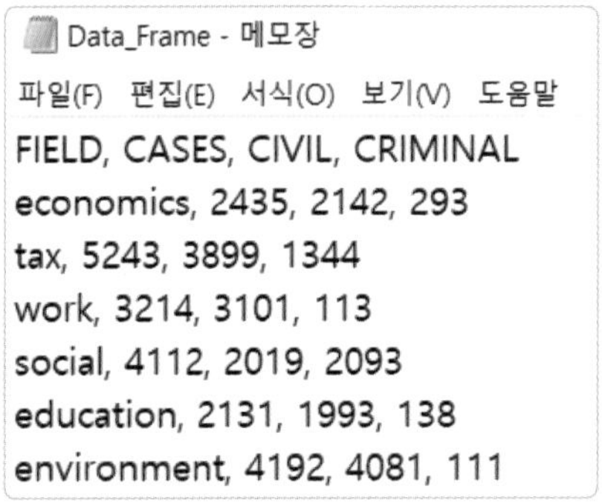

```
📄 Data_Frame - 메모장
파일(F)  편집(E)  서식(O)  보기(V)  도움말
FIELD, CASES, CIVIL, CRIMINAL
economics, 2435, 2142, 293
tax, 5243, 3899, 1344
work, 3214, 3101, 113
social, 4112, 2019, 2093
education, 2131, 1993, 138
environment, 4192, 4081, 111
```

그림 8.3
파일 활용 데이터 프레임 생성(2)
텍스트(.txt) 파일

```
1  import pandas as pd
2  df = pd.read_csv('Data_Frame.txt')
3  df
```

	FIELD	CASES	CIVIL	CRIMINAL
0	economics	2435	2142	293
1	tax	5243	3899	1344
2	work	3214	3101	113
3	social	4112	2019	2093
4	education	2131	1993	138
5	environment	4192	4081	111

코드 8.8 파일 활용 데이터 프레임 생성(2) 텍스트(.txt) 파일

📁 파일 활용 데이터 프레임 생성(3) - header가 없는 경우

그림 8.4와 같이 파일에 각 열의 데이터가 어떠한 항목에 해당하는 값인지를 나타내는 header가 존재하지 않을 경우, 코드 8.9의 2번째 줄과 같이 read_csv 메소드를 사용하여 파일을 불러올 때 header 파라미터에 'None' 값을 지정한다. 이 경우 파일을 읽어올 때 열의 이름을 순서대로 0, 1, 2, 3 등의 인덱스 값으로 지정해 반영한다. 코드 8.9의 4번째 줄 df.head()는 해당 데이터 프레임의 상위 5개 행을 출력하는 함수이다.

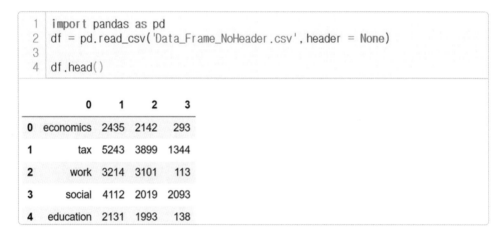

그림 8.4
파일 활용 데이터 프레임 생성(3)
header가 없는 경우

```
1  import pandas as pd
2  df = pd.read_csv('Data_Frame_NoHeader.csv', header = None)
3
4  df.head()
```

	0	1	2	3
0	economics	2435	2142	293
1	tax	5243	3899	1344
2	work	3214	3101	113
3	social	4112	2019	2093
4	education	2131	1993	138

코드 8.9 파일 활용 데이터 프레임 생성(3) header가 없는 경우

📁 파일 활용 데이터 프레임 생성(4) - header 부여

header가 존재하지 않았던 그림 8.4의 Data_Frame_NoHeader.csv의 내용을 읽어와서 header에 열 이름을 부여하기 위해서는 코드 8.10의 1번째 줄과 같이 df.columns에 열 이름이 담긴 리스트를 지정해주면 된다.

```
1  df.columns = ['법 분야', '판례', '민사', '형사']
2  df.head()
```

	법 분야	판례	민사	형사
0	economics	2435	2142	293
1	tax	5243	3899	1344
2	work	3214	3101	113
3	social	4112	2019	2093
4	education	2131	1993	138

코드 8.10 파일 활용 데이터 프레임 생성(4) header 부여

Profiling 이해하기

Pandas에는 프로파일링(Profiling)이라는 유용한 기능이 있다. 이를 위해서는 pandas
_profiling이라는 패키지 내의 ProfileReport 메서드를 불러온다. 일반적으로
ProfileReport 오브젝트는 pr이라는 변수명에 저장하여 사용한다.

프로파일링 시에는 데이터를 정확히 이해하는 과정이 선행되어 어느 항목이 분
석에 유의미한 프로파일링 결과인지 스스로 판단할 수 있어야 한다. 프로파일링을 실
행한 예시는 코드 8.11과 같다.

```
1  import pandas as pd
2  from pandas_profiling import ProfileReport
3  df = pd.read_csv('Data_Frame.csv')
4  pr = ProfileReport(df)
5  pr
```

Pandas Profiling Report

Overview

코드 8.11
프로파일링(1)
코드

데이터 프레임에 대하여 통계적으로 프로파일링한 결과는 그림 8.5에 나타나 있다. 위에서부터 차례로 최솟값, 상위 5퍼센트, 25퍼센트(Q1에서 Q는 Quater을 의미), 중앙값, 75퍼센트, 상위 95퍼센트에 해당하는 값, 최댓값, 값의 범위, 그리고 중앙 50% 데이터들의 흩어진 범위(IQR: Interquartile range)를 나타낸다.

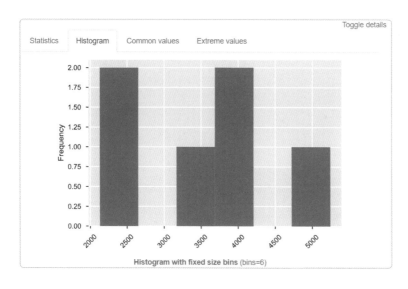

그림 8.5
프로파일링(2)
Statistics

그림 8.6에서 데이터 프레임의 값에 대한 히스토그램을 확인할 수 있다.

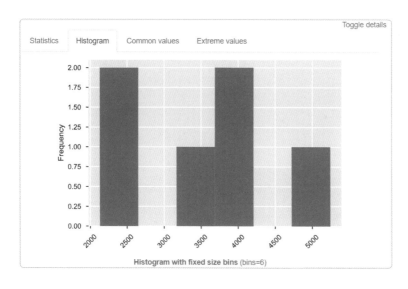

그림 8.6
프로파일링(2)
Histogram

그림 8.7과 그림 8.8은 각각 Pearson 상관관계와 Phik 상관관계를 시각화한 내용이다. 그림 8.7의 Pearson 상관관계에서 양의 관계를 나타내는 경우로 데이터가 1에

가까우면 점차 진한 빨간 색으로, 음의 관계를 나타내는 경우로 −1에 가까우면 진한 파란색으로 나타내며 관계가 없는 경우는 0으로 흰색을 나타낸다.

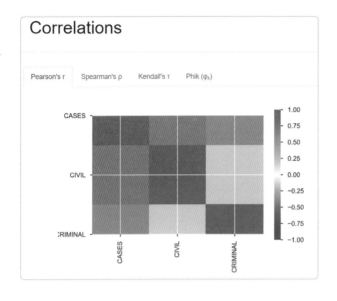

그림 8.7
프로파일링(2)
Pearson 상관관계

그림 8.8의 Phik 상관관계에서는 0~1의 값으로 상관관계를 나타낸다. 그림 8.8에서 확인할 수 있듯이 CRIMINAL(형사)과 CIVIL(민사)은 서로 관계가 없는 것을 시각화에서 확인할 수 있다.

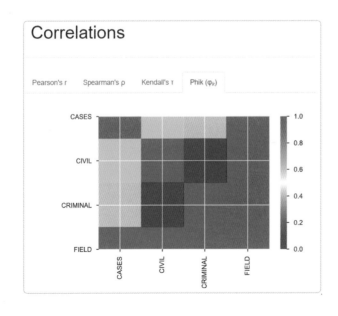

그림 8.8
Phik 상관관계

8-2 데이터 프레임 프로세싱

데이터 프레임 생성하는 법을 알았다면, 이제 생성한 데이터 프레임의 내용을 처리하는 법에 대해 알아보기로 하자.

슬라이싱 활용 행(row) 자료 선택

[시작 : 끝+1]과 같이 인덱스 번호를 활용하여 행 자료를 선택할 수 있다. 코드 8.12의 두 번째 셀에서 확인할 수 있듯이 [1:3]으로 슬라이싱한다면 첫 번째와 두 번째 행의 내용을 확인할 수 있다.

```
1  import pandas as pd
2  df = pd.read_csv('Data_Frame.csv')
3  df
```

	FIELD	CASES	CIVIL	CRIMINAL
0	economics	2435	2142	293
1	tax	5243	3899	1344
2	work	3214	3101	113
3	social	4112	2019	2093
4	education	2131	1993	138
5	environment	4192	4081	111

```
1  df[1:3]
```

	FIELD	CASES	CIVIL	CRIMINAL
1	tax	5243	3899	1344
2	work	3214	3101	113

코드 8.12 슬라이싱 활용 row 자료 선택

순차적이지 않은 row 선택

슬라이싱을 할 수 없는 순차적이지 않은 데이터를 선택하고자 하는 경우는 코드 8.13과
같이 행의 인덱스 번호를 리스트에 담아 df.loc에 적용하여 값을 확인할 수 있다.

```
1  df.loc[[1,3,5]]
```

	FIELD	CASES	CIVIL	CRIMINAL
1	tax	5243	3899	1344
3	social	4112	2019	2093
5	environment	4192	4081	111

코드 8.13 순차적이지 않은 row 선택

열(column) 값을 기준으로 row 선택

특정 column값의 조건을 기준으로 하여 row를 선택할 경우 df.column_name, 즉 코
드 8.14의 경우 df.CRIMINAL 열에 대한 조건식을 값이 120보다 작은 경우로 제시하
여 해당 조건을 만족하는 row를 선택한다.

```
1  df_filtered = df[df.CRIMINAL < 120]
2  df_filtered
```

	FIELD	CASES	CIVIL	CRIMINAL
2	work	3214	3101	113

5	environment	4192	4081	111

코드 8.14 column값 기준 row 선택(1)

column값을 기준으로 row 선택(2) query 함수 사용

데이터 프레임에 대한 query 메소드를 사용해 조건에 맞는 row를 선택할 수도 있다. 코드 8.15에서는 'CIVIL' column에 3000보다 크다는 조건을 적용해 조건을 만족하는 row를 추출한다. 코드 8.15의 출력 결과에서 확인할 수 있듯이 CIVIL의 값이 3000보다 큰 값에 해당하는 행의 데이터만 선택되었다.

```
1  df_filtered = df.query('CIVIL > 3000')
2  df_filtered
```

	FIELD	CASES	CIVIL	CRIMINAL
1	tax	5243	3899	1344
2	work	3214	3101	113
5	environment	4192	4081	111

코드 8.15 column값 기준 row 선택(2) query 함수 사용

논리 연산자 활용 row 선택

and, or, not과 같은 논리 연산자를 사용해서 조건을 부여함으로써 row를 선택할 수도 있다. 코드 8.16은 민사와 형사의 합에 해당하는 CASES의 값이 3000보다 크며, 형사(CRIMINAL) 경우는 120 미만에 해당하는 영역에 대해서 선택적으로 row의 값을 택했다.

```
1  df_filtered = df[(df.CASES > 3000) & (df.CRIMINAL < 120)]
2  df_filtered
```

	FIELD	CASES	CIVIL	CRIMINAL
2	work	3214	3101	113
5	environment	4192	4081	111

코드 8.16 논리 연산자 활용 row 선택

row 추가 연산

데이터 프레임의 일부를 선택하는 방법에 대하여 이해하였다면, 이제 데이터 프레임에 데이터를 추가하는 방법을 알아보자.

데이터 프레임은 리스트에 값을 추가하는 방식과 동일하게 append() 함수를 사용하여 새로운 행을 추가할 수 있다. append 함수의 특징은 존재하는 자료에 자료를 추가하는 것이므로 우선 코드 8.17을 통하여 df1을 생성해 보자.

```
 1  import pandas as pd
 2  data = { 'Test1' : pd.Series([70, 55, 89],
 3            index=['Park', 'Kim', 'Han']),
 4           'Test2' : pd.Series([56, 82, 77, 65],
 5            index=['Park', 'Kim', 'Han', 'Lee'])}
 6  df1 = pd.DataFrame(data)
 7  print (df1)
 8  df1['Project'] = pd.Series([90, 83, 67, 87],
 9                  index=['Han','Kim','Lee', 'Park'])
10  print ("="*20)
11  df1['Average'] = round((df1['Test1']+df1['Test2']+
12                  df1['Project'])/3, 2)
13  print (df1)
```

```
      Test1  Test2
Han    89.0     77
Kim    55.0     82
Lee     NaN     65
Park   70.0     56
====================
      Test1  Test2  Project  Average
Han    89.0     77       90    85.33
Kim    55.0     82       83    73.33
Lee     NaN     65       67      NaN
Park   70.0     56       87    71.00
```

코드 8.17 row 추가 연산을 위한 df1 생성

코드 8.18에서는 코드 8.17에서 생성한 데이터 프레임 df1에 df2를 추가한 결과를 data 변수에 저장하여 그 내용을 출력하고 있다. 코드 8.18의 결과 부분에서 확인할 수 있듯이 기존의 df1 데이터에 df2의 내용인 'Kang'에 관련한 행이 추가되었다.

```
1  df2 = pd.DataFrame([[80, 70, 90, 80]],
2                 columns = ['Test1','Test2','Project','Average'],
3                 index=['Kang'])
4  print(">>> DataFrame 1\n", df1)
5  print(">>> DataFrame 2\n", df2)
6  data = df1.append(df2)
7  print (">>> 새로운 행(row) 추가 결과\n", data)
```

```
>>> DataFrame 1
      Test1  Test2  Project  Average
Han    89.0     77       90    85.33
Kim    55.0     82       83    73.33
Lee     NaN     65       67      NaN
Park   70.0     56       87    71.00
>>> DataFrame 2
      Test1  Test2  Project  Average
Kang     80     70       90       80
>>> 새로운 행(row) 추가 결과
      Test1  Test2  Project  Average
Han    89.0     77       90    85.33
Kim    55.0     82       83    73.33
Lee     NaN     65       67      NaN
Park   70.0     56       87    71.00
Kang   80.0     70       90    80.00
```

코드 8.18 row 추가 연산

row 삭제 연산

append를 활용하여 데이터를 추가하였다면, drop() 함수를 활용하여 특정 row의 인덱스 명을 지정하여 이에 해당하는 row를 삭제할 수 있다. 코드 8.19에서는 코드 8.18에서 생성한 data 변수에서 'Lee'에 대한 행을 삭제한다.

```
1  print(data)
2  data.drop('Lee')
```

```
      Test1  Test2  Project  Average
Han    89.0     77       90    85.33
Kim    55.0     82       83    73.33
Lee     NaN     65       67      NaN
Park   70.0     56       87    71.00
```

```
Kang    80.0    70    90    80.00
```

	Test1	Test2	Project	Average
Han	89.0	77	90	85.33
Kim	55.0	82	83	73.33
Park	70.0	56	87	71.00
Kang	80.0	70	90	80.00

코드 8.19 row 삭제 연산

슬라이싱 활용 column 자료 선택

iloc을 활용하여 행 전체를 선택하고, column의 인덱스에 대하여 슬라이싱하면 연속하는 column값에 대하여 접근할 수 있다. 코드 8.20은 df에 대하여 [:, 0:2]로 행 전체(':')를, 그리고 인덱스 0과 1에 해당하는 column('0:2')을 선택해 확인한 내용이다.

```
1  df.iloc[:, 0:2]
```

	FIELD	CASES
0	economics	2435
1	tax	5243
2	work	3214
3	social	4112
4	education	2131
5	environment	4192

코드 8.20 슬라이싱 활용 column 자료 선택

순차적이지 않은 column 선택

순차적이지 않은 column값을 선택하기 위해서는 앞의 연속하는 row값에 접근하는 데에 쓰인 iloc을 이용하여 전체 행을 선택하는 부분까지는 동일하지만, 뒷부분의 슬라이싱 대신에 선택하고자 하는 column의 인덱스를 담은 리스트를 적용한다. 코드 8.21은 df 데이터 프레임의 인덱스 번호 0과 2의 열을 선택한 전체 행의 내용이다.

```
1  df.iloc[:, [0, 2]]
```

	FIELD	CIVIL
0	economics	2142
1	tax	3899
2	work	3101
3	social	2019
4	education	1993
5	environment	4081

코드 8.21 순차적이지 않은 column 선택

원하는 column 추출(1)

조금 더 간단하게 원하는 열에 대하여 전체 행의 데이터를 확인하는 방법은 코드 8.22와 같이 접근하고자 하는 column 명이 담긴 리스트를 입력하여 해당하는 column값을 선택하는 것이다.

```
1  df_filtered = df[['FIELD', 'CRIMINAL']]
2  df_filtered
```

	FIELD	CRIMINAL
0	economics	293
1	tax	1344
2	work	113
3	social	2093
4	education	138
5	environment	111

코드 8.22
column 이름으로
필터링

원하는 column 추출(2) filter() 함수

원하는 특정 열의 내용 추출을 위하여 코드 8.21 또는 코드 8.22를 활용할 수 있으며, 코드 8.23과 같이 filter() 메소드 내 items 파라미터를 활용하여 추출하고자 하는 column 명이 담긴 리스트를 입력값으로 주어 해당하는 값을 선택할 수도 있다.

```
1  df.filter(items=['CASES', 'CIVIL'])
```

	CASES	CIVIL
0	2435	2142
1	5243	3899
2	3214	3101
3	4112	2019
4	2131	1993
5	4192	4081

코드 8.23 원하는 column 추출(2) filter() 함수

원하는 column 추출(3) 원하는 글자를 포함한 column명 검색

마치 검색 기능처럼 filter 메소드에서 like 파라미터 내에 값을 입력하여 이름에 해당 값이 포함된 column을 출력할 수 있다. 코드 8.24에서는 column 명에 대하여 검색을 진행하겠다는 의미로 axis에는 1을 적용하였다. 즉, 코드 8.24는 열 이름에 'C'를 포함한 데이터에 대한 선택을 실행한 것이다.

```
1  df.filter(like='C',axis=1)
```

	CASES	CIVIL	CRIMINAL
0	2435	2142	293
1	5243	3899	1344
2	3214	3101	113

3	4112	2019	2093
4	2131	1993	138
5	4192	4081	111

코드 8.24 원하는 column 추출(3) 원하는 글자를 포함한 column 명 검색

원하는 column 추출(4) 정규식

filter 함수의 regex 파라미터에 정규식(Regular expression)을 입력하는 방법으로도 검색이 가능하다. regex는 regular expression을 의미하며, 텍스트 자료를 위한 정규식 표현이라고 이해하면 된다. 코드 8.25에서는 코드 8.24와 같이 axis을 1로 지정하여 열에 대한 작업임을 명시하고, regex에 'L'로 끝나는 값이라는 의미를 가지는 정규식인 'L$'를 입력함으로써 이에 해당하는 'CIVIL', 'CRIMINAL'이 선택되었다. 이 책에서는 정규식(regular expression) 패턴에 관해서는 자세히 다루지 않겠다.

```
1  df.filter(regex='L$',axis=1)
```

	CIVIL	CRIMINAL
0	2142	293
1	3899	1344
2	3101	113
3	2019	2093
4	1993	138
5	4081	111

코드 8.25 원하는 column 추출(4) 정규식

column 추가 연산

데이터 프레임에 새로운 column을 추가하는 방법은 간단하다. 기존에 존재하는

column에 접근하는 방법과 동일하게 '[]' 내에 추가하고자 하는 column의 이름을 입력하여 선언한 후 값을 입력해 해당 column을 생성하면 된다. 앞에서 df1을 선언하기 위하여 사용한 코드 8.17의 내용과 같은 코드 8.26의 8~9줄에서 이와같은 내용을 확인할 수 있다. 또한 코드 8.26의 11번째 줄에서 'Average' column을 생성하기 위하여 round 함수를 사용해 df1의 세 column값, 즉 Test1, Test2, 그리고 8~9줄에서 추가한 Project 열에 대한 평균을 구하여 소수점 둘째 자리까지 처리하였다. 코드 8.26의 결과에서 확인하면, 인덱스 명이 'Lee'에 해당하는 row를 보면 'Test1' column의 값이 NaN(Not a Number)이기 때문에 평균을 계산할 수 없어서 자동으로 해당 row의 'Average' column에 NaN 값이 채워진 것을 확인할 수 있다.

```
1   import pandas as pd
2   data = { 'Test1' : pd.Series([70, 55, 89],
3              index=['Park', 'Kim', 'Han']),
4              'Test2' : pd.Series([56, 82, 77, 65],
5              index=['Park', 'Kim', 'Han', 'Lee'])}
6   df1 = pd.DataFrame(data)
7   print (df1)
8   df1['Project'] = pd.Series([90, 83, 67, 87],
9                   index=['Han','Kim','Lee', 'Park'])
10  print ("="*20)
11  df1['Average'] = round((df1['Test1']+df1['Test2']+
12                  df1['Project'])/3, 2)
13  print (df1)
```

```
      Test1  Test2
Han    89.0     77
Kim    55.0     82
Lee     NaN     65
Park   70.0     56
====================
      Test1  Test2  Project  Average
Han    89.0     77       90    85.33
Kim    55.0     82       83    73.33
Lee     NaN     65       67      NaN
Park   70.0     56       87    71.00
```

코드 8.26 column 추가 연산

column 삭제 연산(1) del

리스트 값을 삭제하는 방법과 유사하게, 삭제하고자 하는 column 명을 del을 사용하여 해당 column을 삭제할 수 있다. 코드 8.27의 내용은 'Test2'의 열을 삭제하는 예시에 해당한다.

```
1  df2 = df1
2  del df2['Test2']
3  print (df2)
```

```
      Test1  Project  Average
Han    89.0       90    85.33
Kim    55.0       83    73.33
Lee     NaN       67      NaN
Park   70.0       87    71.00
```

코드 8.27 column 삭제 연산(1) del

column 삭제 연산(2) pop

코드 8.27과 같이 del 명령어를 사용하는 대신에 pop 메소드를 해당하는 데이터 프레임에 적용하여 삭제하고자 하는 열 이름을 지정하여서도 실행할 수 있다. 코드 8.28과 같이 pop의 파라미터 값으로 column 명에 해당하는 'Project'를 지정하면 해당 column이 삭제된다.

```
1  df2 = df1
2  df2.pop("Project")
3  print (df2)
```

```
      Test1  Average
Han    89.0    85.33
Kim    55.0    73.33
Lee     NaN      NaN
Park   70.0    71.00
```

```
1  print(df1)
```

```
      Test1  Average
Han    89.0    85.33
```

```
Kim    55.0   73.33
Lee    NaN     NaN
Park   70.0   71.00
```

코드 8.28 column 삭제 연산(2) pop

column 삭제 연산(3) copy

데이터 프레임에 관하여 수정 및 삭제 등을 실행할 때 원본 데이터를 유지하며 수행하고 싶은 경우가 있을 것이다. 이런 경우에 사용하는 것이 copy 메소드이다. copy 메소드를 통해 실제 값을 새로운 주소 공간에 저장하는 깊은 복사가 이루어져 파일을 수정하더라도 원본 데이터의 초기 상태를 유지할 수 있다. 코드 8.29는 원래 df1의 내용을 유지하면서 'Test2'와 'Project' 열의 내용을 삭제한 df2의 새로운 데이터 프레임을 생성한 내용이다.

```
1  df2= df1.copy() # copy df1 into df2 using copy()
2  print (df2)
3  #delete columns using del and pop methods
4  del df2['Test2']
5  df2.pop('Project')
6  print("=== 열 삭제된 결과>>> ₩n", df2)
7  print("=== 원래의 DataFrame>>> ₩n", df1)
```

```
       Test1  Test2  Project  Average
Han    89.0     77       90    85.33
Kim    55.0     82       83    73.33
Lee     NaN     65       67      NaN
Park   70.0     56       87    71.00
=== 열 삭제된 결과>>>
       Test1  Average
Han    89.0    85.33
Kim    55.0    73.33
Lee     NaN      NaN
Park   70.0    71.00
=== 원래의 DataFrame>>>
       Test1  Test2  Project  Average
Han    89.0     77       90    85.33
Kim    55.0     82       83    73.33
Lee     NaN     65       67      NaN
Park   70.0     56       87    71.00
```

코드 8.29 column 삭제 연산(3) copy

데이터 프레임 분석

📁 describe() - 데이터 프레임 전체 적용

describe 메소드를 사용하면 데이터 프레임에 대한 여러 통계적 정보를 확인할 수 있다. 코드 8.30에서는 describe 메소드를 통하여 수치 데이터로 이루어진 데이터 프레임의 각 column에 대하여 개수(count), 평균(mean), 표준편차(std), 최솟값 등의 다양한 정보를 확인한 내용이다.

```
1  print(data)
2  data.describe()
```

```
       Test1  Test2  Project  Average
Han    89.0    77      90      85.33
Kim    55.0    82      83      73.33
Lee    NaN     65      67      NaN
Park   70.0    56      87      71.00
Kang   80.0    70      90      80.00
```

	Test1	Test2	Project	Average
count	4.000000	5.000000	5.000000	4.000000
mean	73.500000	70.000000	83.400000	77.415000
std	14.571662	10.173495	9.607289	6.510732
min	55.000000	56.000000	67.000000	71.000000
25%	66.250000	65.000000	83.000000	72.747500
50%	75.000000	70.000000	87.000000	76.665000
75%	82.250000	77.000000	90.000000	81.332500
max	89.000000	82.000000	90.000000	85.330000

코드 8.30 describe() - 데이터 프레임 전체 대상

📁 describe() - 특정 자료 선택

특정 column에 대한 통계적 정보를 확인하는 방법은 코드 8.31과 같이 데이터 프레임 객체에 통계적 정보를 확인하고 싶은 열 이름을 적용하여 새로운 객체를 생성한 후 describe 메소드를 반영하는 것이다.

```
1  data.Project.describe()
```

```
count       5.000000
mean       83.400000
std         9.607289
min        67.000000
25%        83.000000
50%        87.000000
75%        90.000000
max        90.000000
Name: Project, dtype: float64
```

코드 8.31 describe() – 특정 자료 확인

🗂 describe() - 선택적 확인 : 수치 데이터

데이터 프레임에서 수치 데이터만을 추출해 describe 정보를 확인하고자 한다면,
describe 메소드의 include 파라미터 값으로 np.number를 리스트 자료형으로 적용

```
1  import numpy as np
2  print(data)
3  data.describe(include=[np.number])
```

```
      Test1  Test2  Project  Average  Major
Han   89.0     77       90    85.33     CS
Kim   55.0     82       83    73.33   ECON
Lee    NaN     65       67      NaN   MATH
Park  70.0     56       87    71.00     CS
Kang  80.0     70       90    80.00    NaN
```

	Test1	Test2	Project	Average
count	4.000000	5.000000	5.000000	4.000000
mean	73.500000	70.000000	83.400000	77.415000
std	14.571662	10.173495	9.607289	6.510732
min	55.000000	56.000000	67.000000	71.000000
25%	66.250000	65.000000	83.000000	72.747500
50%	75.000000	70.000000	87.000000	76.665000
75%	82.250000	77.000000	90.000000	81.332500
max	89.000000	82.000000	90.000000	85.330000

코드 8.32 describe() – 선택적 확인: 수치 데이터

하면 된다. np는 7장에서 학습한 numpy이며, numpy 오브젝트로 적용할 때 number
로 인식되는 데이터를 추출하라는 명령에 해당한다. 코드 8.32는 data 변수명의 데이
터 프레임에 포함된 수치 자료열에 대한 describe 메소드 내용이다.

📁 describe() - 선택적 분석 : 문자 데이터

코드 8.32의 경우와 다르게 문자 데이터를 대상으로 describe 메소드를 적용할 수
도 있다. 문자로 구성된 열에 대하여 describe 메소드를 실행하고자 한다면 describe
의 include 파라미터에 np.object를 리스트 자료형으로 적용하여 해당 column이 포
함한 데이터들에 대하여 중복을 제거한 값의 개수(count), 한 번만 등장한 값의 개수
(unique), 최빈값(top)과 최빈값의 빈도수(freq) 등을 확인할 수 있다. numpy에서의
object 자료형은 일반 python 자료형의 str에 해당하는 문자열 자료에 해당한다. 이
와 같은 내용은 코드 8.33에서 확인할 수 있다.

```
1  print(data)
2  data.describe(include=[np.object])

       Test1  Test2  Project  Average Major
Han    89.0   77     90       85.33   CS
Kim    55.0   82     83       73.33   ECON
Lee    NaN    65     67       NaN     MATH
Park   70.0   56     87       71.00   CS
Kang   80.0   70     90       80.00   NaN


           Major
  count      4
  unique     3
  top        CS
  freq       2
```

코드 8.33 describe() - 선택적 분석: 문자 데이터

📁 column 조건 판별

데이터 프레임의 특정 column에서 조건을 지정해 참, 거짓을 판별하여 그 결과를 새
로운 데이터 프레임 형식으로 저장할 수 있다. 코드 8.34는 'Average' column에서 값

이 80 이상일 경우 True를 반환하여 B_grade라는 데이터를 생성한 내용이다.

```
1  print(data)
2  B_grade = data['Average'] >= 80
3  B_grade
```

```
      Test1  Test2  Project  Average  Major
Han   89.0     77      90    85.33     CS
Kim   55.0     82      83    73.33   ECON
Lee    NaN     65      67      NaN   MATH
Park  70.0     56      87    71.00     CS
Kang  80.0     70      90    80.00    NaN

Han       True
Kim      False
Lee      False
Park     False
Kang      True
Name: Average, dtype: bool
```

코드 8.34 column 조건 판별

📁 column 기준 정렬

sort_values 메소드를 사용하여 특정 column을 기준으로 값을 정렬할 수 있다. sort_
values 메소드의 'by' 파라미터에 정렬 기준이 될 column 명을 입력하고, ascending
에 참 혹은 거짓을 입력하여 오름차순으로 정렬할지, 내림차순으로 정렬할지를 지
정한다. ascending이 False인 경우, 내림차순으로 정렬된다. 코드 8.35의 내용은
'Average' 열을 기준을 높은 점수부터 정렬하여 확인한 내용이다.

```
1  print(data)
2  data.sort_values(by='Average', ascending=False)
```

```
      Test1  Test2  Project  Average  Major
Han   89.0     77      90    85.33     CS
Kim   55.0     82      83    73.33   ECON
Lee    NaN     65      67      NaN   MATH
Park  70.0     56      87    71.00     CS
Kang  80.0     70      90    80.00    NaN
```

	Test1	Test2	Project	Average	Major
Han	89.0	77	90	85.33	CS

Kang	80.0	70	90	80.00	NaN
Kim	55.0	82	83	73.33	ECON
Park	70.0	56	87	71.00	CS
Lee	NaN	65	67	NaN	MATH

코드 8.35 column 기준 정렬

8-3 Pandas 데이터 분석 도전

데이터 분석은 실제로 실행하여 확인하는 과정이 필수임을 기억하자. pandas에 대하여 학습하였으니, 이제 활용하는 실제 실습 과정에 도전해 보자.

올림픽 데이터

웹 크롤링을 통해 데이터를 불러오는 것이 일반적인 방법이지만, 만약 웹 크롤링 또는 파일 다운로드 방식이 적용되지 않는 경우에는 웹 브라우저에서 직접 데이터를 스크롤하여 복사한 후 활용하는 방법이 있다. 그림 8.9와 같이 올림픽 메달 집계 현황을 알려주는 사이트를 활용하여 pandas 관련 실습을 진행해 보자. 우선 다음의 주소에 접속해 보자.

✋ https://en.wikipedia.org/wiki/All-time_Olympic_Games_medal_table
접속하면 그림 8.9의 내용이 아닌 일반적 정보 제공 형식의 'Read' 탭이 기본 적용되어 있다. 이때 우측 상단의 'Edit' 탭을 선택하면 그림 8.9의 내용을 확인할 수 있다.

위키피디아 편집 화면인 **그림 8.9**에서 연필 모양 아이콘으로 표시된 부분을 클릭하면 visual editing 메뉴를 확인할 수 있다. 해당 메뉴를 선택하여 메달 현황이 확인되면, 그 내용의 테이블 자료를 복사해 그림 8.10과 같이 excel 프로그램 내에 붙여 넣기 한다.

그림 8.9 위키피디아 올림픽 메달 페이지

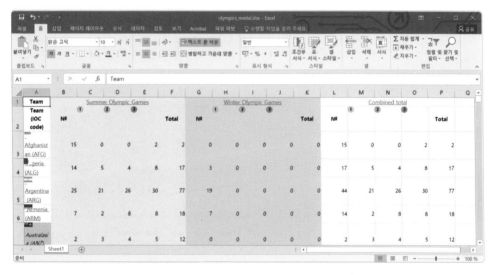

그림 8.10 올림픽 메달 정보 엑셀 프로그램에 붙여 넣기

붙여 넣기 하여 생성한 엑셀 파일을 그림 8.11과 같이 csv 형식으로 지정하여 저장하면 최종적으로 사용할 데이터 파일 준비가 완료된다.

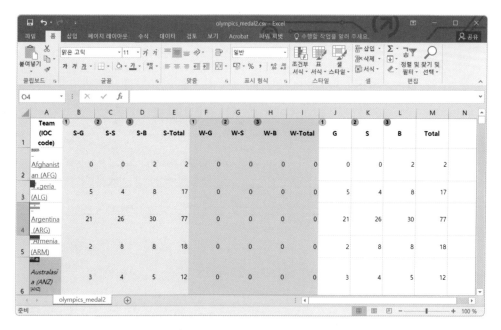

그림 8.11 엑셀 파일을 csv 형식으로 저장

데이터가 준비되었으니, pandas의 read_csv 메소드를 사용하여 코드 8.36과 같이 데이터를 불러오자.

```
1  import pandas as pd
2
3  df = pd.read_csv('olympics_medal2.csv')
4  df
```

	Team (IOC?code)	S-G	S-S	S-B	S-Total	W-G	W-S	W-B	W-Total	G	S	B	Total
0	?Afghanistan?(AFG)	0	0	2	2	0	0	0	0	0	0	2	2
1	?Algeria?(ALG)	5	4	8	17	0	0	0	0	5	4	8	17
2	?Argentina?(ARG)	21	26	30	77	0	0	0	0	21	26	30	77
3	?Armenia?(ARM)	2	8	8	18	0	0	0	0	2	8	8	18
4	?Australasia?(ANZ) [ANZ]	3	4	5	12	0	0	0	0	3	4	5	12
...	...	...	...	...	...	...	...	...	...	...	...	...	...
152	?Zimbabwe?(ZIM) [ZIM]	3	4	1	8	0	0	0	0	3	4	1	8
153	?Independent Olympic Athletes?(IOA) [IOA]	1	0	1	2	0	0	0	0	1	0	1	2
154	?Independent Olympic Participants?(IOP) [IOP]	0	1	2	3	0	0	0	0	0	1	2	3
155	?Mixed team?(ZZX) [ZZX]	11	6	8	25	0	0	0	0	11	6	8	25
156	Totals	5,464	5,427	5,893	16,784	1,062	1,059	1,050	3,171	6,526	6,486	6,943	19,955

코드 8.36 pandas 라이브러리 사용하여 csv 파일 불러오기

하계올림픽 메달 현황에 대한 데이터에 해당하는 국가명과 금메달(S-G), 은메달(S-S), 동메달(S-B), 그리고 전체 메달 합계(S-Total) 데이터를 추출하기 위해 슬라이싱으로 인덱스 0에서부터 4까지의 column에 해당하는 값을 선택한다. 이 내용은 **코드 8.37**에서 확인할 수 있다.

```
1  summer = df.iloc[ :, :5]
2  summer
```

	Team (IOC?code)	S-G	S-S	S-B	S-Total
0	?Afghanistan?(AFG)	0	0	2	2
1	?Algeria?(ALG)	5	4	8	17
2	?Argentina?(ARG)	21	26	30	77
3	?Armenia?(ARM)	2	8	8	18
4	?Australasia?(ANZ) [ANZ]	3	4	5	12
...	...	...	...	...	...
152	?Zimbabwe?(ZIM) [ZIM]	3	4	1	8
153	?Independent Olympic Athletes?(IOA) [IOA]	1	0	1	2
154	?Independent Olympic Participants?(IOP) [IOP]	0	1	2	3
155	?Mixed team?(ZZX) [ZZX]	11	6	8	25
156	Totals	5,464	5,427	5,893	16,784

코드 8.37 column 추출(1) 슬라이싱

동계 올림픽에 해당하는 column을 추출하기 위해 Team과 동계 시즌 수상 기록에 해당하는 column 명을 리스트에 담아 저장한 내용은 **코드 8.38**과 같다.

코드 8.38의 결과에서 메달 집계 현황이 0으로만 확인되어 있으므로 동계 올림픽에서 금메달이 많은 순으로 정렬하여 확인해 보자. 금메달 순으로 확인하기 위해서 **코드 8.39**와 같이 동계 올림픽만을 추출해 저장한 winter 데이터 프레임에 sort_values 메소드를 적용한다. 동계 올림픽의 금메달 자료에 해당하는 'W-G' column을 기준으로 ascending에 'False'을 입력함으로써 내림차순 정렬한다. 그러나 **코드 8.39**를 보면 예상과 달리 정렬이 제대로 이루어지지 않았음을 확인할 수 있다. 그 이유는 값들이 수치 자료형이 아닌 문자열로 인식되고 있어서 맨 앞의 문자가 9인 row를 우선으로

```
1  winter = df[['Team (IOC?code)', 'W-G','W-S','W-B','W-Total']]
2  winter
```

	Team (IOC?code)	W-G	W-S	W-B	W-Total
0	?Afghanistan?(AFG)	0	0	0	0
1	?Algeria?(ALG)	0	0	0	0
2	?Argentina?(ARG)	0	0	0	0
3	?Armenia?(ARM)	0	0	0	0
4	?Australasia?(ANZ) [ANZ]	0	0	0	0
...	...	...	...	...	...
152	?Zimbabwe?(ZIM) [ZIM]	0	0	0	0
153	?Independent Olympic Athletes?(IOA) [IOA]	0	0	0	0
154	?Independent Olympic Participants?(IOP) [IOP]	0	0	0	0
155	?Mixed team?(ZZX) [ZZX]	0	0	0	0
156	Totals	1,062	1,059	1,050	3,171

157 rows × 5 columns

코드 8.38 column 추출(2) column명 지정

```
1  winter.sort_values('W-G', ascending=False)
```

	Team (IOC?code)	W-G	W-S	W-B	W-Total
46	?Germany?(GER) [GER] [Z]	92	88	60	240
111	?Unified Team?(EUN) [EUN]	9	6	8	23
31	?Czech Republic?(CZE) [CZE]	9	11	11	31
47	?United Team of Germany?(EUA) [EUA]	8	6	5	19
11	?Belarus?(BLR)	8	5	5	18
...	...	...	...	...	...
56	?Haiti?(HAI) [J]	0	0	0	0
55	?Guyana?(GUY) [GUY]	0	0	0	0
54	?Guatemala?(GUA)	0	0	0	0
53	?Grenada?(GRN)	0	0	0	0
78	?Lebanon?(LIB)	0	0	0	0

157 rows × 5 columns

코드 8.39 금메달 개수가 많은 국가부터 정렬(1): 잘못 정렬된 경우

두고 정렬했기 때문이다. 따라서 우리는 원하는 결과를 얻기 위해 'W-G' column 내 값의 자료형을 전부 수치 자료형으로 바꿔주어야 올바르게 실행할 수 있다.

코드 8.40에서 올바르게 금메달 기준으로 정렬한 결과를 확인할 수 있다. 먼저 코드 8.40의 1번째 줄과 같이 winter에서 전체 메달 개수는 정렬 결과에서 무의미한 내용에 해당하므로 156번째 행을 삭제한다. axis가 0인 경우 행 데이터를 삭제한다는 의미이다. 코드 8.40의 2번째 줄에서 to_numeric 메소드를 사용하여 'W-G' column 의 값을 모두 수치 자료형으로 변경한다. 코드 8.40의 2번째 셀에서 sort_values 메소드를 사용하여 정렬하면 정상적으로 동계 올림픽 금메달 개수가 많은 순서대로 정렬됨을 코드 8.40의 결과를 통해 확인할 수 있다.

```
1  winter = winter.drop(156, axis=0)    # 소수점 데이터 삭제
2  winter['W-G'] = pd.to_numeric(winter['W-G'])
```

```
1  winter.sort_values('W-G', ascending=False)
```

	Team (IOC?code)	W-G	W-S	W-B	W-Total
97	?Norway?(NOR) [Q]	132	125	111	368
144	?United States?(USA) [P] [Q] [R] [Z] [F]	105	112	88	305
46	?Germany?(GER) [GER] [Z]	92	88	60	240
110	?Soviet Union?(URS) [URS]	78	57	59	194
22	?Canada?(CAN)	73	64	62	199
...	...	...	...	...	...
56	?Haiti?(HAI) [J]	0	0	0	0
55	?Guyana?(GUY) [GUY]	0	0	0	0
54	?Guatemala?(GUA)	0	0	0	0
53	?Grenada?(GRN)	0	0	0	0
155	?Mixed team?(ZZX) [ZZX]	0	0	0	0

156 rows × 5 columns

코드 8.40 금메달 개수가 많은 국가부터 정렬(2): 올바르게 정렬된 경우

코드 8.41의 실행 결과를 통하여 하계올림픽 데이터에서 'South Korea' 문자열이 포함된 데이터를 확인해 보면 나라 이름 앞뒤로 물음표가 표시되어 있음을 알 수 있다. 실제적으로 필요한 데이터는 나라 이름이기 때문에 'Team (IOC?code)' column

```
1  test_df = summer[summer['Team (IOC?code)'].str.contains('South Korea')]
2  test_df
```

	Team (IOC?code)	S-G	S-S	S-B	S-Total
74	?South Korea?(KOR)	96	91	100	287

코드 8.41 원하는 데이터 형태 확인

값에 포함된 불필요한 부분을 정리해 보자. 코드 8.42의 6번째 줄에서 iloc를 적용하여 인덱스 0, 즉 첫 번째 column에 대한 전체 row에 대해 코드 8.42의 1번째 줄에서 정의한 cleaning 함수를 적용한다. apply 메소드를 통해 넘겨받은 첫 번째 column의 각 row 데이터가 자동으로 cleaning의 파라미터가 된다. 정의한 cleaning 함수에서는 문자열에 물음표 기호가 있다면 물음표를 기준으로 문자열을 나눠 인덱스 1에 해당하는 값, 즉 '?'표 다음의 문자열에 해당하는 나라 이름을 선택하고 선택한 문자열에서 replace를 사용해 물음표는 삭제한다. 해당 데이터는 모든 값에 물음표가 포함되어 있지만, 만약 물음표가 존재하지 않는 경우는 코드 8.42의 4번째 줄과 같이 문자열 x를 그대로 반환한다. 코드 8.42의 6번째 줄에서 두 번째 apply 메소드에서는 cleaning에서 반환된 문자열에서 빈칸이 있다면 삭제하는 내용이다.

```
1  def cleaning(x) :
2    if str(x).find("?") != -1 :
3      return str(x).split("?")[1].replace("?","")
4    return str(x)
5
6  summer.iloc[:, 0].apply(cleaning).apply(lambda x:x.replace(" ",""))
7  summer.head()
```

	Team (IOC?code)	S-G	S-S	S-B	S-Total
0	Afghanistan	0	0	2	2
1	Algeria	5	4	8	17
2	Argentina	21	26	30	77
3	Armenia	2	8	8	18
4	Australasia	3	4	5	12

코드 8.42 특정 열의 데이터 원하는 형태로 정제

코드 8.42의 결과에서 확인할 수 있듯이 column 명에는 그대로 '?' 문자가 포함되어 있다. column 명을 'Team (IOC?code)'에서 'Team'으로 변경하여 header를 수정한 내용은 코드 8.43에 해당하며, 결과에서 정상적으로 column 명이 변경됨을 확인할 수 있다. 코드 8.43의 2번째 줄은 '?' 내용을 모두 제거한 summer 데이터 프레임의 상위 5개 데이터를 확인한 내용이다.

```
1  summer.rename(columns = {'Team (IOC?code)' : 'Team'}, inplace = True)
2  summer.head()
```

	Team	S-G	S-S	S-B	S-Total
0	Afghanistan	0	0	2	2
1	Algeria	5	4	8	17
2	Argentina	21	26	30	77
3	Armenia	2	8	8	18
4	Australasia	3	4	5	12

코드 8.43 column 명 수정

위와 같은 단계로 pandas를 활용하여 원하는 형식으로 모든 데이터에 대한 작업을 적용하였다면, to_excel 메소드를 사용하여 생성한 데이터 프레임을 저장할 수 있다. 코드 8.44의 내용과 같이 정리가 된 내용을 'summer_olympic.xlsx' 파일로 저장할 수 있다. 만약 특정 경로를 지정하여 저장하고 싶다면 파일 이름에 해당 경로를 포함하여 적용하면 원하는 폴더에 pandas로 처리한 데이터를 엑셀 형식으로 저장할 수 있다.

```
1  summer.to_excel('summer_olympic.xlsx')
```

```
1  !dir summer*
```

```
C 드라이브의 볼륨: Windows
볼륨 일련 번호: C05B-779F

C:\Users\한옥영\데분기 디렉터리

2022-02-13  오전 03:10            12,468 summer_olympic.xlsx
               1개 파일              12,468 바이트
               0개 디렉터리   369,391,665,152 바이트 남음
```

코드 8.44 엑셀 파일로 분석 결과 내보내기

올림픽 메달 데이터에 pandas를 활용하여 단순히 데이터를 정리하는 내용만을 검토해 보았다. 데이터 분석의 목적에 따라 국가별 하계 올림픽과 동계 올림픽에 대한 통합적 분석, 또는 메달 기준별 분석 등 다양한 데이터 분석이 추가적으로 진행될 수 있다. 데이터만 있다면 그 데이터를 가지고 분석할 수 있는 다양한 결과를 생성할 수 있는 것이 진정한 데이터 분석가의 모습일 것이다. 책에서 다루고 있는 내용을 넘어서 관심 있는 데이터 분석을 자기 주도적으로 진행하여 데이터를 분석하는 것에 있어서 자신감을 키울 수 있기를 바라며, 이 책의 모든 독자들이 그러한 고수의 단계로 성장할 수 있도록 이 책이 도움이 될 수 있기를 소망한다.

데이터 시각화를 위한
matplotlib

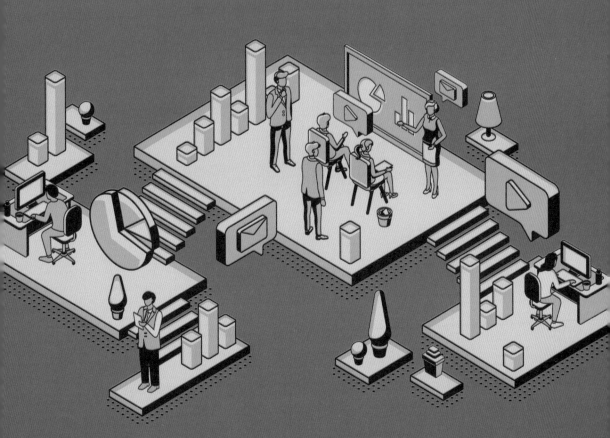

numpy와 pandas까지 활용하는 법을 익혔다면, 이제 데이터 분석을 위한 패키지 삼총사의 마지막 멤버로 시각화를 담당하는 matplotlib에 대하여 공부해 보기로 하자.

9-1 시각화 이해하기

시각화는 데이터 분석의 결과를 확인하기 위한 매우 효율적인 방법이다. 시각화가 포함되지 않는다 해서 데이터 분석이 완성되지 않는 것은 아니다. 다만 더 나은 데이터 분석 또는 데이터의 관계 확인을 위한 과정에서 데이터 시각화는 중요하다.

데이터 시각화 개념

데이터 시각화란, 데이터를 그래픽 요소로 매핑하여 시각적으로 표현하는 것을 의미한다. 가공되지 않은 로우 데이터(Raw Data, 미가공 데이터)를 그대로 표현하는 것이 아

그림 9.1 데이터 시각화의 개념

니라 원하는 정보를 추출하여 자료를 시각화하는 과정이다. 따라서 탐색적 데이터 분석(EDA) 과정이 데이터 시각화하기에 앞서 필수적으로 진행되어야 한다. 데이터 시각화는 차트, 그래프, 맵과 같은 시각적 요소를 통해 데이터를 표현하고, 데이터의 방향성, 이상치, 패턴 등을 보고 이해할 수 있도록 도와준다. 이와 같이 데이터가 범람하는 빅데이터 시대에서, 데이터 시각화 기술은 막대한 양의 정보를 분석하고 데이터 기반 의사 결정을 내리기 위해 필수적인 요소이다.

시각화의 중요성

데이터 시각화의 개념에서 설명했듯이, 데이터 시각화는 데이터 분석의 꽃이라고 할 수 있다. 시각화된 자료는 자료를 보는 사람이 이해하기 쉽고 한눈에 파악할 수 있도록 돕는다. 인간의 가장 강력한 감각 기관은 눈이다. 인간의 다섯 감각 기관 중에서 대역폭과 처리 능력이 가장 크기 때문에, 사람들은 시각 중심적 환경에서 살아가고 있다. 따라서 시각을 가장 강력한 지각 능력으로 사용하는 인간들이 데이터를 이해하게 하기 위한 방법으로 시각화는 매우 효과적인 방법일 것이다.

그림 9.2 시각화의 중요성

그림 9.2와 같이 텍스트 기반 자료에서 이해하기 힘들고 정확한 관계 확인이 어려운 경우라도 시각화를 적용하면 데이터에 대한 관계가 확실하게 보여지며 데이터가 나타내는 의미를 쉽게 확인할 수 있다. 데이터 분석이 혼자만의 확인이라 할지라

도 반드시 시각화하여서 자신이 이해한 결과가 맞는지 확인하는 과정을 권장한다. 더 나아가 누군가 결과만을 확인할 사람을 위해서 시각화는 필수이다.

시각화의 역사

시각화에 대한 관심은 그림 9.3과 같이 1980년대 후반부터 집중적으로 높아지기 시작했다. 인터넷의 활성화로 인해 수많은 정보가 생겼고, 1980년대 들어서면서 빅데이터가 증가되었다. 따라서 데이터가 적을 때에 비해 시각화에 갈수록 관심이 향하게 된 것이다. 이처럼 중요한 데이터 시각화는 수많은 데이터 속에서 유의미한 결과를 나타내 이해하게 도와준다.

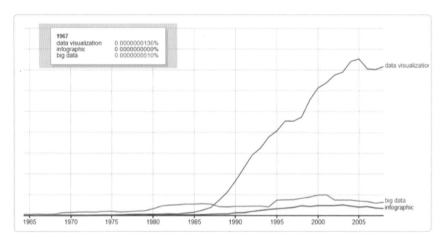

그림 9.3 시각화의 역사
출처: https://visualize.tistory.com/112

시각화 적용 단계

데이터 분석에서 시각화를 적용하는 과정은 그림 9.4와 같다. 우선 데이터 이해(Data Understanding) 단계에서 데이터에 대한 전체적인 이해를 통해 분석을 어떻게 진행할지 계획을 세운다. 그 이후에는 데이터 준비 과정(Data Preparation)을 위하여 분석하고자 하는 데이터를 인터넷에서 내려받거나, 공공데이터를 활용하거나, 설문을 통해 만드는 등의 다양한 방식으로 준비한다. 이렇게 준비한 데이터는 탐색적 분석/모델링 (Exploratory Analysis / Modeling) 단계에서, EDA를 진행하면서 시각화를 통해 데이터에 대한 이해를 심화할 수 있다. EDA 이후에 데이터를 분석하고 나서는 그 분석 결과가 유효한지 검증(Validation) 단계에서 확인한다.

마지막으로 시각화 및 표현(Visualization & Presentation) 단계에서 최종 시각화가 이뤄진다. 데이터를 완벽하게 분석했어도 그 결과를 다른 사람들이 이해하지 못한다면 의미가 없기 때문에, 분석 결과를 공유할 수 있도록 시각화가 진행되어야 한다.

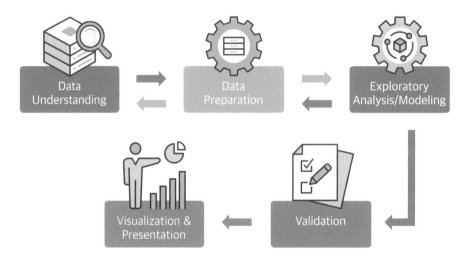

그림 9.4 시각화 적용 단계
출처: https://en.wikipedia.org/wiki/Cross-industry_standard_process_for_data_mining

9-2 pandas 활용 시각화

앞에서 학습한 pandas만을 활용해서도 시각화가 가능하다. pandas가 제공하는 기본적인 시각화 기능을 학습해 보자.

pandas에서의 시각화

9장의 제목은 데이터 시각화를 위한 matplotlib이지만, pandas에서도 시각화 기능을

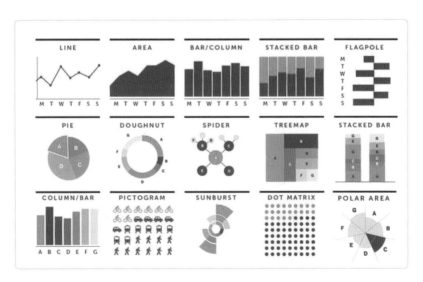

그림 9.5 Pandas에서의 시각화

출처: https://medium.com/we-are-orb/introduction-to-data-visualization-with-pandas-21709985ff67

일정 부분 지원한다. pandas 자체에서 제공하는 시각화 도구가 아니라 matplotlib를 내부적으로 사용하여 제공하는 시각화 도구에 해당한다. 그림 9.5를 보면 다양한 그래프들이 있는데, 시각화를 적용하는 분석자 스스로 이러한 그래프들을 분석하고자 하는 데이터에 맞게 적재적소에 선택하여 사용할 수 있는 안목을 길러야 한다.

다양한 시각화 활용 예 – 치매센터 데이터

pandas가 제공하는 시각화 도구를 활용하여 실제로 시각화를 어떻게 구현할 수 있는지 공공데이터를 통해 확인해 보도록 하자. 시각화하기에 알맞은 데이터로는 대표적으로 수치 데이터를 생각할 수 있다. 이를 위하여 공공데이터포털에서 전국치매센터 표준데이터를 내려받아 시각화해 보자. 데이터 수집을 위한 사이트는 그림 9.6에서 확인할 수 있다.

그림 9.6 다양한 시각화 활용 예 - 치매센터 데이터

코드 9.1은 내려받은 치매센터 데이터의 파일명을 Alzheimer.csv 파일명으로 변

경하여 저장한 후 열의 이름들을 바꾸는 등의 전처리가 끝난 데이터 파일의 내용을 read_csv 메소드를 사용하여 dataset 변수에 저장하여 확인하고 있다. 해당 데이터에 대해 시각화를 적용해 보자.

```
1  import pandas as pd
2  dataset = pd.read_csv("Alzheimer.csv",encoding='cp949')
3  dataset
```

	CENTER	ADDRESS	DOCTOR	NURSE	SOCIAL_WORKER	ETC	OPERATING	MANAGIN
0	구리시 치매안심 센터	경기도 구 리시 인창 동 674-3	1	8	0	5	구리시보건 소	구리시
1	치매안심 센터	경기도 광 주시 초월 읍 쌍동리 163-7	1	7	5	3	광주시보건 소	광주시보
2	상주시치 매안심센 터	경상북도 상주시 무 양동 33-4	1	10	0	3	상주시치매 안심센터	상주시보
3	나주시 치매안심 센터	전라남도 나주시 이 창동 740-1	1	8	3	작업 치료 사(4) 임상	나주시	나주시 보

코드 9.1 데이터 프레임 생성

코드 9.2를 보면 matplotlib 모듈을 불러오지 않았음에도 출력결과에 matplotlib. axes...와 같이 결과 부분에 적혀 있다. pandas 모듈로 시각화를 할 때에는 matplotlib 모듈의 일부 기능을 사용해서 자료가 만들어지기 때문에 이런 문구를 출력되는 것이다. 코드 9.2는 plot 메소드의 기본형인 line plot 그래프가 출력되어 있다. 출력된 그래프에서 y축은 의사와 간호사 및 사회복지사들의 수를 나타내고, x축은 어떤 행의 데이터인지 나타내는 인덱스 번호로 구성된다. 그래프의 x축 값이 0에 해당하는 그래프의 y값을 보면, 근무자들의 수가 코드 9.1에서의 0번째 행의 치매센터에 의사가 1명, 간호사가 8명, 사회복지사가 0명 존재한다는 정보와 일치한다는 것을 확인할 수 있다.

```
1  dataset.plot()
```
<matplotlib.axes._subplots.AxesSubplot at 0x15d38742438>

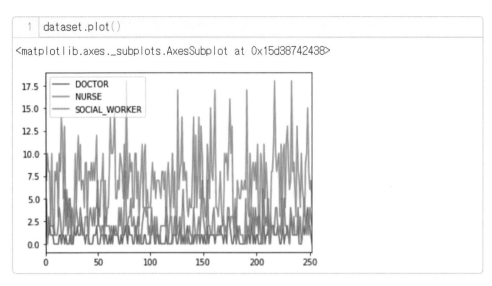

코드 9.2 치매센터 데이터 - 선그래프

코드 9.3에서는 plot.bar 메소드를 통해 의사와 간호사에 대해, 데이터의 인덱스 상위 15개의 행들에 대해서만 막대그래프로 시각화하여 나타낸다. 시각화 결과를 보면 의사가 없거나 부족한 센터가 많은 것이 쉽게 파악이 가능하며, 이런 센터에 의사를 보충해야 한다는 정책 또는 의사결정 등을 고려해 볼 수 있다.

```
1  dataset[[ 'DOCTOR', 'NURSE' ]].head(15).plot.bar()
```
<matplotlib.axes._subplots.AxesSubplot at 0x15d387c1320>

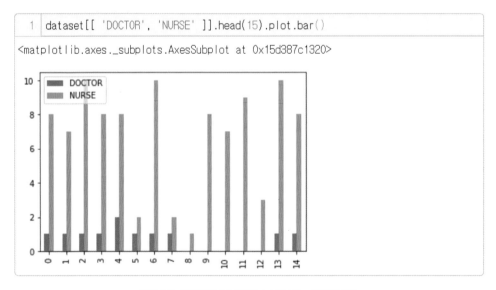

코드 9.3 치매센터 DOCTOR & NURSE - 막대그래프

코드 9.4에서는 plot.bar 메소드에서 stacked 인자의 값을 True로 전달하여 누적 막대(stacked bar) 형태의 그래프로 시각화하였다. 그래프의 각 막대를 확인해 보면 색깔별로 의사, 간호사, 사회복지사들의 데이터가 막대로 쌓여 있다.

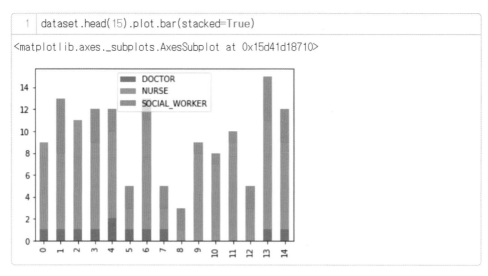

코드 9.4 치매센터 데이터 - 누적 막대그래프

코드 9.5에서는 kind 인자의 값을 scatter로 지정하여 산점도 그래프를 나타내고

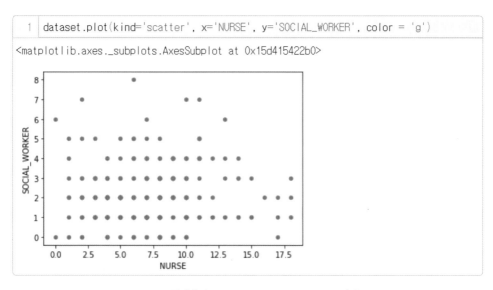

코드 9.5 치매센터 SOCIAL_WORKER & NURSE - 산점도

있다. 또한 color 인자에는 g를 전달했는데, g는 green을 뜻하기 때문에 그래프의 점들도 초록색으로 나타났다. 이와 비슷하게 만약 b를 전달한다면 blue(파란색), k로 전달한다면 black(검은색)으로 나타난다. x축에는 간호사의 수, y축에는 사회복지사의 수를 설정하였는데, 여기서의 그래프는 정보를 한눈에 확인하기가 비교적 힘들다. 따라서 이 데이터에서 간호사와 사회복지사 간의 관계를 확인하기에 산점도 그래프는 적절하지 않다는 것을 알 수 있다. 어떤 데이터에는 어떤 그래프가 적절할지 고민해 보면서 계속 다양한 그래프들을 확인해 보도록 하자.

코드 9.6에서는 1번째 줄에서 sort_values 메소드를 통해서 간호사의 수를 기준으로 내림차순으로 정렬하여 dataset1에 새로 저장한다. 그리고 2번째 줄에서 정렬된 데이터에서 상위 30개의 센터의 간호사 수를 plot.bar 메소드를 통해 막대그래프로 시각화한다. 여기서 x축은 행의 번호로 표시되는데, 치매센터의 이름으로 나타낸다면 시각화 자료를 보는 사람이 데이터를 더 이해하기 쉬울 것이라는 사실을 알 수 있다.

```
1  dataset1= dataset.sort_values("NURSE", ascending = False)
2  dataset1['NURSE'].head(30).plot.bar()
```

<matplotlib.axes._subplots.AxesSubplot at 0x15d39ecd3c8>

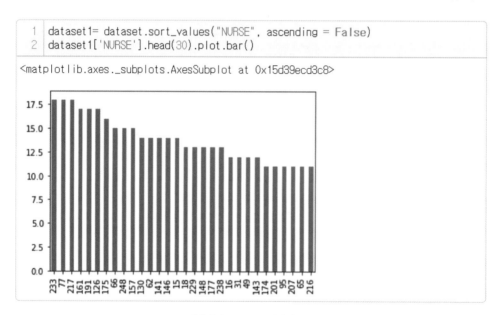

코드 9.6 치매센터 NURSE - 내림차순 막대그래프

코드 9.7에서는 앞에서 정렬했던 dataset1에서의 상위 20개의 행에 대해 plot.bar 메소드로 의사와 간호사 데이터에 대한 정보를 막대그래프로 시각화하였다. 특히 plot.bar 메소드에서 title 인자를 DOCTOR vs NURSE 로 전달하여 그래프 상단에 해

```
1  dataset1[['DOCTOR', 'NURSE']].head(20).plot.bar(title="DOCTOR vs NURSE")
```

```
<matplotlib.axes._subplots.AxesSubplot at 0x15d3a32f390>
```

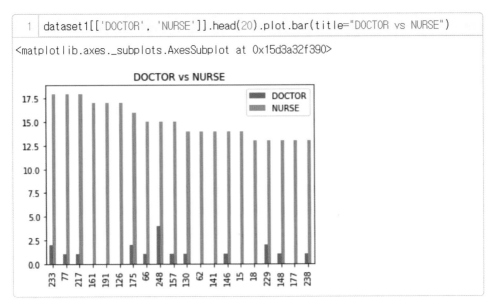

코드 9.7 치매센터 정렬된 NURSE & DOCTOR - 막대그래프

당 제목이 출력된 것을 확인할 수 있다.

코드 9.8와 같이 그래프의 색을 원하는 대로 설정하는 것도 가능하다. plot.bar 메소드 안에서 color 인자에 대해 b, yellow, orange로 설정하여, 1번째 줄에서 선택한 간호사, 사회복지사, 의사의 순서대로 파란색, 노란색, 오렌지색의 막대그래프가 그려

```
1  dataset1[['NURSE', 'SOCIAL_WORKER', 'DOCTOR']].head(7).plot.bar(color=['b', 'yellow', 'orange'])
```

```
<matplotlib.axes._subplots.AxesSubplot at 0x15d3c7ba0f0>
```

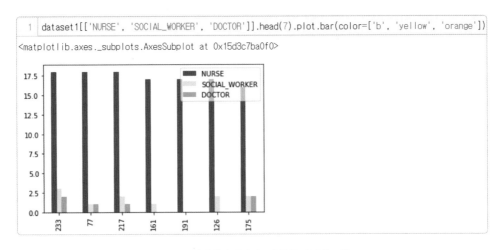

코드 9.8 치매센터 데이터 - 색상 설정 막대그래프

지고 있다. 서로 다른 색을 사용하여 데이터를 쉽게 구변하는 것은 바람직하지만, 시
각화 자료를 확인하는 사람 눈의 피로도를 높이는 색 사용은 지양한다.

코드 9.9와 같이 groupby 메소드를 통해 특정 열을 기준으로 데이터들을 묶을
수도 있다. 시각화된 그래프를 보면 x축에서 간호사의 수를 기준으로, 동일한 간호사
의 수를 가지는 치매센터들에서의 의사와 사회복지사의 수에 대한 합계가 하나의 막
대그래프로 나타낸 것을 확인할 수 있다.

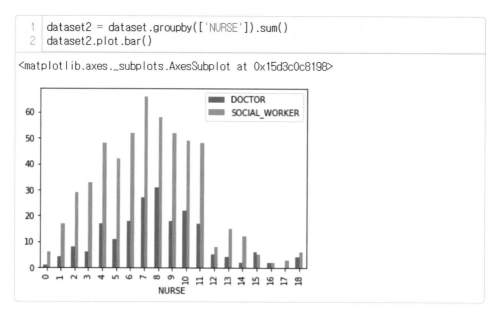

```
1  dataset2 = dataset.groupby(['NURSE']).sum()
2  dataset2.plot.bar()
```

<matplotlib.axes._subplots.AxesSubplot at 0x15d3c0c8198>

코드 9.9 치매센터 NURSE 수 기준 & SOCIAL_WORKER - 막대그래프

코드 9.10와 코드 9.11에서는 plot.pie 메소드를 통해 앞에서 생성했던 간호사 수
에 따른 의사와 사회복지사 수에 대한 데이터에 해당하는 dataset2에서, head 메소드
를 통해 간호사가 0명부터 9명 있는 치매센터들의 경우로 한정하여, 의사들의 숫자의
합을 파이 그래프로 나타내고 있다. 코드 9.11에서 autopct는 파이 그래프 상의 비율
을 소수점 아래 몇자리까지 표시할 것이냐 지정하는 인자이다. 여기서는 %.2f로 인자
를 전달하여 파이차트에서 소수점 이하 둘째 자리까지 비율을 표기하고 있는 것을 확
인할 수 있다.

```
1  dataset2.head(10)
```

NURSE	DOCTOR	SOCIAL_WORKER
0	1	6
1	4	17
2	8	29
3	6	33
4	17	48
5	11	42
6	18	52
7	27	66
8	31	58
9	18	52

코드 9.10 치매센터 NURSE 수 기준 - DOCTOR & SOCIAL_WORKER

```
1  dataset2["DOCTOR"].head(10).plot.pie(autopct='%.2f')
```

<matplotlib.axes._subplots.AxesSubplot at 0x15d3c9f25f8>

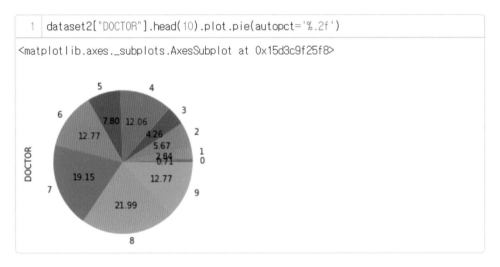

코드 9.11 치매센터 NURSE 수 기준 DOCTOR - 파이차트

다양한 시각화 활용 예 – 교통 관련 데이터

치매센터 데이터에 이어 교통 관련 데이터를 시각화해 보자. 다양한 공공데이터를 내려받아 시각화를 적용하는 연습이 실력 향상에 많은 도움이 될 것이다.

그림 9.7
다양한 시각화 활용 예
- 교통 관련 데이터

시각화하기 용이하도록 내려받은 데이터를 전처리한 후에 pandas를 적용하여 데이터프레임으로 생성하여 내용을 확인한 결과가 코드 9.12이다.

```
1  import pandas as pd
2  df = pd.read_csv("Traffic.csv")
3  df
```

	TIME	TRAFFIC	SPEED
0	7:00	2831	101.0
1	8:00	3190	97.4
2	9:00	4513	89.0
3	10:00	5303	85.4
4	11:00	5164	85.3
5	12:00	4957	87.6
6	13:00	5078	91.3
7	14:00	5393	68.1
8	15:00	4813	63.8
9	16:00	4918	70.4
10	17:00	4773	75.1
11	18:00	4482	90.7

코드 9.12 다양한 시각화 활용 예
- 교통 관련 데이터

코드 9.13에서 이 데이터프레임을 plot 메소드를 통해 시각화로 확인하였다. 여기서 x축의 값은 행의 번호로 표시되고 있는데, plot 메소드를 특정 인자 없이 기본으로 사용하면 수치 자료가 아닌 항목은 제외되기 때문이다. 따라서 코드 9.14와 같이 x축

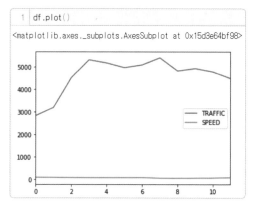

코드 9.13 교통 관련 데이터 - 선그래프

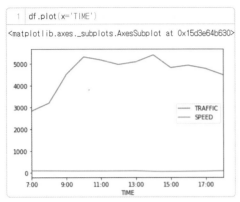

코드 9.14 교통 관련 데이터 - X축 반영

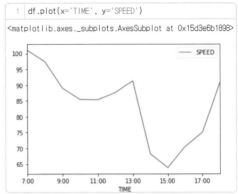

코드 9.15 교통 관련 데이터 - TIME별 SPEED

의 값을 TIME열에 해당하는 값으로 지정해 줄 수 있다. 하지만 여기서 시각화된 **코드 9.14** 그래프의 문제는 파란 선으로 표시된 교통량 데이터와 오렌지색으로 표시된 속력 데이터가 공통된 y축 값을 사용하고 있다는 점이다. 교통량에 비해 속력의 값의 변동량이 너무 작아서 오렌지색 그래프가 거의 직선으로 표시되고 있는 것을 확인할 수 있다.

따라서 **코드 9.15**와 같이 x축과 y축에 대응되는 속성을 시간대별 속도를 지정하면, 이해하기 쉬운 시각화된 결과를 얻을 수 있다.

area 메소드를 사용하면 **코드 9.16**과 같이 그래프가 표시한 면적을 지정한 색상

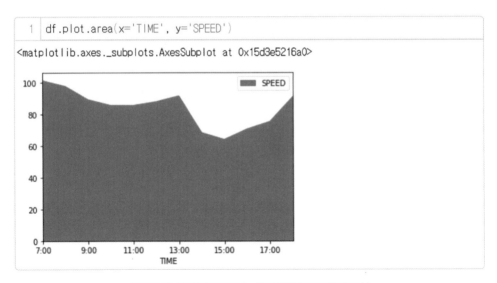

코드 9.16 교통 관련 데이터 - 시간대별 속도 영역 색 표시

으로 채울 수 있다. 기본 시각화 색은 b에 해당하는 blue(파란색)이어서 **코드 9.16**의 결과가 파란색으로 영역을 표시하였다.

표 9.1에서 확인할 수 있는 시간대별 교통량과 속도에 대한 **코드 9.17**은 교통량 데이터를 box 메소드를 통해 시각화하였다. 박스 그래프 부분의 최상단은 교통량의 최댓값인 5393을 가리키고, 최하단은 4513을 가리킨다. 4513와의 차이가 현저하게 큰 두 값인 이상치 2831, 3190은 아래쪽의 작은 원으로 표시된다.

	TIME	TRAFFIC	SPEED
0	7:00	2831	101.0
1	8:00	3190	97.4
2	9:00	4513	89.0
3	10:00	5303	85.4
4	11:00	5164	85.3
5	12:00	4957	87.6
6	13:00	5078	91.3
7	14:00	5393	68.1
8	15:00	4813	63.8
9	16:00	4918	70.4
10	17:00	4773	75.1
11	18:00	4482	90.7

표 9.1 다양한 시각화 활용 예
- 교통 관련 데이터

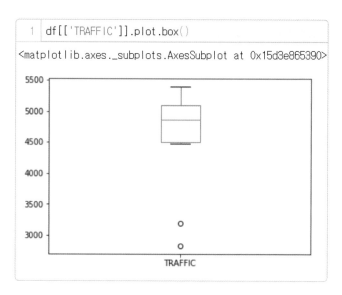

```
1  df[['TRAFFIC']].plot.box()
```
<matplotlib.axes._subplots.AxesSubplot at 0x15d3e865390>

코드 9.17 교통 관련 데이터 - 교통량에 대한 박스 플롯

코드 9.18에서는 hist 메소드를 통해 히스토그램 그래프를 나타낸다. 여기서의 히스토그램은 x축에 해당하는 속력의 범위에 포함되는 df의 행 개수를 나타낸다. 따라서 그래프를 보면 **표 9.1**의 자료와 같이 SPEED 값이 65부근에 해당하는 행이 인덱스 번호 8인 행 하나이며, 70부근에 해당하는 행이 인덱스 번호 7과 9 두 개가 있는 것을 쉽게 파악할 수 있다.

만약 속도의 구분을 5개로 나누어 히스토그램을 나타내고 그리드를 추가하여 눈금을 확인하고자 하면, **코드 9.19**를 참고하면 된다.

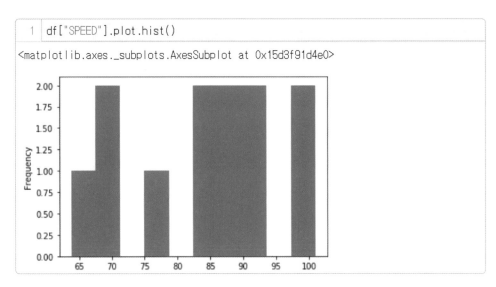

```
1  df["SPEED"].plot.hist()
```

```
<matplotlib.axes._subplots.AxesSubplot at 0x15d3f91d4e0>
```

코드 9.18 교통 관련 데이터 - SPEED의 히스토그램

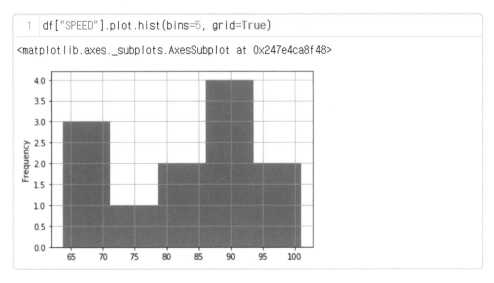

```
1  df["SPEED"].plot.hist(bins=5, grid=True)
```

```
<matplotlib.axes._subplots.AxesSubplot at 0x247e4ca8f48>
```

코드 9.19 교통 관련 데이터 - bins수 지정

지금까지 pandas를 통한 시각화를 알아보았다. 다음은 본격적으로 matplotlib 라이브러리를 활용한 시각화를 다루어 보기로 하자.

9-3 Matplotlib 활용 시각화

분석을 위한 삼총사, matplotlib에 대하여 본격적으로 학습해 보자.

그림 9.8
분석을 위한 3총사

matplotlib 사용법

matplotlib는 Anaconda를 설치했다면 기본적으로 같이 설치되는 라이브러리이다.
import를 통해 파이썬에서 사용하기 위해서는 **코드 9.20**과 같이 코드를 작성하면 된다.

```
from matplotlib import pyplot as plt
```

코드 9.20
matplotlib 사용법

또는 다음과 같은 코드를 통하여 라이브러리 사용 환경을 만들 수 있다.

```
import matplotlib.pyplot as plt
```

어떤 그래프를 그릴까?

matplotlib을 통해 어떤 그래프를 그릴 수 있는지는 공식 웹사이트인 matplotlib.org 에서 확인이 가능하다. 그림 9.9와 같이 공식 웹사이트에서 Gallery에 들어가면 다양한 형태의 그래프와 해당 그래프의 사용법에 대한 설명글로 연결되는 링크가 있다.

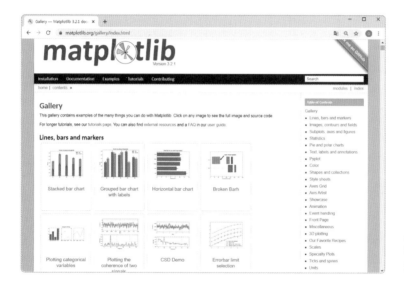

그림 9.9
어떤 그래프를
그릴 수 있나요?

pyplot의 다양한 예

이제 pyplot의 다양한 예시에 대한 코드와 시각화된 결과를 확인해 보자. 코드 9.21의 1번째 줄에서 우선 matplotlib 라이브러리를 불러온다. 그리고 2번째와 3번째 줄에서 plt.plot 메소드를 통해 x축은 years 리스트의 값, y축은 gdp 리스트의 값을 갖는 선 그래프를 그리고 있다. 그리고 4번째 줄에서 color 인자를 green으로 전달하여 그래프가 초록색으로 나타나고 있고, marker 인자는 o로 전달하여 그래프에서의 점이 작

```
1  from matplotlib import pyplot as plt
2  years = [1950, 1960, 1970, 1980, 1990, 2000, 2010]
3  gdp = [300.2, 543.3, 1075.9, 2862.5, 5979.6, 10289.7, 14958.3]
4  plt.plot(years, gdp, color='green', marker='o', linestyle='solid')
5  plt.title('GDP Report')
6  plt.ylabel('Billions of $')
7  plt.xlabel('Years')
8  plt.show()
```

코드 9.21 pyplot의 다양한 예 - 선그래프 1

은 원형으로 표시된다. linestyle 인자는 solid를 전달하여 점선 등이 아닌 일반적인 실선 형태로 그래프가 나타난다. 이후에는 5~7번째 줄에서 그래프에 대한 제목 및 각 축에 대한 라벨을 명시하고, 마지막으로 8번째 줄에서 plt.show 메소드를 통해 그래프를 화면에 표시한다.

코드 9.22는 3번째 줄에서 numpy 라이브러리를 통해 x축 값으로 지정할 x 변수에 0부터 5까지 10개의 점으로 나눈 배열을 저장하고, 4번째 줄에서 y축 값으로 지정할 y 변수에는 x에 대한 제곱값을 주고 있다. 그리고 5번째 줄에서 plot 메소드에 x와 y축의 값을 지정해 주고, 그래프의 색상은 r 값을 전달하여 빨간색으로, marker 인자는 'x'를 전달하여 그래프에서의 점을 ×표시로 나타낸다. 이와 같이 color인자를 전달할 때는 "color="를 생략하고 색상 값만 전달하는 것도 가능함을 기억하자.

```
1  import matplotlib.pylab as plt
2  import numpy as np
3  x = np.linspace(0, 5, 10)
```

```
4  y = x ** 2
5  plt.plot(x,y,'r',marker='x')
6  plt.xlabel('x-axis')
7  plt.ylabel('y-axis')
8  plt.title('y=x**2')
9  plt.show()
```

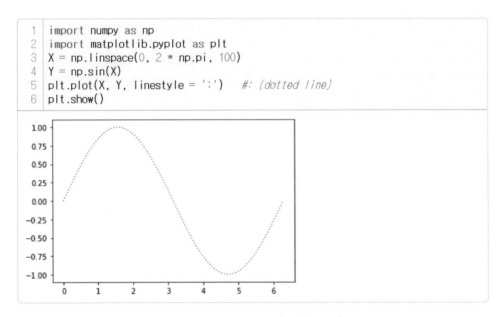

코드 9.22 pyplot의 다양한 예 - 선그래프 2

코드 9.23와 같이 numpy와 matplotlib을 같이 사용해 sin그래프와 같은 다양한 수학적 그래프를 시각화할 수도 있다. 3번째 줄에서 np.pi를 사용하여 x축에 대한 정

```
1  import numpy as np
2  import matplotlib.pyplot as plt
3  X = np.linspace(0, 2 * np.pi, 100)
4  Y = np.sin(X)
5  plt.plot(X, Y, linestyle = ':')   #: (dotted line)
6  plt.show()
```

코드 9.23 pyplot의 다양한 예 - 점선 sin그래프

- Line style
  - ✓ - (solid line)
  - ✓ -- (dashed line)
  - ✓ -. (dash-dot line)
  - ✓ : (dotted line)

그림 9.10 pyplot의 다양한 선 종류

보를 0부터 2π까지 100개의 점으로 나누고, y값은 이러한 x에 대한 sin(x)값으로 4번째 줄에서 지정하였다. 그리고 5번째 줄에서 linestyle 인자를 콜론(':')으로 전달하여 실선이 아닌 점선 그래프로 plot이 출력하였다.

matplotlib에서 그래프 선의 형태는 **그림 9.10**과 같이 linestyle 인자를 전달하는 것에 따라 다르게 나타난다. -은 실선인 solid line, --은 파선인 dashed line, -.은 점 쇄선인 dash-dot line, : 은 점선인 dotted line에 해당한다.

코드 9.24에서는 axis 메소드를 통해서 각 축의 범위를 지정하고 있다. 2번째 줄의 plot 메소드에서는 나타낼 데이터의 x값과 y값을 각각의 리스트로 지정하고, 색상 및 점의 모양에 대해서는 ro로 한번에 전달하고 있다. 그리고 3번째 줄에서 axis 메소드에 [0, 5, 0, 18] 리스트를 전달하여 앞의 두 값인 0부터 5를 x축의 범위로 설정하고 뒤의 두 값인 0부터 18을 y축의 범위로 설정한다.

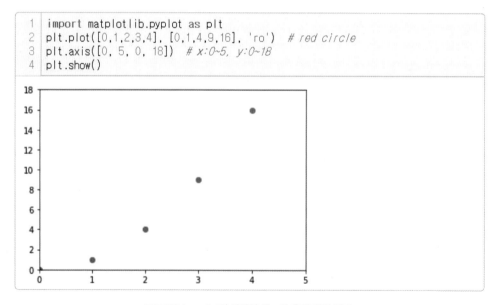

```
1  import matplotlib.pyplot as plt
2  plt.plot([0,1,2,3,4], [0,1,4,9,16], 'ro')   # red circle
3  plt.axis([0, 5, 0, 18])  # x:0~5, y:0~18
4  plt.show()
```

코드 9.24 pyplot의 다양한 예 - 각 축의 범위 지정

한 plot 내에 복수개의 그래프를 나타내는 것도 가능하다. **코드 9.25**의 3번째 줄

```
1  import matplotlib.pyplot as plt
2  import numpy as np
3  t = np.arange(0.0, 5.2, 0.2)
4  plt.plot(t, t, t, t**2, 'rs', t, t**3, 'g^')
5  plt.show()
```

코드 9.25 pyplot의 다양한 예 - 3개의 그래프를 하나에 표시

에서 우선 x축 값을 나타낼 범위를 np.arange 메소드를 통해 지정한다. 그리고 4번째 줄에서 plot 메소드에서 세 가지 그래프에 대한 각 축의 값들을 지정해 준다. 선 그래프에 해당하는 첫 번째 그래프는 $y = x$ 형태로, 두 번째 그래프는 빨간색 네모로 점이 찍힌 그래프 $y = x^2$ 형태로, 세 번째 그래프는 초록색 세모로 점이 찍힌 그래프로 $y = x^3$ 형태로 정의하였다. 그리고 4번째 줄에서 빨간색은 r, 초록색은 g, 네모는 s, 세모는 ^로 줄여서 인자로 전달할 수 있음을 알 수 있다.

코드 9.26와 같이 한 plot 내에서 여러 subplot을 나타낼 수도 있다. 5번째 줄과 7번째 줄에서 subplot 메소드 내의 인자를 보면 각각 1, 2, 1과 1, 2, 2로 전달한 것을 볼 수 있는데, 여기서 앞의 공통된 두 숫자 1, 2는 plot 내의 subplot을 1행 2열의 형태로 나눠서 출력한다는 뜻이다. 그리고 일치하지 않는 마지막 숫자는 subplot들에 대한 인덱스

```
1  import matplotlib.pyplot as plt
2  import numpy as np
3  x=np.linspace(0, 5, 10)
4  y = x ** 2
5  plt.subplot(1,2,1)
6  plt.plot(x, y, 'r--')
7  plt.subplot(1,2,2)
8  plt.plot(y, x, 'g*-')
9  plt.show()
```

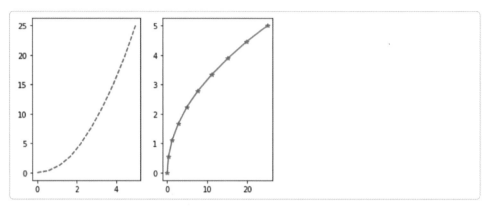

코드 9.26 pyplot의 다양한 예 - subplot: 2개의 열

값이다. 이 인덱스 값은 1부터 시작하여 좌측부터 우측의 방향으로 증가하게 된다. 따라서 **코드 9.26**에서의 왼쪽 subplot은 인덱스가 1, 오른쪽 subplot은 인덱스가 2가 되는 것이다.

코드 9.26과 같은 그래프들을 **코드 9.27**에서는 5번째와 7번째 줄에서 subplot 메

```python
1  import matplotlib.pyplot as plt
2  import numpy as np
3  x=np.linspace(0, 5, 10)
4  y = x ** 2
5  plt.subplot(211)
6  plt.plot(x, y, 'r--')
7  plt.subplot(212)
8  plt.plot(y, x, 'g*-')
9  plt.show()
```

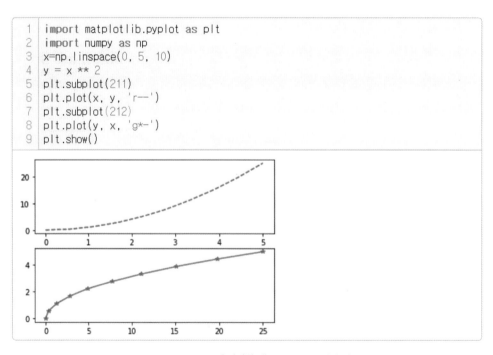

코드 9.27 pyplot의 다양한 예 - subplot: 2개의 행

소드의 인자를 211, 212로 전달하여 2행 1열의 형태로 두 subplot을 나타내고 있다. subplot의 행과 열, 인덱스 인자 간의 쉼표를 생략해서 표현할 수도 있다는 점을 알 수 있다. 이와 같이 두 코드에서는 서로 같은 그래프를 시각화하고 있지만, plot의 구성 또는 형태에 따라 보는 사람이 느끼기에 정보를 다르게 받아들일 수 있다. 그러므로 어떤 방식으로 시각화를 해야 본인이 원하는 방식으로 정보를 전달할 수 있을지 고민이 필요하다.

코드 9.28에서는 2행 3열의 구조를 갖는 1번부터 6번까지의 subplot들을 순서대로 시각화하여 그림 9.11에서 보여주고 있다. 그림 9.11에서 확인할 수 있듯이 행의 개수, 열의 개수, 이후에 붙는 subplot의 순서는 왼쪽 상단에서 우측으로 이동 후 열의 개수만큼 표시되면 아래 줄로 진행하며 우측 하단으로 번호가 배정된다.

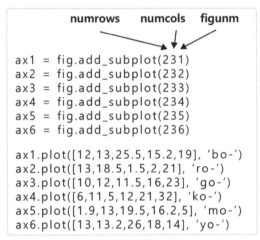

코드 9.28 pyplot의 다양한 예 - 여러 개의 subplot

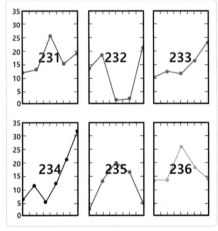

그림 9.11 코드 9.28의 결과

앞에서 살펴본 경우는 모든 subplot들의 크기가 동일했다. 코드 9.29에서는 서로 다른 크기의 subplot을 나타내기 위한 방법을 보여준다. 6, 6 크기의 plot을 figure 메소드를 통해 잡아주고, gridspec.Gridspec 메소드에서는 우선 subplot을 3행 2열의 구조로 지정해 준다. 그 이후에 width_ratios 인자를 통해 두 열의 비율을 1 : 1로 지정하고, height_ratios 인자를 통해 세 행의 비율을 1 : 1 : 2로 지정하여 서로 다른 크기의 subplot의 구역을 정해 준다. 그리고 a×5 = fig.add_subplot(gs[2,:])과 같이 작성하여 크기가 제일 큰 subplot이 2번째 행, 그리고 0번째 열과 1번째 열까지 모든 열

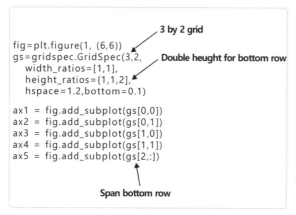

```
fig=plt.figure(1, (6,6))          3 by 2 grid
gs=gridspec.GridSpec(3,2,         Double heught for bottom row
    width_ratios=[1,1],
    height_ratios={1,1,2],
    hspace=1.2,bottom=0.1)

ax1 = fig.add_subplot(gs[0,0])
ax2 = fig.add_subplot(gs[0,1])
ax3 = fig.add_subplot(gs[1,0])
ax4 = fig.add_subplot(gs[1,1])
ax5 = fig.add_subplot(gs[2,:])

                    Span bottom row
```

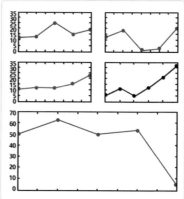

코드 9.29 pyplot의 다양한 예 - 비율이 다른 subplot

그림 9.12 코드 9.29의 결과

에 해당하는 구역에 출력되도록 하고 있다. 코드 9.29의 결과는 그림 9.12와 같다.

subplot 간의 간격을 빽빽하게 설정하는 것 또한 코드 9.30과 같이 가능하

```
1  import matplotlib.pyplot as plt
2  import numpy as np
3  x=np.linspace(0, 5, 10)
4  y = x ** 3
5  fig, axes = plt.subplots(nrows=1, ncols=4)
6  for ax in axes:
7      ax.plot(x, y, 'r')
8      ax.set_xlabel('x')
9      ax.set_ylabel('y')
10     ax.set_title('title')
11 fig.tight_layout()
12 plt.show()
```

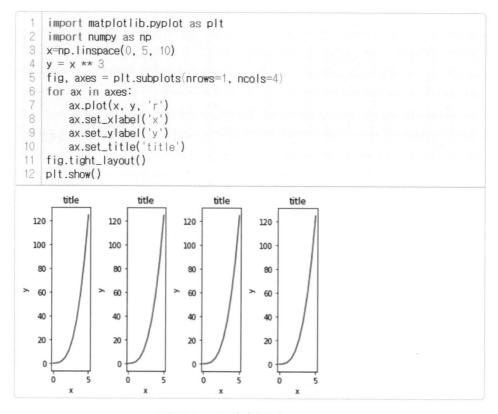

코드 9.30 pyplot의 다양한 예 - tight layout

```
1   import matplotlib.pyplot as plt
2   import numpy as np
3   x=np.linspace(0, 5, 10)
4   fig, ax = plt.subplots()
5   ax.plot(x, x**2, label="y = x**2")
6   ax.plot(x, x**3, label="y = x**3")
7   ax.legend(loc=2);        # upper left corner
8   ax.set_xlabel('x')
9   ax.set_ylabel('y')
10  ax.set_title('Check Legend Location')
11  plt.show()
```

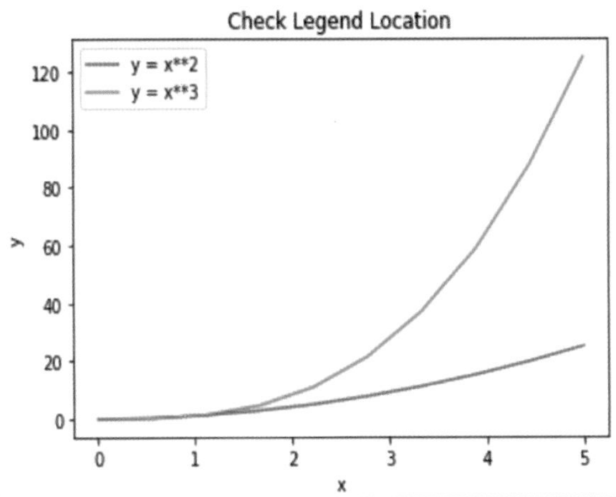

코드 9.31 pyplot의 다양한 예 - 범례 표시

- ax.legend(loc=0) # let matplotlib decide
- ax.legend(loc=1) # upper right corner
- ax.legend(loc=2) # upper left corner
- ax.legend(loc=3) # lower left corner
- ax.legend(loc=4) # lower right corner
- ax.legend(loc=5) # right
- ax.legend(loc=6) # center left
- ax.legend(loc=7) # center right
- ax.legend(loc=8) # lower center
- ax.legend(loc=9) # upper center
- ax.legend(loc=10) # center

그림 9.13 pyplot의 범례 위치

다. 5번째 줄에서 subplots 메소드에 nrows 인자의 값을 1, ncols 인자의 값을 4로 전달하여 1행 4열의 구조를 갖는 subplot들을 나타내고 있는데, 11번째 줄에서 tight_layout 메소드를 사용해서 네 개의 subplot 들이 서로 좁은 간격으로 붙어서 출력된 것을 확인할 수 있다.

코드 9.31은 그래프의 범례를 표시하는 법에 대한 코드이다. 코드의 7번째 줄에서 사용된 legend 메소드가 범례를 plot 상에 표시해 준다. legend 메소드에서 인자로 전달하는 loc의 값에 따라 범례의 위치를 다르게 설정할 수 있는데, 그림 9.13에서 확인할 수 있듯이 loc 값이 2라면 plot의 좌측 상단에 범례가 나타나게 된다.

서로 다른 기준의 y축을 갖는 그래프를 갖는 plot도 표현이 가능할까? **코드 9.32**에서는 6~10번째 줄에서 우선 plot 상에서 파란색으로 표시되는 그래프를 그리고 있다. 우리가 만들고자 하는, 다른 기준의 y축을 갖는 그래프를 만들기 위해서는 12번째 줄과 같이 twinx 메소드를 사용해서 같은 x축의 값을 공유하는 것을 명시해야 한다. twinx 메소드를 통해 ax1과 x축은 공유하지만 다른 기준의 y축을 사용하는 subplot인 ax2를 12번째 줄에서 선언하고 있다. 여기서 서로 다른 y축을 사용한다

```
1   import matplotlib.pyplot as plt
2   import numpy as np
3
4   x=np.linspace(0, 5, 10)
5
6   fig, ax1 = plt.subplots()
7   ax1.plot(x, x**2, lw=2, color="blue")
8   ax1.set_ylabel("area $(m^2)$", fontsize=18, color="blue")
9   for label in ax1.get_yticklabels():
10      label.set_color("blue")
11
12  ax2 = ax1.twinx()
13  ax2.plot(x, x**3, lw=2, color="red")
14  ax2.set_ylabel("volume $(m^3)$", fontsize=18, color="red")
15  for label in ax2.get_yticklabels():
16      label.set_color("red")
17
18  plt.show()
```

코드 9.32 pyplot의 다양한 예 - 2개의 y축

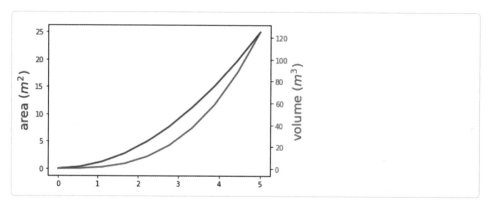

그림 9.14 코드 9.32의 결과

는 것을 눈에 띄게 하기 위해, 그래프와 각 축의 제목의 y축의 색과, 눈금색까지 get_yticklabels 메소드를 통해 서로 다른 색으로 지정해 주었다. y축에 수식을 표시하기 위하여 코드 9.32의 8번째 줄에서 m^2의 내용을 $ 표시로 묶어서 수식으로 m2를 표현하였으며, 같은 방법으로 14번째 줄에서 m^3의 내용을 $ 표시로 묶어서 수식으로 m3을 표현하였다. 코드 9.32의 결과는 그림 9.14와 같다.

그림 9.15과 같이 plot 내에 다른 plot을 그리는 것 또한 가능하다. figure 내에서 행과 열을 나눠 subplot을 그리게 해줬던 add_subplot 메소드와 다르게, 코드 9.33의

```
1  import matplotlib.pyplot as plt
2  import numpy as np
3  x = np.linspace(0, 5, 10)
4  y = x ** 2
5  fig = plt.figure()
6  axes1 = fig.add_axes([0.1, 0.1, 0.8, 0.8]) # main[left,bottom,width,height]
7  axes2 = fig.add_axes([0.2, 0.5, 0.4, 0.3]) # inner axes
8  # main figure
9  axes1.plot(x, y, 'r')
10 axes1.set_xlabel('x')
11 axes1.set_ylabel('y')
12 axes1.set_title('outter_plot title')
13 # insert
14 axes2.plot(y, x, 'g')
15 axes2.set_xlabel('y')
16 axes2.set_ylabel('x')
17 axes2.set_title('inner_plot title');
18 plt.show()
```

코드 9.33 pyplot의 다양한 예 - plot 안의 plot

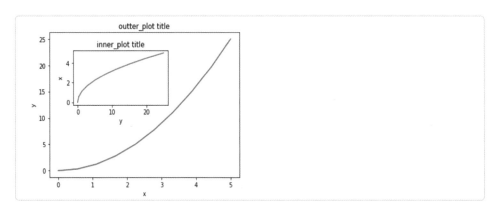

그림 9.15 코드 9.33의 결과

6과 7번째 줄의 add_axes 메소드는 axes를 figure 내의 위치에 따라 나타낼 수 있게 해 준다. add_axes에 전달된 리스트의 네 개의 숫자는 앞에서부터 axes의 좌측 하단 점의 위치를 나타내는 두 개의 숫자와, 너비를 나타내는 숫자와 높이를 나타내는 숫자에 해당한다. 여기서 전달하는 숫자는 절대적인 위치가 아니라 figure 상에서의 비율에 해당하는 상대적인 숫자임을 유의하자.

일반적인 막대그래프는 bar 메소드를 사용하면 만들 수 있는데, 그림 9.16의 오른쪽 그래프와 같이 수직으로 회전한 그래프를 그리기 위해서는 코드 9.34의 5번째 줄처럼 수평(horizontal) 막대그래프(bar)에 해당하는 barh 메소드를 사용하면 된다. 여기서 시각화된 그래프는 동시에 출력된 것이 아닌, plt.show 메소드를 두 번 실행하였다.

```
1  import matplotlib.pyplot as plt
2  data = [5., 15., 25., 30., 50., 20., 40., 35.]
3  plt.bar(range(len(data)), data)
4  plt.show()
5  plt.barh(range(len(data)), data, color='r')
6  plt.show()
```

코드 9.34 pyplot의 다양한 예 - 막대그래프 표시 방법

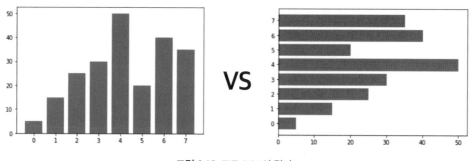

그림 9.16 코드 9.34의 결과

pandas에서 만들었던 stacked bar 그래프 또한 matplotlib에서 만들 수 있다. 우선 **코드 9.35**와 같이 11번째 줄에서 menMeans에 대한 막대그래프를 나타낸다. 그리고 12번째 줄과 같이 bar 메소드에서 bottom 인자에 menMeans를 전달하여 womenMeans에 대한 막대그래프를 menMeans 위에 나타내겠다고 지정하는 것이다.

코드 9.35의 결과는 그림 9.17에서 확인할 수 있다.

```
1   import numpy as np
2   import matplotlib.pyplot as plt
3
4   N = 5
5   menMeans = (40, 35, 30, 35, 37)
6   womenMeans = (42, 42, 34, 30, 35)
7
8   ind = np.arange(N)      # the x locations for the groups
9   width = 0.35            # the width of the bars: can also be len(x) sequence
10
11  p1 = plt.bar(ind, menMeans, width, color='red')
12  p2 = plt.bar(ind, womenMeans, width, bottom=menMeans)
13
14  plt.ylabel('Scores')
15  plt.title('Scores by group and gender')
16  plt.xticks(ind, ('G1', 'G2', 'G3', 'G4', 'G5'))
17  plt.yticks(np.arange(0, 110, 10))
18  plt.legend((p1[0], p2[0]), ('Men', 'Women'))
19  plt.show()
```

코드 9.35 pyplot의 다양한 예 - stacked bar

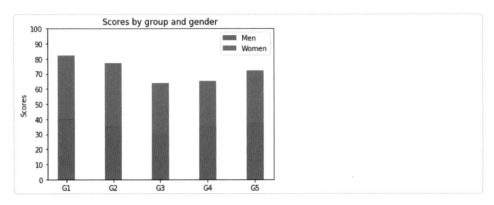

그림 9.17 코드 9.35의 결과

코드 9.36에서는 stacked bar를 수직 방향을 돌린 형태의 그래프를 만들고 있다. 9번째 줄에서 barh 메소드를 사용하여 women_pop에 대한 막대그래프를 그리고,

```
1   import numpy as np
2   import matplotlib.pyplot as plt
3
4   women_pop = np.array([40, 35, 30, 35, 37])
5   men_pop = np.array( [42, 42, 34, 30, 35])
6
7   X = np.arange(5)
8
```

```
 9  plt.barh(X, women_pop, color = 'r')
10  plt.barh(X, -men_pop, color = 'b')
11
12  plt.yticks(X, ('G1', 'G2', 'G3', 'G4', 'G5'))
13
14  plt.show()
```

코드 9.36 pyplot의 다양한 예 - 양방향 수평 막대그래프

```
 1  import numpy as np
 2  import matplotlib.pyplot as plt
 3
 4  data = [[3., 25., 50., 15.],
 5          [8., 23., 51., 17.],
 6          [5., 22., 52., 19.]]
 7
 8  X = np.arange(4)
 9
10  plt.bar(X + 0.00, data[0], color = 'b', width = 0.25, edgecolor='k')
11  plt.bar(X + 0.25, data[1], color = 'g', width = 0.25, edgecolor='k')
12  plt.bar(X + 0.50, data[2], color = 'r', width = 0.25, edgecolor='k')
13
14  plt.show()
```

코드 9.37 pyplot의 다양한 예 - 행렬 데이터 막대그래프

10번째 줄에서는 men_pop에 대한 막대그래프를 그린다. 이때 men_pop의 대한 값을 음수 처리하여 그래프가 women_pop과 반대 방향으로 그려지도록 −men_pop으로 정의하면 된다.

코드 9.37와 같이 여러 가지 요소에 대한 막대그래프를 한 번에 나타낼 수도 있다. 3행과 4열의 값으로 4~6번째 줄에서 정의한 data 리스트 값을 10~12번째 줄에서 3행에 해당하는 세 개의 막대를 하나의 묶음으로 색상을 서로 다르게 구성하여 나타냈다. 각 막대의 너비인 width를 0.25로 설정하고, 다음 막대가 이전 막대에서 0.25만큼 지난 시점에서 그려지도록 각각 X + 0.00, X + 0.25, X + 0.50으로 인자를 전달하여 그래프가 겹치지 않도록 하였다. 결과에서 확인할 수 있듯이 첫 행의 [3, 25, 50, 15]의 값이 파란색으로 표시되었고, 두 번째 행의 값이 초록색으로, 세 번째 행의 값이 빨간색으로 표시되었다.

코드 9.38은 히스토그램을 나타낸다. 4~5번째 줄에서 히스토그램을 그리기 위한 μ, σ, x 값을 저장한 뒤, 8번째 줄에서 hist 메소드를 통해 50개의 막대가 그려진 히스토그램을 나타낸다. 13번째 줄에서는 μ, σ에 대한 정보를 text 메소드를 통해 표시해주는데, 수식은 $ 기호 안에 작성이 가능하다. escape 문자를 통해 \mu를 작성하여 μ를, \sigma를 작성하여 σ를 출력한다. 15번째 줄에서는 grid 메소드에서 True 인자를 주고, ls 인자에 dashed를 줘서 점선 형태의 격자를 나타낸다.

코드 9.38의 8번째 줄에서 사용된 hist 메소드의 parameter들의 목록은 그림 9.18과 같다. 모든 parameter들을 외울 필요는 없고, 필요할 때 이러한 목록을 참고해 사용하면 된다.

```python
import numpy as np
import matplotlib.pyplot as plt

mu, sigma = 100, 15
x = mu + sigma * np.random.randn(10000)

# the histogram of the data
n, bins, patches = plt.hist(x, 50, density=1, color='y', edgecolor='k')

plt.xlabel('Smarts')
plt.ylabel('Probability')
plt.title('Histogram of IQ')
plt.text(60, .025, '$\mu=100,\ \sigma=15$')
plt.axis([40, 160, 0, 0.03])
plt.grid(True, ls='dashed')
```

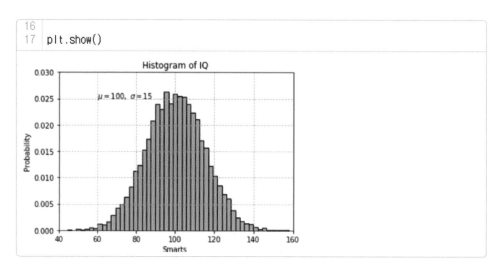

```
16
17  plt.show()
```

코드 9.38 pyplot의 다양한 예 - 히스토그램

plt.hist(x, 50, density=1, color='y', edgecolor='k')

plt.hist (x, bins=None, range=None, density=False, weights=None,
cumulative=False, bottom=None, histtype='bar', align='mid', orientation='vertical',
rwidth=None, log=False, color=None, label=None, stacked=False, **kwargs)

- x : 데이터값으로 리스트나 ndarray 타입으로 넣음
- bins : 막대(bins)의 개수
- range : bin의 범위
- density : Normalize를 함.
- weights : x에 있는 모든 값의 가중치(y값의미) , x와 모양 같아야 함
- cumulative : True면 누적그래프로 그림
- histtype : 막대그래프 타입(bar, barstacked, step, stepfilled)
- align : 각 막대 중앙의 위치(left, mid, right)

- orientation : 막대의 방향(vertical,horizontal), 기본값은 vertical, horizontal으로 하면 가로타입 막대그래프로 그려짐
- rwidth : 막대의 너비
- log : True면 히스토그램의 축이 로그 스케일(log scale)로 결정
- color : 막대의 색 결정
- label : 각 데이터에 대한 라벨을 붙임. 문자열이고 2개이상일때는 리스트로 넣어야함
- stacked : True일 때 다수의 데이터를 겹쳐서 표현할 수 있음.

그림 9.18 histogram의 인자 값 설명

코드 9.39와 같이 scatter 메소드를 사용하면 산점도 그래프를 나타낼 수 있다. 산점도는 이전에 확인했던 것처럼 회귀분석 등을 할 때 유용하게 사용될 수 있다.

코드 9.40과 같이 점들의 수치에 따라 산점도에서 점들의 크기와 색상을 다르게 나타낼 수 있다. 10번째 줄의 scatter 메소드에서 점의 위치를 결정하는 x와 y 외에도 색상과 크기를 결정하는 c와 s배열도 전달하고 있다. 14번째 줄과 17번째 줄에서

```
1   import numpy as np
2   import matplotlib.pyplot as plt
3
4   N = 100
5   x = 0.9*np.random.random(N)
6   y = 0.9*np.random.random(N)
7
8   plt.scatter(x,y, color='m')
9
10  plt.show()
```

코드 9.39 pyplot의 다양한 예 - 산점도 그래프

```
1   import numpy as np
2   import matplotlib.pyplot as plt
3
4   x = np.random.random(50)
5   y = np.random.random(50)
6   c = np.random.random(50)      # color of points
7   s = 500 * np.random.random(50)  # size of points
8
9   fig, ax = plt.subplots()
10  im = ax.scatter(x, y, c=c, s=s,
11                  cmap=plt.cm.jet, edgecolor='k')
12
13  # Add a colorbar
14  fig.colorbar(im, ax=ax)
15
16  # set the color limits
17  im.set_clim(0.0, 1.0)
18
19  plt.show()
```

코드 9.40 pyplot의 다양한 예 - color bar

는 colorbar와 set_clim 메소드를 통해서 0.0부터 1.0까지의 값에 대응되는 색상표를 plot 오른쪽에서 나타내고 있다. 여기서 수치들을 결정하는 x, y, c, s 배열은 전부 랜

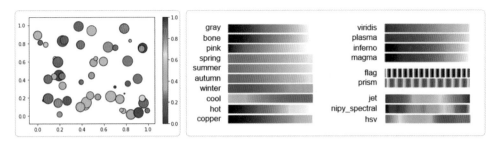

그림 9.19 코드 9.40의 결과 그림 9.20 다양한 색의 scale

덤하게 그 요소들이 정해진 것이기 때문에, 이 예제는 colorbar와 scatter 메소드가 어떻게 쓰이는지만 확인하는 예제이기 때문에 시각화된 자료에는 아무 의미가 없다는 점에 유의하자.

코드 9.40의 11번째 줄에서 cmap 인자에 전달한 plt.cm.jet는 그림 9.19과 같은 여러 가지 plt.cm 중의 jet colormap을 선택한 것이니 상황에 맞게 colormap을 선택

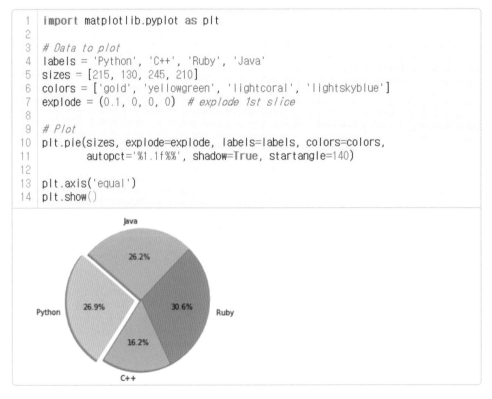

코드 9.41 pyplot의 다양한 예 - 파이 그래프

하여 시각화하면 된다. 그림 9.20에서는 다양한 색의 스케일을 확인할 수 있다.

코드 9.41에서는 파이 그래프를 pie 메소드를 통해 생성한다. 4~6번째 줄에서 지정한 라벨과 데이터 수치, 나타낼 색상을 각각 정하고, 7번째 줄에서는 따로 상조하여 살짝 중심점(0)에서 밀어내서 표현할 데이터를 지정하였고, 10번째 줄에서 pie 메소드의 explode 인자 값에 전달하였다. 그리고 autopct 인자를 통해 소수점 아래 한 자리까지 표시하고, shadow 인자를 True로 전달하여 그래프에 그림자를 추가한다.

9-4 데이터 분석 시각화 도전

이제 시각화를 활용하여 실습 과정에 도전해 보자.

데이터 수집

이번 장의 실습에서는 기상자료개방포털의 기후 데이터를 시각화해 보도록 하자.

그림 9.21 데이터 수집 - 기상청 기상자료개방포털 사이트

그림 9.21의 기상자료개방포털에서 〈기후통계 분석〉에 들어가서, 〈기온분석〉을 선택하면 그림 9.22와 같은 화면을 확인할 수 있다. 여기서 확인하고자 하는 데이터의 기간을 선택하고, CSV 다운로드 버튼을 눌러 데이터 파일을 내려받으면 된다.

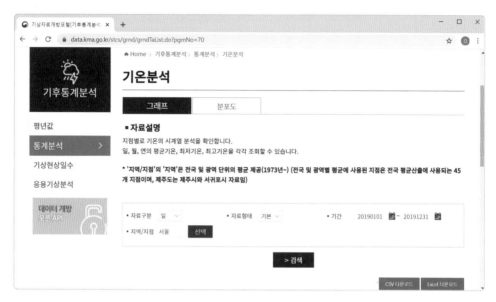

그림 9.22 자료 조건 입력

데이터 확인

내려받은 데이터를 확인하면 그림 9.23과 같다. 2019년 1월 1일부터 2019년 12월 31까지의 기온 데이터인 것을 알 수 있다. 분석하기 쉽게 전처리에 우선 도전해 보자.

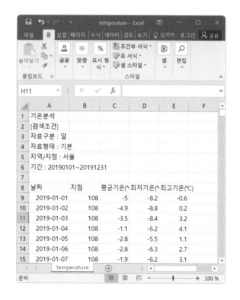

그림 9.23 데이터 확인

전처리 과정

전처리 과정을 통해 **그림 9.24**와 같이 기존의 데이터에 있던 검색조건 등 불필요한 내용은 삭제하고, 각 열의 속성을 영어로 변경하였다. 전처리 과정은 파이썬으로 실행하지 않고 엑셀에서 데이터 구성 내용에 대한 처리를 진행하였다.

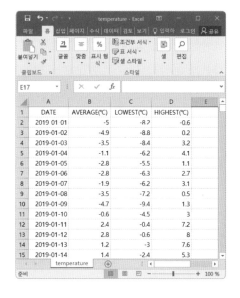

그림 9.24 전처리 과정

데이터 읽기

전처리까지 완료된 데이터를 pandas 라이브러리의 read_csv 메소드를 통해서 읽어올 수 있다. **코드 9.42**의 내용이 저장된 csv 파일을 파이썬을 읽어들인 코드이다. pandas는 이미 학습한 내용이므로 **코드 9.42**의 내용이 데이터프레임을 생성하는 과정임을 알 수 있을 것이다.

코드 9.43은 pandas 라이브러리 없이 csv. reader 메소드를 통해 파일을 읽어온 후, 불러온 matplotlib 라이브러리

```
1  import pandas as pd
2  dataset = pd.read_csv("temperature.csv",encoding='cp949')
3  dataset
```

	DATE	AVERAGE(℃)	LOWEST(℃)	HIGHEST(℃)
0	2019-01-01	-5.0	-8.2	-0.6
1	2019-01-02	-4.9	-8.8	0.2
2	2019-01-03	-3.5	-8.4	3.2
3	2019-01-04	-1.1	-6.2	4.1
4	2019-01-05	-2.8	-5.5	1.1
5	2019-01-06	-2.8	-6.3	2.7
6	2019-01-07	-1.9	-6.2	3.1
7	2019-01-08	-3.5	-7.2	0.5
8	2019-01-09	-4.7	-9.4	1.3
9	2019-01-10	-0.6	-4.5	3.0
10	2019-01-11	2.4	-0.4	7.2

코드 9.42 데이터 읽기 - 데이터 프레임 생성

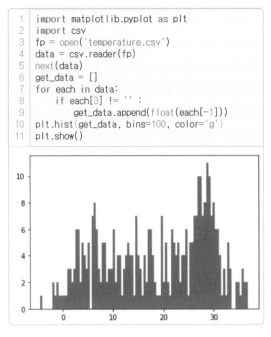

```
1  import matplotlib.pyplot as plt
2  import csv
3  fp = open('temperature.csv')
4  data = csv.reader(fp)
5  next(data)
6  get_data = []
7  for each in data:
8      if each[3] != '' :
9          get_data.append(float(each[-1]))
10 plt.hist(get_data, bins=100, color='g')
11 plt.show()
```

코드 9.43 최고 온도 데이터 시각화

의 hist 메소드를 통해 10번째 줄에서 100개의 막대로 구성된 히스토그램으로 시각화하고 있다. 우선 읽어온 데이터에 대해 5번째 줄에서 next 함수를 통해 속성이 적힌 첫 번째 열은 그래프에 포함하지 않고 넘긴다. hist 메소드에 전달하는 get_data 리스트는 7~9번째 줄에서 for문을 통해서 인덱스 번호 3의 열인 HIGHEST(℃)의 값이 존재하는 경우에, 해당하는 날의 최고 온도의 값인 each[-1]을 append하여 추가한다. each[-1]은 4개의 열로 구성된 each 데이터의 each[3]과 같은 값을 의미한다. 즉, **코드 9.43**의 결과는 2019년도의 최고 온도에 대한 빈도수를 막대그래프로 시각화한 것이다.

데이터 시각화

이번에는 그림 9.25와 같은 10년치 기온 데이터에 대한 시각화를 해 보자. 데이터 파일은 그림 9.21의 웹사이트에서 2010년부터 2019년까지의 기간으로 설정해서 내려받으면 된다.

　　코드 9.44는 **코드 9.43**과 비슷하게 히스토그램으로 10년간 1월과 7월의 최저 기온을 시각화하고 있다. 8번째 줄에서 각 행의 0번째 열은 날짜에 해당하는데, split함수를 통해 −를 기준으로 연월일을 나누어 월에 해당하는 값만

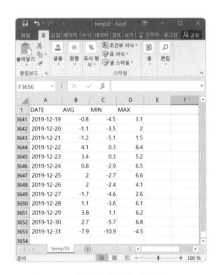

그림 9.25 10년 동안의 기온 데이터

```
1   import matplotlib.pyplot as plt
2   import csv
3   fp = open('temp10.csv')
4   data = csv.reader(fp)
5   next(data)
6   Jan_July = []
7   for each in data :
8       month = each[0].split('-')[1]
9       if each [2] != '':
10          if month == '01' or month == '07':
11              Jan_July.append(float(each[2]))
12  plt.hist(Jan_July, bins=100, color='b')
13  plt.show()
```

코드 9.44 데이터 시각화 - 1월과 7월의 최저 기온

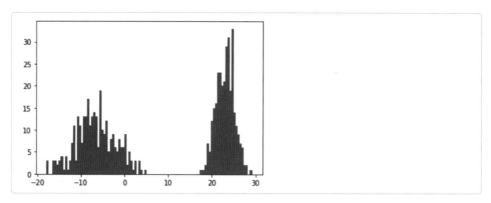

그림 9.26 코드 9.44의 결과

month에 저장한다. 그리고 9번째 줄에서 만약 현재 행의 최저 기온 값이 존재하고, 위에서 저장했던 month 값이 01 또는 07이라면 Jan_July 리스트에 최저 기온 값을 append한다.

앞에서와 비슷하게 **코드 9.45**에서는 10년간 8월의 최고 기온의 분포를 boxplot 메소드를 통해 시각화한다. 9번째 줄에서 each의 마지막 열을 −1 인덱스를 통해 접근해서 최고 기온이 존재할 때, 10번째 줄에서는 8월에 해당하는지 확인한 후 Aug 리스트에 최고 기온 값을 추가한다.

코드 9.45의 시각화 결과에서 제일 위에 표시된 동그라미는 이상치로 이해할 수 있으며 제일 위의 가로선이 최곳값, 제일 아래의 가로선이 최젓값에 해당한다. 역시 최저 기온에도 이상치가 나타난 것을 맨 아래 동그라미로 확인할 수 있다. 가운데 오

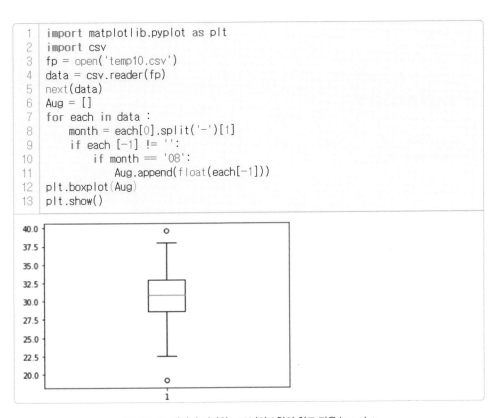

```
1   import matplotlib.pyplot as plt
2   import csv
3   fp = open('temp10.csv')
4   data = csv.reader(fp)
5   next(data)
6   Aug = []
7   for each in data :
8       month = each[0].split('-')[1]
9       if each [-1] != '':
10          if month == '08':
11              Aug.append(float(each[-1]))
12  plt.boxplot(Aug)
13  plt.show()
```

코드 9.45 데이터 시각화 - 10년간 8월의 최고 기온 box plot

렌지 가로선이 평균값에 해당하며, 네모 박스의 아래선은 25%, 윗선은 75%에 해당하는 8월의 최고 기온에 해당한다.

코드 9.46에서는 10년간의 월별 평균기온을 박스 그래프로 나타낸다. 월별 평균기온을 각각의 박스 그래프로 나타내기 위해 6번째 줄에서 month 리스트가 12개의 리스트로 구성되도록 초기화한다. 그리고 8번째 줄에서는 각 행의 1번째 열에 해당하는 평균 기온의 값이 존재한다면, 해당 each의 월에 해당하는 인덱스의 리스트에 평균 기온값을 append하여 추가한다. 여기서 month 리스트의 인덱스가 int(each[0].split('-')[1])-1인 이유는, int(each[0].split('-')[1])를 통해 구해지는 월의 값은 1~12이기 때문에 0부터 11까지의 리스트 인덱스로 조정하기 위함이다. 마지막으로 10~11번째 줄에서는 boxplot 메소드를 통해 박스 그래프를 그린 후, 화면에 출력한다.

이와 같이 시각화된 결과를 본다면 어느 월에 기온이 어떻게 나타나는지 한눈에

```
1   import matplotlib.pyplot as plt
2   import csv
3   fp = open('temp10.csv')
4   data = csv.reader(fp)
5   next(data)
6   month = [[],[],[],[],[],[],[],[],[],[],[],[]]
7   for each in data :
8       if each [1] != '':
9           month[int(each[0].split('-')[1])-1].append(float(each[1]))
10  plt.boxplot(month)
11  plt.show()
```

코드 9.46 데이터 시각화 - 10년간 월평균 기온 box plot

쉽게 확인할 수 있다. 이를 통해 월별로 최저 기온을 확인하면 어느 시점에 동파 대책이 필요하겠구나 등의 생각을 할 수 있다.

이 책에서는 계속 공공데이터 등으로부터 의미 있는 결과를 얻는 연습을 하고 있다. 의미있는 결과는 통찰력을 통하여 더 나은 세상을 만드는 초석이 될 수 있을 것이다. 이 책으로 데이터 분석을 학습하는 모든 분의 끊임 없는 도전을 통하여 더 나은 세상이 만들어질 수 있기를 기대하며, 포기하지 말고 책의 내용 끝까지 열심히 공부하길 응원하는 바이다.

확률 분석

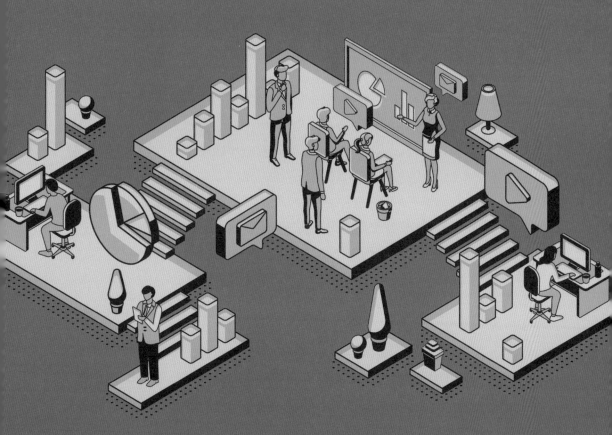

확률은 어떤 일이 일어날 가능성을 의미한다. 사실이 아닌 가능성을 분석하므로, 불확실성을 가지는 현상에 대한 분석을 하는 것이 확률 분석이다. 즉, 분석해야 할 데이터가 불확실성을 가지고 있다면 확률 분석이 필요하다. 이번 장에서는 확률 분석에 대하여 학습해 보자.

10-1 확률 분석 이해하기

우선 확률 분석이 무엇인지 이론적으로 접근해 보기로 한다. 어떤 사건에 대해 어떤 결과가 나올지 확실하지 않은 상황이라면, 특정 결과가 나올 확률에 대해 검토해야 한다. 각 확률을 토대로 사건에 대한 분석을 하는 것이 확률 분석에 해당한다.

확률 분석

확률 분석은 확률 분포를 통해 분석하는 방식이다. 여기서 확률 분포란 확률 변수가 특정한 값을 가질 확률을 나타내는 함수이다. 함수는 임의의 한 원소를 다른 집합의 한 원소에 대응시키는 관계를 의미한다.

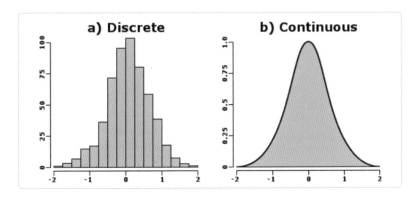

그림 10.1 이산 확률 분포 vs. 연속 확률 분포

출처: https://medium.com/analytics-vidhya/probability-distributions-444e7babf2e1

확률 분포는 확률 변수의 값에 따라 이산 확률 분포(Discrete probability distribution)와 연속 확률 분포(Continuous probability distribution)로 나뉘며, 그림 10.1에서 차이를 확인할 수 있다. 예를 들어 주사위를 던졌을 때 나오는 값에 대한 확률 변수가 있을 때, 확률 변수를 주사위를 던져서 나오는 수라고 하면 1, 2, 3, 4, 5, 6 여섯 가지 경우를 가질 수 있다. 즉, 확률 변수가 가질 수 있는 값을 셀 수 있으므로 이산 확률 분포에 해당하며, 주사위에 각각의 값이 나올 확률이 동등하게 6/1이므로 이산 균등 분포(Discrte uniform distribution)에 해당한다.

확률이란?

확률이란 쉽게 말해 어떤 일이 일어날 가능성을 말하는데, 표본 공간에 대한 사건의 발생비(ratio), 일정 조건 아래에서 어떤 사건이 일어날 가능성의 정도 또는 그러한 수치를 의미한다. 주사위를 던질 때 3의 배수가 나올 사건 A의 확률 P(A)를 예로 들 수 있다. 확률은 수학적으로 1을 넘을 수 없고 음수가 될 수도 없다. 확률이 1인 사건은 항상 일어난다는 의미이고, 반대로 확률이 0인 사건은 절대로 일어나지 않는 사건을 의미한다. 특정 사건이 일어날 확률은 숫자 0에서 1 사이에만 존재할 수 있으므로 이를 백분율로도 표기할 수 있다.

기원전 100년경 고대 로마의 카이사르가 숙적 폼페이우스를 무너뜨리기 위해 루비콘 강을 건너며 "주사위는 던져졌다"라는 유명한 속담을 남긴 것이 주사위 놀이의 기원이 되었다고 한다. 주사위에 관한 수학적 연구는 16세기 수학자인 카르다노에 의해 본격적으로 시작되었다. 약 350년 전부터 확률 개념의 논의가 시작되었다.

> ▶ **사건 A가 일어날 확률을 P(A)라 했을 때**
>
> $P(A) > P(B)$

위의 조건을 만족하면, 사건 A가 일어날 확률이 사건 B가 일어날 확률보다 높다.

▸ 반면에 사건 A와 사건 B가 일어날 확률에 대하여

$$P(A) = P(B)$$

위의 조건을 만족하면, 사건 A가 일어날 확률이 사건 B가 일어날 확률과 같다.

📋 확률 적용 이유

확률은 불확정성이 수반한 현상을 해석하기 위해 우리 삶 곳곳에 적용된다. 또한 어떤 경우가 가장 좋을지 판단하고 그에 관련된 계획을 세우기 위해서도 필요하다. 이 경우에는 경우의 수와 확률 이론으로 문제를 해결할 수 있다. 현 상황과 우리가 원하는 이상적인 상황 간의 격차를 줄이기 위해서는 데이터를 분석하여 문제를 해결할 수 있어야 한다. 개념은 그림 10.2에서 확인할 수 있다.

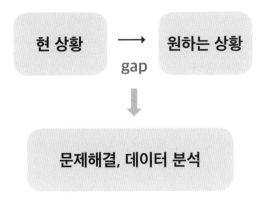

그림 10.2 문제해결을 위한 확률 적용 개념

사건 A가 있다고 할 때, 사건 A에 대한 확률 계산 식은 다음과 같다.

$$P(A) = \frac{\text{사건 A에 속하는 경우의 수}}{\text{발생할 가능성이 동일한 전체 경우의 수}}$$

수식 10.1 사건 A에 대한 확률

여기서 확률과 경우의 수를 명확히 구분할 수 있어야 한다. 가령 500원짜리 동전 2개를 던졌을 때, 두 개의 동전이 서로 다른 면을 보일 확률을 구하려고 한다면 전체 경우의 수는 같은 종류의 동전은 구분하지 않기 때문에 {(앞, 앞), (앞, 뒤), (뒤, 뒤)} 총 3가지이다. 그러나 실제로 확률은 같은 면이 보일 확률과 다른 변이 보일 확률 2가지기 존재하므로, 전체 경우의 수의 절반에 해당하는 1/2이다.

📂 확률예시 ⑴ 동전 던지기

동전을 던졌을 때 나오는 경우의 수를 앞, 뒤로 한정할 때, 동전을 던져 앞면이 나오는 확률은 1/2, 즉 0.5의 확률을 가지며, 50%의 확률로 동전의 앞면이 나올 가능성이 있다.

📂 확률예시 ⑵ 주사위 던지기

주사위를 던져 나오는 경우의 수는 1에서 6까지 총 6이 된다. 여기서 1이 나올 확률은 1/6이다. 또한 주사위에서 짝수가 나오는 확률은 전체 경우의 수를 분모로, 2, 4, 6 세 가지 경우의 수를 분자로 하는 3/6, 즉 1/2이다.

주사위를 두 번 던져서 합이 11이 나오는 확률과 12가 나오는 확률은 같은지 계산해 보자. 먼저 11이 나올 확률은 5와 6이 나오는 경우와 6과 5가 나오는 경우가 있다. 따라서 전체 경우의 수인 36를 분모로, 합이 11이 나오는 경우의 수 2를 분자로 하여 2/36에 해당하는 1/18이 된  다. 그러나 12가 나올 확률은 6이 두 개인 경우만 12가 되기 때문에 같은 방법으로 36을 분모로 1을 분자로 가지는 1/36이 확률이 된다. 따라서 합이 11이 되는 확률이 합이 12가 되는 확률보다 두 배 크기 때문에 서로 다르다.

확률 확인

동전의 앞뒷면은 과연 언제나 같은 비율로 나올까? 코드 10.1에서 확인할 수 있듯이 10번을 시도하여 Head와 Tail의 확률을 확인하니 같은 비율로 나오지 않았다. Head

는 4번 나왔고, Tail은 6번이 나왔음을 확인할 수 있다. 확률은 확률일 뿐 언제나 예상 확률이 결과로 나오지 않는다는 것을 알아두어야 한다.

확률 분석의 목적

확률 분석의 목적은 확률 분포를 계산하기 위함이다. 데이터가 해당 분포 위에 있을 경우, 기존의 가설이 옳았다는 것을 의미한다. 그러나 데이터가 해당 분포 상에 있지 않은 경우, 기존의 가설이 틀릴 가능성이 있다는 의미이다.

```
1  import numpy as np
2
3  np.random.choice(['H', 'T'], size=10)
```
```
array(['T', 'H', 'H', 'T', 'T', 'T', 'T', 'H', 'T', 'H'], dtype='<U1')
```

코드 10.1 동전의 Head와 Tail 나올 확률

확률은 예상한 결과를 보장하지 못하므로, 신뢰 수준을 확인해야 한다. 신뢰 수준이란 발생 가능한 기준을 의미한다. 예를 들어 95퍼센트 신뢰 수준은 100번 중에 95번은 가설에 맞는 데이터가 나타나는 것을 말한다.

10-2 확률 변수

변수는 특정 조건에 따라 변하는 값을 의미 한다. 그러므로 확률 변수는 확률에 의하여 변하는 값을 의미한다.

용어 짚고 가기

표본 공간(Sample Space), 확률 변수(Random Variable), 확률(Probability) 등의 용어를 짚어 보자. 예를 들어 동전을 2번 던져 앞면이 나올 확률을 구하는 과정을 생각해 보자. 동전을 던져 나올 수 있는 모든 결과의 집합을 '표본 공간'이라 한다. 즉 표본 공간은 앞면을 H, 뒷면을 T라 할 때, {(HH), (HT), (TH), (TT)}이다. '확률 변수'는 각 표본 공간마다 해당하는 확률의 집합을 말하며, (HH)일 때 동전의 앞면이 나오는 경우는 2,

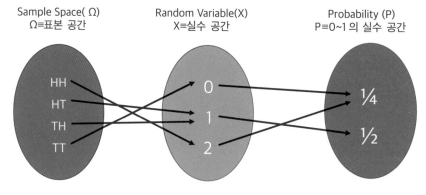

그림 10.3 동전을 2번 던져 앞면이 나올 확률

(HT)와 (TH)일 때 동전의 앞면이 나오는 경우가 1, (TT)일 때 동전의 앞면이 나오는 경우는 0을 가진다. 마지막으로 표본 공간과 확률 변수를 기반으로 결정되는 것이 '확률'이다. (HH)와 (TT)는 1/4의 확률 값을 가지며, HT와 TH가 1/2에 해당한다. 이와 같은 과정은 그림 10.3에서 확인할 수 있다.

이산 확률 변수 vs 연속 확률 변수

확률 변수는 이산 확률 변수와 연속 확률 변수가 있다. 이산 확률 변수(Discrete random variable)는 셀 수 있는 확률 변수를 말한다. 동전의 앞면 수, 주사위 눈의 값, 안타 수, 기계가 고장 난 횟수 등을 예로 들 수 있다.

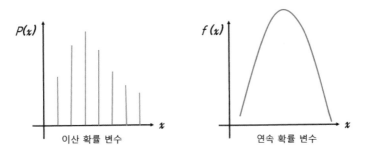

그림 10.4 이산 확률 변수 vs. 연속 확률 변수

연속 확률 변수(Continuous random variable)는 적절한 구간 내 모든 값을 취하는 확률 변수다. 혈압이나 심박수, 속도 등이 연속 확률 변수의 예시다. 이산 확률 변수와 연속 확률 변수의 차이는 그림 10.4에서 확인할 수 있다.

데이터의 특성을 정확히 이해해야만 확률 분석에 어느 함수를 사용할지 결정할 수 있으므로 데이터에 대한 이해가 기본적으로 필요함에 유의하자.

확률 변수를 사용한 데이터 분석

확률 변수를 사용한 데이터 분석 단계는 다음의 4단계로 이루어진다.

▸ **1단계**: 필요한 데이터 수집
▸ **2단계**: 수집한 데이터가 어떤 확률 변수의 표본 데이터라고 가정
▸ **3단계**: 데이터를 사용하여 해당 확률 변수의 확률 분포 함수의 모양을 결정
▸ **4단계**: 결정된 확률 변수로부터 다음에 생성될 데이터 또는 데이터 특성을 예측

네 가지 단계에서 핵심은 세 번째 단계인 변수를 알고 함수를 결정하는 과정이다. 이 과정은 데이터값에서 확률 변수의 확률 분포 함수를 역설계하여 생성한다.

확률 분포 함수의 모양을 구하는 방법

확률 분포 함수는 확률 변수의 값에 대해 확률이 높은 영역과 낮은 영역을 보여준다. 확률 분포 함수의 모양을 구하기 위해서 기술 통계 값을 이용할 수 있다. 데이터 분포가 가지는 표본 평균, 표본 분산 등의 기술 통계 값을 구한 후, 이 값과 같은 기술 통계 값을 가지는 확률 분포 함수를 찾는다. 만약 표본 데이터가 없는 경우에는 확률 분포 함수의 기술 통계 값을 구할 수 있어야 한다. 이처럼 확률 분석은 다음 단계인 통계 분석을 향해 간다.

10-3 Scipy를 이용한 확률 분석

확률 분석을 위하여 scipy(Scientific Python)을 활용해 보자. scipy에 대한 학습을 별도로 진행하지 않았지만, numpy의 학습을 통하여 패키지 사용법은 이해하였으므로, 책에서 설명하는 scipy 메소드에 대한 활용법 위주로 학습할 것을 권한다.

확률 분석을 위하여 다음의 코드 10.2와 같이 패키지를 호출한다.

```
import scipy as sp
import scipy.stats
```

코드 10.2
scipy 패키지 호출

확률 분포 객체 생성 함수

scipy.stats에 대하여 생성 함수 메소드를 적용하여 확률 분포 객체를 만들 수 있다. 확률 분포의 종류에 따라 적용하는 생성 함수는 달라진다. scipy에 대한 학습을 하는 것이 아니므로 해당 확률 분포와 그에 따른 생성 함수에 대해서는 자세히 다루지 않고, 실습을 진행하며 필요한 부분만 적용갈 예정이므로 scipy에 대한 자세한 사용법을 학습하고자 한다면 아래의 사이트에서 Documentation 탭을 선택한 후 User Guide를 선택하고, Statistics에 해당하는 내용을 학습할 것을 추천한다.

👏 https://scipy.org/

또는 아래의 링크에 접속하여 해당 함수에 대한 학습을 진행할 수 있다.

👆 https://docs.scipy.org/doc/scipy/tutorial/stats.html

확률 분포 기능을 사용하려면 우선 해당 확률 분포에 대한 확률 분포 클래스 객체를 생성한 후에 이 객체의 메서드를 호출해야 한다. scipy에서 확률 분포 객체를 생성하는 명령어는 다음의 표 10.1과 같이 정리 가능하다.

종류	생성 함수	확률 분포
이산	bernoulli	베르누이 분포
이산	binom	이항 분포
이산	multinomial	다항 분포
연속	uniform	균일 분포
연속	norm	정규 분포
연속	beta	베타 분포
연속	gamma	감마 분포
연속	t	스튜던트 t분포
연속	chi2	카이 제곱 분포
연속	f	F 분포(에프분포)
연속	dirichlet	디리클레 분포
연속	multivariate_normal	다변수 정규 분포

표 10.1 확률 분포 객체 생성 함수

예를 들어 정규 분포 객체를 생성하려면 다음과 같은 코드를 적용한다.

```
rv = sp.stats.norm()
```

확률 분포 객체 메서드

생성 함수 내에서 확률 분포를 찾아내는 함수를 적용하는 것이 확률 분포 객체 메서드이다. 확률 분포 함수를 생성한 후, 분석된 결과에 메서드를 적용한다. 확률 분포 객체가 가지는 메서드는 표 10.2와 같다.

메서드	기능
pmf	확률 질량 함수(probability mass function)
pdf	확률 밀도 함수(probability density function)
cdf	누적 분포 함수(cumulative distribution function)
ppf	누적 분포 함수의 역함수(inverse cumulative distribution function)
sf	생존 함수(survival function) = 1 - 누적 분포 함수
isf	생존 함수의 역 함수(inverse survival function)
rvs	랜덤 변량(random variates)

표 10.2 확률 분포 객체 메서드

연속 확률 변수(norm)의 확률 밀도 함수
(PDF, Probability Density Function)

코드 10.3의 첫 번째 셀은 scipy에서 기댓값이 1이고 표준편차가 2인 정규 분포 객체인 확률 분포 함수 norm을 적용하여 생성한 내용을 5번째 줄에서 확인할 수 있다. 이렇게 만들어낸 변수 rv에 대하여 확률 밀도 함수 pdf를 생성하는 내용은 두 번째 셀의

```
1  import scipy as sp
2  import scipy.stats
3
4  # 분포의 기댓값(loc)이 1이고 분포의 표준 편차(scale)가 2인 정규분포 객체 생성
5  rv = sp.stats.norm(loc=1, scale=2)
6  rv
```

```
<scipy.stats._distn_infrastructure.rv_frozen at 0x184d53d7048>
```

```
1  import numpy as np
2  import matplotlib.pyplot as plt
3
4  data = np.linspace(-8, 8, 100)
5  pdf = rv.pdf(data)
6  plt.plot(data, pdf)
7  plt.title("Probability Density Function")
8  plt.xlabel("$x$")
9  plt.ylabel("$p(x)$")
10 plt.show()
```

코드 10.3 연속 확률 변수의 확률 밀도 함수 코드

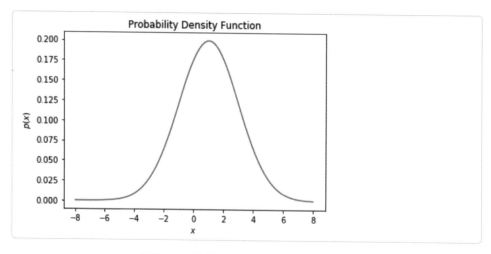

그림 10.5 연속 확률 변수의 확률 밀도 함수 시각화

5줄이다. numpy와 pyplot을 사용해 그래프를 시각화한 결과는 그림 10.5에서 확인할 수 있다.

누적 분포 함수(CDF, Cumulative Distribution Funcition)

누적 분포 함수인 cdf는 이산 확률 변수와 연속 확률 변수의 누적 분포 함수 역할을 한다. 표본값을 입력하면 해당 표본값에 대한 누적 확률을 출력한다. 코드 10.4에서 누적 분포 함수 cdf에 대한 적용 코드와 결과를 확인할 수 있다.

```
1  # 누적분포함수
2  data = np.linspace(-8, 8, 100)
3  cdf = rv.cdf(data)
4  plt.plot(data, cdf)
5  plt.title("Cumulative Distribution Function")
6  plt.xlabel("$x$")
7  plt.ylabel("$F(x)$")
8  plt.show()
```

코드 10.4 연속 확률 변수의 누적 분포 함수

무작위 표본 생성(RVS, Random Variable Sampling)

rvs(random variable sampling) 메서드를 사용하여 이미 생성한 객체가 무작위로 표본을 생성하도록 한다. 코드 10.5의 1번째 줄에서는 정규 분포 내에서 row가 3, column이 5의 크기를 가지는 표본을 추출한다. random_state는 표본 생성 시 사용되는 시드(seed)값을 말하며 난수를 생성할 때 같은 seed 값을 사용하여 같은 값을 순서대로 나오게 한다.

```
1  rv.rvs(size=(3, 5), random_state=0)

array([[ 4.52810469,  1.80031442,  2.95747597,  5.4817864 ,  4.73511598],
       [-0.95455576,  2.90017684,  0.69728558,  0.7935623 ,  1.821197  ],
       [ 1.28808714,  3.90854701,  2.52207545,  1.24335003,  1.88772647]])
```

```
1  import seaborn as sns
2
```

```
3  sns.distplot(rv.rvs(size=10000, random_state=0))
4  plt.title("Random Value Sampling")
5  plt.xlabel("Smapling Data")
6  plt.ylabel("count")
7  plt.xlim(-8, 8)
8  plt.show()
```

코드 10.5 무작위 표본 생성 코드

코드 10.5의 두 번째 셀의 결과는 그림 10.6에서 확인할 수 있다.

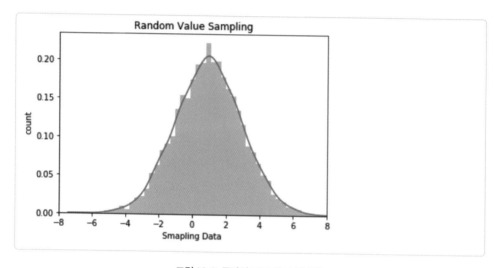

그림 10.6 무작위 표본 생성 시각화

10-4 확률 분석 도전

확률 분석의 개념에 대한 학습이 이루어졌고, scipy를 활용한 예시가 이해되었다면, 이제 직접 확률 분석에 도전해 보자.

문제 상황

어떤 제빵회사에서 파는 빵에는 귀여운 스티커가 하나씩 들어 있다. 총 151가지 종류의 스티커가 있으며, 각 종류의 스티커가 나올 확률은 1/151로 모두 같다. 빵을 사서 뜯기 전에는 어떤 종류의 스티커가 들어 있는지 알 수 없다. 스티커를 종류별로 하나 이상씩 모두 모으려고 할 때, 총 몇 개의 빵을 먹어야 할까?

시뮬레이션

151개의 스티커를 다 모으려면 몇 개의 빵이 필요한지 코드 10.6과 같이 반복문을 100,000번 실행해 보자.

```
1  import random
2  import numpy as np
```

```
1  N = 151
2  M = 100000
```

```
3  res = []
4
5  for i in range(M):
6      have = [0] * N #0~150번 스티커를 갖고 있는 상태인지 저장
7      new = 0 #지금까지 모은 스티커 종류 수
8      num = 0 #먹은 빵 개수
9      while True:
10         num += 1
11         x = np.random.randint(N)
12         if have[x] == 0: #새로운 스티커가 나왔을 때
13             have[x] = 1
14             new += 1
15             if new == N: #N개 다 모았을 때
16                 res.append(num)
17                 if i % 1000 == 0: #1000번에 한 번씩 로그 찍기
18                     print(f"{i+1}회 실행 결과:{num}개 빵으로 모든 스티커 획득!")
19                 break
```

```
1회 실행 결과:514개 빵으로 모든 스티커 획득!
1001회 실행 결과:896개 빵으로 모든 스티커 획득!
2001회 실행 결과:882개 빵으로 모든 스티커 획득!
3001회 실행 결과:1108개 빵으로 모든 스티커 획득!
4001회 실행 결과:731개 빵으로 모든 스티커 획득!
5001회 실행 결과:1171개 빵으로 모든 스티커 획득!
6001회 실행 결과:840개 빵으로 모든 스티커 획득!
```

코드 10.6 문제 상황 10만 회 반복 시행

10만 번 확인한 경우

코드10.6에서 저장된 res 값을 활용하여 **코드 10.7**에서 10만 번 실행해 보았을 때, 151개의 스티커 모두를 획득하기 위하여 평균적으로 몇 개의 빵을 사야 하는지 평균값을 확인한 결과 약 845개의 빵을 사야 스티커 151개를 구할 수 있다는 결과를 얻었다.

```
1  #10만번 반복 시행했을 때, 평균값
2  print(np.mean(res))
```

```
845.80708
```

코드 10.7 평균 계산

확률 계산

가장 처음으로 빵을 사는 경우, 아직 수중에 스티커를 한 개도 갖고 있지 않은 상태이기 때문에 확률은 1이다. 기하분포에서 시행 횟수의 기댓값은 확률의 역수이기 때문에 기댓값 또한 1이다. 이 내용은 **코드 10.8**에서 확인할 수 있다.

```
1  #첫번째 스티커를 모으려 할 때, 총 먹어야 하는 빵 개수
2  p = N/N #첫번째 새로운 스티커가 나올 확률
3  print(1/p) #기하분포에서 시행횟수의 기대값은 확률의 역수

1.0
```

코드 10.8 확률과 기댓값(1) 처음으로 빵을 사는 경우

다음 상황으로 두 번째 스티커를 모으려고 할 때, 총 모아야 하는 스티커는 151개에서 1개를 뺀 150개가 된다. 따라서 확률은 150/151이며 기댓값은 반올림하여 1.006667로 **코드 10.9**에서 확인할 수 있다.

```
1  #위 상태에서 두번째 스티커를 모으려 할 때, 총 먹어야 하는 빵 개수
2
3  p = (N-1)/N #두번째 새로운 스티커가 나올 확률
4  print(1/p) #먹어야 하는 빵 개수의 기대값

1.0066666666666666
```

코드 10.9 확률과 기댓값(2) 두 번째로 빵을 사는 경우

마지막 스티커를 모으기 위해서는 이미 150개의 스티커를 갖고 있는 상태이기 때문에 확률은 1/151, 기댓값은 151로 가장 뽑기 어려울 것이다. 이를 위한 코드는 코드 10.10에서 확인 가능하다.

```
1  #... 151번째 스티커를 모으려 할 때, 총 먹어야 하는 빵 개수
2
3  p = 1/N #마지막 스티커가 새로 나올 확률
4  print(1/p) #먹어야 하는 빵 개수의 기대값

151.0
```

코드 10.10 확률과 기댓값(1) 마지막 빵을 사는 경우

```
1  #전체 먹어야 하는 빵 개수의 기대값
2  total = 0
3  for i in range(N):
4      p = (N-i)/N
5      total += 1/p
6  print(total)

845.2682688852261
```

코드 10.11 전체 먹어야 하는 빵 개수의 기댓값

이렇게 총 먹어야 하는 빵 개수의 기댓값을 반복문을 통해 구한 결과는 **코드 10.11**에서와 같이 약 845로, 실제로 스티커 151개를 모으는 과정을 10만 번 반복해서 구한 기댓값과 거의 일치한다는 것을 확인할 수 있다.

이항 분포

총 151종류의 스티커 중에서 '불꽃도마뱀 스티커'가 10종류 있다고 하자. 빵 100개를 사서 불꽃도마뱀 스티커가 10개 나올 확률을 이항 분포를 사용해 구해 보자. binom. pmf 모듈을 이용해서 결과를 구해 보면, 직접 계산한 결과와 10/151의 확률값이 거의 일치한 것을 **코드 10.12**에서 확인할 수 있다.

```
1  # 이항분포
2  from scipy.stats import binom
3  from scipy import special
4  import matplotlib.pyplot as plt
5  import math
6
7  # 총 151종류의 스티커 중에서 불꽃도마뱀 스티커는 10종류가 있다고 할 때,
8  # 빵 100개를 사서 불꽃도마뱀 스티커가 10개 나올 확률은?
9
10 print( binom.pmf(k = 10, n = 100, p = 10/151) ) #scipy 모듈 이용
11
12 p = 10/151
13 print(special.comb(100,10)* p**10 * (1-p)**90) #직접 계산

0.058929158774014834
0.05892915877401553
```

코드 10.12 이항 분포에서 직접 계산한 값과 확률 질량 함수를 사용한 계산값 비교

그렇다면 빵 100개를 살 때, 10종류의 불꽃도마뱀 스티커가 k개 나올 확률은 무엇일까? 코드 10.13에 k가 각각 5, 10, 15일 경우에 대한 확률값을 구한 결과가 나타나 있다. 100개의 빵 중에서 불꽃도마뱀 스티커가 5개 나올 확률은 14%로 확인되며, 15개가 나올 확률은 0.15%로 매우 낮은 확률임을 확인할 수 있다.

```
1  # 여러 확률변수 k에 대해 확률값 구하기
2  binom.pmf([5,10,15], n=100, p=10/151)

array([0.14283807, 0.05892916, 0.0015475 ])
```

코드 10.13 이항 분포에서 특정 확률변수에 대한 확률값

이항 분포의 확률 질량 함수(pmf) 시각화

이항 분포의 확률 질량 함수 pmf를 시각화해 보자. 코드 10.14의 6번째 줄에서 ppf(Percent point function)을 사용해 pmf에 적용할 x값을 생성한다. 9번째 줄에서 pmf에 x를 입력해 점을 그린다. 그다음 줄에서는 이를 다시 선으로 나타내는 과정을 의미한다. 즉, 코드 10.14는 151종류의 스티커 중 불꽃도마뱀이 10종류 있을 때, 빵 100개를 구매했을 때 불꽃도마뱀 스티커를 k개 뽑을 확률을 시각화한 그래프를 확인하는 코드이며, 결과는 그림 10.7에서 확인할 수 있다.

```
1   # 이항분포의 확률질량함수(pmf) 시각화
2   n = 100
3   p = 10/151
4
5   # ppf: Percent point function, 분위수 구하기 => 1% ~ 99%의 k값을 x축의 값으로
6   x = np.arange(binom.ppf(0.01, n, p), binom.ppf(0.99, n, p))
7
8   # pmf: Probability mass function
9   plt.plot(x, binom.pmf(x, n, p), 'ko')
10  plt.vlines(x, 0, binom.pmf(x, n, p), colors = 'brown')
11  plt.xlabel('k')
12  plt.ylabel('P(k)')
13  plt.title('Binomial distribution pmf')
14  plt.show()
```

코드 10.14 이항 분포의 확률 질량 함수 코드

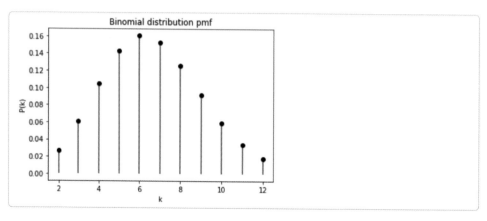

그림 10.7 이항 분포의 확률 질량 함수 시각화

이항 분포의 누적 분포 함수(cdf) 시각화

151종류의 스티커 중 불꽃도마뱀이 10종류 있을 때, 빵 100개를 구매했을 때 불꽃도마뱀 스티커를 k개 뽑을 확률에 대하여 누적 분포 함수를 시각화해 보자. ppf를 사용해서 x를 생성한 후, cdf(Cumulative Distribution Function)를 적용해 점, 선 그래프를 그려 나타내고자 한 코드는 코드 10.15의 내용이며, 그 결과는 그림 10.8에 해당한다.

```
1  #위 이항분포의 누적분포함수(cdf) 시각화
2  n = 100
3  p = 10/151
4
5  # ppf: Percent point function, 분위수 구하기 => 1% ~ 99%의 k값을 x축의 값으로
6  x = np.arange(binom.ppf(0.01, n, p), binom.ppf(0.99, n, p))
7
8  #cdf: Cumulative distribution function
9  plt.plot(x, binom.cdf(x, n, p), 'ko')
10 plt.vlines(x, 0, binom.cdf(x, n, p), colors = 'brown')
11 plt.xlabel('k')
12 plt.ylabel('P(X<=k)')
13 plt.title('Binomial distribution cdf')
14 plt.show()
```

코드 10.15 이항 분포의 누적 분포 함수 코드

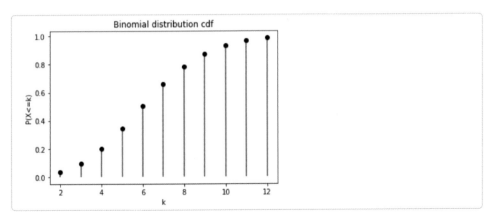

그림 10.8 이항 분포의 누적 분포 함수 시각화

기하 확률 분포

기하 확률 분포(Geometric probability distribution)는 독립 시행의 성공 확률이 p일 때, 처음 성공에 도달할 때까지 총 시도한 횟수 X의 확률 분포를 의미한다. 앞의 상황과 동일할 때, 불꽃도마뱀 스티커가 처음 나올 때까지 빵을 산다면 총 15개의 빵을 사게 될 확률을 구해 보자. 즉 14번째까지는 불꽃도마뱀 스티커가 아닌 다른 빵을 고르고, 15번째 구매 시 불꽃도마뱀 스티커를 얻는 경우를 말한다. 기하 확률 분포와 직접 계산해 얻은 값을 비교해 보면 값이 일치함을 코드 10.16에서 확인할 수 있다.

```
1   # 기하분포
2   from scipy.stats import geom
3
4   # 불꽃도마뱀 스티커가 나올 때까지 빵을 산다고 할 때,
5   # 총 15개의 빵을 살 확률은?
6   print(geom(p = 10/151).pmf(15))
7
8   # 직접 계산
9   p = 10/151
10  print( (1-p)**14 * p )

0.025375427513601122
0.025375427513601122
```

코드 10.16 기하 확률 분포에서의 확률(1) 직접 계산

다른 경우도 확인해 보면, 불꽃 도마뱀 스티커가 나올 때까지 빵을 살 때 총 15개 이하의 빵을 살 확률은 앞에서 실습해 보았던 누적 분포 확률을 통해 구할 수 있으며 코드 10.17의 첫 번째 셀에서와 같이 0에서부터 15까지 누적된 기하 확률 분포를 구하면 된다. 코드 10.17의 두 번째 셀에서는 40개 이하의 빵을 살 확률을 구하였다.

불꽃도마뱀 스티커가 나올 때까지 빵을 산다고 할 때, 평균적으로 구매할 빵의 개수를 구한 결과에서도 기하 확률 분포의 평균을 통해 구한 값과 직접 구한 값이 같은 것을 확인할 수 있으며 코드 10.17의 세 번째 셀에서 그 내용을 확인할 수 있다.

```
1  # 불꽃도마뱀 스티커가 나올 때까지 빵을 산다고 할 때,
2  # 총 15개이하의 빵을 살 확률은?
3  geom(p = 10/151).cdf(15)
```

```
0.6422064720582241
```

```
1  # 불꽃도마뱀 스티커가 나올 때까지 빵을 산다고 할 때,
2  # 총 40개이하의 빵을 살 확률은?
3  geom(p = 10/151).cdf(40)
```

```
0.9354811504939371
```

```
1  # 불꽃도마뱀 스티커가 나올 때까지 빵을 산다고 할 때,
2  # 평균적으로 총 몇 개의 빵을 사게 될까?
3  print( geom(p = 10/151).mean() )
4
5  print( 1/p ) # E(X) = 1/p 공식으로 직접 계산
```

```
15.1
15.1
```

코드 10.17 기하 확률 분포에서의 확률(2) 특정 범위에서의 확률과 확률의 평균

기하 확률 분포의 확률 질량 함수(pmf) 시각화

기하 확률 분포의 확률 질량 함수 pmf(Probability mass function)을 시각화해 보자. 코드 10.18의 5, 6번째 줄에서 파란색 점과, 파란색 선을 그려 나타낸다면 k가 커질수록 확률이 줄어든다는 사실을 결과 그래프에서 확인할 수 있다.

```
1   #위 기하분포의 확률질량함수(pmf) 시각화
2   p = 10/151
3
4   x = np.arange(1, 100)
5   plt.plot(x, geom(p = 10/151).pmf(x), 'bo') #pmf: Probability mass function
6   plt.vlines(x, 0, geom(p = 10/151).pmf(x), colors = 'blue')
7   plt.xlabel('k')
8   plt.ylabel('P(k)')
9   plt.title('Geometric distribution pmf')
10  plt.show()
```

코드 10.18 기하 확률 분포의 확률 질량 함수

기하 확률 분포의 누적 분포 함수(cdf) 시각화

누적 분포 함수 또한 시각화해보면 k가 커질수록 누적되는 양이 점점 줄어든다는 사실을 코드 10.19에서 확인할 수 있다.

```
1   #위 기하분포의 누적분포함수(cdf) 시각화
2   p = 10/151
3
4   x = np.arange(1, 100)
5   plt.plot(x, geom(p = 10/151).cdf(x), 'bo') #cdf: Cumulative distribution function
6   plt.vlines(x, 0, geom(p = 10/151).cdf(x), colors = 'blue')
7   plt.xlabel('k')
8   plt.ylabel('P(X<=k)')
9   plt.title('Geometric distribution cdf')
10  plt.show()
```

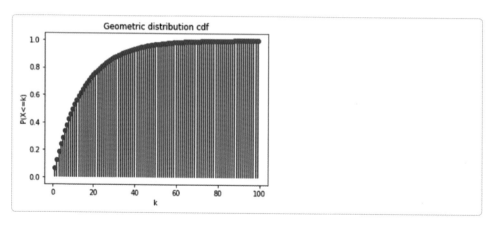

코드 10.19 기하 확률 분포의 누적 분포 함수

연속 확률 변수의 특정 범위에서의 확률

코드 10.20의 5번째 줄에서 정의한 것과 같이 평균(loc)이 50, 표준편차(scale)가 10인 정규 분포에서 6번째 줄의 내용과 같이 x가 40보다 크고 55보다 작은 경우 그 확률을 구해보자. x가 55일 때의 누적 분포 함수 값에서 x가 40일 때의 누적 분포 함수 값을 뺀다면 그에 해당하는 확률 값을 구할 수 있는 것이며, 그 결과 값은 0.5328임을 확인할 수 있다.

```
1  #정규분포
2  from scipy.stats import norm
3
4  # 평균이 50, 표준편차가 10인 정규분포에서 P(40<X<55)의 값은?
5  rv = norm(loc = 50, scale = 10)
6  rv.cdf(55)-rv.cdf(40)

0.532807207342556
```

코드 10.20 연속 확률 변수의 특정 범위에서의 확률

정규 분포함수의 T점수

상위 10퍼센트의 T점수가 몇 점인지 알아보기 위해서 ppf(percent point function)을 0.9에 대해 구하는 방법으로 코드 10.21과 같이 계산할 수 있다.

```
1  #상위 10%의 T점수는 몇 점인가?
2  rv.ppf(0.9)

62.815515655446006
```

코드 10.21 정규 분포의 T점수

정규 분포의 확률 밀도 함수(pdf) 시각화

정규 분포의 확률 밀도 함수 pdf(probability density function)을 시각화한 결과는 코드 10.22와 같다.

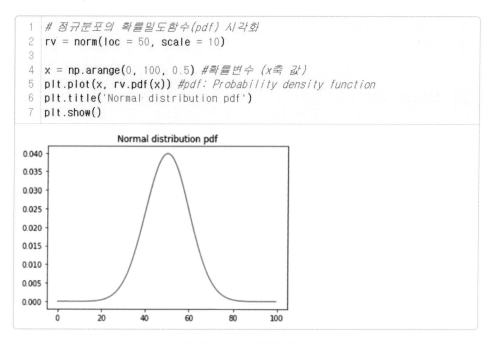

```
1  # 정규분포의 확률밀도함수(pdf) 시각화
2  rv = norm(loc = 50, scale = 10)
3
4  x = np.arange(0, 100, 0.5) #확률변수 (x축 값)
5  plt.plot(x, rv.pdf(x)) #pdf: Probability density function
6  plt.title('Normal distribution pdf')
7  plt.show()
```

코드 10.22 정규 분포의 확률 밀도 함수

정규 분포의 누적 분포 함수(cdf) 시각화

정규 분포의 누적 분포 함수를 시각화하면 0과 100 근처에서는 누적값이 크지 않지만

30에서 70의 범위 사이에서 누적값이 크게 증가하는 모습을 코드 10.23의 결과에서 확인할 수 있다.

```
1  # 정규분포의 누적분포함수(cdf) 시각화
2  rv = norm(loc = 50, scale = 10)
3
4  x = np.arange(0, 100, 0.5) #확률변수 (x축 값)
5  plt.plot(x, rv.cdf(x)) #cdf: Cumulative distribution function
6  plt.title('Normal distribution cdf')
7  plt.show()
```

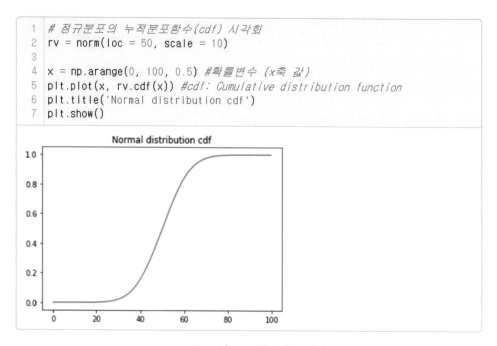

코드 10.23 정규 분포의 누적 분포 함수

확률 분석의 내용은 쉽게 이해하기 어려울 수 있지만, 데이터 분석의 한 부분에서는 절대적으로 필요한 영역이다. 본 장을 학습하며 어려움이 있었다면, 스스로 프로그램을 구현하는 방식보다는 본 장에서 설명한 코드를 이해하여 활용할 수 있는 방향으로 접근할 것을 권장한다.

필요한 분석의 내용이 무엇인지 이해하고 학습을 경험한 내용을 적용할 수 있는 것도 훌륭한 문제해결 방법임이 분명하다. 반드시 모든 것을 스스로 터득하여 프로그램을 구현할 수 있다면 완벽하겠지만, 각자의 상황에서 필요한 문제해결 방식으로 목적을 이룰 수 있기를 바란다. 학습 방법에 대한 유연성에 해당하며, 유연성이 부족한 경우 학습하는 사람이 힘들 수 있다. 이 책을 학습하는 모든 사람들이 유연성으로 이 책의 내용을 받아들여서 확률 분석에 대한 내용에 대하여 스스로 필요한 부분을 이해하고 활용할 수 있기를 소망한다.

11장

통계 분석

통계는 불확실한 상황에서 데이터를 근거를 기반하여 과학적인 의사결정을 하기 위한 방법에 해당한다. 통계 분석을 하기 위해서는 사용할 데이터 수집 방법을 알아야 하며, 문제에 대한 최적의 결과를 구하기 위한 분석 방법을 알아야 한다. 본 장에서는 통계를 통한 문제해결을 위한 통계 분석 방법에 대하여 학습해 보자.

11-1 통계 분석 이해하기

통계 분석은 어떤 현상을 종합적으로 알아볼 수 있도록 일정한 체계를 기준으로 숫자로 나타내어 데이터를 분석하는 방법이다. 이러한 접근을 위해서 기본적으로 데이터가 필요하다. 수집한 데이터를 분석하여 데이터가 가지고 있는 의미를 쉽게 파악하도록 하는 것이 통계 분석이다. 이러한 통계 분석에 대하여 알아보기로 한다.

통계(Statistics)

통계는 객관적인 판단을 내리기 위해 사용된다. 데이터를 효율적으로 수집하여 정리 요약하고, 제한된 자료를 이용하여 불확실한 사실에 대하여 과학적인 판단을 내릴 수 있도록 여러 가지 방법을 제시하며 의사결정에 도움을 주는 접근법이다. 이는 곧 이 책에서 지금까지 해 온 데이터 분석 과정을 수치적으로 접근하는 방법이라는 것을 알 수 있다.

통계 활용 예

통계 분석에 적용될 수 있는 분야는 다양하며, 활용의 예는 다음과 같다.

- **수시로 변동하는 주가**: 수시로 변동하는 주가에 통계가 활용된다면 매수 또는 매도의 순간을 결정하는 데 도움이 될 수 있다.

- **기업의 고객 관리**: 고객 정보 및 구매 패턴의 통계를 분석 및 이용하여 마케팅에 활용할 수 있다.

- **기상청 자료**: 날씨에 따라 영향이 큰 농업 및 어업 종사자들에게 기상청의 통계 자료는 필수적이다.

- **의료 기록**: 통계 자료를 근거로 환자의 치료 방향을 결정할 수 있다.

- **유동 인구 분석**: 통계 자료를 근거로 각종 시설 및 업종 방향성을 결정할 때 도움을 받을 수 있다.

- **정당 지지율**: 지지율 변화에 따른 통계 분석으로 정당의 지지율 상승을 도모할 수 있다.

- **콘텐츠 사업**: 콘텐츠에 대한 반응을 통계 분석하여 수익 창출 개선 방안을 모색할 수 있다.

이외에 수치 데이터가 존재하는 모든 분야에서 통계 분석은 활용 가능하며, 이를 통하여 과학적인 의사결정이 가능하다.

통계 처리의 일반적 과정

통계 처리의 과정은 일반적으로 우선 모집단의 특성을 파악하기 위해 연구 대상을 선정한다. 그리고 모집단에서 일부의 데이터(표본)를 수집(Sampling)한다. 그렇게 수집된 표본을 정리, 요약, 분석하여 표본의 특성을 파악하고, 표본의 특성을 이용하여 모집단의 특성에 대해 추론한다. 즉, 데이터 일부의 특성을 파악한 뒤 전체에 대한 특성을 추론하는 과정이다.

통계에 활용하는 자료의 구분

자료는 크게 두 가지로 구분하며, 그 내용은 다음과 같다.

▸ **질적 자료(Qualitative한 자료):** 사칙 연산이 불가능한 비계측 자료(nonmetric)에 해당한다. 예시로는 직업, 출신, 성별 등을 들 수 있다. 질적 자료는 범주형 자료 (categorical data)에 해당하기도 한다.

▸ **양적 자료(Quantitative한 자료):** 자료의 특성에 의해 사칙 연산이 가능한 계측 자료 (metric)에 해당한다. 예시로는 몸무게, 용돈, 가격 등을 들 수 있다.

본 장에서는 양적 자료에 대한 통계 분석에 초점을 맞추기로 한다.

데이터 유형

데이터 유형은 크게 범주형과 수치형으로 구분할 수 있으며, 상세 내용은 다음과 같다.

▸ **범주형**
  • **명목형 자료:** 혈액형처럼 단순하게 자료의 범주를 표시한다.
  • **순서형 자료:** 자료들을 학점처럼 순서에 의해 비교할 수 있다.

▸ **수치형**
  • **이산 자료:** 학급 내의 학생 수가 10명과 11명 사이의 10.5명이 없는 것과 같이 연속적이지 않고 이산적인 수치를 갖는다.
  • **연속 자료:** 끓는 물의 온도처럼 데이터의 수치가 끊기지 않고 연속성을 갖는다.

이와 같은 데이터의 유형을 파악한다면, 데이터 분석을 어떻게 진행할 것인지 방향성을 잡을 수 있다. 11장에서는 통계 분석을 하기 때문에 수치형 데이터를 집중적으로 다루게 된다.

통계 데이터 분석

통계 데이터 분석에는 기술 통계와 추론 통계가 있다.

- **기술 통계(descriptive statistics):** 데이터의 간결한 요약 정보를 제공해 주고, 데이터의 특징을 파악하는 관점을 갖고 있다.

- **추론 통계(inferential statistics):** 모집단에 대한 추론하는 통계 방법으로, 먼저 수집한 데이터에서 표본(sample)을 추출하고, 데이터 통계량을 계산한다.

즉, 기술 통계를 통해 표본의 특성을 파악하고, 이 특성을 모집단으로 일반화할 수 있는지 여부를 판단한다. 그리고 이 과정에서 가설을 세우고 검정하게 되며, 분산 분석, 회귀분석, 적합도 검정 등을 실행하게 된다.

이제부터 이러한 통계 분석을 도와주는 파이선 상의 도구들에 대해 알아보도록 하자.

11-2 기술 통계

기술 통계는 수집한 데이터를 요약하여 묘사하고 설명하는 통계 기법에 해당한다. '기술'은 descriptive를 의미하여 어떠한 내용을 묘사하는 또는 설명하는 의미를 뜻한다.

기술 통계

기술 통계는 데이터, 즉 자료의 특성을 파악하기 위하여 수집한 데이터의 정리, 표현, 요약, 해석 등을 실행한다. 여기서의 자료 특성을 표현하는 지표에는 대푯값과 산포도가 있다. 대푯값은 평균값, 중앙값, 최빈값이 있으며, 산포도에는 분산, 표준편차, 범위, 사분위수, 평균편차, 표준오차 등이 해당된다.

대푯값

대푯값(representative value)은 어떤 데이터를 대표하는 값으로, 어느 데이터 전체를 하나의 값으로 요약한 지표이다.

▸ **평균값(mean)**: 데이터를 모두 더한 후 데이터의 개수로 나눈 값이다.

▸ **중앙값(median):** 전체 데이터 중 가운데에 있는 수에 해당하며, 극단적인 값이 있는 경우에는 중앙값이 평균값보다 유용하다.

▸ **최빈값(mode):** 데이터 내에서 가장 자주 나오는 값이다.

🗂 평균값

```
1  import numpy as np
2  import pandas as pd
3  df = pd.read_csv('scores.csv')
4  df.head(10)
```

	MATH	ENGLISH	KOREAN
0	79	81	73
1	75	89	90
2	75	80	80
3	100	100	100
4	79	80	80
5	92	99	95
6	100	100	100
7	74	81	75
8	78	80	82
9	74	78	80

코드 11.1 활용 데이터

코드 11.1에서는 대푯값과 산포도와 관련된 메소드를 적용해 볼 데이터를 확인하고 있다. 3번째 줄의 scores.csv는 수학, 영어, 국어 세 과목에 대한 점수가 기록된 데이터 파일이며, 이 데이터들을 데이터프레임으로 생성하여 통계 분석을 진행해 보기로 하자.

코드 11.2에서는 특별한 메소드 활용 없이 수학 점수의 평균을 구하고 있다. 1번째 줄과 같이 데이터프레임 df의 MATH 열에 대해 numpy 배열로 만들어 scores에 저장한 뒤, 2번째 줄에서 파이선 기본 함수인 sum과 len을 사용해서 평균값을 구한다. 하지만 코드 11.3과 같이 mean 메소드를 사용하면 간단하게 코드 11.2과 동일한 결과를 얻을 수 있음을 알 수 있다.

```
1  scores = np.array(df['MATH'])
2  sum(scores) / len(scores)   #평균값
82.28
```

코드 11.2 평균값 - 기본 Python 활용

```
1  np.mean(scores)
82.28
```

코드 11.3 평균값 - numpy 활용

📁 중앙값

중앙값(median)은 n개의 값을 정렬했을 때 가장 가운데에 오는 숫자이기 때문에 '중위수'라고도 한다. 이때 n이 홀수인 경우에는 중앙값은 (n+1)/2 번째에 있는 값이고, n이 짝수인 경우에는 n/2 번째 값과 (n/2)+1 번째 값의 평균값이 중앙값이 된다.

중앙값 구하기-전처리

중앙값의 정의에서 알아봤듯이, 중앙값을 알기 위해서는 먼저 n개의 숫자들을 정렬하는 전처리 과정이 필요하다. 코드 11.4에서는 sort 메소드를 통해 우선 수학 점수에 해당하는 scores의 점수들을 정렬한 상태의 배열로 새롭게 sort_scores 배열에 저장한다.

```
1  sort_scores = np.sort(scores)
2  sort_scores
```

```
array([ 20,  28,  35,  41,  50,  54,  56,  57,  57,  57,  60,  60,  61,
        61,  62,  63,  66,  67,  67,  68,  68,  68,  70,  70,  70,  70,
        70,  70,  70,  71,  71,  71,  72,  72,  72,  73,  74,  74,  74,
        74,  74,  74,  74,  75,  75,  75,  75,  75,  75,  75,  75,  75,
        75,  75,  76,  76,  76,  76,  76,  76,  77,  77,  77,  77,  77,
        77,  77,  77,  78,  78,  78,  78,  78,  78,  79,  79,  79,  79,
        79,  79,  79,  79,  79,  79,  80,  80,  80,  80,  80,  80,  80,
        80,  81,  81,  81,  81,  81,  81,  81,  82,  82,  82,  82,  82,
        82,  82,  83,  83,  83,  83,  83,  83,  83,  84,  84,  84,  85,
        86,  86,  86,  86,  86,  86,  86,  87,  87,  87,  87,  88,  88,
        89,  89,  89,  89,  89,  90,  90,  90,  90,  91,  91,  91,  91,
        91,  91,  92,  92,  92,  92,  92,  92,  92,  93,  93,  93,  94,
        95,  95,  96,  96,  96,  98,  99,  99,  99,  99, 100, 100, 100,
       100, 100, 100, 100, 100, 100, 100, 100, 100, 100, 100, 100, 100,
       100, 100, 100, 100, 100, 100, 100, 100, 100, 100, 100, 100, 100,
       100, 100, 100, 100, 100], dtype=int64)
```

코드 11.4 중앙값 구하기 - 전처리: 데이터 정렬

중앙값 구하기

코드 11.5는 정렬된 sort_scores에 대해 데이터의 개수 n이 짝수인 경우와 홀수인 경우로 나누어 중앙값을 구한다. 2~5번째 줄은 n이 짝수인 경우에, n//2 −1번째 수와 n//2번째 수의 평균이 중앙값이 된다. 여기서 인덱스의 값은 0부터 부여되므로 중앙값의 정의에서 설명했던 값에서 1씩 감소된다는 점을 유의하자. 6~7번째 줄은 n이 홀수인 경우에, (n+1)//2 −1번째 값이 중앙값이 된다. 하지만 코드 11.6에서와 같이

median 메소드를 통해서 중앙값을 간단하게 구할 수 있다. 또한 median 메소드는 코드 11.5와 달리 정렬하지 않은 상태의 scores를 인자로 전달해도 중앙값을 구한다는 것을 알 수 있다.

```
1  n = len(sort_scores)
2  if n %2 == 0:    # 데이터의 개수가 짝수인 경우
3      m0 = sort_scores[n//2 -1]
4      m1 = sort_scores[n//2]
5      median = (m0 + m1) / 2
6  else:
7      median = sort_scores[(n+1)//2 -1]
8  median
```
```
82.0
```

코드 11.5 중앙값 구하기 - 기본 Python 활용

```
1  np.median(scores)
```
```
82.0
```

코드 11.6 중앙값 구하기 - numpy 활용

median 메소드는 코드 11.7과 같이 pandas 라이브러리에도 존재한다. 코드 11.7의 출력 결과를 보면 df 데이터프레임에 대해 전체 열의 중앙값이 출력되고 있다.

```
1  df.median()    # dataframe의 중앙값
```
```
MATH       82.0
ENGLISH    85.5
KOREAN     81.5
dtype: float64
```

코드 11.7 중앙값 구하기 - pandas 활용

📁 최빈값

코드 11.8는 numpy를 활용하지 않고 collections 모듈과 max 함수를 통해 최빈값을 구한다. 첫 번째 셀에서 collections 모듈의 Counter 메소드를 통해 점수와 해당 점수별로 등장한 횟수를 각각 키와 밸류 값으로 갖는 딕셔너리 자료형의 변수 freq를 저

```
1  all_scores = np.array(df['MATH'])
2  import collections
3  freq = collections.Counter(all_scores)
4  print(freq)
```

```
Counter({100: 34, 75: 11, 79: 10, 77: 8, 80: 8, 92: 7, 74: 7, 86: 7, 82: 7, 70: 7, 8
3: 7, 81: 7, 78: 6, 76: 6, 91: 6, 89: 5, 90: 4, 99: 4, 87: 4, 71: 3, 84: 3, 93: 3, 9
6: 3, 72: 3, 57: 3, 68: 3, 67: 2, 88: 2, 95: 2, 60: 2, 61: 2, 98: 1, 63: 1, 50: 1, 2
0: 1, 56: 1, 85: 1, 28: 1, 66: 1, 54: 1, 73: 1, 35: 1, 62: 1, 41: 1, 94: 1})
```

```
1  mode = max(freq.values())
2  print(mode)
```

```
34
```

```
1  for key, value in freq.items():
2      if mode == value:
3          print(key)
```

```
100
```

코드 11.8 최빈값 - 기본 Python 활용

장한다. 두 번째 셀에서 max 함수를 통해 freq 딕셔너리의 밸류 중에서의 최댓값을 mode에 저장한다. 그리고 세 번째 셀에서는 저장해뒀던 mode와 밸류가 일치하는 요소의 키를 출력한다.

코드 11.9와 같이 numpy의 메소드를 사용하면 최빈값도 간단하게 구할 수 있다. unique 메소드를 통해 scores 배열의 점수가 중복되지 않도록 변수 vals에 저장하고, 각 점수의 등장 횟수는 변수 counts 배열에 저장된다. 그리고 3번째 줄에서 argmax 메소드를 통해 counts 배열의 최댓값을 갖는 변수의 인덱스를 index 변수에 저장한다. 따라서 점수가 저장된 배열인 vals의 index번째 값이 최빈값 100에 해당된다.

```
1  # numpy 최빈값
2  vals,counts = np.unique(scores, return_counts=True)
3  index = np.argmax(counts)
4  print(vals[index])
```

```
100
```

코드 11.9 최빈값 - numpy 활용

pandas에서도 데이터프레임에 대해 mode 메소드를 사용하여 최빈값을 구할 수 있다. 코드 11.10은 1번째 줄에서 df의 첫 번째 열만 선택하여 math_score 데이터프레

임에 저장한 후, mode 메소드를 통해 최빈값 100을 출력하였다.

```
1  math_score = df.iloc[:, 0:1]   # 첫번째열
2  math_score.mode()
```

	MATH
0	100

코드 11.10 최빈값 - pandas 활용

산포도

자료의 특성을 나타내는 또 하나의 지표인 산포도는, 변량이 흩어져 있는 정도를 하나의 수로 나타낸 값이다. 산포도의 표현은 분산과 표준편차, 범위와 사분위로 이뤄진다.

📁 편차

편차(deviation)는 관측 값에서 평균 또는 중앙값을 뺀 것에 해당한다. 즉, 자료 값들이 특정 값으로부터 떨어진 정도를 나타내는 수치인 것이다. 코드 11.11를 보면 mean 메소드를 통해 scores의 평균을 변수 mean에 저장하고, 4번째 줄에서는 scores의 값에서 mean 값을 뺀 값인 편차를 변수 deviation에 저장한다. deviation의 출력 결과를 보면 scores의 값들에서 mean에 해당하는 82.28이 뺄셈된 값들인 것을 알 수 있다.

```
1  print(scores)
2  mean = np.mean(scores)
3  print(mean)
4  deviation = scores - mean
5  deviation
```

```
[ 79   75   75  100   79   92  100   74   78   74   77   76  100   67   71   91   79   86
  84   93   89   90   98   96   72   74  100   77   57   92   78   80   63   82   90   77
  92   76   82   74   77  100   88   50   76  100   91   95   99   90   86   93  100  100
  20   56   85   92  100  100   75   99   91   75   28   70  100  100   70   76   66   83
 100   83  100   54  100  100   80  100  100   86   81   83   77   68   75   81  100   86
  78   86   57   79  100   82   88   81   82   68   76   75   71   75   83   72   80   89
 100  100  100   70   92   60  100   60   87   73   81   89   35   75   96   86   89   62
  91   82   96   61   95   75   80   70   92   71   78   57  100   80   80   74   78   80
  81   41  100   79   87   91   86   77   84   89  100   79   84   83   79   99  100  100
```

```
 72  81  83  79  91  61 100  82  79  78  75  83  87  82  77 100  80  79
100 100  93  74  67  77  90  74  70  87  75  68  76  70  70  81  94 100
 92  99]
82.28

array([ -3.28,  -7.28,  -7.28,  17.72,  -3.28,   9.72,  17.72,  -8.28,
        -4.28,  -8.28,  -5.28,  -6.28,  17.72, -15.28, -11.28,   8.72,
        -3.28,   3.72,   1.72,  10.72,   6.72,   7.72,  15.72,  13.72,
       -10.28,  -8.28,  17.72,  -5.28, -25.28,   9.72,  -4.28,  -2.28,
       -19.28,  -0.28,   7.72,  -5.28,   9.72,  -6.28,  -0.28,  -8.28,
        -5.28,  17.72,   5.72, -32.28,  -6.28,  17.72,   8.72,  12.72,
        16.72,   7.72,   3.72,  10.72,  17.72,  17.72, -62.28, -26.28,
         2.72,   9.72,  17.72,  17.72,  -7.28,  16.72,   8.72,  -7.28,
       -54.28, -12.28,  17.72,  17.72, -12.28,  -6.28, -16.28,   0.72,
        17.72,   0.72,  17.72, -28.28,  17.72,  17.72,  -2.28,  17.72,
        17.72,   3.72,  -1.28,   0.72,  -5.28, -14.28,  -7.28,  -1.28,
        17.72,   3.72,  -4.28,   3.72, -25.28,  -3.28,  17.72,  -0.28,
         5.72,  -1.28,  -0.28, -14.28,  -6.28,  -7.28, -11.28,  -7.28,
         0.72, -10.28,  -2.28,   6.72,  17.72,  17.72,  17.72, -12.28,
         9.72, -22.28,  17.72, -22.28,   4.72,  -9.28,  -1.28,   6.72,
       -47.28,  -7.28,  13.72,   3.72,   6.72, -20.28,   8.72,  -0.28,
        13.72, -21.28,  12.72,  -7.28,  -2.28, -12.28,   9.72, -11.28,
        -4.28, -25.28,  17.72,  -2.28,  -2.28,  -8.28,  -4.28,  -2.28,
        -1.28, -41.28,  17.72,  -3.28,   4.72,   8.72,   3.72,  -5.28,
         1.72,   6.72,  17.72,  -3.28,   1.72,   0.72,  -3.28,  16.72,
        17.72,  17.72, -10.28,  -1.28,   0.72,  -3.28,   8.72, -21.28,
        17.72,  -0.28,  -3.28,  -4.28,  -7.28,   0.72,   4.72,  -0.28,
        -5.28,  17.72,  -2.28,  -3.28,  17.72,  17.72,  10.72,  -8.28,
       -15.28,  -5.28,   7.72,  -8.28, -12.28,   4.72,  -7.28, -14.28,
        -6.28, -12.28, -12.28,  -1.28,  11.72,  17.72,   9.72,  16.72]）
```

코드 11.11 편차

🗂 분산

분산(variance)는 변수의 흩어진 정도를 계산하는 지표이다. 따라서 확률 분포는 분산이 크면 클수록 평균에서 멀리 퍼져 있고, 0에 가까워질수록 평균에 집중된다. 분산은 관측값에서 평균을 뺀 값을 제곱하고, 그것을 모두 더한 뒤에 전체 개수로 나눠서 계산한다. 즉, 편차의 제곱의 평균이 분산이 된다. 코드 11.12를 보면 1~2번째 줄에 걸쳐

```
1  mean = np.mean(scores)
2  deviation = scores - mean
3  np.mean(deviation ** 2)
```
```
190.6916
```

코드 11.12 분산 - 계산식 활용

scores의 평균을 계산한 뒤에 편차를 구한다. 그리고 3번째 줄에서 편차에 해당하는 deviation을 제곱한 뒤, mean 메소드를 통해 분산을 구했다. 하지만 **코드 11.13**과 같이 numpy의 var 메소드를 사용한다면 분산을 간단히 얻을 수 있다.

```
1  np.var(scores)
```
```
190.6916
```

코드 11.13 분산 - numpy 활용

마찬가지로 **코드 11.14**와 같이 pandas에도 var 메소드가 있기 때문에 생성된 데이터프레임에 대하여 분산을 계산하는 데에 사용 가능하다. 여기서 유의할 점은 numpy와 pandas의 계산 결과가 다르다는 것이다. 그 이유는 numpy는 과소추정이 적용된 표본분산을 계산하고, pandas는 불편분산을 계산하기 때문이다. 표본분산은 과소추정(under-estimation)을 적용하는 것으로 **수식 11.1**과 같이 계산되며, 불편분산은 분산을 과소추정하지 않는 방식으로 **수식 11.2**와 같이 계산된다. 두 수식의 차이는 분모에 n을 적용하는 것과 n-1을 적용하는 차이이다. 이것은 자유도(degree of freedom)에 해당하는 것으로 어떤 통계값을 구할 때 자유롭게 변할 수 있는 값의 개수를 의미한다. n-1의 경우는 불편성을 확보하기 위하여 자유도를 보정한 경우에 해당 한다.

```
1  math_df = df.iloc[:, 0:1]
2  math_df.var()
```
```
MATH      191.649849
dtype: float64
```

코드 11.14 분산 - pandas 활용

$$\frac{1}{n} \sum_{i=1}^{n} \left(X_i - \overline{X} \right)^2$$

수식 11.1
표본분산

$$\frac{1}{n-1} \sum_{i=1}^{n} \left(X_i - \overline{X} \right)^2$$

수식 11.2
불편분산

📑 표준편차

표준편차(standard deviation)는 분산의 제곱근에 해당된다. **코드 11.15**의 첫 번째 셀을 보면 var 메소드를 통해 분산을 구한 뒤, sqrt 메소드를 통해 그 분산의 제곱근을 구해 준다. 두 번째 셀에서는 더 간략하게 std 메소드 하나만을 사용하여 표준편차를 구한다. 여기서 ddof=0 인자는 표본분산에 대한 값을 구하겠다는 뜻이다. 만약 ddof에 1을 전달한다면 불편분산에 대한 값을 반환 해 준다.

```
1  np.sqrt(np.var(scores, ddof=0))
```
13.809112933132237

```
1  np.std(scores, ddof=0)
```
13.809112933132237

코드 11.15 표준편차

📁 범위

범위(range)는 데이터의 최댓값과 최솟값만으로 산포도를 표현한다. 코드 11.16과 같이 max 메소드를 통해 구한 최댓값에서 min 메소드를 통해 구한 최솟값을 빼면 범위를 구할 수 있다.

```
1  np.max(scores) - np.min(scores)
```
80

코드 11.16 범위

📁 사분위 범위

사분위 범위(interquartile range : IQR)는 3 사분위수에서 1 사분위수를 뺀 값이다. 그림 11.1과 같이 전체 자료의 중간에 있는 절반의 자료들이 지니는 값의 범위에 해당된다.

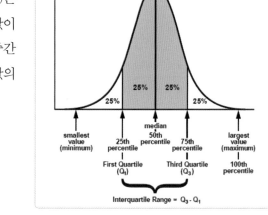

그림 11.1 사분위 범위
출처: http://makemeanalyst.com/explore-your-data-range-interquartile-range-and-box-plot/

코드 11.17는 percentile 메소드를 통해 1번째 줄에서 1 사분위수를 구하고, 2번째 줄에서는 3 사분위수를 구하고 각각 scores_Q1, scores_Q3 변수에 정한다. 그리고 scores_Q3에서 scores_Q1을 빼서 사분위 범위를 구한다. 4번째 줄의 출력 결과를 확인하면 IQR의 값이 Q3인 92와 Q1인 75의 차이인 17로 나타난 것을 확인할 수 있다.

```
1  scores_Q1 = np.percentile(scores, 25)
2  scores_Q3 = np.percentile(scores, 75)
3  scores_IQR = scores_Q3 - scores_Q1
4  print(f'Q3 = {scores_Q3}, Q1 = {scores_Q1}, IQR = {scores_IQR}')

Q3 = 92.0, Q1 = 75.0, IQR = 17.0
```

코드 11.17 사분위 범위 찾기

Pandas 지표 정리

pandas의 describe 메소드는 데이터프레임에 대한 지표들을 종합적으로 보여준다. 코드11.18는 수학 점수만 저장되어 있는 scores에 대한 지표들을 보여준다. 데이터프레임 내에 몇 개의 행이 있는지 나타내는 count, 평균인 mean, 표준편차인 std, 최솟값 min, 최댓값 max, 그리고 1~3 사분위수를 확인할 수 있다. 마찬가지로 코드 11.19에서는 데이터의 전체 속성이 저장된 df 데이터프레임에 대한 지표들을 확인하고 있다.

```
1  df = pd.read_csv('scores.csv')  # DataFrame
2  df.describe()
```

	MATH	ENGLISH	KOREAN
count	200.000000	200.000000	200.000000
mean	82.280000	85.235000	83.305000
std	13.843766	13.594626	14.330695
min	20.000000	20.000000	20.000000
25%	75.000000	79.000000	76.750000
50%	82.000000	85.500000	81.500000

75%	92.000000	99.250000	98.000000
max	100.000000	100.000000	100.000000

코드 11.18 Pandas 지표 정리 - Data Frame의 예

```
1  pd.Series(scores).describe()
```
```
count    200.000000
mean      82.280000
std       13.843766
min       20.000000
25%       75.000000
50%       82.000000
75%       92.000000
max      100.000000
dtype: float64
```

코드 11.19 Pandas 지표 정리 - Series의 예

시각화

코드 11.20은 matplotlib 라이브러리의 boxplot 메소드를 통해 수학 점수가 저장된 scores 배열을 시각화하고 있다. 시각화된 박스 그래프를 확인하여 1~3 사분위수, 최솟값, 최댓값 및 이상치들에 대해 쉽게 파악할 수 있다.

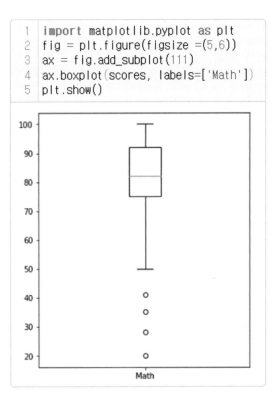

```
1  import matplotlib.pyplot as plt
2  fig = plt.figure(figsize =(5,6))
3  ax = fig.add_subplot(111)
4  ax.boxplot(scores, labels=['Math'])
5  plt.show()
```

코드 11.20 사분위수 확인을 위한 박스 그래프

도수 분포표

도수 분포표(frequency distribution table)는 변량들의 분할된 구간과 데이터의 개수를 표로 정리한 것이다. 예시로 구간 개수를 구하는 것을 들 수 있다. **코드 11.21**의 1번째 줄은 arange 메소드를 통해 0부터 101 미만까지 간격이 10만큼 존재하는 수들을 변수 bins 배열에 저장한다. 그리고 2번째 줄에서 histogram 메소드의 인자로 scores 와 bins 배열을 전달하여, freq 배열에 각 구간 별 데이터의 개수를 저장한다. 출력된 freq 배열을 확인하면 70~79점이 62번, 80~89점이 51번, 90~100점이 65번 등장했다는 사실을 확인할 수 있다.

```
1  bins = np.arange(0,101,10)
2  freq, bins = np.histogram(scores, bins)
3  freq
```
```
array([ 0,  0,  2,  1,  1,  6, 12, 62, 51, 65], dtype=int64)
```

코드 11.21 도수 분포표 - numpy 활용

코드 11.22는 앞에서 구했던 히스토그램을 데이터프레임으로 구성하는 과정이다. 1번째 줄은 f-string을 활용해서 데이터프레임의 인덱스 명으로 사용할 freq_class 리스트를 만들고 있다. for문을 통해 f-string 내의 i값을 0부터 100 미만까지 10씩 증가시키며 freq_class 리스트에 요소를 추가하게 된다. 그리고 3번째 줄에서 DataFrame 메소드에 Frequency 열에 적용할 freq 배열과 행에 대한 인덱스로 적용할 freq_class 배열을 인자로 전달한다. 여기서 n~n+10의 형태는 n+10 미만에 해당된다는 점을 유의하자.

```
1  freq_class = [f'{i}~{i+10}' for i in range(0, 100, 10)]
2  freq_class
3  freq_dist_df = pd.DataFrame({'Frequency': freq}, index=freq_class)
4  freq_dist_df
```

	Frequency
0~10	0
10~20	0
20~30	2

30~40	1
40~50	1
50~60	6
60~70	12
70~80	62
80~90	51
90~100	65

코드 11.22 도수 분포표 - pandas 활용

코드 11.23과 같이 히스토그램을 matplotlib 라이브러리를 통해 막대그래프로 시각화할 수도 있다. 이렇게 데이터프레임 또는 시각화를 통해 히스토그램을 나타내면, 코드 11.21과 달리 자료를 확인하는 사람이 더 쉽게 이해할 수 있다는 것을 알 수 있다. 이와 같이 데이터 분석을 한 결과를 다른 사람들과 공유해야 한다는 점을 염두에 두고 자료를 만들 수 있어야 한다.

```
1  plt.figure(figsize =(10,6))
2  plt.bar(freq_class, freq)
```

<BarContainer object of 10 artists>

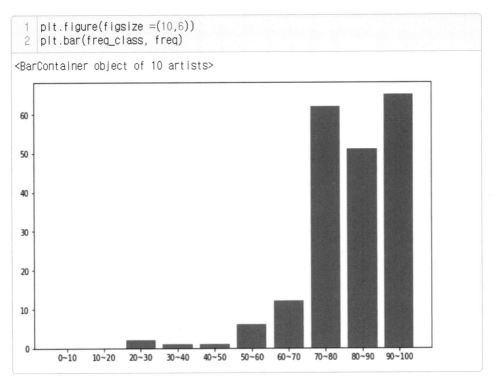

코드 11.23 도수 분포표 - 시각화

두 데이터의 상관관계

두 데이터의 상관관계를 알아보기 위해 코드 11.24에서는 수학 점수와 영어 점수만 선택하여 12명의 학생에 대하여 새로운 데이터프레임인 scores_df에 저장하고 있다. 출력된 scores_df를 확인해 보면 0부터 11까지 12개의 행을 갖고 수학 및 영어 점수가 저장된 데이터프레임을 확인할 수 있다.

```
1  ma_scores = np.array(df['MATH'])[:12]
2  en_scores = np.array(df['ENGLISH'])[:12]
3
4  scores_df = pd.DataFrame({'Mathematics':ma_scores,
5                            'English':en_scores})
6  scores_df
```

	Mathematics	English
0	79	81
1	75	89
2	75	80
3	100	100
4	79	80
5	92	99
6	100	100
7	74	81
8	78	80
9	74	78
10	77	77
11	76	80

코드 11.24 수학 점수와 영어 점수 확인

공분산 계산

공분산은 두 개의 변수의 선형관계를 나타내는 값에 해당한다, 한 변수의 증감에 따른 다른 변수의 증감의 경향에 대한 측도를 뜻하며, 쉽게 말해 분산이라는 개념을 확장하여 두 개의 변수의 흩어진 정도를 공분산이라고 하는 것이다. 코드 11.25에서는 공분산을 계산하고 있다. 우선 1번째 줄에서 copy 메소드를 통해 scores_df를 복사해 summary_df에 저장한다. 그리고 2~5번째 줄에서 summary_df에 mathematics_deviation 열과 english_deviation을 추가하며 각각 수학 점수와 영어 점수에 대한 편차 값을 저장한다. 그리고 6~7번째 줄에서 product of deviations 열을 추가하고 수학 점수의 편차와 영어 점수의 편차를 서로 곱한 값을 저장한다.

```
1  summary_df = scores_df.copy()
2  summary_df['mathematics_deviation'] = ₩
3      summary_df['Mathematics'] - summary_df['Mathematics'].mean()
4  summary_df['english_deviation'] = ₩
5      summary_df['English'] - summary_df['English'].mean()
6  summary_df['product of deviations'] = ₩
7      summary_df['mathematics_deviation'] * summary_df['english_deviation']
8  summary_df
```

	Mathematics	English	mathematics_deviation	english_deviation	product of deviations
0	79	81	-2.583333	-4.416667	11.409722
1	75	89	-6.583333	3.583333	-23.590278
2	75	80	-6.583333	-5.416667	35.659722
3	100	100	18.416667	14.583333	268.576389
4	79	80	-2.583333	-5.416667	13.993056
5	92	99	10.416667	13.583333	141.493056
6	100	100	18.416667	14.583333	268.576389
7	74	81	-7.583333	-4.416667	33.493056
8	78	80	-3.583333	-5.416667	19.409722
9	74	78	-7.583333	-7.416667	56.243056
10	77	77	-4.583333	-8.416667	38.576389
11	76	80	-5.583333	-5.416667	30.243056

코드 11.25 공분산 계산

공분산 결과

코드 11.25에서 각 행 별로 구했던 편차간의 곱들의 평균을 구하면 코드 11.26과 같이 공분산을 구할 수 있다. 공분산이 양의 값인 경우에는 '두 데이터 간의 양의 상관관계가 있다'라고 하고, 음의 값인 경우에는 '음의 상관관계가 있다'라고 한다. 그리고 공분산이 0에 가까울수록 두 데이터가 서로 상관이 없는 것이다. 여기서는 대략 74의 공분산 값을 얻었으므로, 수학 점수와 영어 점수는 서로 양의 상관관계가 있다는 것을 확인힐 수 있다.

```
1  summary_df['product of deviations'].mean()
74.50694444444443
```

코드 11.26 공분산 결과

산점도

공분산을 통해 수학과 영어 점수간의 상관관계가 있다는 것은 알았지만, 잘 와닿지는 않는다. 따라서 코드 11.27과 같이 산점도 그래프를 통해 시각화를 해 볼 수 있다. 7번째 줄과 같이 matplolib 라이브러리의 scatter 메소드를 사용한 결과가 아래 산점도 그래프로 나타나 있는데, 표시된 점이 위로 갈수록 수학 점수가 높고, 오른쪽으로 갈수록 영어 점수가 높은 것이다. 산점도를 확인해 보면 수학 점수가 높으면 영어 점수도 높게 나타나므로, 두 데이터 간의 상관관계를 쉽게 파악할 수 있다.

```
1  english_scores = np.array(df['ENGLISH'])
2  math_scores = np.array(df['MATH'])
3
4  fig = plt.figure(figsize=(6, 6))
5  ax = fig.add_subplot(111)
6  # 산점도
7  ax.scatter(english_scores, math_scores)
8  ax.set_xlabel('english')
9  ax.set_ylabel('mathematics')
10
11 plt.show()
```

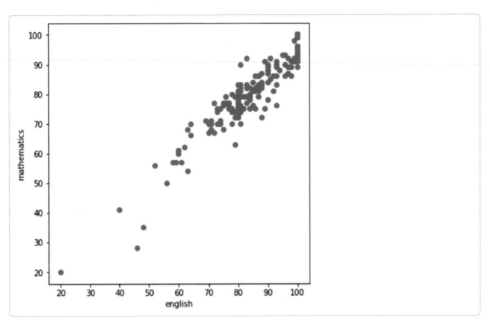

코드 11.27 산점도

회귀직선

산점도는 해당 산점도를 대표하는 직선인 회귀직선을 갖는다. 코드 11.28에서는
1~4번째 줄에서 polyfit과 poly1d 메소드를 통해 수학과 영어 점수에 대한 회귀직선
함수 poly_1d를 구한다. 그리고 5~8번째 줄에서 배열 xs를 linspace 메소드를 통해
일정한 간격의 영어 점수로 저장한 후, xs의 poly_1d에 대한 함숫값을 ys에 저장한다.
그 후에 10~20번째 줄에서 xs를 x축으로 갖고 ys를 y축으로 갖는 회귀직선을 plot
메소드를 통해 산점도 그래프 위에 그리게 된다. 그리고 16번째 줄에서 label 인자에
저장했던 값에 따라 plot 상의 범례에서 회귀직선 함수가 −0.02+0.97x로 나타난 것
을 확인할 수 있다.

```
1   # 계수 β_0와 β_1를 구한다
2   poly_fit = np.polyfit(english_scores, math_scores, 1)
3   # β_0+β_1 x를 반환하는 함수를 작성
4   poly_1d = np.poly1d(poly_fit)
5   # 직선을 그리기 위해 x좌표를 생성
```

```
 6   xs = np.linspace(english_scores.min(), english_scores.max())
 7   # xs에 대응하는 y좌표를 구한다
 8   ys = poly_1d(xs)
 9
10   fig = plt.figure(figsize=(6, 6))
11   ax = fig.add_subplot(111)
12   ax.set_xlabel('english')
13   ax.set_ylabel('mathematics')
14   ax.scatter(english_scores, math_scores, label='score')
15   ax.plot(xs, ys, color='red',
16           label=f'{poly_fit[1]:.2f}+{poly_fit[0]:.2f}x')
17   # 범례의 표시
18   ax.legend(loc='upper left')
19
20   plt.show()
```

코드 11.28 회귀직선

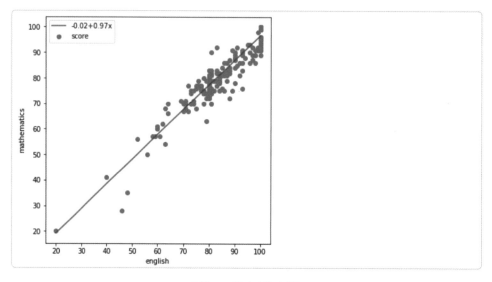

그림 11.2 회귀직선 시각화

11-3 통계 분석 도전

기술통계에서 학습한 내용들을 직접 도전하여 확인해 보자.

공공데이터 활용

통계 분석을 위하여 서울 열린데이터 광장의 공공데이터를 활용해 보기로 한다. 그림 11.3에서 볼 수 있는 서울특별시 공공자전거 일별대여건수 csv 파일을 내려받는다.

그림 11.3
공공데이터 활용

데이터 확인

그림 11.4은 내려받은 csv 파일을 bicycle_rent.csv 파일로 이름을 수정하고 확인한 것이다. 대여일시와 대여건수 두 가지 속성이 있다는 것을 확인할 수 있다.

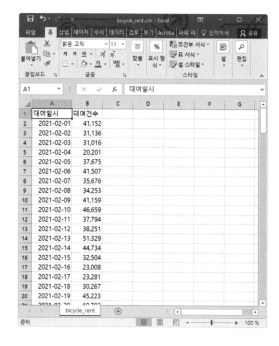

그림 11.4 데이터 확인

데이터 가져오기

데이터를 저장했다면 이제 분석하기에 앞서 파이선 실행 환경에 파일을 불러와야 한다. 코드 11.29의 8번째 줄은 pandas 라이브러리의 read_csv 메소드를 통해 파일의 내용을 불러와 cycle1 데이터프레임에 저장하고 있다.

```
1   # 데이터 출처: 서울 열린데이터 광장
2   # 링크 1 (대여건수): http://data.seoul.go.kr/dataList/OA-14994/F/1/datasetView.do
3   # 링크 2 (가입자수): http://data.seoul.go.kr/dataList/OA-15243/S/1/datasetView.do
4
5   import numpy as np
6   import pandas as pd
7
8   cycle1 = pd.read_csv('bicycle_rent.csv', encoding='cp949')
9   cycle1
```

	대여일시	대여건수
0	2021-02-01	41,152
1	2021-02-02	31,136

	대여일시	대여건수
2	2021-02-03	31,016
3	2021-02-04	20,201
...	...	...
145	2021-06-26	105,813
146	2021-06-27	92,869
147	2021-06-28	106,378
148	2021-06-29	111,907
149	2021-06-30	122,200

150 rows × 2 columns

코드 11.29 데이터 프레임 생성

EDA 단계

cycle1의 대여건수 열의 값들은 쉼표가 포함된 문자열 자료들이다. 따라서 통계 분석에 용이한 수치 자료형으로 바꾸기 위한 EDA 단계가 필요하다. 코드 11.30은 str. replace 함수를 통해 문자열에서 쉼표를 없애주고, to_numeric 메소드를 통해 문자열을 정수형 자료로 바꿔준다. 새롭게 저장된 cycle1을 출력해보면 쉼표 없이 대여건수들이 출력되는 것을 확인할 수 있다.

```
1  # DataFrame의 대여건수의 자료형을 int64로 변경하기
2  cycle1['대여건수'] = pd.to_numeric(cycle1['대여건수'].str.replace(',', ''))
3  cycle1
```

	대여일시	대여건수
0	2021-02-01	41152
1	2021-02-02	31136
2	2021-02-03	31016
3	2021-02-04	20201
4	2021-02-05	37675
...	...	...

145	2021-06-26	105813
146	2021-06-27	92869
147	2021-06-28	106378
148	2021-06-29	111907
149	2021-06-30	122200

150 rows × 2 columns

코드 11.30 EDA 단계 – 수치 데이터 변환

시각화

앞에서 저장한 cycle1 데이터프레임을 시각화하면 **코드 11.31**와 같다. x축의 값들이 날짜에 해당되는데, 이러한 형태의 그래프는 시계열 분석에서 자주 확인할 수 있다.

```
1  import matplotlib.pyplot as plt
2
3  cycle1.columns = ['Date', 'Num of Rent']
4  cycle1.plot(x='Date', y='Num of Rent', figsize=(10,6))
5  plt.show()
```

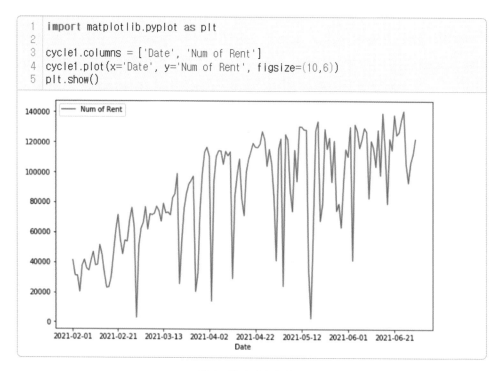

코드 11.33 일별 서울시 자전거 대여 건수 시각화

지표 정리

코드 11.34와 같이 describe 메소드를 사용하면
cycle1의 대여건수에 대한 대푯값, 산포도와 같은 지
표들을 확인할 수 있다. count가 150이므로 150일
에 대한 대여건수가 저장되어 있는 것이며, 대여건수
의 평균은 약 85817, 표준편차는 약 35243, 최솟값은
2514, 최댓값은 140870임을 알 수 있다.

```
1  cycle1.describe()
```

	Num of Rent
count	150.000000
mean	85817.126667
std	35243.755425
min	2514.000000
25%	60985.500000
50%	92190.500000
75%	115711.000000
max	140870.000000

코드 11.34 대여 건수 지표 정리

기술 통계

이제 numpy 기술 통계 메소드들을 적용해 보자. 코드 11.35의 1~2번째 줄은 데이터
프레임인 cycle1을 to_numpy 메소드를 통해 배열로 만들어서 data에 저장하고, data
의 인덱스 번호 1열만 선택해서 np_cycle1 배열에 저장한다. 그리고 4번째 줄부터
14번째 줄에 이르기까지 데이터의 개수, 평균, 분산, 표준편차, 최댓값, 최솟값, 중앙
값, 1 사분위수, 2 사분위수, 3 사분위수, 42 백분위수를 각각 코드 한 줄로 구하여 출
력해주고 있다.

```
1   data = cycle1.to_numpy()
2   np_cycle1 = data[:,1]  # 대여수 열 선택
3
4   print( f'데이터의 개수 : {len(np_cycle1)}')
5   print( f'평균 : {np.mean(np_cycle1)}')
6   print( f'분산 : {np.var(np_cycle1)}')
7   print( f'표준 편차 : {np.std(np_cycle1)}')
8   print( f'최대값 : {np.max(np_cycle1)}')
9   print( f'최소값 : {np.min(np_cycle1)}')
10  print( f'중앙값 : {np.median(np_cycle1) }')
11  print( f'1사분위 수 : {np.percentile(np_cycle1, 25)}')
12  print( f'2사분위 수 = 중앙값 : {np.percentile(np_cycle1, 50)}')
13  print( f'3사분위 수 : {np.percentile(np_cycle1, 75)}')
```

```
14   print( f'42백분위수 (42%) : {np.percentile(np_cycle1, 42)}')
```

```
데이터의 개수 : 150
평균 : 85817.12666666666
분산 : 1233841481.1239548
표준 편차 : 35126.07978587925
최대값 : 140870
최소값 : 2514
중앙값 : 92190.5
1사분위 수 : 60985.5
2사분위 수 = 중앙값 : 92190.5
3사분위 수 : 115711.0
42백분위수 (42%) : 78878.02
```

코드 11.35 numpy 활용 기술 통계

상관관계 분석을 위한 데이터

그림 11.5은 일자별로 서울특별시 공공자전거 대여 서비스에 가입한 사람들의 정보가
저장된 bicycle_sign_up.csv에 대한 내용이다. 이 데이터가 일별 자전거 대여건수 데
이터와 상관관계가 있는지 분석을 해 보도록 하자.

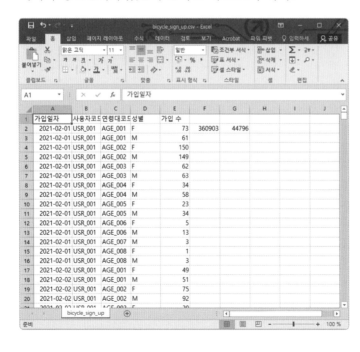

그림 11.5
상관관계 분석을 위한
가입자 수치 데이터

데이터 가져오기

코드 11.36에서는 bicycle_sign_up.csv를 불러와 cycle2 데이터프레임에 저장하고 있다.

```
1  cycle2 = pd.read_csv('bicycle_sign_up.csv', encoding='cp949')
2  cycle2
```

	가입일자	사용자코드	연령대코드	성별	가입 수	Unnamed: 5	Unnamed: 6
0	2021-02-01	USR_001	AGE_001	F	73	360903.0	44796.0
1	2021-02-01	USR_001	AGE_001	M	61	NaN	NaN
2	2021-02-01	USR_001	AGE_002	F	150	NaN	NaN
3	2021-02-01	USR_001	AGE_002	M	149	NaN	NaN
4	2021-02-01	USR_001	AGE_003	F	62	NaN	NaN
...	...	...	...	...	...	...	...
2226	2021-06-30	USR_001	AGE_005	M	7	NaN	NaN
2227	2021-06-30	USR_001	AGE_006	F	2	NaN	NaN
2228	2021-06-30	USR_001	AGE_006	M	4	NaN	NaN
2229	2021-06-30	USR_001	AGE_008	F	730	NaN	NaN
2230	2021-06-30	USR_001	AGE_008	M	902	NaN	NaN

2231 rows × 7 columns

코드 11.36 데이터 프레임 생성

EDA

코드 11.37는 cycle2에 대한 EDA 과정이다. 2번째 줄에서 가입일자, 가입 수 속성만 남긴 후, 3번째 줄에서 groupby 메소드를 통해 가입일자를 기준으로 같은 날에 가입한 사람들을 묶고, 4번째 줄에서 묶인 가입일자별로 가입 수의 전체 합을 구한다. groupby 메소드를 사용하지 않는다면 같은 가입일자에 대한 여러 사람들의 데이터가 중복되어 나타나게 되기 때문에, 이는 꼭 필요한 과정이다. 그리고 groupby를 통해 행의 개수가 달라지므로 5번째 줄과 같이 reset_index 메소드를 통해 행의 인덱스를 다시 설정한다.

```
1  # 일별 가입한 숫자로 데이터 정리하기
2  cycle2 = cycle2[['가입일자', '가입 수']]
3  cycle2 = cycle2.groupby('가입일자')
4  cycle2 = cycle2.sum()
5  cycle2.reset_index(level=0, inplace=True)
6  cycle2
```

	가입일자	가입 수
0	2021-02-01	732
1	2021-02-02	463
2	2021-02-03	407
3	2021-02-04	316
4	2021-02-05	576
...	...	...
145	2021-06-26	3526
146	2021-06-27	3371
147	2021-06-28	1804
148	2021-06-29	1687
149	2021-06-30	1784

150 rows × 2 columns

코드 11.37 EDA 결과

두 데이터 합치기

코드 11.38는 두 데이터를 통합하는 과정이다. 1~3번째 줄에서 우선 rename 메소드를 통해 cycle2의 가입일자와 가입 수를 Date2, Num of Sign-up으로 열의 이름을 수정한다. 그리고 6번째 줄에서 concat 메소드를 통해 cycle1과 cycle2 데이터프레임을 열 기준으로 통합한다. 여기서 axis 인자에 0을 전달했다면 행을 기준으로 두 데이터프레임이 통합하게 된다.

```
1  cycle2.rename(columns={"가입일자":"Date2",
2                         "가입 수":"Num of Sign-Up"},
```

```
3                    inplace = True)
4
5   # 두 데이터를 합쳐주기
6   cycle = pd.concat([cycle1, cycle2], axis = 1)
7   cycle
```

	Date	Num of Rent	Date2	Num of Sign-Up
0	2021-02-01	41152	2021-02-01	732
1	2021-02-02	31136	2021-02-02	463
2	2021-02-03	31016	2021-02-03	407
3	2021-02-04	20201	2021-02-04	316
4	2021-02-05	37675	2021-02-05	576
...	...	...	...	...
145	2021-06-26	105813	2021-06-26	3526
146	2021-06-27	92869	2021-06-27	3371
147	2021-06-28	106378	2021-06-28	1804
148	2021-06-29	111907	2021-06-29	1687
149	2021-06-30	122200	2021-06-30	1784

150 rows × 4 columns

코드 11.38 대여 건수와 가입자 수 통합

중복 데이터 열 삭제

코드 11.38의 cycle은 동일한 일자가 Date와 Date2 열에서 중복되고 있기 때문에 코드 11.39의 2번째 줄과 같이 Date2열을 배제할 수 있다. 여기서 주의해야 하는 점은 cycle에서 남길 열을 선택할 때는 2번째 줄과 같이 열들의 이름이 들어 있는 리스트를 다시금 대괄호 안에 넣어줘야 한다는 것이다. cycle을 출력하면 선택한 Date, Num of Rent, Num of Sign-up 열들만 남아 있는 것을 확인할 수 있다.

```
1   # 중복되는 날짜 데이터를 하나만 남기기
2   cycle = cycle[['Date', 'Num of Rent', 'Num of Sign-Up']]
3   cycle
```

	Date	Num of Rent	Num of Sign-Up
0	2021-02-01	41152	732
1	2021-02-02	31136	463
2	2021-02-03	31016	407
3	2021-02-04	20201	316
4	2021-02-05	37675	576
...	...	...	...
145	2021-06-26	105813	3526
146	2021-06-27	92869	3371
147	2021-06-28	106378	1804
148	2021-06-29	111907	1687
149	2021-06-30	122200	1784

150 rows × 3 columns

코드 11.39 중복 데이터 열 삭제

numpy 데이터 생성

코드 11.40은 cycle의 대여 건수와 가입 건수 열을 각각 numpy 배열인 rent, signup 에 저장하고 있다. 이제 이 두 배열 간의 상관관계를 분석해볼 것이다.

```
1  rent = np.array(cycle['Num of Rent'])
2  signup = np.array(cycle['Num of Sign-Up'])
3
4  print(rent)
5  print(signup)
```

```
[ 41152  31136  31016  20201  37675  41507  35676  34253  41159  46659
  37794  38251  51329  44734  32504  23008  23281  30267  45223  60703
  71467  54943  45246  54470  53694  67686  76214  63298   2966  51013
  62386  66283  76821  61833  72037  71470  72364  77153  74080  67097
  79057  72694  73254  71318  82757  85416  98932  25486  55103  75928
  85788  91845  94209  97153  20331  32571  74935  98689 113259 116640
 110607  14026  94160 110533 114292 114207 105191 113974 110980 113592
  28992  84172  98226 108960  82177  71082 100004 108598 113785 119380
```

```
116722 116476 118773 127151 122090 103959 115380 105944  83165  41123
115492 122393  24069 125213 121660  88097  73912 114851  93814 130314
130245 128298 128239  36082   2514  60065 127759 133864  67451  78809
128763 115588 122961  93453 120987  74271  78928  63064  92536 115335
110305 130227  41123 131838 127568 116208 121944 129558 126823  82549
120869 116059 103603 128217  97851 139346 115752  78992 122359 114793
138150 124808 126714 134714 140870 105813  92869 106378 111907 122200]
[ 732   463   407   316   576  1393  1339   549   731   870  1723  2709  3366  2270
  674   362   302   450   996  3142  4763  1599   964  1382  1242  2420  4847  4209
  450  1231  1482  1499  2465  2905  4293  2020  1749  2003  1829  1644  4396  4697
 1923  1620  2120  2387  3474  1235  2855  1757  2114  2301  2499  2976   849  1405
 1537  2369  3522  3798  3749   740  5330  3149  2866  3141  2800  3625  6465  6721
  852  1532  1825  2271  1642  2484  4790  2334  2355  2595  2472  2755  5489  6742
 2829  2099  2402  2269  1786  1631  5802  2807   843  6894  2775  1809  2420  5225
 1512  2695  2685  2800  2733  1036   351   882  2455  5560  1149  1497  4942  4372
 2273  1759  1940  1246  1502  1768  3559  1731  1828  1977   802  2309  4288  3859
 2011  1907  1759  1173  1788  3256  3454  2402  1849  2596  1725  1502  3986  3757
 2512  2013  2030  2342  2644  3526  3371  1804  1687  1784]
```

코드 11.40 numpy 데이터 생성

상관 관계 분석 – Pearson 상관 계수

Pearson 상관 계수는 변수 사이의 선형 관계를 조사할 때 사용된다. 코드 11.41는 scipy.stats 모듈을 불러와 pearsonr 메소드를 사용하고 있다. 4번째 줄에서는 pearsonr 메소드에 rent와 signup 배열을 인자로 전달하여, correlation_cofficent 와 p_value에 pearson 상관계수 및 p-값을 반환하여 저장한다. 여기서 구한 상관계 수가 양수이기 때문에, 일별 자전거 대여 건수와 서비스 가입 건수는 양의 상관관계 를 갖는다는 것을 알 수 있다. 여기서 구한 p-값은 3.501...44e-14와 같은 형식으로 나타나는데, 이는 지수 표기법을 사용한 것으로 소수점 이하 14자리부터 값을 갖는

```
1  # Pearson 상관계수 구하기
2  from scipy.stats import pearsonr
3
4  correlation_coefficient, p_value = pearsonr(rent, signup)
5  print(f'상관계수 = {correlation_coefficient}, p-value = {p_value}')
상관계수 = 0.5678658046374168, p-value = 3.50412958282644e-14
```

코드 11.41 상관 관계 분석 - Pearson 상관 계수

실제로는 매우 작은 값이라는 점을 유의하자.

상관 관계 분석 – Spearman 상관 계수

Spearman 상관 계수는 변수 사이의 단순 관계를 평가를 할 때 사용된다. 그리고 각 변수에 대해 순위를 매긴 값을 기반으로 평가한다. **코드 11.42**에서는 우선 scipy.stats 모듈에서 spearmanr 메소드를 불러온다. 그리고 spearmanr 메소드의 인자로 rent와 signup 배열을 전달하여 spearman 상관계수와 p-값을 얻고 있다. 여기서 구한 p-값과 **코드 11.41**에서의 p-값은 모두 매우 작기 때문에, 대여 건수와 가입 수는 서로 매우 깊은 상관 관계가 있다는 사실을 알 수 있다.

```
1  # Spearman 상관계수 구하기
2  from scipy.stats import spearmanr
3
4  spearmanr(rent, signup)
```

```
SpearmanrResult(correlation=0.6285936265277305, pvalue=7.184123934145475e-18)
```

코드 11.42 상관 관계 분석 – Spearman 상관 계수

카이제곱 검정

카이제곱 검정(chi-squared test)은 가설을 검정하는 방법 중 하나이다. 카이제곱 검정의 유형에는 두 가지가 있는데, 단일 표본 검정(one sample test)와, 독립 2표본 검정(two sample test)가 있다. 단일 표본 검정은 단일 표본에서 종속변수의 차이가 유의미한지 검정한다. 독립 2표본 검정은 두 범주형 변수가 서로 관련이 있는지 검정하는 과정인데, 지금 살펴보고 있는 예시인 대여 건수와 가입 수의 관련 여부에 대한 검정이 이에 해당된다. 카이제곱 검정을 하기 위해서는 **코드 11.43**와 연속형 변수를 범주형 변수로 구조화할 필요가 있다. 6~9번째 줄에서 cut 메소드를 통해서 cycle 데이터프레임의 대여 건수와 가입 건수를 bins 인자에 전달한 5개의 범주로 나눈다. 그리고 labels

를 지정하여 rent_categorical 속성에 대해서는 XS, S, M, L, XL의 범주를 갖게 하고, signup_categorical 속성에 대해서는 A, B, C, D, E 범주를 갖도록 하여 추가하고 있다.

```
1   # 카이제곱 검정
2
3   # 카이제곱 검정을 위해 연속형 변수를 범주형 변수로 바꿔주기
4   # 참고용: 대여건수는 2514~140870의 값을,
5   # 가입수는 302~6894의 값을 가짐
6   cycle['rent_categorical'] = pd.cut(cycle['Num of Rent'], bins=5,
7                                      labels=['XS', 'S', 'M', 'L', 'XL'])
8   cycle['signup_categorical'] = pd.cut(cycle['Num of Sign-Up'], bins = 5,
9                                        labels=['A', 'B', 'C', 'D', 'E'])
10  cycle
```

	Date	Num of Rent	Num of Sign-Up	rent_categorical	signup_categorical
0	2021-02-01	41152	732	S	A
1	2021-02-02	31136	463	S	A
2	2021-02-03	31016	407	S	A
3	2021-02-04	20201	316	XS	A
4	2021-02-05	37675	576	S	A
...	...	...	...	...	...
145	2021-06-26	105813	3526	L	C
146	2021-06-27	92869	3371	L	C
147	2021-06-28	106378	1804	L	B
148	2021-06-29	111907	1687	L	B
149	2021-06-30	122200	1784	XL	B

150 rows × 5 columns

코드 11.43 카이제곱 검정을 위한 범주 적용

코드 11.43에서 정한 범주 개수 및 범주의 이름들은 예시일 뿐이다. 데이터 분석을 할 때는 데이터에 알맞은 개수와 이름을 정해주면 된다. 코드 11.44는 코드 11.43에서 나눴던 범주 별로 해당되는 값의 개수를 각각 rent_categorical 열과 signup_categorical 열에 대해 value_counts 메소드를 사용하여 구하고 있다. 그 결과를 확인하면 많이 등장한 범주의 순서대로 출력되고 있다는 것을 알 수 있다.

```
1    # 각 카테고리의 개수 확인
2    cycle.rent_categorical.value_counts()
```

```
XL      50
M       36
L       28
S       26
XS      10
Name: rent_categorical, dtype: int64
```

```
1    cycle.signup_categorical.value_counts()
```

```
B       70
A       43
C       19
D       13
E        5
Name: signup_categorical, dtype: int64
```

코드 11.44 카이제곱 검정 범주별 데이터 수 확인

```
1    # 빈 DataFrame 생성
2    df = pd.DataFrame([[0, 0, 0, 0, 0],
3                       [0, 0, 0, 0, 0],
4                       [0, 0, 0, 0, 0],
5                       [0, 0, 0, 0, 0],
6                       [0, 0, 0, 0, 0]],
7                      index = ['A', 'B', 'C', 'D', 'E'],
8                      columns = ['XS', 'S', 'M', 'L', 'XL'])
9    df
```

	XS	S	M	L	XL
A	0	0	0	0	0
B	0	0	0	0	0
C	0	0	0	0	0
D	0	0	0	0	0
E	0	0	0	0	0

코드 11.45 카이제곱 검정 범주 행렬 초기화

이제 앞에서 구한 범주별 데이터의 개수 간의 관계를 확인하기 위한 행렬을 만들어 보자. 행렬에 값을 넣기에 앞서, **코드 11.45**와 같이 빈 데이터프레임을 생성해서 행렬을 초기화할 수 있다. 행렬의 모든 요소를 0으로 초기화하고, 행과 열에 각각 가입 수와 대여 건수 범주를 설정한다.

코드 11.46은 반복문을 통해 df 데이터프레임에 각 범주에 속하는 값을 채워 넣는다. 2~3번째 줄에서 i 값과 j 값이 각각의 범주에 대해 반복하기 때문에 모든 범주의 경우에 대한 개수를 j행 i열의 요소로 채워 넣을 수 있다.

```
1   # 각 범주에 속하는 값 (개수) 채워넣기
2   for i in ['XS', 'S', 'M', 'L', 'XL']:
3       for j in ['A', 'B', 'C', 'D', 'E']:
4           df.loc[j, i] = cycle[(cycle.rent_categorical == i)
5                       &(cycle.signup_categorical == j)].shape[0]
6
7   #결과 확인
8   df
```

	XS	S	M	L	XL
A	10	20	12	1	0
B	0	5	17	16	32
C	0	1	2	8	8
D	0	0	5	2	6
E	0	0	0	1	4

코드 11.46 카이제곱 검정 범주 행렬 데디터 반영

코드 11.47는 scipy.stats 모듈의 chi2_contingency 메소드를 불러와 카이제곱 검정을 하고 있다. 7번째 줄에서는 chi2_contingency 메소드에 df를 인자로 전달하여 카이제곱 검정을 했을 때의 p-값을 p 변수에 저장한다. 그리고 11~14번째 줄에서 p가 0.01보다 작으면 대여 건수와 가입 수가 서로 관계가 있다고 출력되게 하고, 더 크면 서로 관계가 없다고 출력되게 한다. 결과적으로 p값은 0.01보다 매우 작았기 때문에, 신뢰수준 99%에서 유의미한 결과이므로 대여건수와 가입 수가 관계가 있다는 사실을 알 수 있다. 즉, 귀무가설이 아닌 대립가설이 채택된다. 만약 신뢰수준 95%에서 유의미한지 확인하고 싶다면 11번째 줄의 조건문에서 p가 0.05보다 작은지 확인하면 된다.

```
1   # 카이제곱 검정으로 가설 검증하기
2   # 귀무가설: 대여건수와 가입 수는 관계가 없다. (독립적이다)
3   # 대립가설: 대여건수와 가입 수는 관계가 있다. (독립적이지 않다)
4
5   from scipy.stats import chi2_contingency
6
7   stat,p,_,_ = chi2_contingency(df)
8   print("static : {}, p-value : {}".format(stat,p))
9
10  # 신뢰수준 99%로 잡으면
11  if p < 0.01:
12      print("신뢰수준 99%에서 유의미한 관계이므로 대여건수와 가입 수는 관계가 있다.")
13  else:
14      print("신뢰수준 99%에서 무의미한 관계이므로 대여건수와 가입 수는 관계가 없다.")
```

```
static : 93.34093421004594, p-value : 6.037953565598833e-13
신뢰수준 99%에서 유의미한 관계이므로 대여건수와 가입 수는 관계가 있다.
```

코드 11.47 카이제곱 검정 결과

11장에서는 numpy와 pandas 라이브러리를 활용한 기술 통계부터 시작해서, scipy.stats 라이브러리를 통해 두 데이터 간의 상관관계를 추론하고 가설에 대해 검정하는 과정까지 확인해 봤다. 이러한 통계 접근법은 논문 작성에서도 많이 사용되므로, 이 책을 공부하고 있는 독자들은 논문 작성을 위한 데이터 분석도 능히 해낼 수 있다! 데이터 분석에 도전하므로 스스로의 한계를 뛰어넘을 수 있기를 희망한다.

12장

텍스트 데이터 빈도 분석

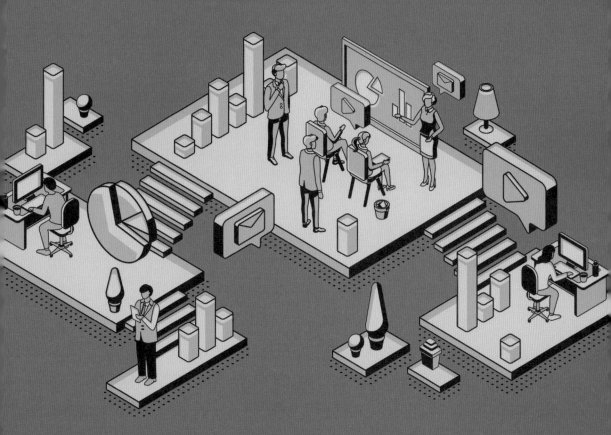

텍스트 분석은 텍스트 데이터를 처리하여 패턴을 도출한다. 텍스트 분석은 용어 빈도 분석, 감성 분석, 주제 모델링(Topic Modeling), 개체명 인식(Named Entity Recognition: NER) 등 다양한 기술을 사용할 수 있다. 본 장에서는 가장 기본적인 텍스트 데이터의 빈도 분석에 대하여 학습해 보자.

12-1 텍스트 데이터 이해하기

텍스트 데이터는 내부 데이터와 외부 데이터로 구분되며, 내부 데이터는 이메일, 채팅, 인보이스 및 소속원의 설문 조사와 같이 바로 사용할 수 있는 텍스트 콘텐츠를 뜻한다. 반면 외부 데이터는 소셜 미디어 게시물, 온라인 리뷰, 뉴스 기사 등과 같은 자료를 통하여 획득하는 자료로, 곧바로 획득하지 못하고 일련의 처리를 통하여 획득 가능한 텍스트 콘텐츠를 의미한다. 외부 데이터를 추출하려면 웹 스크래핑 또는 웹 크롤링 도구를 사용하거나 기타 방법을 활용할 수 있어야 한다. 텍스트 데이터에 대하여 체계적 검토를 해 보자.

텍스트 데이터 종류

텍스트 데이터 종류에는 비정형 데이터, 반정형 데이터, 정형 데이터 3가지가 있다.

▸ **비정형 데이터:** application을 통해 다른 종류의 데이터로 수정될 수 있다.

▸ **반정형 데이터:** 관계형 데이터베이스나 다른 형태의 데이터 테이블로 조직된 데이터 모델의 정형적 구조를 따르지 않는 텍스트 데이터다. 같은 클래스에 속하는 속성들을 순서에 상관없이 서로 묶을 수 있고, 다른 속성을 포함할 수 있다. 객체 지향 데이터베이스에 많이 포함된 데이터 종류로 마크업(Markup) 언어, 이메일,

EDI(Electronic Data Interchange, 전자 상으로 주고받는 데이터) 등이 반정형 데이터의 예시다.

▸ **정형 데이터**: 어의적 요소를 분리하고 데이터 내의 레코드, 필드의 계층 구조가 있는 텍스트 데이터를 말한다.

텍스트 데이터 분석의 대상은 위의 3가지 종류 모두를 다룰 수 있어야 한다.

텍스트 데이터 이해

세상에 존재하는 데이터의 80% 이상이 비정형 데이터로 추산된다. 그중에서 텍스트 데이터는 가장 기본적이고 광범위한 비중을 차지하는 비정형 데이터에 속한다. 따라서 텍스트 데이터 분석을 위해서는 다양한 작업이 요구된다.

텍스트 데이터의 특성
텍스트 데이터는 모호하며 추상적이다. 같은 단어라도 문맥에 따라 개념이 상이하다. 또한 유사한 단어라고 하더라도 표현 방식에 따라 다른 의미를 가진다. 따라서 매우 고차원적이고, 시각화하기 어렵다.

텍스트 데이터 분석
먼저 간단하게는 단어의 빈도를 분석하는 방법이 있다. 언어학적인 접근으로는 단어의 패턴 및 관계를 추출하는 방법도 있다. 단어 간 거리를 따져 단어의 결합을 분석하는 방법과, 문맥 등을 심도 있게 관찰하여 감성을 분석하는 방법, 텍스트의 의미를 찾아낼 수 있는 텍스트 데이터 마이닝이 있다.

텍스트 데이터의 예
트위터나, 페이스북 등 소셜 미디어에서의 실시간 대화나 온라인 모바일을 통한 SMS, 이메일 메시지, 블로그, 커뮤니티의 게시물, 전문 정보, 뉴스 기사 등 텍스트를 사용하는 모든 데이터들을 예시로 들 수 있다.

텍스트 데이터 분석 작업

텍스트 데이터를 분석하는 작업은 정보 검색, 단어의 빈도 분포, 패턴 인식, 태깅이나 주석, 정보 추출, 링크 및 연관 분석, 시각화 및 예측 분석 등을 포함한다. 다양한 유형의 알고리즘 및 분석 방법을 적용해 텍스트를 분석 가능한 데이터 형태로 변환하는 자연어 처리가 텍스트 데이터 분석 작업의 가장 중요한 목표다. 그중에서도 수집된 데이터의 의미를 추출하는 것이 중요한 단계라 볼 수 있다. 분석 작업에서는 자연어로 작성된 문서를 입력받아 예측과 분류를 목적으로 문서를 모델링하거나 추출된 정보로 데이터베이스 또는 검색 색인을 채울 수 있어야 한다. 문서는 텍스트 마이닝의 기본 요소이므로 텍스트 데이터 단위로 문서를 정의한다.

텍스트 마이닝

텍스트 마이닝(Text mining)은 인간의 언어로 이루어진 비정형 텍스트 데이터들을 자연어 처리(NLP, Natural language Processing) 방식을 이용하여 대규모 문서에서 정보 추출, 연계성 파악, 분류 및 군집화, 요약 등을 통해 데이터에 숨겨진 의미를 발견하는 기법을 말한다. 텍스트 마이닝과 유사한 용어로는 텍스트 데이터 마이닝(Text data mining), 텍스트 분석(Text analytics), 텍스트 데이터로부터 지식 발견(Knowledge discovery in textual database), 문서 마이닝(Document mining) 등이 있다.

📁 텍스트 마이닝의 네 가지 영역
비정형 텍스트 데이터로부터 유용한 정보를 추출하는 기술인 텍스트 마이닝은 그림 12.1과 같이 4가지 영역으로 분류할 수 있다.

1) 정보를 추출하는 영역인 IE(Information Extraction)
2) 데이터 내에서 의미를 추출하는 영역인 NLP(Natural Language Processing)
3) 텍스트로 이루어진 데이터를 추출하는 DM(Data Mining)
4) 데이터에 특정 처리를 통해 정보를 제시하는 IR(Information Retrieval)

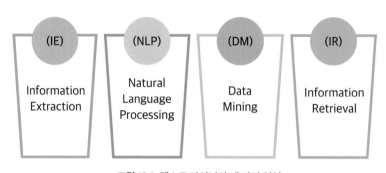

그림 12.1 텍스트 마이닝의 네 가지 영역
출처: https://www.javatpoint.com/text-data-mining

즉, 텍스트 마이닝은 다양한 형태의 텍스트 데이터를 분석하여 질적 인사이트를 얻기 위한 과정에 해당하며, 위의 4가지 영역에 대한 이해가 필요하다.

🗐 텍스트 마이닝의 목적

텍스트 마이닝은 대규모의 텍스트에서 고품질 정보를 도출해 내기 위해 사용한다. 고품질 정보는 통계적인 패턴 학습 등의 수단을 통해 패턴과 추세를 파악함으로써 도출된다. 일반적으로 입력 텍스트를 정형화한 뒤, 정형화 데이터 내에서 패턴을 추출하고 난 뒤, 출력을 평가하고 번역하는 과정으로 진행된다. 따라서 데이터를 정형화하는 과정이 가장 중요한데, 정형화는 입력 텍스트를 파싱(Parsing)할 때 추출되는 언어적 특징은 추가시키고 그 이외의 것들은 제거하면서 데이터베이스와 같은 정형화된 구조속에 삽입한다. 이렇게 도출된 고품질 정보는 새롭고 적절하며 관심을 끄는 데이터들의 집합으로서, 어떠한 목적과 관련하여 유의미한 정보를 나타낸다.

텍스트 데이터 분석 절차

텍스트 데이터 분석 절차는 다음의 4단계를 거쳐서 완성된다.

- ▸ **1단계**: 가장 먼저 요구사항을 분석하여 해야 할 일을 정의한다.

- ▸ **2단계**: 다음으로 필요한 데이터인 텍스트를 수집하고, 전처리를 통해 텍스트 데이터의 클리닝 작업을 진행한 후 말뭉치(Corpus)를 생성한다.

- ▸ **3단계**: 자연어 처리 작업을 적용한 이후 본격적으로 텍스트 분석을 진행한다. 이 과정에서는 토픽을 분석하는 빈도 분석, 유사 단어들이나 문서 간 분석인 군집 분석, 연관된 단어를 추출하고 단어 네트워크를 구성하는 연관 분석, 단어 분석을 통한 감성 분석, 분류(Classification), 주요 키워드 추출, 토픽 트렌드나 이상치 분석(Normality) 등 다양한 분석이 이루어질 수 있다.

- ▸ **4단계**: 데이터 분석 과정 이후에는 시각화 과정을 적용하여 분석 결과를 타인이 쉽게 알아볼 수 있도록 정리하고 산출물을 작성하여 공유할 수 있어야 한다.

텍스트 빈도 분석

텍스트 마이닝에서 가장 기본적인 텍스트 분석이 텍스트 빈도 분석이다. 단어 빈도 분석을 통해 텍스트에 자주 사용된 단어가 무엇인지 분석하여 글의 핵심 주제 및 의도, 글쓴이가 무엇을 강조했는지 파악할 수 있다. 또한 자동 질의응답 시스템에 활용하여 질문의 핵심을 분석하는 데에도 사용된다.

12-2 자연어 처리(NLP)

텍스트 데이터의 가장 대표적인 유형인 비정형 텍스트 데이터 처리를 위한 자연어 처리에 대하여 학습해 보기로 하자.

NLP 이해하기

자연어 처리(NLP, Natural Language Processing)는 텍스트에서 의미 있는 정보를 분석, 추출하고 이해하는 일련의 기술 집합을 말한다. 자연어 처리를 응용한 사례로는 텍스트 요약(예. Summly), 자동 질의응답 시스템(예. Wolfram Alpha), 대화 시스템(예. Apple Siri), 기계 번역(예. Google Translate) 등이 있다.

　자연어 처리는 컴퓨터가 인간의 언어를 이해하고 해석하며 조작하도록 돕는 인공지능 연구 분야 중 하나다. 따라서 인간의 소통 방식과 컴퓨터 이해력의 간극을 메우기 위해 컴퓨터 과학이나 전산 언어학 등 많은 분야가 동원되고 있다.

NLP 단계

🗂 토큰화

가장 먼저 문장을 구성 단위로 나누는 절차인 토큰화(Tokenization)를 진행해야 한다. 코드 12.1에서 nltk(Natural language toolkit) 라이브러리를 불러와 'punkt' 패키지를 다운로드하고, word_tokenize 모듈을 가져온다. 5번째 줄에서 문장을 토큰화하여 words 에 저장한 후 이를 출력해 보면 제시된 문장 'I am studying Fundamentals of Data Analytics'에 포함된 각각의 단어가 리스트의 요소로 저장된 결과를 확인할 수 있다.

```
1  import nltk
2  nltk.download('punkt')
3  from nltk import word_tokenize
4
5  words = nltk.word_tokenize ("I am studying Fundamentals of Data Analytics")
6  print(words)
```
['I', 'am', 'studying', 'Fundamentals', 'of', 'Data', 'Analytics']

코드 12.1 토큰화

📑 PoS(Part of Speech) 태깅(Tagging)

문장 내 단어를 해당하는 각 품사부에 태깅하는 PoS 태깅 단계를 실행한다. 코드 12.2와 같이 nltk 라이브러리에서 'averaged_perceptron_tagger' 패키지를 다운로드 해 리스트로 저장된 데이터에 태깅한다. 결과를 살펴보면 각 단어가 해당하는 품사와 함께 튜플 형태로 바뀌어 저장된 것을 확인할 수 있다. 해당 레이블의 품사는 그림 12.2와 같다.

```
1  nltk.download('averaged_perceptron_tagger')
2  nltk.pos_tag(words)
```
[('I', 'PRP'),
 ('am', 'VBP'),
 ('studying', 'VBG'),
 ('Fundamentals', 'NNS'),
 ('of', 'IN'),
 ('Data', 'NNP'),
 ('Analytics', 'NNS')]

코드 12.2 PoS 태깅

PRP: 대명사
VBP: 현재 동사
VBG: 동명사
NNP: 고유 단수 명사
IN: 전치사
NNS: 복수 명사

그림 12.2
품사 레이블

📖 불용어(Stop Word) 제거

태깅을 거친 뒤에는 문장의 의미에 영향을 미치지 않는 a, an, the와 같은 일반적인 단어에 해당하는 불용어를 제거해야 한다. 코드 12.3과 같이 nltk에서 'stopwords' toolkit을 다운로드하고, corpus 내 stopwords 모듈을 불러온다. 사용할 데이터의 언어가 영어라고 명시한 후 stop_words를 출력하면 영이의 불용어 리스트를 확인할 수 있다.

```
1 nltk.download('stopwords')
2 from nltk.corpus import stopwords
3
4 stop_words = stopwords.words('english')
5 print(stop_words)

[nltk_data] Downloading package stopwords to /root/nltk_data...
[nltk_data]   Package stopwords is already up-to-date!
['i', 'me', 'my', 'myself', 'we', 'our', 'ours', 'ourselves', 'you', "you're",
```

코드 12.3 불용어 리스트

코드 12.3의 결과는 일부만 캡처된 내용이며 전체 불용어 내용은 다음과 같다.

```
['i', 'me', 'my', 'myself', 'we', 'our', 'ours', 'ourselves', 'you',
"you're", "you've", "you'll", "you'd", 'your', 'yours', 'yourself',
'yourselves', 'he', 'him', 'his', 'himself', 'she', "she's", 'her',
'hers', 'herself', 'it', "it's", 'its', 'itself', 'they', 'them', 'their',
'theirs', 'themselves', 'what', 'which', 'who', 'whom', 'this', 'that',
"that'll", 'these', 'those', 'am', 'is', 'are', 'was', 'were', 'be',
'been', 'being', 'have', 'has', 'had', 'having', 'do', 'does', 'did',
'doing', 'a', 'an', 'the', 'and', 'but', 'if', 'or', 'because', 'as',
'until', 'while', 'of', 'at', 'by', 'for', 'with', 'about', 'against',
'between', 'into', 'through', 'during', 'before', 'after', 'above',
'below', 'to', 'from', 'up', 'down', 'in', 'out', 'on', 'off', 'over',
'under', 'again', 'further', 'then', 'once', 'here', 'there', 'when',
'where', 'why', 'how', 'all', 'any', 'both', 'each', 'few', 'more',
'most', 'other', 'some', 'such', 'no', 'nor', 'not', 'only', 'own',
'same', 'so', 'than', 'too', 'very', 's', 't', 'can', 'will', 'just',
'don', "don't", 'should', "should've", 'now', 'd', 'll', 'm', 'o',
're', 've', 'y', 'ain', 'aren', "aren't", 'couldn', "couldn't", 'didn',
```

"didn't", 'doesn', "doesn't", 'hadn', "hadn't", 'hasn', "hasn't", 'haven',
"haven't", 'isn', "isn't", 'ma', 'mightn', "mightn't", 'mustn', "mustn't",
'needn', "needn't", 'shan', "shan't", 'shouldn', "shouldn't", 'wasn',
"wasn't", 'weren', "weren't", 'won', "won't", 'wouldn', "wouldn't"]

코드 12.4에서는 단어 리스트 words에서 불용어 리스트인 stop_words에 속한 단어가 아닌 단어만 선별해 fixed 리스트에 저장한다. 원본 리스트 words와 불용어를 제거한 리스트인 fixed를 추출해보면 am, of가 제거된 것을 확인할 수 있다.

```
1 fixed = [word for word in words if word not in stop_words]
2 print(f'Original: {words}')
3 print(f'불용어 제거: {fixed}')
```
```
Original: ['I', 'am', 'studying', 'Fundamentals', 'of', 'Data', 'Analytics']
불용어 제거: ['I', 'studying', 'Fundamentals', 'Data', 'Analytics']
```

코드 12.4 불용어 제거

🗂 철자 수정

데이터에서 오타를 검사해 수정할 수 있도록 autocorrect 라이브러리를 다운로드해 spell 모듈을 불러온다. 코드 12.5에서처럼 수요일을 의미하는 단어인 'Wednesday'를 잘못 입력하면 이를 수정한 단어가 출력된다.

```
1 !pip install autocorrect
2 from autocorrect import spell
3 spell('Wensday')
```
```
Collecting autocorrect
  Downloading autocorrect-2.6.1.tar.gz (622 kB)
    |████████████████████████████████| 622 kB 4.3 MB/s
Building wheels for collected packages: autocorrect
  Building wheel for autocorrect (setup.py) ... done
  Created wheel for autocorrect: filename=autocorrect-2.6.1-ı
  Stored in directory: /root/.cache/pip/wheels/54/d4/37/8244
Successfully built autocorrect
Installing collected packages: autocorrect
Successfully installed autocorrect-2.6.1
autocorrect.spell is deprecated,            use autocorrect
'Wednesday'
```

코드 12.5 오타 자동 수정

📁 어간 추출

오타를 수정한 다음에는 단어의 어간을 추출하는 과정이 진행되어야 한다. 해당 모듈을 사용하면 코드 12.6처럼 writing이나 production 등의 단어가 write, product와 같은 어간으로 전환된다.

```
1 stemmer = nltk.stem.PorterStemmer()
2 stemmer.stem('writing')
```
'write'

```
1 stemmer.stem('production')
```
'product'

코드 12.6 어간 추출

NLP 기능

자연어처리 기능에는 다양한 기능이 있으며 대표적 기능은 다음과 같다.

- ▸ **콘텐츠 분류(content categorization):** 자연어 처리의 기능으로는 언어 기반의 문서 요약 기술로 검색과 색인, 콘텐츠 알림 복사 감지 등에 사용된다.

- ▸ **주제 발견 및 모델링(Topic discovery and modeling):** 자연어 처리를 통해 주제를 찾아내고, 모델링 작업도 가능하기 때문에 텍스트 집합에서 의미와 주제를 정확히 포착하고, 최적화나 예측과 같은 고급 분석기술을 텍스트에 적용할 수 있다.

- ▸ **맥락 추출(Contexual extraction):** 텍스트 기반 소스에서 정형 정보를 자동으로 추출해 주는 기능을 수행할 수 있다.

- ▸ **감성 분석(Sentiment anlaysis):** 대량의 텍스트에서 분위기나 주관적 의견을 파악하

는 기능이 가능하다.

▶ **음성-테스트 변환(STT, speech-to-text conversion)**: STT 기능으로 음성 데이터를 텍스트 데이터로 변환할 수 있으며, 반대로 텍스트–음성 변환(text-to-speech conversion) 기능 등을 통하여 음성 명령을 문자 텍스트로 변환하거나 문자 텍스트를 음성 명령으로 변환할 수 있다.

▶ **문서 요약(Document summarization)**: 많은 양의 텍스트 본문을 자동으로 요약해주는 기능이 있다.

▶ **기계 번역(Machine translation)**: 텍스트나 음성 등의 텍스트 데이터를 하나의 언어에서 다른 언어로 자동 번역하는 기능도 존재한다.

NLP 활용 범주

자연어 처리는 앞의 기능들을 바탕으로 다양한 범주로 활용될 수 있다. 먼저 조사 발견(Investigate discovery)로 이메일이나 서면 보고서에서 패턴과 단서를 찾아내 범죄를 감지하고 해결할 수 있다. 주제 전문성(Subject-matter expertise)으로 콘텐츠를 의미있는 주제로 분류하고 조치를 취해 트렌드를 파악할 수 있다.

또한 최근 가장 트렌드한 활용 분야로 소셜 미디어 분석(Social media analytics)에서 특정 주제에 대한 사람들의 인식과 정서를 추적하고 영향력 있는 인물(influencer)을 식별할 수 있다.

12-3 텍스트 데이터 빈도 분석 도전

텍스트 데이터 분석에 대한 이론적 학습을 마쳤다면, 이제 텍스트 데이터의 빈도 분석에 도전하기 위하여 다양한 파이선 함수들을 검토해 보기로 하자.

Regular Expression

📁 match() (1) 문자

빈도 분석을 위해 정규식(Regular Expression)에 대해 알아야 한다. 코드 12.7과 같이 re(regular expression) 라이브러리를 임포트한 후, 숫자와 소문자 영어로 이루어진 한 글자인 문자만 인식하라는 패턴 객체를 3번째 줄과 같이 생성한다. 그 후 5~7줄과 같이 문자 'data4u', '1234ABC', 'ABC123'를 패턴 객체에 적용한 결과를 확인해 본다. 코드 12.7의 결과에서 확인할 수 있듯이, 첫 글자가 알파벳 소문자 'd'인 첫 번째 예시와, 숫자 '1'인 두 번째 예시는 출력 결과 match에 각각 'd', '1'이 나타나지만, 마지막 예시는 첫 글자가 대문자 'A'이기 때문에 패턴에서 제외되어 None이 출력된 것을 확인할 수 있다.

```
1  import re
2
3  pattern = re.compile("[0-9a-z]") #정규표현식을 컴파일하여 패턴객체로 반환
4  print(pattern)
5  print("pattern.match(\"data4u\") =>", pattern.match("data4u"))
6  print("pattern.match(\"1234ABC\") =>", pattern.match("1234ABC"))
7  print("pattern.match(\"ABC123\") =>", pattern.match("ABC123"))
```

```
re.compile('[0-9a-z]')
pattern.match("data4u") => <re.Match object; span=(0, 1), match='d'>
pattern.match("1234ABC") => <re.Match object; span=(0, 1), match='1'>
pattern.match("ABC123") => None
```

코드 12.7 정규식 match() (1) 문자

📁 match() (2) 문자열

코드 12.8에서는 알파벳 소문자로만 이루어진 한 글자 이상의 문자열인 패턴 객체를
생성 후 'morning', 'Morning', '123'에 적용해 보면 소문자로만 이루어진 'morning'
을 제외한 나머지 두 예시들은 모두 None을 반환하는 것을 확인할 수 있다.

```
1  #match 함수
2  pattern = re.compile("[a-z]+") #패턴 객체 생성
3  print(pattern) #알파벳 소문자의 1번 이상 반복으로 이루어진 문자열
4  print("pattern.match(₩"morning₩") =>", pattern.match("morning")) #정규식과 매치되면 Match 객체 반환
5  print("pattern.match(₩"Morning₩") =>", pattern.match("Morning")) #정규식과 매치 안되면 None 반환
6  print("pattern.match(₩"123₩") =>", pattern.match("123")) #정규식과 매치 안되면 None 반환

re.compile('[a-z]+')
pattern.match("morning") => <re.Match object; span=(0, 7), match='morning'>
pattern.match("Morning") => None
pattern.match("123") => None
```

코드 12.8 정규식 match() (2) 문자열

📁 search()

첫 글자가 아닌 문자가 조건에 맞는지 확인하고자 할 때는 match가 아닌 search 함
수를 사용한다. 코드 12.9의 4번째 줄에서 같이 패턴 객체에 'MorninG'을 입력한 경
우, 대문자 'M', 'G'를 제외한 'ornin'이 결과값으로 나타내는 것을 확인할 수 있다.

```
1  #search 함수
2  print(pattern, 'search( ) 함수 적용 >>')
3  print("pattern.search(₩"morning₩") =>",pattern.search("morning"))
4  print("pattern.search(₩"MorninG₩") =>",pattern.search("MorninG")) #중간에 포함되는 문자열까지 다 검사
5  print("pattern.search(₩"123₩") =>",pattern.search("123"))

re.compile('[a-z]+') search( ) 함수 적용 >>
pattern.search("morning") => <re.Match object; span=(0, 7), match='morning'>
pattern.search("MorninG") => <re.Match object; span=(1, 6), match='ornin'>
pattern.search("123") => None
```

코드 12.9 정규식 search()

📁 findall()

코드 12.10에서는 대문자로 시작하고, 소문자가 포함되며 소문자 s로 끝나는 모든 단어를 찾기 위한 패턴 객체를 2번째 셀의 5번째 줄에서 생성하고, findall 함수를 사용하면 조건에 매치되는 문자열을 1번째 셀의 텍스트에서 선택하여 리스트로 반환한 것을 결과에서 확인할 수 있다.

```
 1  data= '''Morning and evening
 2      Maids heard the goblins cry:
 3      'Come buy our orchard fruits,
 4      Come buy, come buy:
 5      Apples and quinces,
 6      Lemons and oranges,
 7      Plump unpecked cherries,
 8      Melons and raspberries,
 9      Bloom-down-cheeked peaches,
10      Swart-headed mulberries,
11      Wild free-born cranberries,
12      Crab-apples, dewberries,
13      Pine-apples, blackberries,
14      Apricots, strawberries;--'''
```

```
 1  # 대문자로 시작하고, 소문자가 0번 이상 반복되고,
 2  # 소문자 s로 끝나는 문자열
 3
 4  # findall 함수
 5  pattern = re.compile("[A-Z][a-z]*s")
 6  pattern.findall(data) #매치되는 문자열들을 리스트로 반환
```

```
['Maids', 'Apples', 'Lemons', 'Melons', 'Apricots']
```

코드 12.10 정규식 findall()

📁 finditer()

코드 12.11에서는 '-'가 포함되고 소문자 s로 끝나는 공백이 아닌 문자열을 반환하는 패턴 객체를 생성한다. finditer 함수는 매치하는 문자열을 찾아 match 객체를 요소로 가지는 iterator 객체로 저장한다. 이렇게 생성한 객체를 문자열과, 문자열의 위치 등을 반복문으로 출력한다.

```
 1  #finditer 함수
 2  pattern = re.compile("[\WS]*-[\WS]*s") #'-'가 포함되고 소문자 s로 끝나는 문자열 (\WS : 공백이 아닌 문자)
 3  m = pattern.finditer(data) #매치되는 문자열들을 Match 객체들로 이루어진 iterator 객체로 반환
 4  for each in m:
 5    print(each)
 6    print("Match.group() => ", each.group()) #매치된 문자열
 7    print("Match.start() => ",each.start()) #문자열 시작 위치
 8    print("Match.end()   => ",each.end()) #문자열 끝 위치
```

```
 9    print("Match.span() => ",each.span()) #문자열 (시작, 끝 위치) 튜플
10    print()
```

```
<re.Match object; span=(313, 324), match='Crab-apples'>
Match.group() => Crab-apples
Match.start() => 313
Match.end()   => 324
Match.span()  => (313, 324)

<re.Match object; span=(342, 353), match='Pine-apples'>
Match.group() => Pine-apples
Match.start() => 342
Match.end()   => 353
Match.span()  => (342, 353)
```

코드 12.11 정규식 finditer()

실전! 한글 도전

영어와 숫자에 대한 텍스트 처리를 검토하였다면 이제 한글 처리에 대하여 도전해 보자.

　텍스트 데이터를 공유하는 아래의 링크에서 이효석 님의 「도시와 유령」 한글 텍스트 파일을 text.txt 파일로 저장한 후, 코드 12.12의 3~4번째 줄과 같이 변수 data에 텍스트 데이터를 읽어 들인다. 5~6번째 줄에서는 변수 data에 저장된 내용 중 12~19의 내용을 확인한 것이고, 7번째 줄에서는 open한 파일을 닫아서 정상적으로 파일 사용을 마무리하였다.

👏 https://gongu.copyright.or.kr/gongu/wrt/wrt/view.do?wrtSn=9001181&menuNo=200019

```
1   #출처 : https://gongu.copyright.or.kr/gongu/wrt/wrt/view.do?wrtSn=9001181&menuNo=200019
2
3   fp = open("text.txt", 'r', encoding = 'utf-8')  #이효석의 도시와 유령
4   data = fp.readlines()
5   for line in data[12:20]:
6     print(line)
7   fp.close()
```
```
어슴푸레한 저녁 몇 리를 걸어도 사람의 그림자 하나 찾아볼 수 없는 무인지경인 산골짜ㆍㄱ 비탈길 여우의 밤이 다
되어 버린 해골덩이가 똘똘구는 무덤 옆 혹은 비가 축축이 뿌리는 버덩의 다 쓰러져 가는 물레방앗간, 또 혹은 몇 백
년이다 묵은 듯한 우중충한 늪가!
  거기에는 흔히 도깨비나 귀신이 나타난다 한다. 그럴 것이다. 고요하고 축축하고 우중충하고. 그리고 그것이 정칙일
것이다. 그러나 나는 아직도 그런 곳에서 그런 것을 본 적은 없다. 따라서 그런 것에 관하여서는 아무 지식도 가지지
못하였다. 하나 나는――자랑이 아니라―― 더 놀라운 유령을 보았다. 그리고 그것이 적어도 문명의 도시인 서울이니
놀라웁단 말이다. 나는 그래도 문명을 자랑하는 서울에서 유령을 목격하였다. 거짓말이라구? 아니다. 거짓말도 아니고
환영도 아니었다. 세상 사람이 말하여 '유령'이라는 것을 나는 이 두 분을 가지고 확실히 보았다.
```

코드 12.12 텍스트 데이터 저장

특정 문자 찾기

코드 12.3에서는 '도깨비'나 '귀신'이 들어가는 단어를 찾는 패턴 객체를 3번째 줄에서 생성한 후, 텍스트 데이터 한 줄마다 finditer를 적용해 발견할 경우, res 리스트에 저장하고, 어느 위치에서 무슨 단어가 발견되었는지 출력한다.

```
1   import re
2   #'도깨비' 또는 '귀신'이 들어가는 단어 찾기
3   p = re.compile("[가-힣]*(도깨비|귀신)[가-힣]+")
4   res = []
5
6   for i,line in enumerate(data):
7     m = p.finditer(line)
8     for each in m:
9       res.append(each.group()) #group(0): 전체 문자열 (기본값)
10      # group(1): 소괄호로 그루핑된 첫번째 그룹(즉, 도깨비|귀신)
11      print("line", i+1, "col", each.end(1)+1, each.group(1))
12
13  print(res)
14  print(f">>> 도깨비와 귀신이 총 {len(res)}번 등장하였습니다.")
```

```
line 14 col 14 도깨비
line 14 col 18 귀신
line 71 col 55 도깨비
line 82 col 28 도깨비
line 84 col 66 도깨비
line 84 col 70 귀신
line 86 col 39 도깨비
line 86 col 44 귀신
line 86 col 145 도깨비
line 90 col 61 도깨비
line 91 col 12 도깨비
line 101 col 11 도깨비
line 112 col 25 도깨비
line 114 col 15 도깨비
line 124 col 59 도깨비
line 126 col 89 도깨비
line 132 col 15 도깨비
line 138 col 11 도깨비
line 140 col 13 도깨비
line 141 col 7 도깨비
['도깨비나', '귀신이', '도깨비불도', '도깨비굴이였든가', '도깨비나', '귀신치고', '도깨비인지', '귀신한테', '도
깨비나', '도깨비면', '도깨비가', '도깨비해두', '도깨비는', '도깨비가', '도깨비가', '도깨비를', '도깨비가', '도
깨비가', '도깨비장난이란', '도깨비란']
>>> 도깨비와 귀신이 총 20번 등장하였습니다.
```

코드 12.13 텍스트에서 특정 문자 찾기

원본에서 확인하기

데이터를 제대로 찾았는지 단축키 [ctrl+f]를 사용해 원본 텍스트 파일에서 확인해 보면, 그림 12.3과 같이 출력된 결과와 일치한다.

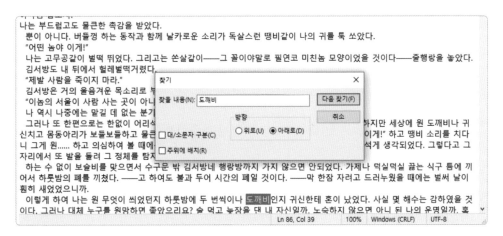

나는 부드럽고도 물큰한 촉감을 받았다.

뿐이 아니다. 버들껑 하는 동작과 함께 날카로운 소리가 독살스런 땡비갈이 나의 귀를 톡 쏘았다.

"어떤 놈야 이게!"

나는 고무공같이 벌떡 뛰었다. 그리고는 쏜살같이——그 꼴이야말로 필연코 미친놈 모양이었을 것이다——줄행랑을 놓았다.

김서방도 내 뒤에서 헐레벌떡거렸다.

"제발 사람을 죽이지 마라."

김서방은 거의 울음겨운 목소리로 부...

"이놈의 서울이 사람 사는 곳이 아니...   ...하지만 세상에 원 도깨비나 귀

나 역시 나중에는 맡길 데 없는 분기...   ...이게!" 하고 땡비 소리를 치다

그러나 또 한편으로는 한없이 어리석...   ...석게 생각되었다. 그렇다고 그

신치고 몸둥아리가 보들보들하고 물큰...

니 그게 원...... 하고 의심하여 볼 때에...   ...자리에서 또 발을 돌려 그 정체를 탐지...

하는 수 없이 보슬비를 맞으면서 수구문 밖 김서방네 행랑방까지 가지 않으면 안되었다. 가제나 덕실덕실 끓는 식구 틈에 끼어서 하룻밤의 폐를 끼쳤다. ——고 하여도 불과 두어 시간의 폐일 것이다. ——막 한잠 자려고 드러누웠을 때에는 벌써 날이 훤히 새었었으니까.

이렇게 하여 나는 원 무엇이 씌었던지 하룻밤에 두 번씩이나 도깨비인지 귀신한테 혼이 났었다. 사실 몇 해수는 감하였을 것이다. 그러나 대체 누구를 원망하면 좋으리요? 술 먹고 늦장을 댄 내 자신일까. 노숙하지 않으면 아니 될 나의 우명일까. 혹

그림 12.3 실행 결과와 원본 텍스트 파일 비교

빈도 분석

웹크롤링을 위해 BeautifulSoup 모듈을 불러온다. 교보문고에 등록되는 책 소개글을 불러오기 위해 코드 12.14의 5번째 줄의 url에 해당하는 페이지에서 html을 불러온다. html 구조에서 필요한 데이터가 속한 태그를 선택하고, 책 제목과 상세 페이지 링크를 저장한다.

```
1  #웹 크롤링
2  import requests
3  from bs4 import BeautifulSoup
4
5  url = "http://www.kyobobook.co.kr/newproduct/newTopicKorSimpleList.laf"
6  resp = requests.get(url)
7
8  #html 전체가 잘 안가져와지면 파서를 바꿔보기: "html.parser" "lxml" "html5lib" 등
9  soup = BeautifulSoup(resp.text, 'html.parser')
10
11 book_detail_url = []
12
13 #크롤링할 태그 조건 설정
14 #book_tile 클래스인 dd태그 안의 strong태그 안의 a태그만 선택
15 dd = soup.select("dd.book_title > strong > a")
16
17 for n in dd:
18   print(n.get_text()) #책 제목
19   print(n["href"]) #책 상세페이지 링크
```

```
20    book_detail_url.append(n["href"])
```

코드 12.14 html 파일 불러와 책 제목과 상세 페이지 링크 저장

코드 12.14의 실행 결과는 그림 12.4과 같다. 프로그램을 실행한 날의 웹 크롤링 결과이므로 실행하는 시점에 따라 결과는 다르게 출력됨을 유의하자.

```
호르몬 찬가
javascript:goDetailProductNotAge('KOR','29051903','9791191187274','0 ', 'N')
진짜 기본 요리책: 응용편
javascript:goDetailProductNotAge('KOR','080107','9791185473987','0 ', 'N')
서울대 의대 엄마는 이렇게 공부시
javascript:goDetailProductNotAge('KOR','070513','9791168270152','0 ', 'N')
이유 없이 아프다면 식사 때문입니
javascript:goDetailProductNotAge('KOR','090803','9791168270121','0 ', 'N')
좋은 걸 보면 네 생각이 나
javascript:goDetailProductNotAge('KOR','3204','9791167820600','0 ', 'N')
알수록 돈이되고 볼수록 쓸모있는
javascript:goDetailProductNotAge('KOR','3833','9791163635536','0 ', 'N')
생일을 모르는 아이
javascript:goDetailProductNotAge('KOR','171117','9791160949056','0 ', 'N')
```

그림 12.4 책 제목과 상세 페이지 목록

올바른 url 가져오기

책 상세 페이지 링크로 이동 시 오류가 생기는데, 그 이유는 리스트에 저장된 형태가 url이 아닌 자바스크립트 형식이기 때문이다. 이와 같은 내용은 그림 12.5에서 확인할 수 있다.

```
▼<a href="javascript:goDetailProductNotAge('KOR','290501','9791191689037','0 ', 'N')" target="_parent"> == $0
  <span title="그레이트 인플루엔자">그레이트 인플루엔자</span>
```

그림 12.5 책 상세 페이지 화면

따라서 올바른 url을 가져오기 위해 코드 12.15에서 정규식을 사용한다. 저장된 자바스크립트 형식의 문자열에서 작은 따옴표로 묶인 숫자들을 6번째 줄과 같이 추출한다. 이렇게 추출된 숫자들에 대하여 9번째와 10번째 줄과 같이 첫 번째 파라미터는 변수 linkClass, 두 번째 파라미터는 변수 barcode로 저장한다. 두 변수를 사용해 11째줄과 같이 book_detail_url에 올바른 url을 구성하여 확인하면 우리가 이해하는 url 형식을 결과에서 확인할 수 있다.

```
1  #각 상세페이지 url에서 책 소개글 크롤링
2  import re
3
4  for i, link in enumerate(book_detail_url):
5      # javascript:goDetailProductNotAge('KOR','290501','9791191689037','0 ', 'N') 형식에서 작은 따옴표로 묶여있는 숫자 부분들 추출 ->
6      p = re.compile("'([0-9]+)'") #작은따옴표로 묶인 숫자들 그룹핑
7      m = p.findall(link)
8      print(m)
9      linkClass = m[0] # 숫자들로만 이루어진 첫번째 파라미터 : linkClass
10     barcode = m[1] # 숫자들로만 이루어진 두번째 파라미터 : barcode
11     book_detail_url[i] = f"http://www.kyobobook.co.kr/product/detailViewKor.laf?mallGb={'KOR'}&ejkGb={'KOR'}&linkClass={linkClass}&ba
12     print(book_detail_url[i])

['29051903', '9791191187274']
http://www.kyobobook.co.kr/product/detailViewKor.laf?mallGb=KOR&ejkGb=KOR&linkClass=29051903&barcode=9791191187274
['080107', '9791185473987']
http://www.kyobobook.co.kr/product/detailViewKor.laf?mallGb=KOR&ejkGb=KOR&linkClass=080107&barcode=9791185473987
['070513', '9791168270152']
http://www.kyobobook.co.kr/product/detailViewKor.laf?mallGb=KOR&ejkGb=KOR&linkClass=070513&barcode=9791168270152
['090803', '9791168270121']
http://www.kyobobook.co.kr/product/detailViewKor.laf?mallGb=KOR&ejkGb=KOR&linkClass=090803&barcode=9791168270121
['3204', '9791167820600']
http://www.kyobobook.co.kr/product/detailViewKor.laf?mallGb=KOR&ejkGb=KOR&linkClass=3204&barcode=9791167820600
['3833', '9791163635536']
http://www.kyobobook.co.kr/product/detailViewKor.laf?mallGb=KOR&ejkGb=KOR&linkClass=3833&barcode=9791163635536
```

코드 12.15 책 상세 페이지 url 구성

책 소개글 텍스트 정보 저장

코드 12.16에서는 url로 필요한 데이터에 접근하여 책 소개글 텍스트 정보를 저장한다. 이 때 만약 해당 웹사이트가 비정상적인 접근으로 판단하여 접근을 막는다면, request 를 보낼 때 브라우저 별 기본 header를 포함하여 보낸다면 정상적으로 정보를 불러 올 수 있다. 11번째 줄에서와 같이 책 소개글 텍스트는 box_detail_article 클래스를 가지는 div 태그 내에 포함되어 있기에 페이지에서 해당 태그만을 선택하여 텍스트를 가져와 저장한다. 16번째 줄에서는 웹 크롤링을 완료한 후 'article_text.txt' 파일에 텍스트 내용을 저장하여 파일로 생성한다.

```
1  article_text = ""
2
3  headers = { 'User-Agent' : ('Mozilla/5.0 (Windows NT 10.0;Win64; x64)₩
4  AppleWebKit/537.36 (KHTML, like Gecko) Chrome/71.0.3578.98₩
5  Safari/537.36') } #브라우저별 header 작성
6
7  for url in book_detail_url:
8    resp = requests.get(url, headers) #header 포함
9    soup = BeautifulSoup(resp.text, 'html.parser')
10
11   article = soup.select("div.box_detail_article") #box_detail_article 클래스인 div태그만 선택
12   for n in article:
13     print(n.get_text()) #책 소개 아티클
14     article_text += '₩n' + n.get_text()
15
16  f = open("article_text.txt", 'w')
17  f.write(article_text)
18  f.close()
```

머리말: 새로운 다원주의 페미니즘 007 | 1. 호르몬의 어려움 019 | 2. 열 추적자들 041 | 3. 28일간 달의 주기를 따라 075 | 4. 욕망의 진화 109 | 5. 짝 쇼핑 137 | 6. 은밀한 배란자 175 | 7. 아가씨에서 가모장으로 205 | 8. 호르몬 지능 243 | 감사의 글 287 | 후주 292 | 옮긴이 후기 324 | 찾아보기 329

호르몬의 희생자가 아니라 정신과 삶을 기품 있게 쌓아 올린 선장으로서의 여성들을 논의 할 용기를 지닌 페미니스트를 드디어 만났다.

코드 12.16 책 소개글 텍스트 정보 저장

빈도 분석 준비

단어 빈도 분석을 위해 wordcloud 라이브러리를 코드 12.17와 같이 설치한 후, 코드 12.18과 같이 불용어를 정의한다. 사용할 데이터에 포함된 불용어 단어를 불용어 단어 집합 리스트에 추가한다.

```
1  !pip install wordcloud
```

코드 12.17 wordcloud 라이브러리 설치

```
1  #단어의 빈도수에 따라 워드 클라우드 만들기
2  from wordcloud import WordCloud, STOPWORDS
3  import matplotlib.pyplot as plt
4
5  spwords = set(STOPWORDS)   # 제외할 단어 집합
6
7  spwords.update(['그','것','저자','책','더보기','이']) # 무의미한 단어들 추가하기
```

코드 12.18 불용어 리스트 제작

빈도 분석과 시각화

```
1  with open('article_text.txt', 'r', encoding='CP949') as f:
2      article_text = f.read()
3
4  #한글 폰트 출처: https://sandbox.co.kr/fonts/aggro
5  font_file = "SB 어그로 M.ttf" # Mac에선 "SB 어그로OTF M.otf"
6
7  wc = WordCloud(max_font_size=60, stopwords=spwords,
8                 font_path=font_file, background_color='white')
9  my_wordcloud = wc.generate(article_text)
10
11  plt.figure(figsize=(12,8))
12  plt.axis('off')
13  plt.imshow(my_wordcloud)
14  plt.show()
```

코드 12.19 불용어 제거한 단어 빈도수 시각화

코드 12.19에서는 앞에서 크롤링한 결과가 저장된 파일을 불러와 article_text에 저장한다. 한글을 사용하기 위해 한글 폰트를 다운받은 후, wordcloud로 빈도 분석을 진행하여 시각화한다. 빈도가 높을수록 큰 글자로 나타나며, 자주 등장하지 않는 단어일수록 작은 크기의 글자로 나타난다.

코드 12.19의 시각화 결과를 보면 '있다', '한다', '수', '있는', '것이다' 등 유의미한 결과라 보기에는 거리가 먼 단어들이 높은 빈도를 차지하고 있다는 사실을 알 수 있다.

명사만으로 구성해 보기

코드 12.19의 결과를 개선하여 원하는 결과값을 얻기 위해 데이터를 명사만으로 구성해 보자. 한국어에 대한 자연어 처리를 지원하는 konlpy 라이브러리를 코드 12.20과 같이 우선 설치한 후, 코드 12.21과 같이 Okt 메소드를 이용하여 책 소개글 텍스트 데이터의 형태소를 분석한다.

```
1  !pip install konlpy
```

코드 12.20
konlpy 라이브러리 설치

```
1  #Okt를 이용하여 책 소개 텍스트들의 형태소 분석
2  from konlpy.tag import Okt
3  okt = Okt()
4
5  word_dict = okt.pos(article_text)
6  print(word_dict)
```

코드 12.21 Okt 라이브러리 활용 형태소 분석

오류 발생 시 해결 방법 (1) jdk 설치

이때 그림 12.6과 같은 오류가 발생할 수 있다. 이는 실습 환경에 Java 가상머신이 설치되어 있지 않거나, 경로가 맞지 않아 발생하는 문제이다.

이를 해결하기 위해서 먼저 윈도우, 맥 등 실행하고 있는 PC 환경에 해당하는 운영체제에 맞는 Java SE(Standard Edition)의 JDK(Java Development Kit)를 설치한다. 그

```
JVMNotFoundException                              Traceback (most recent call last)
<ipython-input-31-c8c1e158ca9c> in <module>
      1 #Okt를 이용하여 책 소개 텍스트들의 형태소 분석
      2 from konlpy.tag import Okt
----> 3 okt = Okt()
      4
      5 word_dict = okt.pos(article_text)



C:\ProgramData\Anaconda3\lib\site-packages\jpype\_jvmfinder.py in get_jvm_path(sel
f)
    213                                       "found. Try setting up the JAVA_HOME "
    214                                       "environment variable properly."
--> 215                                       .format(self._libfile))
    216
    217      def _get_from_java_home(self):

JVMNotFoundException: No JVM shared library file (jvm.dll) found. Try setting up the
JAVA_HOME environment variable properly.
```

그림 12.6 JVMNotFoundException 오류 발생 화면

후 Windows 사용자의 경우 그림 12.7과 같이 '제어판->시스템->고급 시스템 설정'을
이용하여 새 사용자 변수를 추가할 수 있는 메뉴를 선택한다.

그림 12.7 Windows 운영체제에서의 고급 시스템 설정 화면

그림 12.8과 같이 환경변수에서 설치한 JDK 버전에 맞게 JAVA_HOME을 지정한
다. 완료된 후에는 그림 12.9와 같이 시스템 변수를 확인할 수 있다.

그림 12.8 'JAVA_HOME' 환경 변수 지정

그림 12.9
생성된 시스템 변수 확인

오류 발생 시 해결 방법 (2) Colab

PC 환경에 대한 이해가 높지 않다면 앞서 설명한 해결 방법은 적용하기 힘들 수 있다. 설명한 해결 방법으로도 진전이 되지 않는다면 jupyter notebook 프로그램이 아닌 colab 환경에서 한글 텍스트 데이터 분석을 실행할 것을 추천한다.

colad 사용을 위하여 우선 구글 계정에 로그인 후, 다음의 url을 입력한다.

🔊 https://colab.research.google.com

접속에 성공하면 아래의 그림 12.10의 화면에서와 같이 '새노트'를 선택 한다.

	최근 사용	Google Drive	GitHub	업로드

노트 필터링

제목	마지막 연 시간 ▲	처음 연 시간 ▼	🗑
CO Colaboratory에 오신 것을 환영합니다	오전 4:38	2020년 7월 7일	🔗
🔺 데분기chap13.ipynb	오전 1:40	오전 1:40	🔗
🔺 주소아_사후학교밖PC.ipynb	오전 1:38	2월 9일	🔗
🔺 NLTK.ipynb	2월 24일	1월 29일	🔗
⚫ 08.01 사이파이를 이용한 확률분포 분석.ipynb	2월 20일	2월 20일	🔗

새 노트   취소

그림 12.10 Colab 내 새 노트 생성

'새노트'를 통하여 새로운 화면이 표시되었다면, 그림 12.11과 같이 왼쪽의 폴더 아이콘을 선택하고 원하는 파일을 드래그 앤 드롭으로 구글 클라우드 환경에 필요한 파일을 가져온다. 또는 구글 드라이브와 연동하는 방법이 파일 사용을 지원한다.

코드 12.22와 같이 구글 코랩 내에서 필요한 패키지를 설치한 후 2번째 셀과 같이 텍스트 데이터 파일을 준비한다.

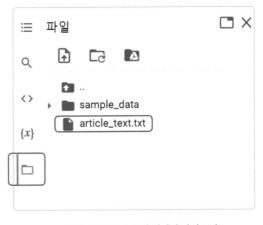

그림 12.11 Colab 내 데이터 가져오기

```
1 !pip install konlpy
2 !pip install nltk

Requirement already satisfied: konlpy in /usr/local/lib/python3.7/dist-packages (0.6.0)
Requirement already satisfied: numpy>=1.6 in /usr/local/lib/python3.7/dist-packages (fro
Requirement already satisfied: JPype1>=0.7.0 in /usr/local/lib/python3.7/dist-packages (
Requirement already satisfied: lxml>=4.1.0 in /usr/local/lib/python3.7/dist-packages (fr
Requirement already satisfied: typing-extensions in /usr/local/lib/python3.7/dist-packag
Requirement already satisfied: nltk in /usr/local/lib/python3.7/dist-packages (3.2.5)
Requirement already satisfied: six in /usr/local/lib/python3.7/dist-packages (from nltk)
```

```
1 with open('article_text.txt', 'r', encoding='CP949') as f:
2     article_text = f.read()
```

코드 12.22 패키치 설치 및 데이터 가져오기

명사 단어 빈도수 확인

코드 12.23에서 Okt를 이용하여 책 소개 텍스트 데이터의 형태소를 분석해 명사만 추출한다. 12번째 줄과 같이 Counter 모듈을 사용해 추출한 명사 데이터의 빈도수를 세어 가장 자주 나타난 100개의 데이터만 반복문을 사용해 출력한다.

```
1 #Okt를 이용하여 책 소개 텍스트들의 형태소 분석
2 from konlpy.tag import Okt
3 import nltk
4 from collections import Counter
5
6 nltk.download('punkt')
7 nltk.download('averaged_perceptron_tagger')
8
9 okt = Okt()
10
11 k_words = okt.nouns(article_text) # 명사만 추출
12 c = Counter(k_words) # 위에서 얻은 words를 처리하여 단어별 빈도수 형태의 딕셔너리 데이터를 구함
13 tags = c.most_common(100)
14 for each in tags:
15     print(each)

[nltk_data] Downloading package punkt to /root/nltk_data...
[nltk_data]   Package punkt is already up-to-date!
[nltk_data] Downloading package averaged_perceptron_tagger to
[nltk_data]     /root/nltk_data...
[nltk_data]   Package averaged_perceptron_tagger is already up-to-
[nltk_data]       date!
('것', 432)
```

```
('수', 323)
('그', 208)
('공부', 208)
('아이', 203)
('이', 185)
('우리', 156)
('더', 144)
('책', 138)
('사람', 136)
('말', 109)
```

코드 12.23 명사 단어 빈도수 상위 100개 추출

WordCloud

이제 wordcloud 라이브러리를 사용하여 명사 단어만을 시각화할 준비가 완료되었다. 코드 12.24는 명사 단어만을 추출하여 워드클라우드를 시각화한 결과에 해당한다.

텍스트 데이터 분석의 과정은 텍스트 데이터가 한글인 경우 단계별로 실행하는 내용을 잘 이해하고 적용해야 원하는 결과를 생성할 수 있을 것이다. 과정은 까다롭더라도 의미 있는 결과를 찾을 수 있으므로 포기하지 말고 차근차근 이 책의 내용을 따라 학습할 것을 당부한다. 도전하는 자만이 성공이라는 달콤한 열매를 소유할 수 있음을 기억하고 데이터 분석을 향한 도전을 계속하기를 소망한다.

```
1 !apt-get update -qq
2 !apt-get install fonts-nanum* -qq  #코랩에서 한글 표기를 위해 폰트 설치

1 from wordcloud import WordCloud
2 import matplotlib.pyplot as plt
3 import matplotlib.patches as patches
4
5 font = '/usr/share/fonts/truetype/nanum/NanumGothicEco.ttf'
6 wc = WordCloud(font_path=font, background_color='white',
7                width=400, height=400, scale=2.0, max_font_size=250)
8 cloud = wc.generate_from_frequencies(dict(tags))
9
10 plt.figure(figsize=(8,8))
11 plt.axis('off')
12 plt.imshow(cloud)

<matplotlib.image.AxesImage at 0x7fbc8a0bf950>
```

코드 12.24 명사 단어 빈도수 시각화

13장

감성 분석

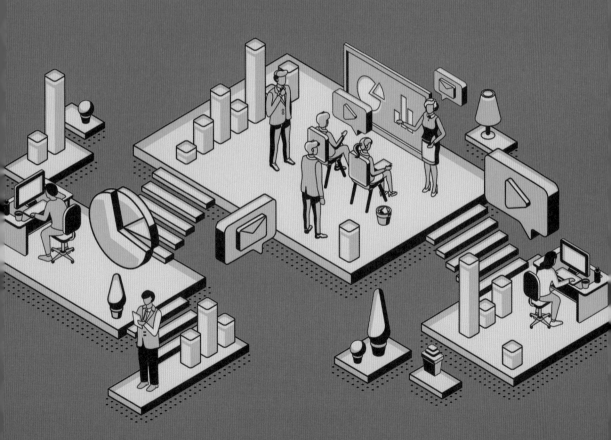

많은 사람들이 SNS(Social Networking Service) 또는 소셜 미디어(Social Media)에 참여하면서 단순한 소통의 도구에서 거대한 데이터의 집합소로 진화하고 있다. 소셜 미디어의 엄청난 데이터를 분석하여 사람들의 가치관과 반응 등에 대한 통찰력을 가질 수 있으며, 이것은 감성 분석을 통하여 새로운 기회를 창출하게 되었다. 본 장에서는 새로운 가치 창출을 이루고 있는 감성 분석에 대하여 학습해 보기로 한다.

13-1 감성 분석 이해하기

소셜 마케팅 분야에서 감성 분석은 더 이상 검토의 대상이 아닌 필수적 연구 분야가 되었다. 감성 분석을 통하여 특정 대상에 대한 대중의 반응을 이해하고 적절한 대처를 하는 것은 마케팅 분야에서는 외면할 수 없는 분야가 된 것이다. 마케팅뿐만 아니라 사람들과 관여된 모든 영역에는 그 영역에 대한 사람들의 감성이 존재하므로 감성 분석을 정확하게 이해하고 활용할 수 있어야 한다.

감성 분석 개념

감성 분석(sentimental analysis)은 단어와 문맥을 분석하여 텍스트의 감정을 파악하는 기술이다. 그림 13.1은 세 가지 문장에 대해 'fantastic, ok I guess, useless'라는 단어들을 분석하여 각각 긍정적, 중립적, 부정적 감정을 갖는 문장이라고 결론짓고 있다.

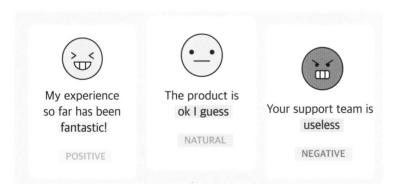

그림 13.1
감성 분석의 3 분류

즉, 감성 분석은 텍스트에 들어 있는 의견이나 감성, 평가, 태도 등의 주관적인 정보를 컴퓨터를 통해 분석하는 과정이다. 실시간으로 온라인상의 글을 수집하여 감성을 나타내는 단어를 기반으로 긍정 또는 부정의 감성을 결정하기도 한다.

감성 분석은 자연어 데이터에 들어 있는 감성을 분석하는 일인데, 수치 데이터를 분석할 때와는 다르게 언어의 모호성이라는 문제점이 존재한다. 이러한 감성 분석의 종류에는 감성 사전 기반 분석과 머신러닝 기반 감성 분석이 존재한다. 감성어 사전은 그림 13.2과 같이, 수집한 데이터 중 감성과 관련된 단어를 분석하여 긍정·부정의 단어로 분류할 수 있게 해 준다.

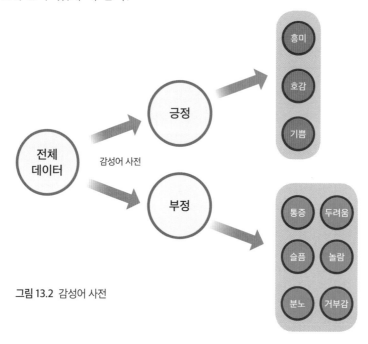

그림 13.2 감성어 사전

감성 분석 필요 이유

그렇다면 감성 분석이 필요한 이유는 무엇일까? 첫 번째는 글로 표현된 사람들의 느낌을 이해하고 대응하기 위함이다. 두 번째는 감성 분석 대상에 관한 의사 결정을 주도하기 위함이며, 세 번째는 의사 결정에 대해 예측하고 구체화하기 위함이다. 마지막은 데이터 활용 분야의 핵심 가치를 부여하기 위함이다. 그림 13.3은 다양한 감정을 나타내는 캐릭터들을 보여주고 있다. 감성 분석을 통해 분석 대상에 대한 이해가 깊어지면, 분석 대상과 분석하는 사람 자신 모두에게 도움이 되는 의사 결정을 하는 것에 도움이 된다.

그림 13.3 다양한 감정의 표현 출처: https://www.hankyung.com/life/article/201507144965g

감성의 유형

감성의 유형은 크게 감정을 표현한 것과, 어조, 그리고 주관성/객관성으로 구분할 수 있다. 행복/슬픔, 만족/불만족, 재미/지루함과 같은 인간의 감정 표현을 통해 파악하거나, 풍자, 유머, 냉소와 같은 어조를 파악하여 감성을 분석할 수 있다.

그림 13.4
주관적 분석의 예

주관성/객관성은 각각 개인의 의견/사실로 대응되는데, 그림 13.4를 보면 맹인들이 각각 코끼리를 만지고 있다. 객관적인 사실은 이 사람들이 만지는 대상이 코끼리라는 것이지만, 코끼리의 일부만을 만지는 맹인들이 주관적으로 느끼기에는 코끼리라고 파악하기가 쉽지 않다. 따라서 감성 분석을 할 때는, 객관적 사실을 나타내는 수치 데이터를 통계적으로 분석할 때와는 다르게 주관성을 띄는 감성 데이터를 다룬다는 점을 유의해서 분석해야 한다.

감성 분석 단계

감성 분석의 단계는 그림 13.5과 같이 진행된다.

- ▸ **1단계**: 분석하고자 하는 텍스트 데이터를 입력하는 Text Input 단계부터 시작한다.

- ▸ **2단계**: 12장에서 배웠던 문장을 단어 단위로 자르는 Tokenization 단계를 진행한다.

- ▸ **3단계**: 원하지 않는 단어들을 없애주는 Stop Word Filtering 단계를 통하여 감성 분석에 영향을 미치지 않는 단어들을 제외시킨다.

- ▸ **4단계**: 부정어를 처리하는 Negation Handling 단계를 통하여 부정의 정도를 감지하고, 부정의 범위를 설정하며, 부정의 존재에 대한 신호 역할을 담당하는 부정 목록을 생성한다.

- ▸ **5단계**: Stemming 단계로 어간을 찾아낸다. 어간(stem)은 단어의 의미를 담고 있는 단어의 핵심 부분에 해당하며, 어간 추출을 통하여 문장의 형태학적 분석을 진행할 수 있다.

- ▸ **6단계**: 해당 어간들이 어떤 감성에 속하는지 분류하는 Classification 작업을 진행하는 단계에 해당한다.

- ▸ **7단계**: 마지막 감성에 따라 Sentiment Class별로 분류된 결과를 얻게 된다.

감성 분석을 위한 7단계 작업 중에서 결국 핵심은 6단계에 해당하는 Classification이다. Classification은 6장에서 배웠던 데이터 분석 방법론 중에서 분류 분석 방법에 해당된다.

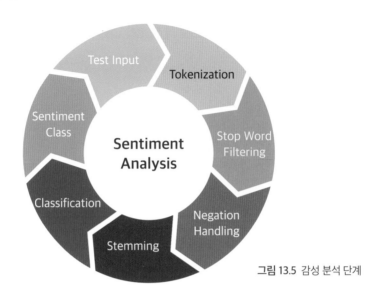

그림 13.5 감성 분석 단계

감성 분석 방법론

감성 분석 방법론에는 그림 13.6과 같이 어휘 기반 분석과 머신 러닝 기반 분석이 있다.

어휘 기반 분석(lexicon-based approach)의 Manual 방법은 모든 단어에 대한 감성 사전을 수동(manual)으로 직접 구축하는 방법이다. 이 방법은 도메인에 따라 사용하는 어휘가 달라지고 긍정/부정 점수도 달라질 수 있기 때문에 모든 도메인에 적용하기는 어렵다. Dictionary-based 방법은 기존에 잘 구축되어 있는 외부 사전을 사용하는 방법이며, 도메인 확장성이 없는 제한이 있다. Corpus-based 방법은 해당 말뭉치에 맞는 적절한 감성 어휘를 재구축하는 말뭉치 기반(corpus-based)의 접근 방법이다. 이 방법은 도메인 의존성을 극복할 수 있는 강점이 있다.

머신 러닝 기반 분석(machine learning approach)의 감성 분석에는 첫 번째로 지도 학습(supervised learning)이 존재한다. 지도 학습에 해당 되는 선형 회귀(linear

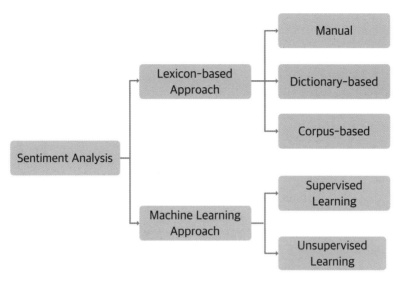

그림 13.6 감성 분석 방법론

regression) 분석은 선형 모형을 이용해 감성을 분석한다. 선형 모형의 수식은 수식 13.1과 같다.

$$y = wx + b$$

수식 13.1 선형회귀

수식 13.1에서 x는 문서 내 특정 단어의 빈도, y는 문서의 긍정/부정 여부를 나타내며, 긍정의 경우 1, 부정의 경우 0의 값을 나타낸다. w는 가중치 또는 계수이며, b는 절편 또는 편향이다. 여기서 가중치가 양수일 때는 x가 증가할수록 y도 증가하며, 긍정 단어에 해당한다. 가중치가 음수일 때는 x가 증가할수록 y는 감소하고, 부정 단어에 해당한다.

로지스틱 회귀(logistic regression) 분석 또한 지도 학습의 한 종류인데, 긍정과 부정 두 개의 선택지 중에서 하나를 선택하므로 이진 분류(binary classification)를 하는 분석이다. 그림 13.7은 다양한 데이터를 로지스틱 회귀 모델에 입력하여 Happy, Sad 두 종류의 결과를 얻어내는 예시를 보여주고 있다.

머신 러닝 기반의 감성 분석 방법 중 두 번째인 준지도 학습(semi-supervised

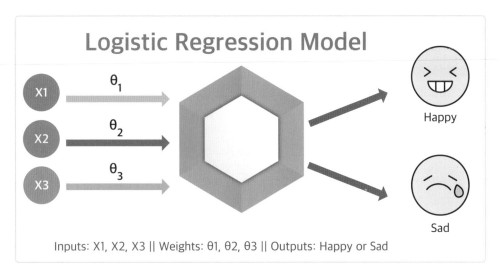

그림 13.7 감성 분석 방법론 - 로지스틱 회귀 분석

learning)은 지도 학습과 비지도 학습의 중간에 속한다. 준지도 학습은 자가 학습(self-training) 방법을 적용하는데, 정답이 있는 어휘들로 우선 학습을 한다. 즉 지도 학습 방식으로 긍정/부정 분류기(classifier)를 학습(train)시키는 것이다. 그리고 비지도 학습 방식처럼 정답이 없는 어휘들에 대해서는 분류기를 적용하여 결과를 도출한다. 도출된 결과의 신뢰도가 높으면 정답으로 지정한 후, 분류기에 재학습(re-train)시키는 분석 방법에 해당한다.

13-2 감성 분석 적용 분야

감성 분석의 개념 및 유형과 분석 단계, 그리고 여러 방법론에 대해 이해했으니 이제 감성 분석이 어느 분야에 적용될 수 있는지 몇 가지 예시에 대해 확인해 보자.

📁 SNS 또는 소셜 미디어

소셜 미디어는 전 세계 많은 사람들이 상호작용하는 주요 커뮤니케이션 매체이다. 그렇기 때문에 감성 분석을 통해 유명인의 감정 상태 파악, 사회 이슈 찬반 파악, 실시간 장소 추천과 같은 결과를 도출할 수 있다.

📁 주가 예측 모형

금융 시장은 인간의 감성이 영향을 미치기 때문에, 뉴스 기사를 기반으로 주가의 상승 및 하락 추세를 분석할 수 있다. 증권에 대한 투자자들의 전반적인 관점 또한 감성 분석을 통해 알 수 있으며, 더 나아가 금융 시장 감성에 대한 모델을 사용하여 미래 시장의 가격을 예측하는 것 또한 가능하다.

📁 상품 후기

상품 후기에 대한 감성 분석이 이뤄지면, 고객의 제품 만족도에 대해 파악이 가능하다. 고객의 제품과 서비스 만족도를 반영하여 서비스를 개선하여 기업의 이미지를 긍정적으로 유도할 수 있다. 상품평의 의미를 분석할 때는 상품의 특성에 따라 서로 다른 긍정 단어가 사용되기 때문에, 주제별 감성 사전이 필요함에 유의해야 한다.

📁 뉴스

뉴스와 관련해서 시민들의 특정인에 대한 호감도나, 사건 및 사고에 대한 반응에 대한 분석도 가능하다. 예시로 북한 관련 뉴스에 대한 시민들의 반응을 통해 평화 지수를 도출해 내거나, 아파트 붕괴 뉴스에 따른 반응으로 기업 선호 지수를 얻거나, 식품 안전성 뉴스의 반응을 확인하여 관련 제품 선택 지수를 파악할 수 있다.

📁 브랜드 모니터링

회사의 브랜드 가치를 유지하기 위한 노력으로 감성 분석을 하는 경우도 있다. 부정적 브랜드 감성은 브랜드를 위험에 노출시키며, 긍정적 브랜드 감성은 기업의 성장을 가져온다. 따라서 기업은 지속적으로 브랜드에 대한 의견을 모니터링한다. 지속적인 모니터링이 필요하므로, 감성 분석의 자동화가 기업의 입장에서는 필수 사항이 된다.

📁 영화평

영화평에 대한 감성 분석은 영화의 흥행을 예측하는 데 사용될 수 있다. 또는 영화를 보는 사람들의 입장에서는 영화평 및 감정 키워드에 따라 영화를 선택하는 데 도움이 될 수 있다.

이렇게 우리의 삶 속에서 감성 분석은 다양한 분야에 걸쳐 이뤄지고 있다. 감성 분석을 통하여 사람의 마음을 이해할 수 있다면, 그 마음을 건드릴 수 있는 휴먼 터치를 이룰 수 있고, 휴먼 터치에 따른 반응은 분명 더 나은 세상일 것이다. 즉, 감성 분석을 통하여 더 나은 세상을 이루어 갈 수 있으며, 더 나은 세상은 결국 데이터 분석의 결과에 해당하는 것이다.

13-3 감성 분석 도전

영화평 데이터에 대한 감성 분석을 실습해 보면서 실전에 도전해 보기로 하자.

네이버 영화 리뷰 감성 분석

그림 13.8은 네이버 영화 리뷰 corpus에 대한 데이터를 얻기 위한 화면이며 접속 url 은 다음과 같다.

👋 https://github.com/e9t/nsmc

그림 13.8 네이버 영화 리뷰 감성 분석

사용해도 되나요?

데이터셋에는 저작권이 있기 때문에, 여러분이 데이터셋을 이용하고자 할 때는 라이선스를 확인할 필요가 있다. 그림 13.9 하단에 표시된 부분에는 PUBLIC DOMAIN 표시가 되어 있기 때문에 누구나 자유롭게 사용이 가능함을 확인할 수 있다.

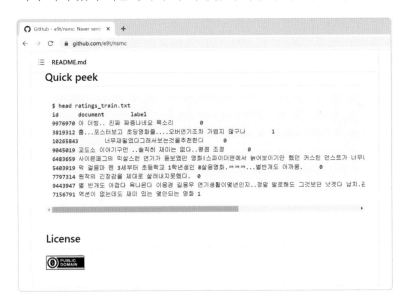

그림 13.9
저작권 확인

패키지 설치 후 가져오기

코드 13.1는 영화평 데이터를 분석하기 위해 tfds-korean 패키지를 설치한다. 코드 13.2는 import를 통해 패키지를 불러온 후, 4번째 줄에서 tfds의 load 메소드를 통해 네이버 영화 리뷰 corpus를 불러와 dataset 변수에 저장한다.

```
1 !pip install tfds-korean
```

코드 13.1 패키지 설치

```
1 import tensorflow_datasets as tfds
2 import tfds_korean.nsmc
3
4 dataset = tfds.load("nsmc")  # Naver sentiment movie corpus
```

코드 13.2 패키지 설치 후 데이터 가져오기

그림 13.10은 https://pypi.org/의 화면이다. 이 책에서 다양한 패키지들에 대한 활용을 적용하고 있다. 해당 사이트는 그러한 패키지들에 대한 설명 및 사용법에 대해 확인할 수 있는 사이트이므로 특정 패키지에 대한 설명이 필요하다면 유용하게 사용할수 있다.

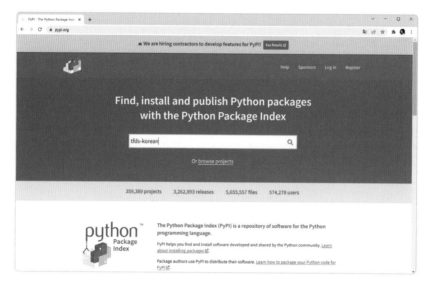

그림 13.10 pip install <package> 확인

데이터 요청

코드 13.3에서는 urllib.request 모듈을 불러온 후 urlretrieve 메소드를 통해 데이터를 요청하고 있다. 인자로 전달한 웹 사이트 링크는 그림 13.8에서 확인했던 사이트에서 제공하는 학습 데이터셋과 테스트 데이터셋의 링크이며, filename 인자에는 불러온 데이터를 저장할 파일명을 전달한다.

```
1 import urllib.request
2 urllib.request.urlretrieve("https://raw.githubusercontent.com/e9t/nsmc/master/ratings_train.txt", filename="ratings_train.txt")
3 urllib.request.urlretrieve("https://raw.githubusercontent.com/e9t/nsmc/master/ratings_test.txt", filename="ratings_test.txt")

('ratings_test.txt', <http.client.HTTPMessage at 0x7f34db112750>)
```

코드 13.3 데이터 요청

데이터 프레임 생성

코드 13.4의 2~3번째 줄에서는 각각 학습 데이터셋과 테스트 데이터셋을 read_table 메소드를 통해 데이터프레임으로 저장한다. 그리고 두 번째 셀에서 head 메소드를 통해 train_data 데이터프레임의 첫 10줄을 출력하고 있다. 마찬가지로 코드 13.5에서는 test_data 데이터프레임의 첫 10줄을 출력한다. 출력된 데이터프레임의 열에는 id, document, label이 있는데, 각각 영화평에 대한 번호, 영화평, 영화평의 '긍정/부정' 라벨에 해당한다.

```
1 import pandas as pd
2 train_data = pd.read_table('ratings_train.txt')
3 test_data = pd.read_table('ratings_test.txt')
```

```
1 train_data.head(10)
```

	id	document	label
0	9976970	아 더빙.. 진짜 짜증나네요 목소리	0
1	3819312	흠...포스터보고 초딩영화줄...오버연기조차 가볍지 않구나	1
2	10265843	너무재밓었다그래서보는것을추천한다	0
3	9045019	교도소 이야기구먼 ..솔직히 재미는 없다..평점 조정	0
4	6483659	사이몬페그의 익살스런 연기가 돋보였던 영화!스파이더맨에서 늙어보이기만 했던 커스틴 ...	1
5	5403919	막 걸음마 뗀 3세부터 초등학교 1학년생인 8살용영화.ㅋㅋㅋ...별반개도 아까움.	0
6	7797314	원작의 긴장감을 제대로 살려내지못했다.	0
7	9443947	별 반개도 아깝다 욕나온다 이응경 길용우 연기생활이몇년인지...정말 발로해도 그것보단...	0
8	7156791	액션이 없는데도 재미 있는 몇안되는 영화	1
9	5912145	왜케 평점이 낮은건데? 꽤 볼만한데.. 헐리우드식 화려함에만 너무 길들여져 있나?	1

코드 13.4
데이터 프레임 생성
- 학습 데이터셋

```
1 test_data.head(10)
```

	id	document	label
0	6270596	굳 ㅋ	1
1	9274899	GDNTOPCLASSINTHECLUB	0
2	8544678	뭐야 이 평점들은.... 나쁘진 않지만 10점 짜리는 더더욱 아니잖아	0
3	6825595	지루하지는 않은데 완전 막장임.. 돈주고 보기에는....	0
4	6723715	3D만 아니었어도 별 다섯 개 줬을텐데.. 왜 3D로 나와서 제 심기를 불편하게 하죠??	0
5	7898805	음악이 주가 된, 최고의 음악영화	1
6	6315043	진정한 쓰레기	0
7	6097171	마치 미국애니에서 튀어나온듯한 창의력없는 로봇디자인부터가,고개를 젖게한다	0
8	8932678	갈수록 개판되가는 중국영화 유치하고 내용없음 폼잡다 끝남 말도안되는 무기에 유치한c...	0
9	6242223	이별의 아픔뒤에 찾아오는 새로운 인연의 기쁨 But, 모든 사람이 그렇지는 않네..	1

코드 13.5
데이터 프레임 생성
- 테스트 데이터셋

결측치 처리

코드 13.6에서는 학습 데이터셋의 결측치를 확인한 후 제거하고 있다. 첫 번째 셀에서 info 메소드를 통해 총 150,000개의 행 중에서 document 열이 결측치가 아닌 행은 149,995개 인 것을 확인할 수 있다. 따라서 두 번째 셀에서 dropna 메소드를 통해 결측치가 존재하는 행들을 제거하면, 출력된 결과와 같이 총 149,995개의 행만 남은 것을 확인할 수 있다.

코드 13.6 결측치 처리

```
1 # 결측지 확인
2 train_data.info()

<class 'pandas.core.frame.DataFrame'>
RangeIndex: 150000 entries, 0 to 149999
Data columns (total 3 columns):
 #   Column     Non-Null Count   Dtype
---  ------     --------------   -----
 0   id         150000 non-null  int64
 1   document   149995 non-null  object
 2   label      150000 non-null  int64
dtypes: int64(2), object(1)
memory usage: 3.4+ MB
```

```
1 # 결측지 제거
2 train_data = train_data.dropna(how = 'any')
3 train_data.info()

<class 'pandas.core.frame.DataFrame'>
Int64Index: 149995 entries, 0 to 149999
Data columns (total 3 columns):
 #   Column     Non-Null Count   Dtype
---  ------     --------------   -----
 0   id         149995 non-null  int64
 1   document   149995 non-null  object
 2   label      149995 non-null  int64
dtypes: int64(2), object(1)
memory usage: 4.6+ MB
```

중복 데이터 처리

코드 13.7는 데이터에서 중복되는 영화평을 제거하는 과정이다. 첫 번째 셀에서는 nunique 메소드를 통해 train_data의 document와 label 열에서 중복되지 않고 unique한 값들의 개수를 얻는다. 서로 다른 영화평 146,182개, 긍정/부정 여부는 경우의 수가 두 가지이기 때문에 2개의 결과값으로 나타나고 있다. 따라서 두 번째 셀에서 drop_duplicates 메소드에 subset 인자로 document 열을 전달하여, 중복된 영화평을 갖는 행들을 제거한다. 3번째 줄에서 중복 데이터가 제거된 train_data의 행의 개수를 출력하면 146,182개가 나오는 것을 확인할 수 있다.

```
1 # 중복 확인
2 train_data['document'].nunique(), train_data['label'].nunique()

(146182, 2)
```

```
1 # 중복 document 제거
2 train_data.drop_duplicates(subset=['document'], inplace=True)
3 print(f'학습 데이터셋의 데이터 수 : {len(train_data)}')

학습 데이터셋의 데이터 수 : 146182
```

코드 13.7 중복 데이터 처리

시각화

탐색적 데이터 분석(EDA) 단계에서 결측치 제거와 더불어 시각화도 진행할 수 있다는 점을 기억할 것이다. 코드 13.8는 value_counts 메소드를 통해 label의 값 0과 1의 개수를 구한 후, pandas 라이브러리의 plot 메소드를 통해 막대그래프로 시각화한다. 그리고 두 번째 셀에서는 groupby 메소드를 통해 label열의 값을 기준으로 행을 묶은 뒤, size 메소드를 통해 긍정/부정 label의 개수를 정확히 확인한다.

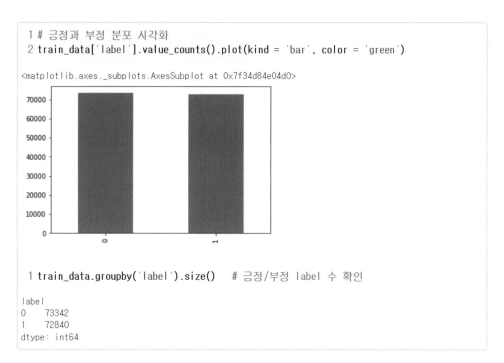

코드 13.8 시각화

텍스트 데이터 정제

EDA단계가 끝났다면 본격적으로 분석하기 앞서 텍스트 데이터를 정제해 보도록 하자. 코드 13.9는 train_data의 document 열의 내용이 문자열 데이터인 경우에만 영화평을 train_review 리스트에 추가한다.

```
1 # 문자열 데이터만 수집
2 train_review = [review for review in train_data['document'] if type(review) is str]
3 train_review
```

```
['아 더빙.. 진짜 짜증나네요 목소리',
 '흠...포스터보고 초딩영화줄....오버연기조차 가볍지 않구나',
 '너무재밓었다그래서보는것을추천한다',
 '교도소 이야기구먼 ..솔직히 재미는 없다..평점 조정',
 '사이몬페그의 익살스런 연기가 돋보였던 영화!스파이더맨에서 늙어보이기만 했던 커스틴 던스트가 너무나도 이뻐보였다',
 '막 걸음마 뗀 3세부터 초등학교 1학년생인 8살용영화.ㅋㅋㅋ...별반개도 아까움.',
 '원작의 긴장감을 제대로 살려내지못했다.',
 '별 반개도 아깝다 욕나온다 이응경 길용우 연기생활이몇년인지..정말 발로해도 그것보단 낫겟다 납치.감금만반복반복..이드라마',
 '액션이 없는데도 재미 있는 몇안되는 영화',
 '왜케 평점이 낮은건데? 꽤 볼만한데.. 헐리우드식 화려함에만 너무 길들여져 있나?',
 '강인피니트가짱이다.진짜짱이다♥',
 '볼때마다 눈물나서 죽겟다90년대의 향수자극!!허진호는 감성절제멜로의 달인이다~',
 '울면서 손들고 횡단보도 건널때 뛰쳐나올뻔 이범수 연기 드럽게못해',
 '담백하고 깔끔해서 좋다. 신문기사로만 보다 보면 자꾸 잊어버린다. 그들도 사람이었다는 것을.',
 '취향은 존중한다지만 진짜 내생에 극장에서 본 영화중 가장 노잼 노감동임 스토리도 어거지고 감동도 어거지',
 'ㄱ냥 매번 긴장되고 재밋음ㅠㅠ',
 '참 사람들 웃긴게 바스코가 이기면 락스코라고 까고바비가 이기면 아이돌이라고 깐다.그냥 까고싶어서 안달난것처럼 보인다',
 '굿바이 레닌 표절인것은 이해하는데 왜 뒤로 갈수록 재미없어지냐',
 '이건 정말 깨알 캐스팅과 질펀하지않은 산뜻한 내용구성이 잘 버무러진 깨알일드!!♥',
 '약탈자를 위한 변명, 이라. 저놈들은 착한놈들 절대 아닌걸요.',
 '나름 심오한 뜻도 있는 듯. 그냥 학생이 선생과 놀아나는 영화는 절대 아님',
 '보면서 웃지 않는 건 불가능하다',
```

코드 13.9 텍스트 데이터 정제

Word cloud 생성

코드 13.10는 한글 영화평을 word cloud 형태로 확인하기 위한 폰트를 설치하는 과정이다. 여기서 colab을 사용한 이유는 데이터셋의 크기가 앞에서 확인했듯이 15만 건에 달하기 때문에, 코드 실행을 보다 빨리 할 수 있는 colab의 GPU 사용 기능을 활용하기 위함이다.

```
1 !apt-get update -qq
2 !apt-get install fonts-nanum* -qq  #코랩에서 한글 표기를 위해 폰트 설치
```

코드 13.10 word cloud 생성 - 필요 폰트 설치

코드 13.11는 wordcloud 라이브러리를 불러와 영화평에 대한 word cloud를 생

성하고 있다. 5번째 줄에서는 코드 13.10에서 설치했던 폰트의 경로를 font 변수에 저장한다. 그리고 6~8번째 줄에서 generate 메소드를 통해 train_review의 리스트 요소들을 전부 join 시켜 my_wordcloud로 생성하고 있다.

```
 1 # word cloud 작성
 2 import matplotlib.pyplot as plt
 3 from wordcloud import WordCloud
 4
 5 font = '/usr/share/fonts/truetype/nanum/NanumBrush.ttf'
 6 wc = WordCloud(font_path=font, background_color='white',
 7                width=400, height=400, scale=2.0, max_font_size=250)
 8 my_wordcloud = wc.generate(' '.join(train_review))
 9
10 plt.figure(figsize=(10,8))
11 plt.imshow(my_wordcloud)
12 plt.axis('off')
13 plt.show()
```

코드 13.11 word cloud 생성

학습 데이터셋 토큰 생성

코드 13.12는 학습 데이터셋 토큰을 만들고 있다. konlpy 패키지를 통해 영화평을 정규화하여 한글만 처리하고, 형태소 분석을 하여 어간을 추출한 다음, 불용어를 제거하는 과정이 진행된다. 1~2번째 줄에서 konlpy의 Okt 패키지와 정규표현식을 사용하기 위한 re 패키지를 불러온 후, 4번째 줄에서는 불용어를 설정하여 stop_words 리스트에 저장한다. 그리고 8~16번째 줄에서 train_data의 각 행마다 반복하며 영화평에 대한 토큰을 생성 및 전처리하여 clean_train_review 리스트에 저장하는 과정이 이뤄진다. 우선 10번째 줄에서 만약 영화평의 자료형이 문자열인 경우에만 전처리를 진행하고, 아닌 경우에는 16번째 줄과 같이 빈 리스트를 clean_train_review에 추가한다. 전처리를 진행하게 됐다면 11번째 줄에서 re.sub 메소드를 통해 영화평에 존재하는 가-힣, ㄱ-ㅎ, ㅏ-ㅣ과 같은 한글 글자들과, 공백 문자(space)인 \s를 제외한 문자들을 ''(NULL 값)으로 대체한다. 즉, 해당 문자들을 제거한다. 그리고 12번째 줄에서 morphs 메소드의 stem인자에 True 값을 전달함으로서 텍스트를 어간 단위로 나눠 word_review 리스트에 저장한다. 13번째 줄에서는 word_review의 요소인 token

```
 1 from konlpy.tag import Okt
 2 import re
 3
 4 stop_words = ['은','는','이','가','하','아','것','들','의','있','되','수','보','주','등','한']
 5 okt = Okt()
 6 clean_train_review = []
 7
 8 for review in train_data['document']:
 9   # 리뷰가 문자열인 경우만 전처리 진행
10   if type(review) == str:
11     review_text = re.sub('[^가-힣ㄱ-ㅎㅏ-ㅣ₩₩s]','',review)   # 한글 및 공백 제외한 문자 제거
12     word_review = okt.morphs(review_text,stem=True)
13     word_review = [token for token in word_review if not token in stop_words]
14     clean_train_review.append(word_review)
15   else:
16     clean_train_review.append([]) #str이 아닌 행은 빈칸으로 놔두기
17
18 clean_train_review[:11]

[['더빙', '진짜', '짜증나다', '목소리'],
 ['흠', '포스터', '보고', '초딩', '영화', '줄', '오버', '연기', '조차', '가볍다', '않다'],
 ['너', '무재', '밓었', '다그', '래서', '보다', '추천', '다'],
 ['교도소', '이야기', '구면', '솔직하다', '재미', '없다', '평점', '조정'],
 ['사이'],
 ['몬페']
```

코드 13.12 학습 데이터셋 토큰 생성

들에 대해 불용어에 해당하는 경우에는 제외시킨 후에, 결과적으로 14번째 줄에서 clean_train_review 리스트에 어간으로 토큰화된 영화평을 추가한다.

실행 속도 진실인가요?

앞에서 GPU를 사용하기 위해 코랩상에서 분석을 진행한다고 언급했었는데, 그림 13.11은 GPU 사용 설정을 위한 화면이다. 메뉴 Tab에서 [런타임]을 선택한 후, [런타임 유형 변경]을 선택하여 [NONE]을 [GPU]로 변경하면 [실행속도의 개선]을 기대할 수 있다.

그림 13.11 GPU 사용 설정 화면

테스트 데이터셋 토큰 생성

코드 13.13는 코드 13.12에서의 학습 데이터셋 토큰과 동일한 과정으로 전처리한 이후에 테스트 데이터셋의 토큰을 생성하고 있다.

```
1 #테스트 리뷰도 동일하게 전처리
2
3 clean_test_review = []
4 for review in test_data['document']:
5   if type(review) == str:
6     review_text = re.sub('[^가-힣ㄱ-ㅎㅏ-ㅣ￦￦s]','',review)    # 한글 및 공백 제외한 문자 제거
7     word_review = okt.morphs(review_text,stem=True)
8     word_review = [token for token in word_review if not token in stop_words]
9     clean_test_review.append(word_review)
10   else:
11     clean_test_review.append([])
12
13 clean_test_review[:5]
```

```
[['굳다', 'ㅋ'],
 [],
 ['뭐', '야', '평점', '나쁘다', '않다', '점', '짜다', '리', '더', '더욱', '아니다'],
 ['지루하다', '않다', '완전', '막장', '임', '돈', '주다', '보기', '에는'],
 ['만',
  '아니다',
  '별',
  '다섯',
  '개',
  '주다',
  '왜',
  '로',
  '나오다',
  '제',
  '심기',
  '를',
  '불편하다',
  '하다']]
```

코드 13.13 테스트 데이터셋 토큰 생성

문자를 인덱스 벡터로 전환

문자를 인덱스 벡터로 전환하기 위해서는 두 가지 패키지가 필요한데, tensorflow
의 keras에서 제공하는 pad_sequences와 Tokenizer이다. 하지만 최신 버전
의 tensorflow는 keras를 지원하지 않기 때문에, keras를 지원하는 이전 버전
의 tensorflow를 특정하여 설치해야 한다. 따라서 **코드 13.14**와 같이 2.0.0버전
의 tensorflow를 설치한 후, 새로 설치한 버전의 tensorflow를 사용하기 위해서
는 runtime을 다시 시작해야 한다. 만약 runtime 재시작을 반영하지 않으면 **코드**
13.15와 같은 오류 메시지가 발생된다.

```
1 !pip install tensorflow==2.0.0
```

코드 13.14 tensorflow 설치

```
ERROR: pip's dependency resolver does not currently take into account all the packages that are installed. This behaviour is the source of
tensorflow-probability 0.16.0 requires gast>=0.3.2, but you have gast 0.2.2 which is incompatible.
Successfully installed gast-0.2.2 keras-applications-1.0.8 tensorboard-2.0.2 tensorflow-2.0.0 tensorflow-estimator-2.0.1
WARNING: The following packages were previously imported in this runtime:
  [gast,tensorboard,tensorflow]
You must restart the runtime in order to use newly installed versions.
```

코드 13.15 runtime 다시 시작하지 않은 경우의 오류

문자를 벡터화한다는 것은 무슨 뜻일까? 코드 13.16는 단어들 간의 거리를 계산하여 행렬을 구성하는 벡터화 과정을 보여주고 있다. 이 예시에서는 10개의 단어에 대해, vector length가 5인, 즉 10×5 형태의 행렬이 결과로 나타난다.

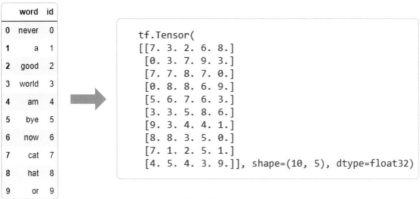

코드 13.16 벡터화

코드를 보여주세요!

알맞은 버전의 tensorflow를 설치하고 벡터화의 개념도 이해했다면, 이제 코드 13.17을 확인해 보자. 1~3번째 줄에서 pad_sequences는 모든 영화평을 같은 길이로 통일시키기 위해 패딩 처리를 해주며, Tokenizer는 인덱스 벡터 변환을 해 준다. 8번째 줄에서 앞에서 전처리를 했던 clean_train_review를 사전으로 사용할 수 있도록 tokenizer에 저장한 후, 9번째 줄에서는 texts_to_sequences 메소드를 통해 토큰들을 시퀀스로 변환하여 train_sequences 리스트에 저장한다. 그리고 12번째 줄에서 word_index 속성을 통해 tokenizer의 토큰들에 대한 딕셔너리를 만들어 word_vocab에 저장한다. 14~24번째 줄에서는 pad_sequences 메소드에 maxlen인자를 8로, padding인자를 post로 설정하여 시퀀스의 길이가 전부 8이 되도록 하고, 패딩값은 시퀀스 뒤쪽에 생성되도록 한다. 그리고 학습 데이터셋과 테스트 데이터셋의 label을 numpy 배열로 벡터화하여 저장한다.

```
 1 from tensorflow.keras.preprocessing.sequence import pad_sequences
 2 from tensorflow.keras.preprocessing.text import Tokenizer
 3 import numpy as np
 4
 5 # 인덱스 벡터 변환
 6 # 일정 길이 충족 안되면, 리뷰 패딩처리
 7 tokenizer = Tokenizer()
 8 tokenizer.fit_on_texts(clean_train_review)
 9 train_sequences = tokenizer.texts_to_sequences(clean_train_review)
10 test_sequences = tokenizer.texts_to_sequences(clean_test_review)
11
12 word_vocab = tokenizer.word_index #단어사전형태
13
14 # 학습 데이터셋
15 train_inputs = pad_sequences(train_sequences, maxlen=8, padding='post')
16
17 # 학습 데이터셋 label 벡터화
18 train_labels = np.array(train_data['label'])
19
20 # 테스트 데이터셋
21 test_inputs = pad_sequences(test_sequences, maxlen=8, padding='post')
22
23 # 테스트 데이터셋 label 벡터화
24 test_labels = np.array(test_data['label'])
```

코드 13.17 학습 데이터셋과 테스트 데이터셋의 벡터화

여기까지가 전처리

앞에까지의 과정은 전부 전처리에 불과했다. 코드 13.18의 1~7번째 줄에서는 파일들을 저장할 경로 및 파일명에 대한 변수를 지정하고 있다. 13~24번째 줄에서는 전처리된 학습 데이터셋과 테스트 데이터셋을 npy파일로 저장한다. 그리고 9~11번째 줄에서는 data_configs 딕셔너리에 단어 사전을 저장했던 word_vocab에 대한 정보를 저장한 후, 27~28번째 줄에서 DATA_CONFIGS 변수에 해당하는 파일명으로 json파일을 생성하여 저장한다. 여기서 json(JavaScript Object Notation)은 데이터를 저장 및 전송할 때 사용되는 파일 형식이다.

```
 1 DEFAULT_PATH  = '/content/'
 2 DATA_PATH = 'CLEAN_DATA/'
```

```
 3 TRAIN_INPUT_DATA = 'nsmc_train_input.npy'
 4 TRAIN_LABEL_DATA = 'nsmc_train_label.npy'
 5 TEST_INPUT_DATA = 'nsmc_test_input.npy'
 6 TEST_LABEL_DATA = 'nsmc_test_label.npy'
 7 DATA_CONFIGS = 'data_configs.json'
 8
 9 data_configs={}
10 data_configs['vocab'] = word_vocab
11 data_configs['vocab_size'] = len(word_vocab) + 1
12
13 #전처리한 데이터들 파일로저장
14 import os
15
16 if not os.path.exists(DEFAULT_PATH + DATA_PATH):
17   os.makedirs(DEFAULT_PATH+DATA_PATH)
18
19 #전처리 학습데이터 넘파이로 저장
20 np.save(open(DEFAULT_PATH+DATA_PATH+TRAIN_INPUT_DATA,'wb'),train_inputs)
21 np.save(open(DEFAULT_PATH+DATA_PATH+TRAIN_LABEL_DATA,'wb'),train_labels)
22 #전처리 테스트데이터 넘파이로 저장
23 np.save(open(DEFAULT_PATH+DATA_PATH+TEST_INPUT_DATA,'wb'),test_inputs)
24 np.save(open(DEFAULT_PATH+DATA_PATH+TEST_LABEL_DATA,'wb'),test_labels)
25
26 #데이터 사전 json으로 저장
27 import json
28 json.dump(data_configs,open(DATA_PATH + DATA_CONFIGS,'w'),ensure_ascii=False)
```

코드 13.18 여기까지가 전처리!

무슨 일이 생긴걸까요?

코드 13.18를 실행한 결과는 그림 13.12에서 확인할 수 있다. 화면 좌측에 나타난 폴더
는 DEFAULT_PATH를 나타낸 것으로, CLEAN_DATA 폴더가 만들어지고 그 내부에
npy 및 json 파일들이 생성된 것을 확인할 수 있다.

그림 13.12 생성 파일 확인

이제 감성 분석을 위한 학습 시작

이제 본격적으로 감성 분석을 위한 학습을 시작해 보도록 하자. 코드 13.19는 앞에서 저장했던 학습 데이터의 npy 파일들과 DATA_CONFIGS json파일을 불러오고 있다.

```
1 #전처리 데이터 불러오기
2 DATA_PATH = '/content/CLEAN_DATA/'
3 DATA_OUT = '/content/DATA_OUT/'
4 INPUT_TRAIN_DATA = 'nsmc_train_input.npy'
5 LABEL_TRAIN_DATA = 'nsmc_train_label.npy'
6 DATA_CONFIGS = 'data_configs.json'
7
8 train_input = np.load(open(DATA_PATH + INPUT_TRAIN_DATA,'rb'))
9 train_input = pad_sequences(train_input,maxlen=train_input.shape[1])
10 train_label = np.load(open(DATA_PATH + LABEL_TRAIN_DATA,'rb'))
11 prepro_configs = json.load(open(DATA_PATH+DATA_CONFIGS,'r'))
```

코드 13.19 전처리 데이터 불러오기

분류기 생성

코드 13.20은 분류기를 생성하기 위한 설정들을 지정하는 과정이다.

```
1 model_name= 'cnn_classifier_kr'
2 BATCH_SIZE = 512
3 NUM_EPOCHS = 10
4 VALID_SPLIT = 0.1
5 MAX_LEN = train_input.shape[1]
6
7 kargs={'model_name': model_name, 'vocab_size':prepro_configs['vocab_size'],'embbeding_size':128,
8       'num_filters':100,'dropout_rate':0.5, 'hidden_dimension':250,'output_dimension':1}
```

코드 13.20 분류기 생성을 위한 설정

잠깐 🔍

그림 13.13은 위에서 선택한 모델인 합성곱 신경망(CNN; Convolutional Neural Network)에 대한 예시를 나타내고 있다. CNN은 이미지 처리에 탁월한 성능을 보이는 신경망으로, 합성곱층(convolution layer)과 풀링층(pooling layer)로 구성된다. 합성곱층은 합성곱 연산을 통해 데이터의 특징을 추출하고, 연산의 결과에 활성화 함수 ReLU를 적용시킨다. 결과적으로는 입력한 사진이 차일 확률이 제일 높고, 그 다음이 트럭, 비행기 등의 물체일 확률이 낮다는 것을 도출해 냈다. 이렇게 합성곱층과 풀링층을 반복하는 과정이 합성곱 신경망이라고 대략적으로 이해할 수 있다.

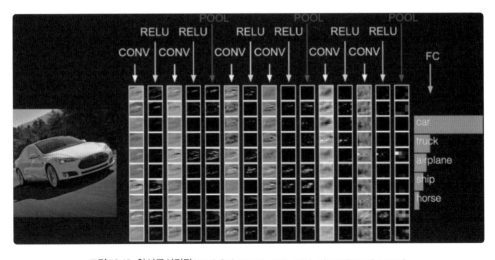

그림 13.13 합성곱신경망(CNN) 출처: https://cs231n.github.io/convolutional-networks

모델 함수 만들기

코드 13.21은 CNN 모델 함수를 class 객체로 만드는 과정이다. 여기서 이 코드 전부를 이해하면 좋지만, 전부를 이해하기는 쉽지 않다. '이 객체가 이런 메소드를 갖는구나', '이런 흐름으로 모델 함수를 구성해서 감성 분석에 사용할 수 있구나' 정도의 개념만 짚고 가도록 하자.

```
1  class CNNClassifier(tf.keras.Model):
2
3    def __init__(self, **kargs):
4      super(CNNClassifier, self).__init__(name=kargs['model_name'])
5      self.embedding = layers.Embedding(input_dim=kargs['vocab_size'], output_dim=kargs['embbeding_size'])
6      self.conv_list = [layers.Conv1D(filters=kargs['num_filters'], kernel_size=kernel_size, padding='valid',
7                                      activation = tf.keras.activations.relu,
8                                      kernel_constraint = tf.keras.constraints.MaxNorm(max_value=3)) ₩
9                        for kernel_size in [3,4,5]]
10     self.pooling = layers.GlobalMaxPooling1D()
11     self.dropout = layers.Dropout(kargs['dropout_rate'])
12     self.fc1 = layers.Dense(units=kargs['hidden_dimension'],
13                             activation = tf.keras.activations.relu,
14                             kernel_constraint=tf.keras.constraints.MaxNorm(max_value=3.))
15     self.fc2 = layers.Dense(units=kargs['output_dimension'],
16                             activation=tf.keras.activations.sigmoid,
17                             kernel_constraint= tf.keras.constraints.MaxNorm(max_value=3.))
18
19
20   def call(self,x):
21     x = self.embedding(x)
22     x = self.dropout(x)
23     x = tf.concat([self.pooling(conv(x)) for conv in self.conv_list], axis = 1)
24     x = self.fc1(x)
25     x = self.fc2(x)
26     return x
```

코드 13.21 모델 함수 만들기

학습하기

코드 13.22는 모델 함수를 통해 학습 데이터셋을 학습한 결과이다. 22번째 줄에서 epochs 인자에 5를 전달하여 학습을 다섯 번 반복시킨 것이다. 출력된 결과를 보면 각 epoch마다 정확도인 accuracy가 다르게 나타난 것을 확인할 수 있는데, 이와 같이 학습을 반복하며 정확도를 개선할 수 있다. 이렇게 학습한 결과는 8~15번째 줄과 같이 checkpoint를 저장할 경로를 만들어 weogjts.h5라는 파일명의 모델로 저장된다.

```
1 model = CNNClassifier(**kargs)
2 model.compile(optimizer=tf.keras.optimizers.Adam(),
3                loss = tf.keras.losses.BinaryCrossentropy(),
4                metrics = [tf.keras.metrics.BinaryAccuracy(name='accuracy')])
5
6 #검증 정확도를 통한 EarlyStopping 기능 및 모델 저장 방식 지정
7 earlystop_callback = EarlyStopping(monitor='val_accuracy', min_delta=0.0001, patience=2)
8 checkpoint_path = DATA_OUT + model_name +'/weogjts.h5'
9 checkpoint_dir = os.path.dirname(checkpoint_path)
10
11 if os.path.exists(checkpoint_dir):
12   print("{} -- Folder already exists \n".format(checkpoint_dir))
13 else:
14   os.makedirs(checkpoint_dir, exist_ok=True)
15   print("{} -- Folder create complete \n".format(checkpoint_dir))
16
17 cp_callback = ModelCheckpoint(
18     checkpoint_path, monitor = 'val_accuracy', verbose=1, save_best_only = True,
19     save_weights_only=True
20 )
21
22 history = model.fit(train_input, train_label, batch_size=BATCH_SIZE, epochs = NUM_EPOCHS,
23                     validation_split=VALID_SPLIT, callbacks=[earlystop_callback, cp_callback])


/content/DATA_OUT/cnn_classifier_kr -- Folder create complete

Epoch 1/5
264/264 [==============================] - ETA: 0s - loss: 0.4591 - accuracy: 0.7756
Epoch 1: val_accuracy improved from -inf to 0.81967, saving model to /content/DATA_OUT/cnn_classifier_kr/weogjts.h5
264/264 [==============================] - 18s 22ms/step - loss: 0.4591 - accuracy: 0.7756 - val_loss: 0.3908 - val_accuracy: 0.8197
Epoch 2/5
262/264 [=============================>.] - ETA: 0s - loss: 0.3532 - accuracy: 0.8445
Epoch 2: val_accuracy improved from 0.81967 to 0.82720, saving model to /content/DATA_OUT/cnn_classifier_kr/weogjts.h5
264/264 [==============================] - 5s 18ms/step - loss: 0.3532 - accuracy: 0.8445 - val_loss: 0.3809 - val_accuracy: 0.8272
Epoch 3/5
263/264 [=============================>.] - ETA: 0s - loss: 0.2988 - accuracy: 0.8736
Epoch 3: val_accuracy improved from 0.82720 to 0.82780, saving model to /content/DATA_OUT/cnn_classifier_kr/weogjts.h5
264/264 [==============================] - 5s 18ms/step - loss: 0.2989 - accuracy: 0.8735 - val_loss: 0.3882 - val_accuracy: 0.8278
Epoch 4/5
263/264 [=============================>.] - ETA: 0s - loss: 0.2573 - accuracy: 0.8935
Epoch 4: val_accuracy did not improve from 0.82780
264/264 [==============================] - 5s 18ms/step - loss: 0.2572 - accuracy: 0.8936 - val_loss: 0.4114 - val_accuracy: 0.8220
Epoch 5/5
262/264 [=============================>.] - ETA: 0s - loss: 0.2214 - accuracy: 0.9087
Epoch 5: val_accuracy did not improve from 0.82780
264/264 [==============================] - 5s 17ms/step - loss: 0.2215 - accuracy: 0.9087 - val_loss: 0.4322 - val_accuracy: 0.8227
```

코드 13.22 학습하기

모델이 잘 저장되었을까요?

앞에서 저장한 모델은 **코드 13.22**에서 지정했던 경로 내에 weogjts.h5라는 파일로 잘 저장되어 있는 것을 그림 13.14에서 확인할 수 있다.

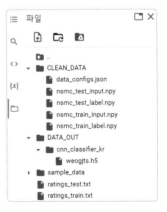

그림 13.14 저장된 모델 확인

모델의 정확도 평가

코드 13.23의 10번째 줄에서는 evaluate 메소드에 테스트 데이터셋을 인자로 전달하여, 앞서 만든 모델의 정확도를 평가한다. 출력된 결과를 확인하면 모델의 정확도가 82.58%로 나타난 것을 확인할 수 있다.

```
 1 INPUT_TEST_DATA = 'nsmc_test_input.npy'
 2 LABEL_TEST_DATA = 'nsmc_test_label.npy'
 3 SAVE_FILE_NM = '/content/DATA_OUT/cnn_classifier_kr/weogjts.h5'
 4
 5 test_input = np.load(open(DATA_PATH+INPUT_TEST_DATA,'rb'))
 6 test_input = pad_sequences(test_input,maxlen=test_input.shape[1])
 7 test_label_data = np.load(open(DATA_PATH + LABEL_TEST_DATA, 'rb'))
 8
 9 model.load_weights(SAVE_FILE_NM)
10 model.evaluate(test_input, test_label_data)

1563/1563 [==============================] - 6s 4ms/step - loss: 0.3911 - accuracy: 0.8258
[0.3910747766494751, 0.8258000016212463]
```

코드 13.23 모델의 정확도 평가

이 순간을 위하여!

코드 13.24는 지금까지 해온 모든 과정의 결실을 맺는 순간이다. 출력된 것과 같이 감성 분석하고자 하는 문장을 입력받으면, 해당 문장이 몇 %의 확률로 긍정/부정 리뷰일지 분석하여 결과를 보여준다.

```
 1 okt = Okt()
 2 tokenizer = Tokenizer()
 3
 4 DATA_CONFIGS = 'data_configs.json'
 5 prepro_configs = json.load(open('/content/CLEAN_DATA/'+DATA_CONFIGS,'r'))
 6 prepro_configs['vocab'] = word_vocab
 7
 8 tokenizer.fit_on_texts(word_vocab)
 9
10 MAX_LENGTH = 8 #문장최대길이
11
12 sentence = input('감성분석할 문장을 입력해 주세요.: ')
13 sentence = re.sub(r'[^ㄱ-ㅎㅏ-ㅣ가-힣￦s ]','', sentence)
14 # 불용어 지정
```

```
15 stopwords = ['은','는','이','가','하','아','것','들','의','있','되','수','보','주','등','한']
16 sentence = okt.morphs(sentence, stem=True) # 토큰화
17 sentence = [word for word in sentence if not word in stopwords] # 불용어 제거
18 vector   = tokenizer.texts_to_sequences(sentence)
19 pad_new = pad_sequences(vector, maxlen = MAX_LENGTH) # 패딩
20
21 model.load_weights(SAVE_FILE_NM) #모델 불러오기
22 predictions = model.predict(pad_new)
23 predictions = float(predictions.squeeze(-1)[1])
24
25 if(predictions > 0.5):
26   print("{:.2f}% 확률로 긍정 리뷰입니다.\n".format(predictions * 100))
27 else:
28   print("{:.2f}% 확률로 부정 리뷰입니다.\n".format((1 - predictions) * 100))

감성분석할 문장을 입력해 주세요.: 시간 낭비 영화였다.
98.34% 확률로 부정 리뷰입니다.
```

코드 13.24 문장에 대한 긍정/부정 분석

다른 문장은 어떻게 분석할까?

그림 13.15과 같이 다양한 문장에 대한 감성 분석의 결과이며, 확인할 수 있듯이 감성 분석이 잘 이뤄진다.

⊟ 감성분석할 문장을 입력해 주세요.: 완전 재미있었다. 시간 가는 줄 모름
97.26% 확률로 긍정 리뷰입니다.

⊟ 감성분석할 문장을 입력해 주세요.: 정말 최악!
99.81% 확률로 부정 리뷰입니다.

⊟ 감성분석할 문장을 입력해 주세요.: 다시 보고 싶은 영화~
80.44% 확률로 긍정 리뷰입니다.

그림 13.15 다양한 문장에 대한 감성 분석 결과

여기까지의 감성 분석은 학습 데이터셋을 머신 러닝 과정을 통해 모델을 생성하고, 생성된 모델에 여러 데이터를 입력하여 감성 분석 결과를 얻어내는 과정이었다. 이제 여러분은 어떤 영화의 개봉 첫 날의 영화평을 전부 수집하여, 모델에 입력한 후

에 예를 들어 영화평의 70%는 긍정적이고 30%는 부정적이라는 결과를 도출하는 것과 같은 감성 분석을 활용할 수 있는 것이다.

쉽지만은 않은 과정인 것은 확실하다. 그러나 코드를 참고하여 다른 글들에 대한 감성 분석도 진행할 수 있을 것이다. 무조건 새로 처음부터 시작하는 것이 아니라 Re-Use 방식을 적용하여 이미 존재하는 문제해결 방법론을 활용하여 새로운 문제를 해결하는 것이다. 해결책을 알고 있다면 변환적 사고력을 적용하여 문제 상황을 이미 알고 있는 형태로 변환하여 해결해 나갈 수 있는 것이다.

단순히 하나의 예제에 대하여 이해하는 것에서 멈추지 말고, 원하는 데이터를 적용하여 다양한 문제에 대한 해결을 도모할 수 있도록 도전할 수 있기를 바란다. 이 책으로 학습하는 사람들이 하나의 해결책을 경험하는 것이 아니라 다양한 해결책을 위한 그 시작점을 다져가길 원하며 이 장의 내용을 마친다.

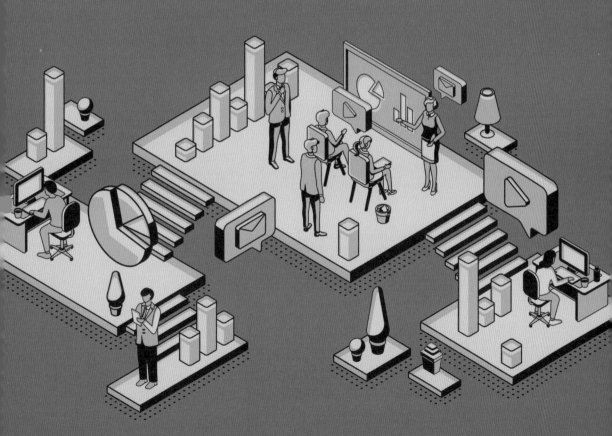

14장

실전 데이터 분석

이 책의 마지막인 14장에서는 세 가지 주제의 데이터에 대해 실전 데이터 분석을 진행한다. 다양한 분야에 데이터 분석을 활용하는 예시를 확인하고, 지금까지 학습한 내용들을 복습하는 의미에서 같이 실전 데이터 분석을 해 보며 이 책을 마무리하도록 하자.

14-1 요즘 인기 있는 음악은?

웹 크롤링

3장 데이터 수집 방법에서 웹 크롤링을 위하여 BeatifulSoup에 대하여 학습하였다. Python을 활용하여 웹 크롤링을 하기 위해서는 BeatifulSoup과 Selenium 모듈이 사용 가능하다. 자바 스크립트 사용이 없는 정적 웹 페이지는 BeatifulSoup을 사용하면 보다 빠른 속도로 HTML을 Parsing 할 수 있으며, 동적인 웹 페이지인 경우는 java script 실행 후 HTML 분석이 가능한 Selenium을 사용한다. 결과적으로 정적인 웹 페이지 분석을 위해서는 BeatifulSoup 모듈을 사용하고, 동적인 웹 페이지 분석을 위해서는 Selenium 모듈을 사용한다. 그러나 Selenium은 HTML 파싱 기능도 지원하므로 어떤 상황에도 사용할 수 있다.

코드 14.1는 요즘 인기있는 음악을 알아보기 위해 음원 사이트를 웹 크롤링하는 과정이다. 8번째 줄에서는 selenium 라이브러리의 webdriver를 통해 5번째 줄의 웹 사이트에서 내려받은 chromedriver를 driver 변수에 저장한다. 9번째 줄에서는 음원 사이트의 음원 순위를 확인할 수 있는 웹 사이트의 주소를 url 변수에 저장하고, 10번째 줄에서 chromedriver를 통해 음원 사이트의 내용을 불러온다. 그리고 12~13번째 줄에서는 웹 사이트의 html내용을 BeautifulSoup 모듈을 통해 파싱하여 soup 변수에 저장하고 있다. 코드 14.1은 BeatifulSoup과 Selenium 모듈의 혼합 사용의 예에 해당한다.

```
1  # 웹 사이트 접속을 위한 모듈
2  from selenium import webdriver
```

```
 3   from bs4 import BeautifulSoup
 4
 5   # https://chromedriver.chromium.org/downloads 에서
 6   # ChromeDriver 97.0.4692.71을 다운로드
 7   # 활용 예제 파일 위치에 저장
 8   driver = webdriver.Chrome('chromedriver.exe')
 9   url = 'https://music.bugs.co.kr/chart'
10   driver.get(url)
11
12   html = driver.page_source
13   soup = BeautifulSoup(html, 'html.parser')
```

코드 14.1 웹 크롤링

정보 가져오기

코드 14.2는 음원 사이트의 상위 100개 노래의 정보를 가져와서 출력한다. 1~7번째 줄은 출력하는 음원 사이트의 정보가 어느 날짜의 정보인지를 명시해주기 위한 과정이다. datetime 모듈의 today 메소드에서 year, month, day 속성을 하나씩 구해서 연월일의 정보를 출력하고 있다. 그 다음에 10번째 줄은 select 메소드를 통해 soup 객체에서 곡명 및 가수 정보가 저장된 태그를 특정하여 songs 변수에 저장한다. 그리고 반복문을 통해 1위부터 100위까지의 곡명 및 가수를 '...'으로 구분하여 출력한다.

```
 1   # 오늘의 날짜 출력
 2   from datetime import datetime
 3   year = datetime.today().year        # 현재 연도 가져오기
 4   month = datetime.today().month      # 현재 월 가져오기
 5   day = datetime.today().day          # 현재 일 가져오기
 6   print(f'{year}/{month}/{day} Bugs! 차트')
 7   print('='*50)
 8
 9   # 벅스 100위 노래 순위 정보 가져오기
10   songs = soup.select('table.byChart > tbody > tr')
11   for song in songs:
12       title = song.select('p.title > a')[0].text
13       singer = song.select('p.artist > a')[0].text
14       print(title, singer, sep = '...')
```
```
2022/2/27 Bugs! 차트
==================================================
듣고 싶을까...MSG워너비(M.O.M)
```

```
INVU...태연 (TAEYEON)
그래서 그래 (Feat. 윤하)...에픽하이 (EPIK HIGH)
SMILEY (Feat. BIBI)...YENA (최예나)
RUN2U...STAYC(스테이씨)
언제나 사랑해...케이시
그런 밤 (Some Nights)...태연 (TAEYEON)
존재만으로...원슈타인
Stronger (What Doesn't Kill You)...Kelly Clarkson(켈리 클락슨)
사랑은 늘 도망가...임영웅
취중고백...김민석 (멜로망스)
작은 온기...린(LYn)
노래 (The Song)...비투비
```

코드 14.2 벅스 100위 노래 순위 정보 가져오기

순위 출력

코드 14.3는 코드 14.2와 비슷한 과정이지만, 순위별 정보들을 요소로 가지는 리스트를 song_data 리스트에 추가한 후에 song_data를 출력하고 있다. 코드 14.2와 다른 점은 음원 사이트명과 rank 변수를 반복문 내에서 1씩 증가시키면서 얻는 순위 정보를 저장하는 것인데, 11번째 줄에서 출력할 때 슬라이싱을 통해 음원 사이트명은 제외한 정보들을 출력하게 된다.

```
1   # 벅스 100위 노래 순위 정보 가져온 후 song_data에 저장하기
2   song_data = []
3   rank = 1
4   songs = soup.select('table.byChart > tbody > tr')
5   for song in songs:
6       title = song.select('p.title > a')[0].text
7       singer = song.select('p.artist > a')[0].text
8       song_data.append(['Bugs', rank, title, singer])
9       rank = rank + 1
10  for data in song_data:
11      print (data[1:])
```

```
[1, '듣고 싶을까', 'MSG워너비(M.O.M)']
[2, 'INVU', '태연 (TAEYEON)']
[3, '그래서 그래 (Feat. 윤하)', '에픽하이 (EPIK HIGH)']
[4, 'SMILEY (Feat. BIBI)', 'YENA (최예나)']
[5, 'RUN2U', 'STAYC(스테이씨)']
[6, '언제나 사랑해', '케이시']
```

코드 14.3 순위 출력

데이터 프레임 생성

코드 14.4는 앞에서 저장했던 song_data 리스트를 pandas의 데이터프레임 df로 생성하여 저장하고, info 메소드를 통해 그 내용을 확인하고 있다.

```
1  # song_data 리스트를 이용해 데이터프레임 만들기
2  import pandas as pd
3  columns = ['서비스', '순위', '타이틀', '가수']
4  df = pd.DataFrame(song_data, columns = columns)
5  df.info()
```

```
<class 'pandas.core.frame.DataFrame'>
RangeIndex: 100 entries, 0 to 99
Data columns (total 4 columns):
 #   Column  Non-Null Count  Dtype
---  ------  --------------  -----
 0   서비스       100 non-null    object
 1   순위        100 non-null    int64
 2   타이틀       100 non-null    object
 3   가수        100 non-null    object
dtypes: int64(1), object(3)
memory usage: 3.2+ KB
```

코드 14.4 데이터 프레임 생성

데이터 프레임 자료 확인

head와 tail 메소드를 통해 코드 14.5와 같이 생성된 데이터프레임의 앞부분과 뒷부분의 내용을 확인할 수 있다.

```
1  df.head(10)
```

	서비스	순위	타이틀	가수
0	Bugs	1	듣고 싶을까	MSG워너비(M.O.M)
1	Bugs	2	INVU	태연 (TAEYEON)
2	Bugs	3	그래서 그래 (Feat. 윤하)	에픽하이 (EPIK HIGH)
3	Bugs	4	SMILEY (Feat. BIBI)	YENA (최예나)

	서비스	순위	타이틀	가수
4	Bugs	5	RUN2U	STAYC(스테이씨)
5	Bugs	6	언제나 사랑해	케이시
6	Bugs	7	그런 밤 (Some Nights)	태연 (TAEYEON)
7	Bugs	8	존재만으로	원슈타인
8	Bugs	9	Stronger (What Doesn't Kill You)	Kelly Clarkson(켈리 클락슨)
9	Bugs	10	사랑은 늘 도망가	임영웅

코드 14.5 데이터 프레임 자료 확인 - head 메소드

```
1  df.tail(10)
```

	서비스	순위	타이틀	가수
90	Bugs	91	달의 물락	태우(TAEWOO)
91	Bugs	92	오늘도 술잔에 너를 채운다	황가람
92	Bugs	93	꽃 (Flower Jar) (Feat. 윤립)	런치박스(lunCHbox)
93	Bugs	94	SLOW DOWN	STAYC(스테이씨)
94	Bugs	95	널 사랑하겠어	동물원
95	Bugs	96	Nothing	Apink (에이핑크)
96	Bugs	97	Tiny Riot	Sam Ryder

코드 14.6 데이터 프레임 자료 확인 - tail 메소드

엑셀 파일 생성

코드 14.7는 앞서 생성한 데이터프레임 df를 to_excel 메소드를 통해 bugs.xlsx 파일 명의 엑셀 파일로 생성하여 저장한다. 이와 같이 분석한 결과를 다른 사람들과 공유 하기 위한 과정 또한 데이터 분석의 한 과정이라고 볼 수 있다.

```
1  # 크롤링 결과를 엑셀 파일로 저장하기
2  df.to_excel('bugs.xlsx', index=False)
```

코드 14.7 엑셀 파일 생성

생성된 엑셀 파일은 그림 14.1과 그림 14.2에서와 같이 확인할 수 있다.

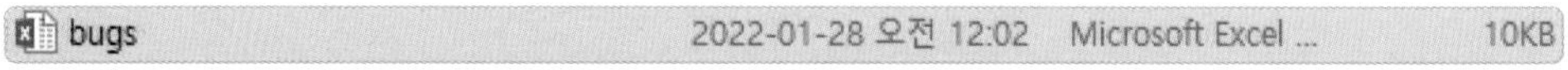
bugs
2022-01-28 오전 12:02
Microsoft Excel ...
10KB

그림 14.1 엑셀 파일 생성 확인

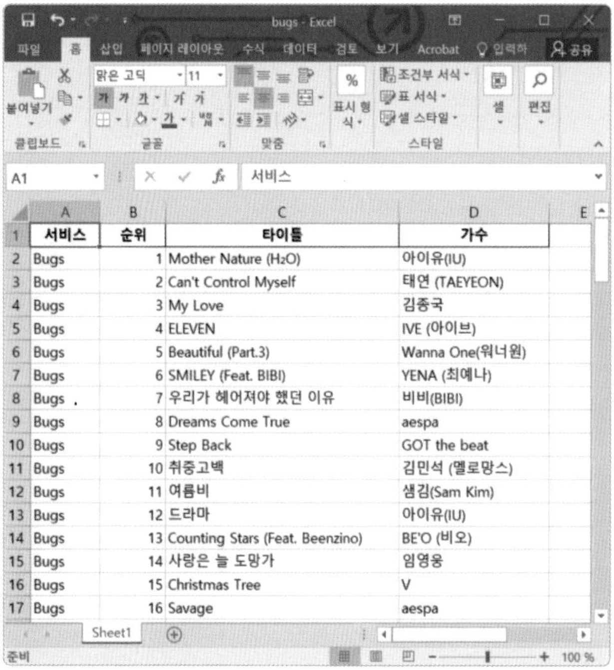

서비스	순위	타이틀	가수
Bugs	1	Mother Nature (H_2O)	아이유(IU)
Bugs	2	Can't Control Myself	태연 (TAEYEON)
Bugs	3	My Love	김종국
Bugs	4	ELEVEN	IVE (아이브)
Bugs	5	Beautiful (Part.3)	Wanna One(워너원)
Bugs	6	SMILEY (Feat. BIBI)	YENA (최예나)
Bugs	7	우리가 헤어져야 했던 이유	비비(BIBI)
Bugs	8	Dreams Come True	aespa
Bugs	9	Step Back	GOT the beat
Bugs	10	취중고백	김민석 (멜로망스)
Bugs	11	여름비	샘김(Sam Kim)
Bugs	12	드라마	아이유(IU)
Bugs	13	Counting Stars (Feat. Beenzino)	BE'O (비오)
Bugs	14	사랑은 늘 도망가	임영웅
Bugs	15	Christmas Tree	V
Bugs	16	Savage	aespa

그림 14.2
엑셀 파일 생성 내용 확인

위의 내용에서는 별도의 데이터 분석 과정 없이 단순히 웹 데이터를 수집하여 원하는 형태의 파일로 재구성하였다. 데이터 분석은 데이터 수집에서 시작되며, 수집된 데이터의 내용 중 필요한 데이터만을 추출하여 원하는 형식의 데이터 재생산 능력은 데이터 분석의 기본 단계에 해당한다. 이와같이 원하는 형식의 데이터로 저장하였다면, 새롭게 재생산된 데이터를 원하는 목적에 맞게 분석할 수 있는 환경이 완성된 것이다. 재생산된 데이터를 통한 분석에서 어떤 내용으로 어떤 인사이트를 확인하고자 하는 것인지는 데이터를 과학적으로 접근하고자 하는 데이터 분석자의 목적에 따라 다양하게 접근할 수 있다.

14-2 요즘 인기 있는 Youtube 방송은?

실행 준비하기

이번에는 인기있는 Youtube 채널에 대한 정보를 얻어 보자. 코드 14.8의 두 번째 셀에서 Youtube의 채널들을 구독자가 많은 순으로 확인할 수 있는 웹 사이트의 html 내용을 불러와, 코드 14.9에서 BeautifulSoup을 통해 파싱하여 soup 변수에 저장한다.

```
1  # 라이브러리 불러오기
2  from selenium import webdriver
3  from bs4 import BeautifulSoup
4  import time
5  import pandas as pd
```

```
1  # webdriver로 크롬 브라우저 실행하기
2  browser = webdriver.Chrome('chromedriver.exe')
3  url = "https://youtube-rank.com/board/bbs/board.php?bo_table=youtube"
4  browser.get(url)
```

코드 14.8 실행 준비하기 - 웹 브라우저 실행

```
1  # 페이지 정보 가져오기
2  html = browser.page_source
3  soup = BeautifulSoup(html, 'html.parser')
```

코드 14.9 실행 준비하기 - 페이지 정보 가져오기

정보 확인

코드 14.10는 BeautifulSoup의 select 메소드를 통해 Youtube에서 1순위의 채널에 대한 카테고리, 채널명, 구독자 수, View 수, 동영상 수와 같은 정보를 추출한 후 확인한다.

```
1  # 카테고리 정보 추출하기
2  category = channel.select('p.category')[0].text.strip()
3  print(category)
```

```
[음악/댄스/가수]
```

```
1  # 채널명 찾아오기
2  title = channel.select('h1 > a')[0].text.strip()
3  print(title)
```

```
BLACKPINK
```

```
1  # 구독자 수, View 수, 동영상 수 추출하기
2  subscriber = channel.select('.subscriber_cnt')[0].text
3  view = channel.select('.view_cnt')[0].text
4  video = channel.select('.video_cnt')[0].text
5
6  print(subscriber)
7  print(view)
8  print(video)
```

```
7240만
226억7933만
396개
```

코드 14.10 Youtube 1순위 정보 확인

정보 추출

코드 14.10에서 채널 정보를 확인했던 방법과 유사하게 코드 14.11은 현재 웹 사이트 화면 내 모든 채널의 정보들을 반복문을 통해 출력한다.

```
1  # 반복문으로 채널 정보 추출하기
2  channel_list = soup.select('tbody > tr')
3
4  i=0
```

```
 5   for channel in channel_list:
 6       title = channel.select('h1 > a')[0].text.strip()
 7       category = channel.select('p.category')[0].text.strip()
 8       subscriber = channel.select('.subscriber_cnt')[0].text
 9       view = channel.select('.view_cnt')[0].text
10       video = channel.select('.video_cnt')[0].text
11       print(title, category, subscriber, view, video)
12       i+=1
13       if i==len(channel_list) - 1: break
```

```
BLACKPINK [음악/댄스/가수] 7240만 226억7933만 396개
HYBE LABELS [음악/댄스/가수] 6430만 215억8914만 796개
BANGTANTV [음악/댄스/가수] 6420만 152억3973만 1,675개
SMTOWN [음악/댄스/가수] 2990만 238억3841만 3,864개
Boram Tube Vlog [보람튜브 브이로그] [키즈/어린이] 2650만 110억5288만 223개
1MILLION Dance Studio [음악/댄스/가수] 2490만 71억0064만 3,658개
1theK (원더케이) [음악/댄스/가수] 2390만 217억7272만 15,994개
JYP Entertainment [음악/댄스/가수] 2380만 157억5208만 1,461개
Mnet K-POP [음악/댄스/가수] 1930만 144억6149만 27,300개
KBS WORLD TV [TV/방송] 1760만 132억8645만 55,472개
JFlaMusic [음악/댄스/가수] 1750만 35억5974만 282개
Jane ASMR 제인 [음식/요리/레시피] 1600만 58억8984만 1,382개
officialpsy [음악/댄스/가수] 1540만 89억9488만 91개
BIGBANG [음악/댄스/가수] 1400만 69억5352만 773개
TWICE [음악/댄스/가수] 1320만 30억5215만 749개
Hongyu ASMR 홍유 [음식/요리/레시피] 1190만 35억2867만 447개
```

코드 14.11 Youtube 모든 채널에 대한 정보 추출

자료 저장

코드 14.12는 코드 14.11과 다르게 반복문을 통해 웹 사이트 내의 여러 페이지에 나타난 정보를 크롤링한다. 3번째 줄의 반복문을 통해 page 변수가 1부터 10까지 증가하면서 4번째 줄의 웹 사이트 주소를 저장하는 url 변수의 내용이 바뀌게 된다. 그렇게 매 페이지별로 html 내용을 불러오고 파싱한 후에는 html 태그를 통해 select해서 얻은 채널 정보들을 data 리스트로 구성하여 results 리스트에 추가한다.

```
 1   # 반복문으로 유튜브 랭킹 화면의 여러 페이지를 크롤링하기
 2   results = []
 3   for page in range(1,11):
 4       url = f"https://youtube-rank.com/board/bbs/board.php?bo_table=youtube&page={page}"
 5       browser.get(url)
 6       html = browser.page_source
```

```
 7      soup = BeautifulSoup(html, 'html.parser')
 8      channel_list = soup.select('form > table > tbody > tr')
 9      for channel in channel_list:
10          title = channel.select('h1 > a')[0].text.strip()
11          category = channel.select('p.category')[0].text.strip()
12          subscriber = channel.select('.subscriber_cnt')[0].text
13          view = channel.select('.view_cnt')[0].text
14          video = channel.select('.video_cnt')[0].text
15          data = [title, category, subscriber, view, video]
16          results.append(data)
```

코드 14.12 자료 저장

엑셀 파일로 저장

코드 14.13는 앞에서 저장한 results 리스트를 데이터프레임으로 생성하여 저장한 뒤, to_excel 메소드를 통해 엑셀 파일로 저장하였다.

```
1  # 데이터 칼럼명을 설정하고 엑셀 파일로 저장하기
2  df = pd.DataFrame(results)
3  df.columns = ['title', 'category', 'subscriber', 'view', 'video']
4  df.to_excel('youtube_rank.xlsx', index = False)
```

코드 14.13 엑셀 파일로 저장

코드 14.13에서 저장한 엑셀 파일의 내용을 그림 14.3에서 확인할 수 있다.

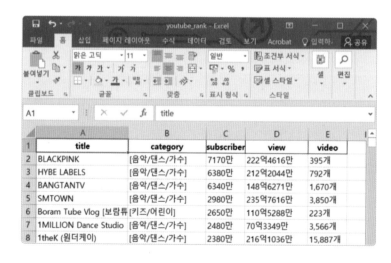

그림 14.3
엑셀 파일 확인

시각화

코드 14.15는 앞에서 저장한 데이터를 시각화하기 앞서 read_excel 메소드로 데이 터 파일을 불러와 head 메소드로 그 내용을 일부 확인한 것이다. 여기서 문제점은 subscriber, view, video와 같은 속성들이 정수가 아니라 문자열로 나타난다는 것이다.

```
1  # 라이브러리 호출
2  import pandas as pd
3  import matplotlib.pyplot as plt
```

코드 14.14 시각화를 위한 라이브러리 호출

```
1  # 엑셀 파일 불러오기
2  df = pd.read_excel('youtube_rank.xlsx')
3  df.head()
```

	title	category	subscriber	view	video
0	BLACKPINK	[음악/댄스/가수]	7240만	226억7933만	396개
1	HYBE LABELS	[음악/댄스/가수]	6430만	215억8914만	796개
2	BANGTANTV	[음악/댄스/가수]	6420만	152억3973만	1,675개
3	SMTOWN	[음악/댄스/가수]	2990만	238억3841만	3,864개
4	Boram Tube Vlog [보람튜브 브이로그]	[키즈/어린이]	2650만	110억5288만	223개

코드 14.15 시각화를 위한 데이터프레임 생성

따라서 코드 14.16와 같이 str.replace 함수를 통해 subscriber 열의 '만'이라는 글 자를 '0000'으로 바꿀 수 있다. 그리고 수정한 구독자 수는 코드 14.17와 같이 astype 함수를 통해 자료형을 문자열로 취급하는 object에서 int로 바꿔준다.

```
1  # replaced_subscriber 시리즈 문자열 변경하기
2  df['replaced_subscriber'] = df['subscriber'].str.replace('만', '0000')
3  df.head()
```

	title	category	subscriber	view	video	replaced_subscriber
0	BLACKPINK	[음악/댄스/가수]	7240만	226억7933만	396개	72400000
1	HYBE LABELS	[음악/댄스/가수]	6430만	215억8914만	796개	64300000
2	BANGTANTV	[음악/댄스/가수]	6420만	152억3973만	1,675개	64200000

3	SMTOWN [음악/댄스/가수]	2990만	238억3841만	3,864개	29900000
4	Boram Tube Vlog [보람튜브 브이로그] [키즈/어린이]	2650만	110억5288만	223개	26500000

코드 14.16 시각화를 수치 데이터 전환

```
1  # Series 데이터 타입 변환하기
2  df['replaced_subscriber'] = df['replaced_subscriber'].astype('int')
3  df.info()
```

```
<class 'pandas.core.frame.DataFrame'>
RangeIndex: 1000 entries, 0 to 999
Data columns (total 6 columns):
 #   Column               Non-Null Count  Dtype
---  ------               --------------  -----
 0   title                1000 non-null   object
 1   category             1000 non-null   object
 2   subscriber           1000 non-null   object
 3   view                 1000 non-null   object
 4   video                1000 non-null   object
 5   replaced_subscriber  1000 non-null   int32
dtypes: int32(1), object(5)
memory usage: 43.1+ KB
```

코드 14.17 시각화를 위한 데이터 타입 변환

구독자 수를 정수형 자료로 바꿔준 이후에는, 코드 14.18와 같이 pivot_table 메소드를 통해 카테고리 별 구독자 수와 채널 수를 구할 수 있다. 여기서 index 인자로 전달한 category를 기준으로 묶어서, values 인자에 전달한 replaced_subscriber에 대한 aggfunc 계산을 진행한다. aggfunc에 sum과 count가 포함된 리스트를 전달했으므로 코드 14.18의 출력 결과는 카테고리 별 구독자 수의 총합과 채널 수를 나타낸다. 이렇게 구한 결과는 코드 14.19에서 속성들의 이름을 바꾸어 저장한다.

```
1  # 카테고리별 구독자 수, 채널 수 피봇 테이블 생성하기
2  pivot_df = df.pivot_table(index = 'category', values = 'replaced_subscriber',
3                            aggfunc = ['sum','count'])
4  pivot_df.head()
```

	sum	count
	replaced_subscriber	replaced_subscriber
category		
[BJ/인물/연예인]	93110000	63

[IT/기술/컴퓨터]	8720000	8
[TV/방송]	251480000	147
[게임]	71720000	69
[교육/강의]	25140000	21

코드 14.18 피봇 테이블 생성

```
1  # 데이터프레임의 칼럼명 변경하기
2  pivot_df.columns = ['subscriber_sum', 'category_count']
3  pivot_df.head()
```

category	subscriber_sum	category_count
[BJ/인물/연예인]	93110000	63
[IT/기술/컴퓨터]	8720000	8
[TV/방송]	251480000	147
[게임]	71720000	69
[교육/강의]	25140000	21

코드 14.19 column명 변경

코드 14.20는 reset_index 메소드를 통해 데이터프레임의 인덱스를 초기화한다. 그리고 코드 14.21는 sort_values 메소드를 통해 subscriber_sum 열의 값을 기준으로 내림차순 정렬하고 있다.

```
1  # 데이터프레임의인덱스초기화하기
2  pivot_df = pivot_df.reset_index()
3  pivot_df.head()
```

	category	subscriber_sum	category_count
0	[BJ/인물/연예인]	93110000	63
1	[IT/기술/컴퓨터]	8720000	8
2	[TV/방송]	251480000	147
3	[게임]	71720000	69
4	[교육/강의]	25140000	21

코드 14.20 인덱스 초기화

```
1   # 데이터프레임을내림차순정렬하기
2   pivot_df = pivot_df.sort_values(by='subscriber_sum',
3                               ascending=False)
4   pivot_df.head()
```

	category	subscriber_sum	category_count
12	[음악/댄스/가수]	734550000	169
17	[키즈/어린이]	268940000	88
2	[TV/방송]	251480000	147
11	[음식/요리/레시피]	192180000	82
7	[미분류]	116540000	133

코드 14.21 구독자 수 내림차순 정렬

코드 14.22와 코드 14.23는 파이 그래프로 데이터 파일을 시각화한 결과이다. 각각 카테고리별 채널 수, 카테고리별 구독자 수의 분포를 나타낸다. 이러한 파이 그래

```
1   # 카테고리별구독자수시각화하기
2   plt.figure(figsize = (30,10))
3   plt.pie(pivot_df['subscriber_sum'],
4       labels=pivot_df['category'], autopct='%1.1f%%')
5   plt.show()
```

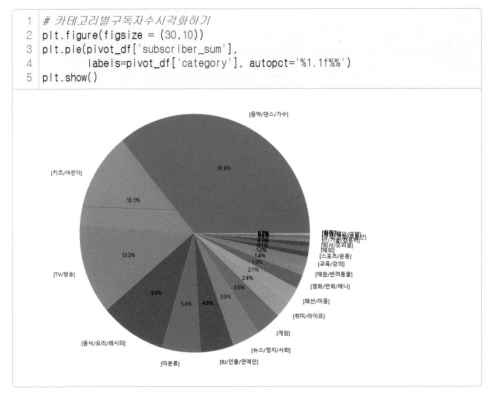

코드 14.22 Youtube 카테고리별 구독자수 파이차트 시각화

프는 각각의 카테고리가 정확히 어떤 수치를 갖는지 파악할 수 없다는 단점이 있다. 따라서 분석 결과를 다른 사람들과 공유할 때는 데이터의 의미에 맞게, 그리고 상황에 맞게 어떤 방식으로 시각화를 할지 스스로 고민을 해야 진정한 데이터 분석가로 거듭날 수 있는 것이다.

```python
# 카테고리별 채널 수 시각화하기
pivot_df = pivot_df.sort_values(by='category_count',
                                ascending=False)
plt.figure(figsize = (30,10))
plt.pie(pivot_df['category_count'], labels=pivot_df['category'],
        autopct='%1.1f%%')
plt.show()
```

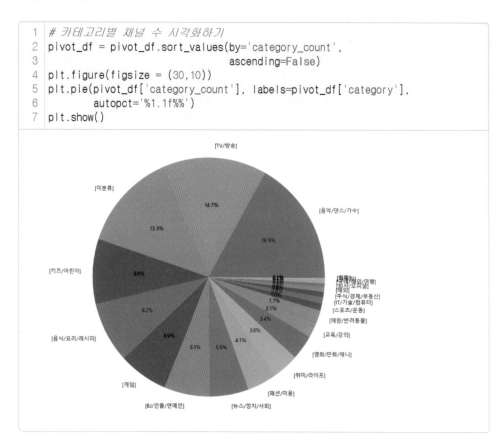

코드 14.23 Youtube 카테고리별 채널 수 파이챠트 시각화

데이터 분석에서 시각화의 중요성을 확인할 수 있는 실전에 해당하였다. 어떤 시각화를 적용하여야 전달하고자 하는 분석의 결과를 최적화할 수 있을 것인지 결정해야 한다. 그러기 위해서는 어떤 시각화 방법이 있는지 다양한 경험이 중요하며, 적절한 시각화 방법을 선택할 수 있는 경험적 추론 사고력이 요구되는 부분이다. 즉, 데이터 분석은 단순히 python 코딩 기술이 아닌 분석을 통하여 무엇을 어떻게 나타내고자 하는지에 대한 사고력에 해당하는 것이다.

네이버 월별 키워드 검색 현황은?

API 신청

마지막으로 다뤄볼 실전 데이터 분석 예제는 네이버 월별 키워드 검색 현황을 분석해본다. 데이터 수집은 네이버 API(Application Programming Interface)를 이용한 크롤링을 적용한다. 네이버 개발자 센터에 접속하여 API 신청을 한다. 네이버 개발자 센터의 url은 다음과 같다,

👆 https://developers.naver.com

그림 14.4와 같이 접속한 웹 페이지에서 '서비스 API'를 선택한다.

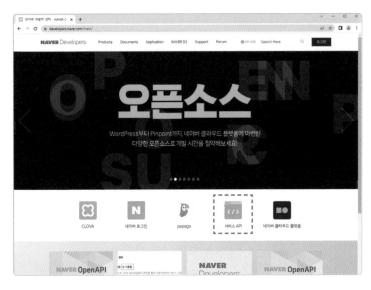

그림 14.4
네이버 개발자 센터
웹 페이지를 통한
API 신청

'서비스 API'를 선택하여 화면이 바뀌면 그림 14.5와 같이 네이버 개발자 센터에서 '어플리케이션 등록' 탭을 통하여 API 이용을 신청한다.

그림 14.5 네이버 API 이용 신청

'어플리케이션 등록' 탭을 선택하여 표시된 웹 페이지에 그림 14.6과 같이 원하는 내용을 입력한다.

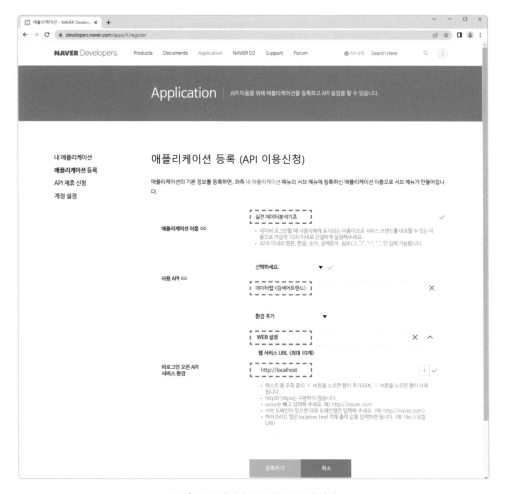

그림 14.6 네이버 API 이용 신청서 작성

신청을 등록하면 그림 14.7과 같은 화면이 나타나면 등록 결과를 확인시켜준다.

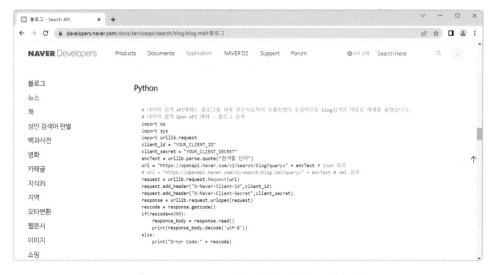

그림 14.7 네이버 API 이용 신청서결과 화면

python 프로그램에서 API 사용법에 대한 안내는 네이버 개발자 센터 웹 페이지에서 Documents 〉 서비스 API 〉 검색 메뉴를 선택한 후 Pyhon 부분으로 스크롤 다운하면 그림 14.8의 내용을 확인할 수 있다.

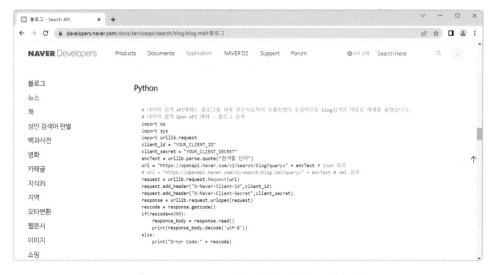

그림 14.8 python 프로그래밍 언어의 네이버 API 활용 안내

데이터 획득

이제 keyword에 강릉, 제주, 오사카, 괌을 입력하여 2017.08.01.부터 2021.03.01. 기간 동안 네이버 검색 현황에 대하여 분석해 보자. **코드 14.24**에서 그 내용을 확인할 수 있다.

코드 14.24의 13번째 줄에서 url에 shopping으로 적용하기 위하여 API 신청에서 신청한 '내 애플리케이션'에서 해당 API에 '데이터랩(쇼핑인사이트)'를 추가한 후 수정 반영하여야 오류 없이 코드를 진행할 수 있다.

```python
1   import os
2   import sys
3   import urllib.request
4   import json
5
6   import numpy as np
7   import pandas as pd
8   import matplotlib.pyplot as plt
9
10  client_id = "YOUR_CLIENT_ID" #본인 id 입력
11  client_secret = "YOUR_CLIENT_SECRET" #본인 secret 입력
12  client_id = "wXsSH_1XqAUZudOSiGUZ"
13  client_secret = "CCakxpoWTN"
14
15  url = "https://openapi.naver.com/v1/datalab/shopping/category/keywords"
16  body = '''{"startDate":"2017-08-01",
17  "endDate":"2021-03-31",
18  "timeUnit":"month",
19  "category":"50000009",
20  "keyword": [
21      {"name": "강릉", "param": ["강릉"]},
22      {"name": "제주", "param": ["제주"]},
23      {"name": "오사카", "param": ["오사카"]},
24      {"name": "괌", "param": ["괌"]}
25   ]}'''
26
27  request = urllib.request.Request(url)
28  request.add_header("X-Naver-Client-Id",client_id)
29  request.add_header("X-Naver-Client-Secret",client_secret)
30  request.add_header("Content-Type","application/json")
31  response = urllib.request.urlopen(request, data=body.encode("utf-8"))
32  rescode = response.getcode()
33  if(rescode==200):
34      response_body = response.read()
35      response_dict = json.loads(response_body.decode('utf-8')) #json -> dict
36      print(response_dict)
37  else:
38      print("Error Code:" + rescode)
```

코드 14.24 네이버 API 활용 데이터 획득

코드 14.24의 실행 결과는 그림 14.8와 같으며, 2017년 8월 1일부터 데이터가 선택된 것을 확인할 수 있다.

{'startDate': '2017-08-01', 'endDate': '2021-03-31', 'timeUnit': 'month', 'results': [{'title': '강릉', 'keyword': ['강릉'], 'data': [{'period': '2017-08-01', 'ratio': 3.07962}, {'period': '2017-09-01', 'ratio': 5.5277}, {'period': '2017-10-01', 'ratio': 13.1584}, {'period': '2017-11-01', 'ratio': 8.4706}, {'period': '2017-12-01', 'ratio': 15.04655}, {'period': '2018-01-01', 'ratio': 14.86424}, {'period': '2018-02-01', 'ratio': 19.8841}, {'period': '2018-03-01', 'ratio': 16.00364}, {'period': '2018-04-01', 'ratio': 20.47008}, {'period': '2018-05-01', 'ratio': 19.32417}, {'period': '2018-06-01', 'ratio': 20.06641}, {'period': '2018-07-01', 'ratio': 23.58226}, {'period': '2018-08-01', 'ratio': 32.35887}, {'period': '2018-09-01', 'ratio': 4.51852}, {'period': '2018-10-01', 'ratio': 4.81802}, {'period': '2018-11-01', 'ratio': 9.03704}, {'period': '2018-12-01', 'ratio': 19.02467}, {'period': '2019-01-01', 'ratio': 4.81802}, {'period': '2019-02-01', 'ratio': 7.37027}, {'period': '2019-03-01', 'ratio': 12.46174}, {'period': '2019-04-01', 'ratio': 6.86242}, {'period': '2019-05-01', 'ratio': 10.90565}, {'period': '2019-06-01', 'ratio': 14.14154}, {'period': '2019-07-01', 'ratio': 36.4607}, {'period': '2019-08-01', 'ratio': 21.92851}, {'period': '2019-09-01', 'ratio': 9.52535}, {'period': '2019-10-01', 'ratio': 5.79464}, {'period': '2019-11-01', 'ratio': 3.80233}, {'period': '2019-12-01', 'ratio': 6.95357}, {'period': '2020-01-01', 'ratio': 6.41968}, {'period': '2020-02-01', 'ratio': 4.7464}, {'period': '2020-03-01', 'ratio': 15.41767}, {'period': '2020-04-01', 'ratio': 28.21147}, {'period': '2020-05-01', 'ratio': 20.91933}, {'period': '2020-06-01', 'ratio': 32.32632}, {'period': '2020-07-01', 'ratio': 63.70206}, {'period': '2020-08-01', 'ratio': 34.39677}, {'period': '2020-09-01', 'ratio': 14.57777}, {'period': '2020-10-01', 'ratio': 15.74321}, {'period': '2020-11-01', 'ratio': 13.41884}, {'period': '2020-12-01', 'ratio': 9.03704}, {'period': '2021-01-01', 'ratio': 12.80031}, {'period': '2021-02-01', 'ratio': 18.06107}, {'period': '2021-03-01', 'ratio': 10.28712}]}, {'title': '제주', 'keyword': ['제주'], 'data': [{'period': '2017-08-01', 'ratio': 8.78963}, {'period': '2017-09-01', 'ratio': 3.62002}, {'period': '2017-10-01', 'ratio': 1.17195}, {'period': '2017-11-01', 'ratio': 1.00918}, {'period': '2017-12-01', 'ratio': 0.94407}, {'period': '2018-01-01', 'ratio': 1.73839}, {'period': '2018-02-01', 'ratio': 1.31518}, {'period': '2018-03-01', 'ratio': 1.85558}, {'period': '2018-04-01', 'ratio': 4.6878}, {'period': '2018-05-01', 'ratio': 4.83104}, {'period': '2018-06-01', 'ratio': 4.78546}, {'period': '2018-07-01', 'ratio': 1.56911}, {'period': '2018-08-01', 'ratio': 1.42587}, {'period': '2018-09-01', 'ratio': 0.86594}, {'period': '2018-10-01', 'ratio': 0.9636}, {'period': '2018-11-01', 'ratio': 0.85943}, {'period': '2018-12-01', 'ratio': 1.60166}, {'period': '2019-01-01', 'ratio': 3.17729}, {'period': '2019-02-01', 'ratio': 3.30099}, {'period': '2019-03-01', 'ratio': 3.46376}, {'period': '2019-04-01', 'ratio': 3.22286}, {'period': '2019-05-01', 'ratio': 4.36877}, {'period': '2019-06-01', 'ratio': 3.76326}, {'period': '2019-07-01', 'ratio': 2.36994}, {'period': '2019-08-01', 'ratio': 2.2267}, {'period': '2019-09-01', 'ratio': 1.28263}, {'period': '2019-10-01', 'ratio': 1.60166}, {'period': '2019-11-01', 'ratio': 1.61468}, {'period': '2019-12-01', 'ratio': 2.1681}, {'period': '2020-01-01', 'ratio': 2.97545}, {'period': '2020-02-01', 'ratio': 3.07962}, {'period': '2020-03-01', 'ratio': 2.89081}, {'period': '2020-04-01', 'ratio': 1.49749}, {'period': '2020-05-01', 'ratio': 2.07695}, {'period': '2020-06-01', 'ratio': 2.38947}, {'period': '2020-07-01', 'ratio': 5.00683}, {'period': '2020-08-01', 'ratio': 2.22019}, {'period': '2020-09-01', 'ratio': 1.71886}, {'period': '2020-10-01', 'ratio': 2.27228}, {'period': '2020-11-01', 'ratio': 1.47796}, {'period': '2020-12-01', 'ratio': 0.57946}, {'period': '2021-01-01', 'ratio': 0.306}, {'period': '2021-02-01', 'ratio': 0.33856}, {'period': '2021-03-01', 'ratio': 0.82687}]}, {'title': '오사카', 'keyword': ['오사카'], 'data': [{'period': '2017-08-01', 'ratio': 14.46057}, {'period': '2017-09-01', 'ratio': 14.3564}, {'period': '2017-10-01', 'ratio': 12.81984}, {'period': '2017-11-01', 'ratio': 16.12084}, {'period': '2017-12-01', 'ratio': 20.38544}, {'period': '2018-01-01', 'ratio': 22.37124}, {'period': '2018-02-01', 'ratio': 17.14304}, {'period': '2018-03-01', 'ratio': 21.72016}, {'period': '2018-04-01', 'ratio': 16.45289}, {'period': '2018-05-01', 'ratio': 14.55823}, {'period': '2018-06-01', 'ratio': 21.18627}, {'period': '2018-07-01', 'ratio': 14.76611}, {'period': '2018-08-01', 'ratio': 10.65824}, {'period': '2018-09-01', 'ratio': 11.79764}, {'period': '2018-10-01', 'ratio': 8.01484}, {'period': '2018-11-01', 'ratio': 9.8509}, {'period': '2018-12-01', 'ratio': 17.60531}, {'period': '2019-01-01', 'ratio': 20.94537}, {'period': '2019-02-01', 'ratio': 13.60114}, {'period': '2019-03-01', 'ratio': 10.06575}, {'period': '2019-04-01', 'ratio': 8.90682}, {'period': '2019-05-01', 'ratio': 4.6292}, {'period': '2019-06-01', 'ratio': 6.00299}, {'period': '2019-07-01', 'ratio': 2.74757}, {'period': '2019-08-01', 'ratio': 1.30867}, {'period': '2019-09-01', 'ratio': 1.9272}, {'period': '2019-10-01', 'ratio': 2.08346}, {'period': '2019-11-01', 'ratio': 3.07962}, {'period': '2019-12-01', 'ratio': 4.13438}, {'period': '2020-01-01', 'ratio': 4.45341}, {'period': '2020-02-01', 'ratio': 0.93756}, {'period': '2020-03-01', 'ratio': 0.7227}, {'period': '2020-04-01', 'ratio': 0.57946}, {'period': '2020-05-01', 'ratio': 0.52737}, {'period': '2020-06-01', 'ratio': 0.42971}, {'period': '2020-07-01', 'ratio': 0.14323}, {'period': '2020-08-01', 'ratio': 0.05859}, {'period': '2020-09-01', 'ratio': 0.01302}, {'period': '2020-10-01', 'ratio': 0.01953}, {'period': '2020-11-01', 'ratio': 0.13672}, {'period': '2020-12-01', 'ratio': 0.21485}, {'period': '2021-01-01', 'ratio': 0.00651}, {'period': '2021-02-01', 'ratio': 0.00651}, {'period': '2021-03-01', 'ratio': 0.00651}]}, {'title': '괌', 'keyword': ['괌'], 'data': [{'period': '2017-08-01', 'ratio': 59.61325}, {'period': '2017-09-01', 'ratio': 19.86457}, {'period': '2017-10-01', 'ratio': 32.24168}, {'period': '2017-11-01', 'ratio': 60.85682}, {'period': '2017-12-01', 'ratio': 46.79992}, {'period': '2018-01-01', 'ratio': 100}, {'period': '2018-02-01', 'ratio': 63.87785}, {'period': '2018-03-01', 'ratio': 60.7852}, {'period': '2018-04-01', 'ratio': 86.62022}, {'period': '2018-05-01', 'ratio': 54.61944}, {'period': '2018-06-01', 'ratio': 41.16804}, {'period': '2018-07-01', 'ratio': 37.69125}, {'period': '2018-08-01', 'ratio': 30.22983}, {'period': '2018-09-01', 'ratio': 23.3674}, {'period': '2018-10-01', 'ratio': 30.53584}, {'period': '2018-11-01', 'ratio': 32.33934}, {'period': '2018-12-01', 'ratio': 49.05918}, {'period': '2019-01-01', 'ratio': 42.35301}, {'period': '2019-02-01', 'ratio': 52.15183}, {'period': '2019-03-01', 'ratio': 55.69373}, {'period': '2019-04-01', 'ratio': 36.01796}, {'period': '2019-05-01', 'ratio': 40.21095}, {'period': '2019-06-01', 'ratio': 47.2687}, {'period': '2019-07-01', 'ratio': 58.87102}, {'period': '2019-08-01', 'ratio': 47.27521}, {'period': '2019-09-01', 'ratio': 47.11244}, {'period': '2019-10-01', 'ratio': 57.95299}, {'period': '2019-11-01', 'ratio': 71.07233}, {'period': '2019-12-01', 'ratio': 88.61253}, {'period': '2020-01-01', 'ratio': 75.05696}, {'period': '2020-02-01', 'ratio': 32.4956}, {'period': '2020-03-01', 'ratio': 9.90949}, {'period': '2020-04-01', 'ratio': 5.06543}, {'period': '2020-05-01', 'ratio': 5.81418}, {'period': '2020-06-01', 'ratio': 3.86743}, {'period': '2020-07-01', 'ratio': 2.68246}, {'period': '2020-08-01', 'ratio': 4.01718}, {'period': '2020-09-01', 'ratio': 3.26844}, {'period': '2020-10-01', 'ratio': 3.04056}, {'period': '2020-11-01', 'ratio': 2.18113}, {'period': '2020-12-01', 'ratio': 2.05742}, {'period': '2021-01-01', 'ratio': 4.6878}, {'period': '2021-02-01', 'ratio': 4.25808}, {'period': '2021-03-01', 'ratio': 3.19682}]}]}

그림 14.9 코드 14.24의 결과

데이터 처리

데이터 분석 처리를 위하여 데이터프레임 생성을 위하여 코드 14.25를 실행한다.

```
 1  #응답받은 자료를 DataFrame으로 변환하여 사용
 2  keywords = ['강릉','제주','오사카','괌']
 3  periods = []
 4  ratio = []
 5
 6  #먼저 period와 ratio를 리스트로 저장
 7  for i,result in enumerate(response_dict['results']):
 8    ratio_now = []
 9    for each in result['data']:
10      if i==0:
11        periods.append(each['period'])
12      ratio_now.append(each['ratio'])
13    ratio.append(ratio_now)
```

```
 1  #리스트를 DataFrame으로 변환
 2  df = pd.DataFrame(ratio)
 3  df = df.transpose() # 행과 열 바꿔주기
 4  df.index = periods
 5  df.columns = ['강릉', '제주', '오사카', '괌']
 6  df
```

코드 14.25 데이터프레임 생성

코드 14.25의 결과는 그림 14.10과 같다. 전체 데이터프레임의 내용이 갭처되지 않아 일부만 캡처한 내용에 해당한다.

	강릉	제주	오사카	괌
2017-08-01	3.07962	8.78963	14.46057	59.61325
2017-09-01	5.52770	3.62002	14.35640	19.86457
2017-10-01	13.15840	1.17195	12.81984	32.24168
2017-11-01	8.47060	1.00918	16.12084	60.85682
2017-12-01	15.04655	0.94407	20.38544	46.79992
2018-01-01	14.86424	1.73839	22.37124	100.00000
2018-02-01	19.88410	1.31518	17.14304	63.87785
2018-03-01	16.00364	1.85558	21.72016	60.78520
2018-04-01	20.47008	4.68780	16.45289	86.62022
2018-05-01	19.32417	4.83104	14.55823	54.61944
2018-06-01	20.06641	4.78546	21.18627	41.16804
2018-07-01	23.58226	1.56911	14.78611	37.69125
2018-08-01	32.35887	1.42587	10.65824	30.22983
2018-09-01	4.51852	0.86594	11.79764	23.36740
2018-10-01	4.81802	0.96360	8.01484	30.53584
2018-11-01	9.03704	0.85943	9.85090	32.33934
2018-12-01	19.02467	1.60166	17.60531	49.05918

그림 14.10 코드 14.25의 결과 중 일부

데이터 시각화

시각화를 위하여 우선 한글 폰트를 포함하여야 한다. 이를 위한 코드는 코드 14.26과 같다.

```
1  # 시작에 앞서, 한글 깨짐을 막기 위한 설정 진행
2
3  from matplotlib import font_manager, rc  # 한글 폰트 사용
4  font_path = "./NanumGothic.ttf"
5  font = font_manager.FontProperties(fname=font_path).get_name()
6  rc('font', family=font)
```

코드 14.26 한글 폰트 환경 만들기

각 키워드에 대한 검색 현황에 대한 시각화를 나타나면 코드 14.27과 같다.

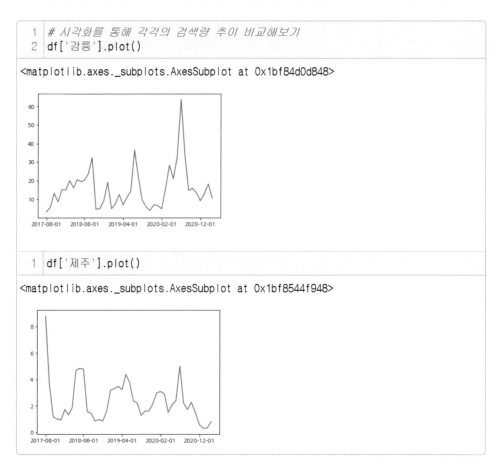

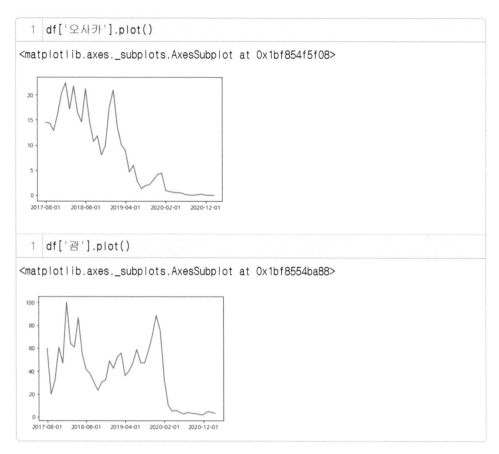

```
1  df['오사카'].plot()
```

<matplotlib.axes._subplots.AxesSubplot at 0x1bf854f5f08>

```
1  df['괌'].plot()
```

<matplotlib.axes._subplots.AxesSubplot at 0x1bf8554ba88>

코드 14.27 각각의 키워드에 대한 검색 현황

4개의 서로 다른 키워드에 대하여 통합적 시각화를 진행하면 **코드 14.28**과 같다.

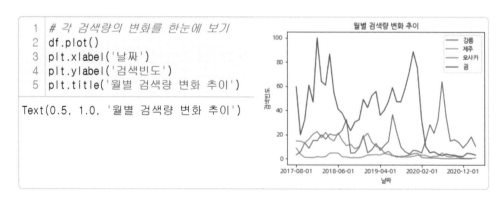

```
1  # 각 검색량의 변화를 한눈에 보기
2  df.plot()
3  plt.xlabel('날짜')
4  plt.ylabel('검색빈도')
5  plt.title('월별 검색량 변화 추이')
```

Text(0.5, 1.0, '월별 검색량 변화 추이')

코드 14.28 키워드 통합 시각화

코드 14.28에서 확인할 수 있듯이 코로나 상황 이후에는 오사카와 괌에 대한 검색이 현저하게 줄었으며, 코로나 상황에도 강릉에 대한 검색은 상대적으로 높게 나타났다. 이와같이 특정 단어에 대한 검색 현황을 시각화를 통하여 쉽게 파악할 수 있음을 기억하자.

데이터 분석

데이터 분석을 위하여 통계 분석과 상관관계 분석을 적용해 보기로 하자. 우선 각 검색어에 대한 기초 통계 분석은 코드 14.29와 같이 진행 가능하다.

```
1  # 각 검색어의 속성들 확인해보기
2  df.describe()
```

	강릉	제주	오사카	괌
count	44.000000	44.000000	43.000000	44.000000
mean	15.689197	2.369349	8.185333	37.178671
std	11.385320	1.611946	7.625321	26.934639
min	3.079620	0.306000	0.006510	2.057420
25%	7.266095	1.307043	0.651080	5.626993
50%	13.780190	1.966265	6.002990	38.951100
75%	19.929678	3.188683	14.509400	56.258545
max	63.702060	8.789630	22.371240	100.000000

코드 14.29 데이터에 대한 기초 통계 분석

마지막으로 각 키워드 간의 상관관계 분석을 코드 14.30과 같이 실행한다.

```
1  # 지역간 (강릉, 제주, 오사카, 괌)의 검색량에 대한 상관관계 확인하기
2  # -1.0 ~ -0.7 은 강한 음적 선형관계를,
3  # -0.7 ~ -0.3 은 뚜렷한 음적 선형관계를,
4  # -0.3 ~ 0.3은 선형관계가 거의 없음을,
5  # 0.3 ~ 0.7은 뚜렷한 양적 선형관계를,
6  # 0.7 ~ 1.0은 강한 양적 선형관계를 나타냄
7
8  df.corr()
```

	강릉	제주	오사카	괌
강릉	1.000000	0.090359	-0.198855	-0.281142
제주	0.090359	1.000000	0.186530	0.245934
오사카	-0.198855	0.186530	1.000000	0.561619
괌	-0.281142	0.245934	0.561619	1.000000

코드 14.30 긱 키워드 간의 상관관계 분석

코드 14.30에 의하면 괌과 오사카 경우에만 양적 선형관계를 나타내며, 나머지 데이터들 간의 상관관계는 거의 없는 것으로 나타났다. 이러한 결과에 대하여 시대적 배경, 환경적 영향, 사회적 요인 등 다양한 측면에서 데이터 분석 결과를 이해할 수 있어야 한다.

이와 같이 데이터 분석은 각자의 다양한 전공 분야에서 적용할 수 있는 방안이 존재한다. 실생활에서 데이터 분석을 활용하여, 사회와 많은 사람들에게 널리 도움을 줄 수 있는 문제해결 방법을 제공할 수 있기를 기대하며 이 책을 마무리한다.

부록

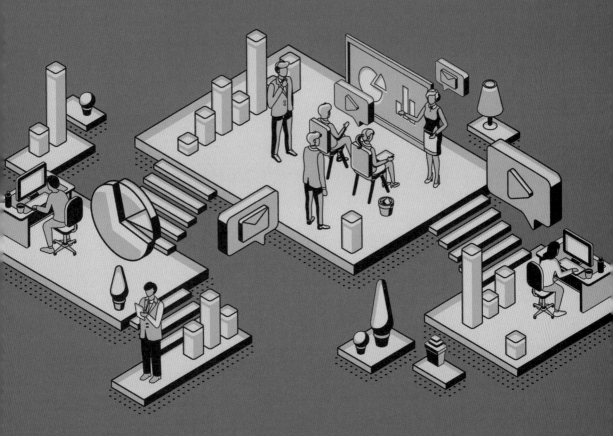

부록-1 Python 만나기

데이터 분석을 실질적으로 실행하고 실습하기 위하여 파이선을 만나 보기로 하자. 파이선 프로그램 구현을 위해 파이선을 설치하는 과정에 대한 간략한 정리 내용이다.

Python 설치

📁 **Python 실행 방법**

파이선을 실행하는 방법에는 크게 세 가지가 있다.

> ▸ **IDLE(Integrated DeveLopment Environment)**
> 기본 실행 환경에 해당한다. IDLE에서는 셸(Shell) 창과 에디터(Editor) 창을 사용하여 Python 코드를 작성할 수 있다. 셸 창을 실행하여 '〉〉〉'표시가 있는 프롬프트에 명령어를 한 줄씩 적어주면, 파이선 인터프리터가 입력된 명령문을 실행한다. 셸 창이 한 줄씩 명령을 처리해주는 것과 달리, 에디터 창은 코드를 여러 줄을 작성하고 한 번에 실행한다. 셸과 에디터는 파이선의 공식 웹사이트인 python.org에서 파이선을 다운로드받으면 자동으로 설치되는 기본 프로그램들이다.

> ▸ **Google Colab(Colaboratory)**
> 코랩은 PC 환경이 아닌, 구글 클라우드를 활용하여 파이선 프로그램을 실행한다. 코랩을 사용하면, 파이선 코드가 사용자의 PC환경에 저장되는 것이 아니라 사용자의 구글 드라이브에 Colab Notebooks라는 폴더에 저장된다. 구글 드라이브에

저장되므로 코랩은 작성한 파이선 파일을 다른 사람들과 공유 가능하다. 여러 사람이 하나의 프로그램을 함께 공유하여 코딩할 수 있다. 또한 코랩은 CPU뿐만 아니라 GPU 사용도 지원하기 때문에 머신러닝을 실행할 때 빠르게 연산을 처리시킬 수 있다는 장점이 있다.

▶ Jupyter Notebook

주피터 노트북은 Anaconda를 설치하면 자동으로 설치되는 프로그램이다. 주피터 노트북은 코랩과 다르게 사용자의 PC 환경에 설치된다. 코랩의 사용에는 치명적 단점으로 사용자가 접속할 때마다 환경설정이 초기화되기 때문에 이미 설치되어 제공되는 라이브러리 패키지나 프로그램 이외에는 자신에게 필요한 라이브러리들을 매번 새로 설치해 줘야 한다. 이와 달리 주피터 노트북은 PC 환경에서 실행되기 때문에 한 번 설치한 패키지들은 계속 사용할 수 있다. 물론 미리 설치되는 라이브러리 패키지나 기본 프로그램이 코랩보다 적다. 필요한 환경을 만들어서 프로그래밍 하는 과정도 매우 유용한 경험이 될 수 있으므로, 다른 사람들과 협업하는 것이 아니라면 주피터 노트북이 코랩보다 학습적인 면에서 더 유용할 수 있다.

이 책에서 사용하는 실습은 세 가지 파이선 실행 방법 중에서 주피터 노트북을 사용해서 파이선 실습을 진행한다.

🗂 Anaconda 설치

주피터 노트북 사용을 위한 아나콘다를 설치하기 위해서는

👋 https://www.anaconda.com/products/individual

그림 부록.1
아나콘다 웹사이트 접속 화면

사이트에 접속하면 된다. 아나콘다에서 제공하는 프로그램은 2021.11.22.에 배포된 버전을 기준으로 작성되었다.

링크에 접속하면 그림 부록.1과 같이 컴퓨터의 운영체제에 맞게 Anaconda Individual Edition을 내려받을 수 있는 화면을 볼 수 있다. 'Download' 버튼을 눌러 다음 단계로 진행할 수 있다.

📂 Downloading Anaconda & 이메일 확인

그림 부록.2와 같은 화면이 보인다면, 이메일 주소와 비밀번호를 작성하고, 사용자가 사람임을 입증하는 과정을 진행하면 된다. 입력한 이메일 주소로 아나콘다 설치를 확인하는 과정을 위해 이메일이 그림 부록.3과 같이 전송되므로 유효한 이메일 주소를 입력해야 Anaconda 설치가 가능하다.

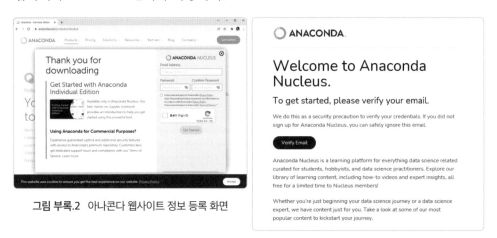

그림 부록.2 아나콘다 웹사이트 정보 등록 화면

그림 부록.3 아나콘다 이메일 화면

📂 설치 파일 Install

이후에는 그림 부록.4와 같이 insta-llers 메뉴에서 자신의 운영체제에 맞는 설치 파일을 선택하여 내려받으면 된다.

그림 부록.4 아나콘다 installers 화면

🗂 Windows용 Anaconda 설치

내려받는 것을 완료하고 설치 파일을
실행하면 그림 부록.5와 같은 화면을
확인할 수 있다.

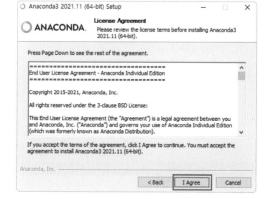

그림 부록.5
Windows용 아나콘다 설치 화면 1

이용 약관에 동의를 하면 **그림 부록.6**과
같이 'I agree' 버튼을 눌러서 계속 진행
한다.

그림 부록.6
Windows용 아나콘다 설치 화면 2

설치 후의 사용 유형에 대해서는 그림
부록.7과 같이 'Just Me' 항목을 선택
하여 PC 환경에서 공유 없이 혼자 작
업하는 환경으로 지정한다.

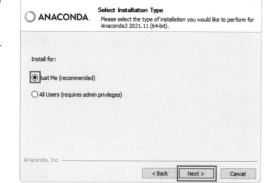

그림 부록.7
Windows용 아나콘다 설치 화면 3

이후 화면에서는 그림 부록.8과 같이 아나콘다를 PC 내의 어느 경로에 저장을 할지 설정할 수 있는데, 이 경로는 수정하지 말고 기본값 그대로 진행하는 것을 추천 한다.

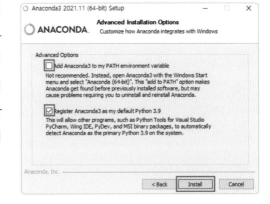

그림 부록.8
Windows용 아나콘다 설치 화면 4

그림 부록.9는 고급 설치 옵션을 지정하는 화면인데, 그림과 같이 아래 항목을 선택하여 아나콘다를 default 파이선과 연결시키는 것을 추천한다. 여기서 Install 버튼을 누르면 설치가 시작되니 설치되는 동안에는 잠시 기다리면 된다.

그림 부록.9 Windows용 아나콘다 설치 화면 5

설치가 다 진행되었다면 마지막으로 그림 부록.10과 같이 PyCharm과 같이 연계할 수 있다는 점을 확인할 수 있고, 여기서 다음 단계로 넘어가면 기본적인 아나콘다 설치는 끝난다. 설치 완료 후 그림 부록.11과 같이 설치가 완료되었다는 문구를 확인할 수 있고 Tutorial 진행 등은 선택하지 않고 'Finish' 버튼을 누르면 설치 프로그램이 종료된다.

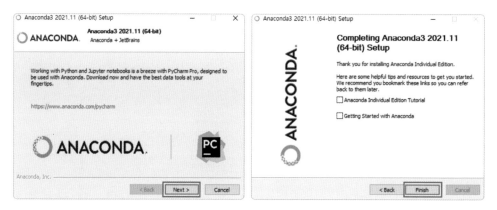

그림 부록.10 Windows용 아나콘다 설치 화면6   **그림 부록.11** Windows용 아나콘다 설치 화면7

📖 MacOS용 Anaconda 설치

애플 컴퓨터를 사용하는 경우 MacOS용
아나콘다 설치 파일을 내려받은 후 실행
하면 그림 부록.12와 같은 화면을 확인할
수 있다.

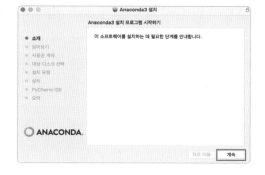

그림 부록.12
MacOS용 아나콘다 설치 화면 1

Anaconda 설치를 위한 사용 동의를 그
림 부록.13과 같이 확인하고 '계속'을 선
택하여 진행한다.

그림 부록.13
MacOS용 아나콘다 설치 화면 2

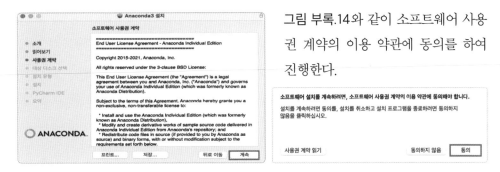

그림 부록.14와 같이 소프트웨어 사용권 계약의 이용 약관에 동의를 하여 진행한다.

그림 부록.14 MacOS용 아나콘다 설치 화면 3

그림 부록.15에서는 아나콘다를 현재 PC 상 어느 경로에 설치할 것인지 지정할 수 있는데, 이는 수정하지 않고 기본값 그대로 진행하는 것을 추천한다.

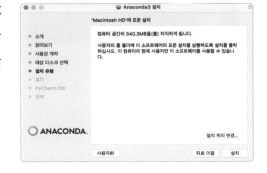

그림 부록.15
MacOS용 아나콘다 설치 화면 4

이후에 아나콘다를 PyCharm과 함께 사용할 수 있다는 안내사항을 그림 부록.16과 같이 확인하고 진행하면, 그림 부록.17과 같이 기본적인 아나콘다 설치는 완료된다.

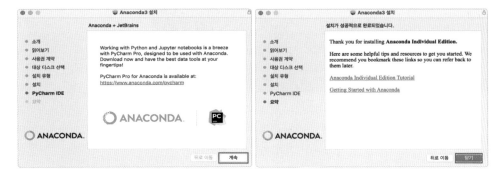

그림 부록.16 MacOS용 아나콘다 설치 화면 5   그림 부록.17 MacOS용 아나콘다 설치 화면 6

📂 Jupyter Notebook 실행(Windows 환경 기준)

설치된 주피터 노트북을 실행하기 위해서는 윈도우 키를 누르고, 그림 부록.18과 같이 설치된 아나콘다 폴더 내의 주피터 노트북을 클릭하여 파일을 실행하면 된다.

그림 부록.18
Windows 주피터 노트북 실행 파일 선택

혹은 그림 부록.19와 같이 시작 메뉴에서 Anaconda Prompt를 검색하여 실행하고, 새로 팝업된 프롬프트 창에서 jupyter notebook을 직접 입력하여 실행할 수도 있다.

그림 부록.19
Windows 주피터 노트북
검색하여 실행

📂 Jupyter Notebook 실행(MacOS 환경 기준)

MacOS환경에서는 Anaconda-Navigator라는 응용 프로그램을 통해 주피터 노트북을 실행할 수 있다. Anaconda-Navigator을 실행하면 그림 부록.20과 같이 프로그램들의 목록을 확인할 수 있는데, 여기서 주피터 노트북에 해당하는 Launch 버튼을 눌러 실행할 수 있다.

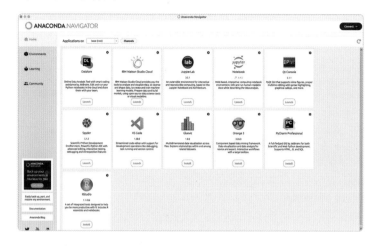

그림 부록.20
MacOS
주피터 노트북 실행

📁 Jupyter Notebook 실행

주피터 노트북이 올바르게 실행되었다면, 파이선 파일을 만들기 위해 코드를 작성해야 한다. 그림 부록.21과 같이 오른쪽 상단의 New 버튼을 누르고 Python 3에 해당하는 Notebook 메뉴를 선택하면 우리가 원하는 ipynb를 확장자로 갖는 파이선 파일이 생성된다.

그림 부록.21 주피터 노트북 ipynb 파일 생성

📁 Python 코드 생성 준비 완료

ipynb파일을 성공적으로 생성했다면 입력 칸 In [ ]이 생성되며 파이선 코드를 입력하기 위한 준비가 완료된 것이다. 코드 내용을 입력한 후 Shift + Enter키를 동시에 누르면 코드에 대한 결과가 표시된다. 또는 메뉴 상의 Run 버튼을 클릭해도 코드에 대한 결과를 확인할 수 있다. 이러한 실행 결과는 Out [ ] 이후에 표시되고, 새로운 입력 칸이 제공된다. 그림 부록.22는 프로그램 처리 과정을 통한 결과물이 아닌 print() 함수의 실행 결과이어서 Out [ ] 표시 없이 바로 print()의 실행 결과만 표시되었다.

그림 부록.22 주피터 노트북 파이선 코드 생성 준비

📁 Python 파일 저장

주피터 노트북에서의 ipynb 파일명의 기본값은 Untitled.ipynb이므로 자신이 원하는 파일명으로 변경하여 저장하는 것이 바람직하다. 그림 부록.23과 같이 기존의 파일명인 Untitled 부분을 클릭하면 파일명을 입력할 수 있는 창이 나타나며, 원하는 파일명을 입력한 후에는 Rename을 클릭하여 저장한다.

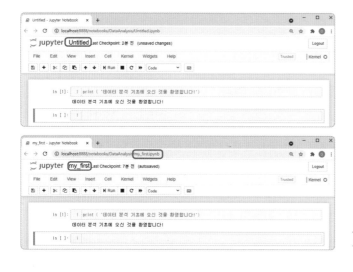

그림 부록.23
주피터 노트북 파이선 파일 저장

부록-2 Python 기본 문법

주피터 노트북을 사용하여 파이선 파일을 생성하고 저장하는 법을 알았다면, 파이선의 기본 문법에 대해서 간단하게 복습해 보기로 하자.

🗂 자료형과 변수

우리가 코딩하는 모든 프로그램은 먼저 입력값을 프로그램에 전달하고, 이를 프로그램이 처리한 후에 출력값으로 보여주는 과정을 거친다. 이때 프로그램은 전달받은 입력값을 저장하기 위해 변수가 필요하다. 파이선은 변수에 저장할 때 데이터의 자료형을 명시해주지 않아도 자동으로 해석하여 저장한다. 그러나 다른 프로그래밍 언어들은 대부분 미리 변수의 자료형을 결정하고 사용할 수 있다는 점을 알아두자.

코드 부록.1의 In [1] 셀에서 2번째 줄을 보면 var1이라는 변수에 "Python"을 대입해주고 있다. 파이선에서는 문자열 바깥에 큰따옴표 혹은 작은따옴표로 묶어서 문자열로 표시한다. 5번째 줄에서는 var2에 13을 대입했고, 13은 정수(integer)기 때문에 var2는 정수 자료형 변수가 된다. 8번째 줄에서는 var3에 실수(float)인 3.14를 대입하고 있고, 이에 따라 var3는 실수 자료형 변수가 된다. 마지막으로 11번째 줄의 var4에는 True를 대입하고 있는데, 파이선에서 참과 거짓을 표현하는 자료형인 bool 자료형에는 True와 False가 있다. 첫 글자를 T 또는 F가 아닌 소문자로 작성하면 bool 자료로 인식하지 못하므로 주의해야 한다. 코드 부록.1의 In [2] 셀에서는 변수에 저장된 자료형들을 출력해 준다. f'문자열'로 작성된 부분은 f-string이라는 문법으로, 출력하려는 문자열이 시작되기 전에 f를 작성해 주고, 출력하려는 변수를 문자열 내에서 중괄호로 묶어서 사용한다.

```
In [1]:    1  # 변수에 문자열 대입하기
           2  var1 = "Python"
           3
           4  # 변수에 정수 대입하기
           5  var2 = 13
           6
           7  # 변수에 실수 대입하기
           8  var3 = 3.14
           9
          10  # 변수에 bool 자료 대입하기
          11  var4 = True

In [2]:    1  print (f'변수에 저장된 자료는 {var1} / {var2} / {var3} / {var4}')

          변수에 저장된 자료는 Python / 13 / 3.14 / True
```

코드 부록.1
Python 기본 문법
- 자료형과 변수

📑 자료 입력 받기

파이썬에서 사용자로부터 입력을 받을 때 사용하는 input() 함수에 대해 알아보자. 코드 부록.2의 In [1] 셀 2번째 줄에서 input() 함수는 '이름을 입력하세요 : '라는 문구를 화면에 표시한 뒤, 사용자의 입력을 받아 name 이라는 변수에 입력받은 값을 저장한다. 동일하게 코드 부록.2의 In [1] 셀 5번째 줄에서도 나이를 입력받고, 이를 int로 자료형을 변환하여 age 변수에 입력받은 나이를 저장한다. 여기서 정수로 형변환을 하는 이유는 input() 함수를 통해 입력받은 값들은 문자, 숫자에 상관없이 문자열로만 저장이 되기 때문이다. 따라서 코드 부록.2 In [1] 셀 8번째 줄과 11번째 줄에서 각각 원하는 값을 입력받고 싶을 때는 입력받은 값의 자료형에 맞게 형변환을 실행해야 한다. 만약 45.5 값을 입력받고자 한다면 문자열'45.4'를 실수로 형변환하여 45.4가 되게

```
In [1]:    1  # 문자열 입력 받기
           2  name = input ( "이름을 입력하세요 : " )
           3
           4  # 정수 입력 받기
           5  age = int ( input ( "나이를 입력하세요 : " ) )
           6
           7  # 실수 입력 받기
           8  weight = float ( input ("무게를 입력하세요 (g) : " ) )
           9
          10  # bool 입력 받기
          11  flag = bool ( input ( 'True 또는 False : ' ) )

          이름을 입력하세요 : 한옥영
          나이를 입력하세요 : 22
          무게를 입력하세요 (g) : 45.5
          True 또는 False :

In [2]:    1  print (f'입력된 자료는 {name} / {age} / {weight} / {flag}')

          입력된 자료는 한옥영 / 22 / 45.5 / False
```

코드 부록.2
Python 기본 문법
- 자료 입력 받기

하고, 거짓의 값을 입력받은 경우라면 'False'라는 문자열을 bool 자료로 형변환하여 거짓의 의미인 False로 변환해야 한다.

📂 자료 출력하기

이제 데이터를 입력받는 방법에 대해 확인했으니 프로그램의 실행 결과를 모니터로 출력해주는 print() 함수에 대해 알아보자. 코드 부록.3에서 2번째 줄을 보면 'Hello World!' 라는 문자열을 출력해 주고 있다. 5번째 줄에서는 formatting 문자인 %를 사용하는데, 특히 %d를 사용함으로서 정수를 출력 처리를 하고 있다. 따라서 오른쪽 % 이후 괄호 안에 123 + 1이라는 값이 계산된 124가 출력된다. 8번째 줄에서는 %s를 사용하여 문자열을 출력하고자 한다. % 뒤에 str() 함수를 통해 123은 정수가 아닌 문자열이 되고, 따옴표로 묶인 1도 문자열이기 때문에 이 두 문자열을 더하기 기호로 합치면 '1231'이라는 문자열이 되어 출력된다. 11번째 줄에서는 3.14라는 실수를 출력하고자 하는데, %.3f로 formatting하여 소수점 이하 셋째 자리까지 표기한다. 따라서 출력 결과는 3.14가 아닌 3.140으로 출력이 된다. 14번째 줄에서는 bool형 자료인 True를 그대로 출력한다. True에 따옴표가 없으며, 미리 선언된 변수명도 아니므로 bool형 자료임을 확인할 수 있다.

```
In [1]:    1   # 문자열 출력
           2   print ( "Hello world!" )
           3
           4   # 정수 출력
           5   print ( '%d' % (123 + 1) )
           6
           7   # 정수를 문자로 출력
           8   print ( '%s' % str(123) + '1' )
           9
          10   # 실수 출력
          11   print ( '%.3f' % 3.14 )
          12
          13   # bool 출력
          14   print ( True )

Hello world!
124
1231
3.140
True
```

코드 부록.3
Python 기본 문법
- 자료 출력하기

📂 컬렉션 자료형 -리스트

컬렉션 자료형 중 리스트 자료형은 여러 데이터들을 묶어서 분석을 진행할 때 가장 유용한 자료형이다. 리스트는 대괄호 [ ]로 자료들을 묶어준다. 코드 부록.4 In [1]셀의 5번째 줄에서 number, fruit, alphabet의 세 변수를 대괄호로 묶어 my_list라는 이름의 리스트 변수로 저장하였다. 그리고 6~7번째 줄에서는 123.45와 False 두 가지 값을 append() 메소드를 사용하여 my_list 뒤쪽에 추가해 주고 있다. 8번째 줄에서 my_list를 출력하면 다양한 자료형의 변수들이 모여서 하나의 리스트 변수를 이루는 것을 확인할 수 있다.

코드 부록.4 In [2]셀에서는 리스트 내의 자료를 인덱스 번호와 슬라이싱으로 확인한다. 2번째 줄에서는 my_list[3]을 통해서 리스트 내의 인덱스 번호 3의 값, 즉 0,1,2,3에 해당하는 네 번째 데이터값 123.45를 출력한다. 3번째 줄에서는 슬라이싱을 통해 1부터 4 미만까지의 자료, 즉 1부터 3까지의 자료를 출력한다. 파이선에서 이러한 범위 지정을 할 때는 끝나는 숫자는 포함하지 않는다는 점을 꼭 기억해두자.

```
In [1]:   1  # 리스트에 여러 자료형 넣기
          2  number = 10
          3  fruit = 'apple'
          4  alphabet = 'C'
          5  my_list = [ number, fruit, alphabet ]
          6  my_list.append ( 123.45 )
          7  my_list.append ( False )
          8  print ( my_list )

          [10, 'apple', 'C', 123.45, False]

In [2]:   1  # 리스트 자료 확인
          2  print ( f'인덱스 번호 3 : { my_list [3] }')
          3  print ( f'1~3까지의 자료 : { my_list[1:4] }')

          인덱스 번호 3 : 123.45
          1~3까지의 자료 : ['apple', 'C', 123.45]
```

코드 부록.4
Python 기본 문법
- 컬렉션 자료형(리스트)

📁 컬렉션 자료형 -튜플

방금 살펴본 리스트와 마찬가지로 여러 데이터들을 묶어서 저장할 수 있는 튜플은 데이터들을 소괄호로 묶어 준다. 리스트와의 가장 큰 차이점은 튜플은 한 번 생성하면 수정할 수 없다는 점이다. 따라서 튜플 내의 데이터들의 값이 변경되거나 손실될 걱정을 하지 않아도 된다. 또한 튜플은 튜플 내의 데이터가 단 하나만 존재 할 때에도 쉼표를 작성해야 한다는 점을 꼭 유의하자.

코드 부록.5를 보면 my_tuple은 1, 3, 5, 7, 9의 정수들을 소괄호로 묶어 저장하고,

type 함수를 사용하여 my_tuple의 자료형이 튜플임을 확인하고 있다. 2번째 셀에서의 my_tuple1과 my_tuple2의 차이점은 소괄호 안에 쉼표를 작성함의 여부이다. 위에서 강조했던 튜플 내에 자료가 하나만 있는 경우이기 때문에, 쉼표를 적용한 my_tuple2는 type() 함수로 자료형을 튜플로 확인할 수 있지만, my_tuple1은 튜플이 아닌 문자열로 확인이 된다.

```
In [1]:  1  my_tuple = ( 1, 3, 5, 7, 9 )
         2  print ( f' my_tuple의 자료형은 { type ( my_tuple )}')

         my_tuple의 자료형은 <class 'tuple'>

In [2]:  1  my_tuple1 = ( 'val' )
         2  print( f' tuple(val)로 선언하는 경우 자료형은 {type(my_tuple1)}로 확인된다.')
         3  my_tuple2 = ( 'val' , )
         4  print( f' tuple(val, )로 선언하는 경우 자료형은 {type(my_tuple2)}로 확인된다.')

         tuple(val)로 선언하는 경우 자료형은 <class 'str'>로 확인된다.
         tuple(val, )로 선언하는 경우 자료형은 <class 'tuple'>로 확인된다.
```

코드 부록.5 Python 기본 문법 - 컬렉션 자료형(튜플)

📖 컬렉션 자료형 -딕셔너리

딕셔너리는 중괄호로 데이터들을 묶어서 저장한다. 그리고 키(Key)와 밸류(Value)를 콜론으로 연결하여 표시한다. **코드 부록.6**의 my_dictionary을 보면 name이라는 키에 '한옥영'이라는 밸류가 콜론으로 연결되어 하나의 데이터를 이룬다. 그리고 쉼표를 통해 다음 데이터와 구분해 준다. 1번째 줄에서는 키 값이 전부 문자열로 되어 있는데, 2번째 줄과 같이 키를 숫자로 표시하는 것도 가능하다. 키 1에 해당하는 밸류는 한국어, 키 2에 해당하는 밸류는 영어인 것이다. 그리고 딕셔너리에서는 키 값을 중복해서 사용해서는 안 된다는 점을 유의해야 한다. 5번째 줄에서 키 2에 해당하는 밸류가 미국과 영국 2개로 적용되었는데, 6번째 줄에서 my_dictionary3을 출력하자 영국만 키 2에 해당하는 밸류라고 저장되어 있는 것을 확인할 수 있다. 7번째 줄을 보면 my_dictionary4는 (1, 2) 튜플을 키로 사용하고 있다. 하지만 리스트는 딕셔너리의 키로 사용할 수 없는데, 그 이유는 튜플은 한 번 생성되면 그 내용이 수정되지 않는 반면에 리스트는 수정이 가능하기 때문이다. 따라서 리스트는 튜플과 달리 키로 적용하기에 적합하지 않다.

　코드 부록.6의 두 번째 셀을 보면 이름과 연락처 두 개의 데이터를 가진 my_

dictionary가 있다. 2번째 줄에서는 my_dictionary['전공']과 같이 작성했기 때문에 '전공'이라는 새로운 키 값을 가진 데이터를 딕셔너리에 추가하겠다는 의미가 되며, '전공'에 해당하는 밸류는 '데이터 분석'과 '인공지능' 두 가지의 문자열을 포함한 리스트로 추가하게 된다.

```
In [1]:   1  my_dictionary1 = { 'name' : '한옥영', '연락처' : '010-1234-5678' }
          2  my_dictionary2 = { 1 : '한국어', 2 : '영어' }
          3  print ( my_dictionary1 )
          4  print ( my_dictionary2 )
          5  my_dictionary3 = { 1 : '한국', 2 : '미국', 2 : '영국' }
          6  print ( my_dictionary3 )
          7  my_dictionary4 = { (1, 2) : '대한한국' }
          8  print ( my_dictionary4 )

          {'name': '한옥영', '연락처': '010-1234-5678'}
          {1: '한국어', 2: '영어'}
          {1: '한국', 2: '영국'}
          {(1, 2): '대한한국'}

In [2]:   1  my_dictionary = { 'name' : '한옥영', '연락처' : '010-1234-5678' }
          2  my_dictionary['전공'] = [ '데이터 분석', '인공지능' ]
          3  print ( my_dictionary )

          {'name': '한옥영', '연락처': '010-1234-5678', '전공': ['데이터 분석', '인공지능']}
```

코드 부록.6 Python 기본 문법 - 컬렉션 자료형(딕셔너리)

📁 연산자 -산술 연산자

이제 데이터를 저장하는 변수와 그에 대한 자료형과 여러 개의 데이터를 저장하는 컬렉션 자료형까지 확인했다면, 실질적으로 데이터를 처리하는 과정에 대해서 복습해 보기로 하자.

데이터를 처리하는 과정에서 사용되는 연산자들에 대해 알아보자. 코드 부록.7을 보면 다소 생소한 연산자들이 있는데, 7번째 줄의 //는 몫을 구하는 기호이며 8번째 줄의 %는 나머지를 구한다. 9번째 줄에서의 **은 제곱을 구하는 기호로, 예를 들면 2**3을 파이선에서는 2의 3제곱으로 계산하여 8이 결과값이 된다. 11번째 줄에 수정된 num_list를 출력했을 때, 리스트의 3번째 값인 10 / 3의 결과가 3.333...35로 끝난 것을 확인할 수 있다. 이는 파이선이 끝나지 않는 무한소수를 임의로 수정한 것이며, 이러한 이유에서 실수(float) 데이터를 다룰 때에는 주의가 필요하며, 특히 출력할 때에는 %.2f 와 같은 formatting이 필요하다.

```
In [1]:    1  num_list = [ 22, 15, 33, 10, 14, 12, 5, 3 ]
           2  print( f'원본 자료 : {num_list}' )
           3  num_list [0] = num_list [0] + 30
           4  num_list [1] = num_list [1] - 8
           5  num_list [2] = num_list [2] * 3
           6  num_list [3] = num_list [3] / 3
           7  num_list [4] = num_list [4] // 5
           8  num_list [5] = num_list [5] % 7
           9  num_list [6] = num_list [6] ** num_list [7]
          10  num_list [7] = 0    # 대입 연산자
          11  print( f'수정 자료 : {num_list}' )

       원본 자료 : [22, 15, 33, 10, 14, 12, 5, 3]
       수정 자료 : [52, 7, 99, 3.3333333333333335, 2, 5, 125, 0]
```

코드 부록.7
Python 기본 문법
- 산술 연산자

📁 연산자 -관계 연산자

코드 부록.8과 같이 관계 연산자는 두 숫자를 비교하는 연산자이다. 2번째 줄의 ==은 두 값이 '같다'를 뜻하고, 3~6번째 줄의 뜻은 순서대로 왼쪽 값이 오른쪽 값보다 작다, 작거나 같다, 크다, 크거나 같다이다. 7번째 줄에서는 !=를 통해 두 값이 불일치함을 확인한다. 관계 연산자의 결과에 따라 True 혹은 False의 bool값이 출력되는 것을 확인할 수 있다.

1번째 줄에서 x = 100 뒤의 세미 콜론은 파이선에서 명령어 다음에 ';'를 표시함으로, 명령어를 실행한 이후에 같은 줄에 이어서 작성된 또 다른 명령어를 실행할 수 있는 점을 알아두자.

```
In [1]:    1  x = 100; y = 200
           2  print ( f' {x} == {y}의 결과 { x==y }' )
           3  print ( f' {x} < {y}의 결과 { x < y }' )
           4  print ( f' {x} <= {y}의 결과 { x <= y }' )
           5  print ( f' {x} > {y}의 결과 { x > y }' )
           6  print ( f' {x} >= {y}의 결과 { x >= y }' )
           7  print ( f' {x} != {y}의 결과 { x != y }' )

       100 == 200의 결과 False
       100 < 200의 결과 True
       100 <= 200의 결과 True
       100 > 200의 결과 False
       100 >= 200의 결과 False
       100 != 200의 결과 True
```

코드 부록.8
Python 기본 문법
- 관계 연산자

📁 연산자 -논리 연산자

논리 연산자에는 or, and, not 세 가지가 존재한다. **코드 부록.9**를 보면 x는 False, y는 True의 값을 가지게 된다. 그렇기 때문에 둘 중 하나라도 참이면 True인 or과, 두 가

지 모두 참이여야 True인 and, 그리고 참은 거짓으로, 거짓은 참으로 바꾸는 not 연산자에 대한 결과를 확인할 수 있다. 2번째 셀에서도 0 and 0 = 0, 0 and 1 = 0, 1 and 1 = 1, 그리고 0 or 0 = 0, 0 or 1 = 1, 1 or 1 = 1과 같이 and와 or의 논리적 연산 결과가 어떻게 이루어지는지 보여주고 있다.

```
In [1]:   1  x = ( 100 == 200 )    # False
          2  y = ( 150 < 300 )     # True
          3
          4  print ( f'거짓 or 참의 결과 : ₩t{ x or y }' )
          5  print ( f'거짓 and 참의 결과 : ₩t{ x and y }' )
          6  print ( f'Not 거짓의 결과 : ₩t{ not x }' )

          거짓 or 참의 결과 :      True
          거짓 and 참의 결과 :     False
          Not 거짓의 결과 :       True

In [2]:   1  print ( f' 0 and 0 = {0 and 0}₩t 0 and 1 = {0 and 1}' )
          2  print ( f' 1 and 0 = {1 and 0}₩t 1 and 1 = {1 and 1}₩n' )
          3  print ( f' 0 or 0 = {0 or 0}₩t 0 or 1 = {0 or 1}' )
          4  print ( f' 1 or 0 = {1 or 0}₩t 1 or 1 = {1 or 1}' )

          0 and 0 = 0     0 and 1 = 0
          1 and 0 = 0     1 and 1 = 1

          0 or 0 = 0      0 or 1 = 1
          1 or 0 = 1      1 or 1 = 1
```

코드 부록.9
Python 기본 문법
- 논리 연산자

🗂 제어문 -선택문

방금까지 살펴본 연산자들이 데이터들을 처리하기 위한 과정에서 사용되는 도구였다면, 실제로 프로그램의 논리적 구조를 만들기 위해서는 제어문이 사용된다. 그림 부록.24와 같이 if~else 문에서는 조건식의 조건을 만족하면, 즉 True이면 처리1을 실행하고, 만족하지 못하면 처리2를 실행한다. 그 이후에는 만족을 했는지 여부에 상관 없이 다음 문장에서 만나게 되어 프로그램이 계속 진행된다.

그림 부록.24의 우측 순서도에 해당하는 if~elif 문에서의 elif 는 else + if와 같은 의미인데, 조건식1에 대해 True이면 처리1을 실행하고 다음 문장으로 넘어가면 된다. 하지만 False일 때는 새로운 조건식2를 만족하는지 확인한다. 그림 부록.24의 우측 순서도와 같이 조건식1을 만족하면 처리1로, 만족 못하면 조건식2로 가서 다시 조건식을 비교하고, 조건식2를 만족하면 처리2로, 만족 못하면 조건식3으로 가는 흐름을 가지게 된다. 마지막에는 모든 경우의 수가 다음 문장을 실행하게 된다는 점은 if~else 문과 동일하다.

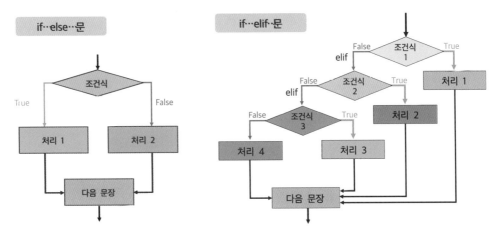

그림 부록.24 Python 기본 문법 - 선택문 순서도

🗂 제어문 -반복문: for 문

파이선에서의 반복문에는 for문과 while문이 있다. 이 중 for문은 몇 번 반복할지 횟수가 정해져 있거나, 반복할 대상의 데이터 갯수가 정해져 있을 때 사용하기 적절하다. 그림 부록.25의 순서도를 확인하면 먼저 초기화를 하는 것을 확인할 수 있다. 예를 들어

```
for i in range(3,5):
```

와 같이 실행하면, i의 값이 3부터 5미만, 즉 3부터 4까지의 값을 갖게 되므로 초기화에서 적용되는 값은 i = 3 이다.

```
for i in range(5):
```

와 같이 실행한다면 i는 0부터 시작하여 4까지 증가한다. 즉, i의 값을 0으로 초기화하여 실행한다.

그림 부록.25의 조건식의 경우 방금의 예시에서는 i가 5보다 작을 때에 해당되며, 파이선 문법으로 표현한다면 다음과 같다.

```
if i < 5:
```

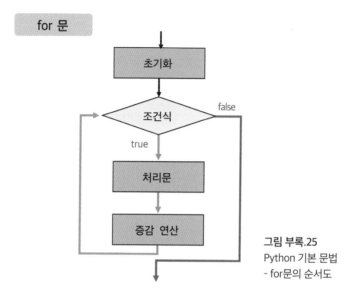

for 문

초기화

조건식 — false

true

처리문

증감 연산

그림 부록.25
Python 기본 문법
- for문의 순서도

그림 부록.25의 처리문은 for문 내에 들여쓰기 되어 있는, 반복하고자 하는 명령문에 해당한다. 이후 그림 부록.25의 증감 연산은 예시에서의 i와 같은 카운터 변수를 증감시킨다. 예시에서처럼 i가 0, 1, 2, 3, 4로 증가할 수도 있고, 초기화를 for i in range(10, 0, -1):과 같이 한다면 i는 10부터 9, 8, … , 2, 1까지 감소하게 된다. 이렇게 카운터 변수가 조건식을 만족하는 한, for문은 계속 반복하며 처리문을 실행하게 된다.

이러한 for문의 파이선 문법은 그림 부록.26과 같다.

> for 카운터 _변수명 in sequence :
>   명령문 블록

그림 부록.26 Python 기본 문법 - for문

그림 부록.26에서의 sequence에 적용될 수 있는 대상은 다음의 2가지가 있다.

▶ range( ) 함수
▶ 컬렉션 자료형

앞에서 설명한 예시는 sequence에 해당하는 부분을 range() 함수로만 설명했는데, 컬렉션 자료형으로도 사용이 가능하다. 예를 들어 [1, 2, 3, 5, 7]인 리스트 자료형 my_list를 sequence로 사용가능하며 이를 위한 코드는 다음과 같다.

```
for i in my_list:
```

위와 같이 실행하면, 반복하여 i의 값을 1, 2, 3, 5, 7의 순서대로 적용하여 실행한다.

📁 제어문 -반복문: while문

while문은 for문과 달리 조건식이 True일 때 계속 반복하고, False가 되면 반복문 실행을 멈추고 다음 문장으로 진행하는 구조이다. 그런데 만약 이 조건을 계속 만족한다면, while문은 멈추지 않고 계속 실행될 것이다. 이는 프로그램의 조건 중 하나인 유한성, 즉 '언젠가 프로그램이 끝나야 한다는 것'을 위배하기 때문에 while문을 작성할 때는 이 조건을 주의 깊게 작성하여 언젠가 탈출할 수 있도록 하는 것이 매우 중요하다.

조건식 안에 들여쓰기를 하여 명령문 블록을 작성하여야 조건이 만족하는 동안 반복문이 원하는 대로 실행될 것이다. 이러한 흐름의 순서도는 그림 부록.27에서 확인할 수 있다.

while문의 파이선 문법은 그림 부록.28과 같다.

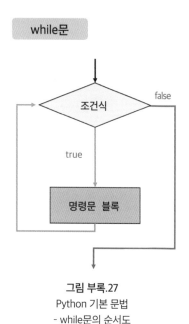

그림 부록.27
Python 기본 문법
- while문의 순서도

```
while 조건식 :
        명령문 블록
    다음 문장
```

그림 **부록**.28 Python 기본 문법 - while문

부록-3 Python 활용

이제 주피터 노트북의 사용법을 익혔고 파이선 문법에 대한 내용도 간단하게 복습을 했으니 파이선을 어떻게 활용하는지 공부해 보도록 하자.

가위바위보 게임

코드 부록.10의 내용을 먼저 쭉 훑어보면 print(), input(), while 등 우리가 방금 복습한 문법 내용들이 종합적으로 적용되어 작성된 것을 확인할 수 있다. 코드가 한 번에 이해가 잘 되지 않아도 두려워할 필요가 없다. 다른의 친구가 같은 프로그램을 코드 다섯 줄 만에 완성을 하는데 자신이 스무 줄 만에 완성했다고 좌절하지 않아도 된다. 왜냐하면 여러분 모두는 사고하는 방향성의 차이가 있기 때문에 코드를 작성하는 데에는 정해진 정답이 없다. 작성한 코드가 자신이 원하는 결과를 도출하기만 하면 되는 것이다. 그렇기 때문에 두려워하지 말고, 코드를 한 줄 한 줄 찬찬히 이해해 보도록 하자.

코드 부록.10의 1번째 줄의 import random은 파이선에서 제공하는 random이라는 패키지를 들여오겠다는 뜻이다. 3번째 줄에서는 가위바위보 게임이 시작된다는 문구를 출력해주고, 5번째 줄에서는 while문, 즉 반복문이 시작된다. 그런데 조건이 True이므로 while문 내에 반복을 끝내는 조건이 없다면, 이 반복문은 멈추지 않는 무한루프에 빠지고 만다는 점을 기억하자. 하지만 코드 아래쪽을 확인하면 29번째 줄에 break를 통해 반복문을 탈출하기 때문에, 여기서의 while문은 무한루프에 해당하지 않는 것을 확인할 수 있다. 6, 7번째 줄은 컴퓨터가 가위, 바위, 보의 선택지 중 랜

```
 1  import random
 2
 3  print("**** 가위바위보 게임 시작 ****")
 4
 5  while True:
 6      rsp = ['가위', '바위', '보']
 7      computer = random.choice(rsp) # 가위 바위 보 중 임의의 값
 8
 9      player = input("당신의 선택은? (가위, 바위, 보): ")
10
11      print("컴퓨터의 선택은 %s 였습니다!"%(computer))
12
13      if player == computer:
14          print("비겼습니다!")
15      elif player == '가위' and computer == '바위':
16          print("졌습니다!")
17      elif player == '바위' and computer == '보':
18          print("졌습니다!")
19      elif player == '보' and computer == '가위':
20          print("졌습니다!")
21      else:
22          print("이겼습니다!")
23
24      more = input("계속합니까? (Y/N)")
25      if more == 'y' or more == 'Y':
26          print()
27          continue
28      else:
29          break
30
31  print("**** 가위바위보 게임 끝 ****")
```

```
**** 가위바위보 게임 시작 ****
당신의 선택은? (가위, 바위, 보): 가위
컴퓨터의 선택은 보 였습니다!
이겼습니다!
계속합니까? (Y/N)Y

당신의 선택은? (가위, 바위, 보): 바위
컴퓨터의 선택은 보 였습니다!
졌습니다!
계속합니까? (Y/N)N
**** 가위바위보 게임 끝 ****
```

코드 부록.10 가위바위보 게임

덤하게 하나를 고른다는 뜻이다. random모듈 안에는 choice라는 메소드가 있는데, 7번째 줄에서는 이 choice를 통해 변수 rsp 리스트 안의 요소들을 랜덤하게 골라서 computer 변수에 저장해 준다. 9번째 줄에서는 컴퓨터와 겨루게 될 사용자의 가위, 바위, 보의 선택지를 input을 통해 입력받는다. 11번째 줄에서는 "컴퓨터의 선택은 %s 였습니다!"에서 %s 위치에 computer 변수의 내용이 적용되어 출력되고, 여기서 computer는 문자열 자료형 변수였기 때문에 %s가 사용되었음을 기억하자. 13번째

줄에서는 조건문 if가 있는데, 만약 사용자와 컴퓨터의 선택이 같으면 비겼다는 결과를 출력하며, 15~20번째 줄에서는 사용자가 컴퓨터에게 지는 선택을 했을 때 졌다는 결과를 출력한다. 21번째 줄에서는 위의 조건들에 모두 해당 되지 않는 경우만 실행하게 되므로 이겼다는 결과를 출력해 준다. 여기서 한 가지 빠진 점이 있다면 만약에 사용자가 가위, 바위, 보가 아니라 엉뚱하게 "세모"를 입력했다면, 사용자가 이겼다고 출력이 될 것이다. 그렇기 때문에 이렇게 유효하지 않은 입력을 무효 처리하는 코드를 독자 여러분이 추가해보는 것도 좋은 도전이 될 것이다. 24번째 줄에서는 가위바위보 게임을 계속 진행할 것인지 묻는 것을 input을 통해 입력받고 있다. 동의한다면 한 줄을 띄우고 continue를 통해 현재 라인 이후의 while문 내용은 건너뛰고 while문의 맨 처음으로 다시 돌아가서 가위바위보 게임을 반복하여 진행하게 된다. 게임 진행 유지를 거부한다면 break문을 통해 while문의 반복이 종료하게 되며, 가위바위보 게임이 끝났다는 문구를 출력하게 된다.

우리가 기본 문법으로 공부한 모든 내용이 함축되어 적용된 코드를 실행해 보았다. 여기서 멈춘다면 그저 파이선 문법을 공부한 것에 지나지 않는다. 하지만 이 책은 데이터 분석을 목표로 하기 때문에, 게임을 진행한 후에 분석을 위한 데이터로 확장할 수 있어야 한다. 10,000건의 게임 실행 결과를 보고 사람이 이긴 횟수, 컴퓨터가 이긴 횟수, 이 횟수들로부의 승률에 관련한 확률 통계 분석을 할 수 있어야 하며, 또는 사용자가 게임을 연속으로 10,000번 하는 것이 아니라 중간에 쉬는 간격이 있을 텐데, 게임을 10번하고 쉬었을 때의 결과, 쉬는 조건은 무엇인가 등 통찰력을 가지고 다양하게 분석을 도전할 수 있어야 한다.

이 책으로 학습하고 있는 독자는 여기서 멈추지 말고 데이터 분석을 어떻게 진행할 수 있을지 끊임 없이 고민할 것을 적극 권장한다. 데이터는 날 것의 데이터 자체로는 특별한 의미가 없기 때문에 통찰력을 가지고 데이터를 어떻게 처리할 것인지 창의적으로 생각할 수 있어야 한다. 여러분의 도전을 응원한다! Be creative!

Be creative

AI를 위한 데이터 분석 기초

1판 1쇄 인쇄 2022년 11월 11일
1판 1쇄 발행 2022년 11월 21일

지은이	한옥영
펴낸이	신동렬
책임편집	구남희
편집	현상철 · 신철호
외주디자인	심심거리프레스
마케팅	박정수 · 김지현

펴낸곳	성균관대학교 출판부
등록	1975년 5월 21일 제1975-9호
주소	03063 서울특별시 종로구 성균관로 25-2
전화	02)760-1253~4
팩스	02)760-7452
홈페이지	http://press.skku.edu/

ISBN 979-11-5550-564-9 93000